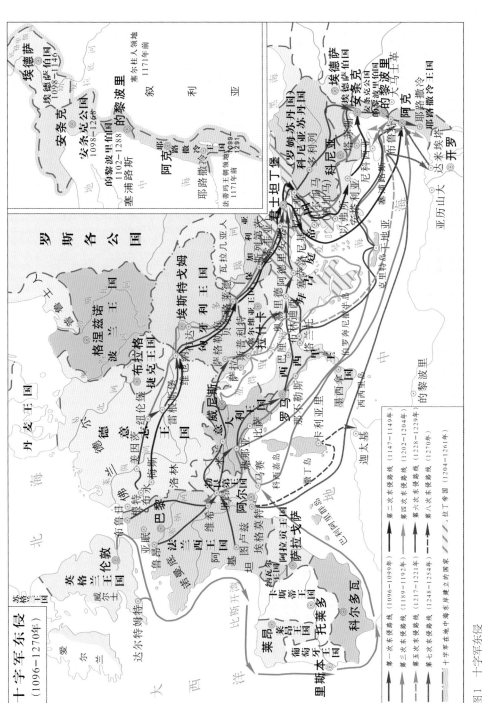

图1 十字军东侵

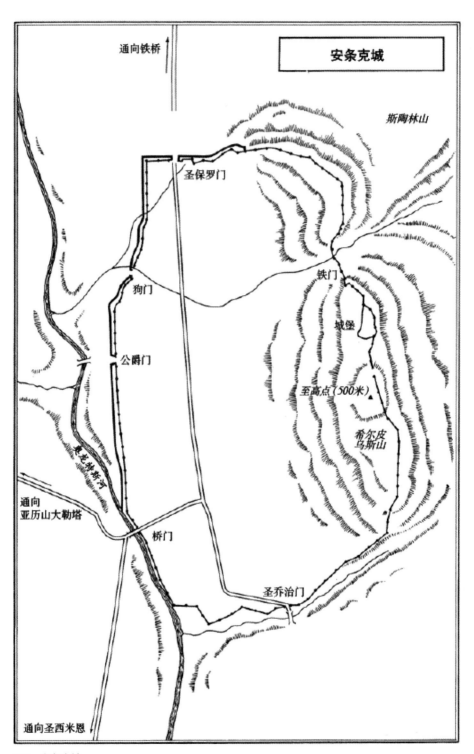

安条克城

通向铁桥

斯陶林山

圣保罗门

铁门

狗门

城堡

公爵门

至高点（500米）

希尔皮
乌斯山

奥龙特斯河

通向
亚历山大勒塔

桥门

圣乔治门

通向圣西米恩

图2　安条克城

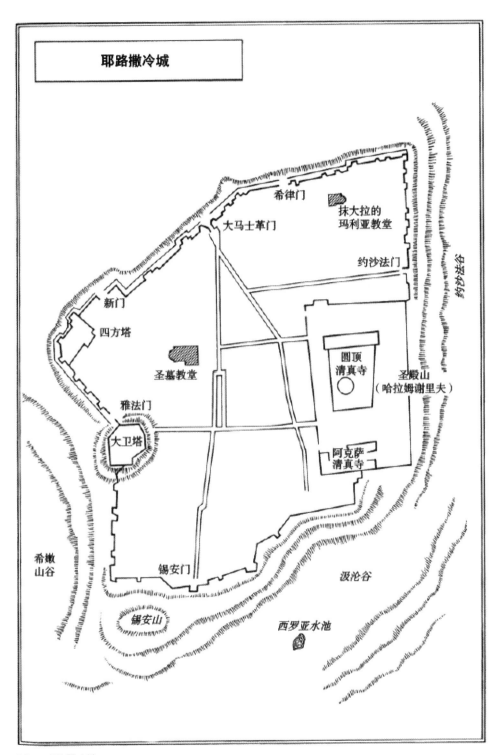

图3 耶路撒冷城

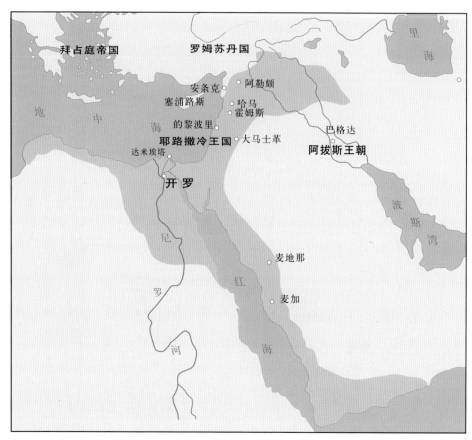

图4 阿尤布王朝疆域图

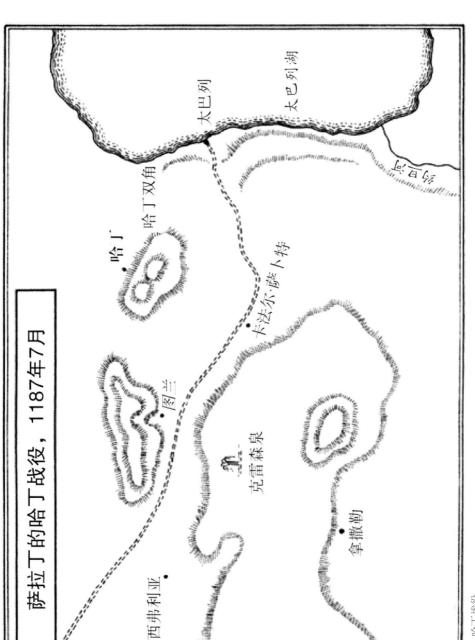

图 5　哈丁战役

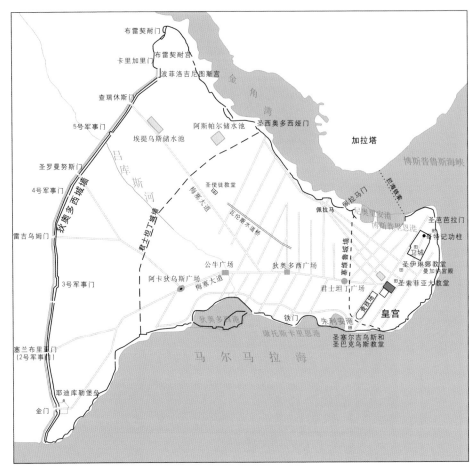

图6　君士坦丁堡

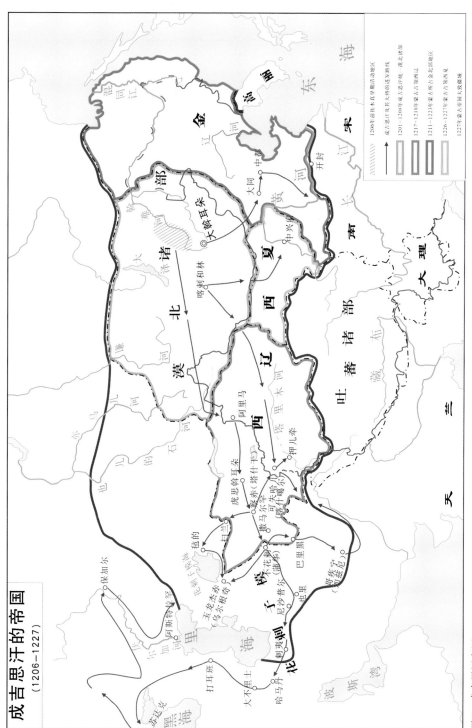

图 7　成吉思汗帝国

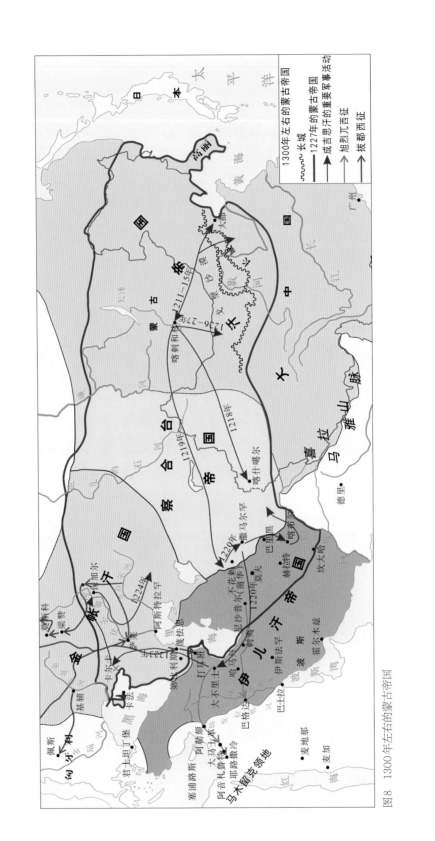

图 8　1300 年左右的蒙古帝国

后浪

曲飞——著

逐陆 WAR² 记

The Intercontinental

中古卷

十字军东征
与蒙古人西征

民主与建设出版社
·北京·

英雄与英雄的博弈，东方与西方的撞击，

教皇，十字军，圣殿骑士，

天国王朝，草原帝国，世界征服者，

红胡子，狮心王，萨拉丁，圣路易，

成吉思汗，拔都，山中老人，

每个名字都是传奇，

血火交织的中世纪，风雨苍黄的欧亚大棋局。

目录

Europe vs Asia

刀剑如梦
十字军东征记

　　除了钉死在十字架上以拯救世人的神秘故事，自创世界至今的一切事情当中，有什么比我们的人民这次前往耶路撒冷的远征更为惊人的呢？

——罗伯修士《第一次十字军史》

1

一梦到迦南

11世纪90年代初的某一天，近东的巴勒斯坦，平沙莽莽，朔漠连天。

西风古道上，一匹瘦驴自北而来，驴背上乘客瘦小枯干的身形与他的坐骑相映成趣。他风尘仆仆，科头跣足，身子裹在一袭粗糙破旧的亚麻布长袍里，一蓬花白的乱发衬得经年不洗的面庞更显风霜之色，他的双眼是这张黝黑瘦长垢甲斑驳的老脸上的精华所在，据说那是一双炯炯不可逼视的眼睛。

这样的造型颇似传说中的丐帮污衣派长老，又像是一千多年前常在这一带出没的贤人"施洗者约翰"，但透露出此人真正身份的，是他脖颈上垂挂的十字架——这是一位基督教的修士。现在，他正用那双精光暴射的眸子，透过沙尘，凝望着前方，那里有他此行的目的地——耶路撒冷。

> 耶路撒冷啊，我若忘记你，情愿我的右手忘记技巧。
> 我若不记念你，若不看耶路撒冷过于我所最喜乐的，情愿我的舌头贴于上膛。

这是《旧约·诗篇》里流落巴比伦的犹太诗人绝望的吟唱，字字啼血的乡愁，中世纪的基督徒们虽未必能体会，但这诗句他们念诵得熟稔之极。自从一千多年前耶稣基督在耶路撒冷南郊伯利恒的一座马厩中降生，并于三十余年后在耶路撒冷的髑髅地殉难，这座圣城便不再仅仅是犹太人铭心刻骨的所罗门圣殿遗迹所在，更是基督徒向往的朝觐圣地。尤其在教会影响力空前绝后的中世纪，西欧上至王公教士下至贩夫走卒，无不渴欲亲履耶路撒冷，瞻仰这个耶稣和圣徒们战斗过的地方。在他们看来，到耶城朝拜一次，就足以净化灵魂，洗去所有的罪孽。

这位骑驴客也是众多来参加朝圣赎罪自驾游的"驴友"之一。他叫彼得，是法国北部亚眠人，出身上流社会，曾在当地领主的麾下参军服役，后来忽然看破红尘弃家出走。据说他此举的动因是实在无法再忍受他那个既老又丑的糟糠之妻。所谓"得意的人和失意的人离上帝最近"，经历了失败的婚姻生活，对尘世已无留恋的彼得一头扎进亚眠修道院，当起了修士。不久后他又搬出修道院，在山中找了一处隐居之所独自修行。离群索居的彼得过着弃绝物欲的生活，终年穿着敝旧的袍子，从不穿鞋，更依照当时法国人的习俗，一生都不洗澡。他在饮食方面也遵循严格的禁忌，不吃面包和乳肉制品，只食用象征圣洁的鱼和代表耶稣圣血的葡萄酒，几十年如一日。这种常人难及的自虐式苦修为彼得带来了声望，尽管他在品级森严的教会系统之中不过是二三流的小角色，在民间却已是名闻乡里的公众人物，人称"隐士彼得"（Peter the Hermit）。

在中世纪的基督徒看来，彼得忘我的修行是一种虔诚的体现，但一切表达虔诚偿赎原罪的方式，都比不上亲赴耶路撒冷拜谒圣迹。终于，隐士彼得也纵驴东行，开始了朝圣的旅程。

在那个年代，对西欧人尤其是对彼得这样一文不名的穷光蛋来说，到东方朝圣简直比唐僧到西天取经还难。非但路途遥远山川阻隔，更兼11世纪后期的欧洲天灾不断连年饥馑，讨斋化缘颇成问题。而进入刚刚皈依基督教未久的东欧地界后，无论领主还是乡民都还保留着剽悍的蛮族性格，尤其得小心相处。还时常有饥民和强盗不怀好意地打量他，幸好彼得没像唐僧那样长着一身怀璧其罪的长生不老肉。

行路迟迟，载渴载饥。一路上历尽千辛万苦的彼得总算来到了耶路撒冷，但圣城的见闻却令他大失所望。还没走到城门，他就在一个收费亭前被拦下，几个穿长袍裹头巾、鹰鼻深目、虬髯连鬓的异族卫兵向他索要一个金币的"过路费"。彼得自然没有这笔"巨款"，他发现周围还有很多像他这样远道而来却因交不起买路钱而被挡在城外的朝圣者。后来，一位富裕的教友赶着马车送来大量金币，帮彼得等人解了围，他们才得以入城。然而，一踏进耶路撒冷，彼得此前对圣地的一切美好幻想都在瞬间崩塌了——满目皆是伊斯兰风情，金碧辉煌的岩石圆顶殿（即萨赫莱清真寺）和阿克萨清真寺抢尽风头，蛮横的东方统治者嚣突叫嚣，朝圣者和当地的基督徒们战战兢兢。而他从书本上得知的那些基督教名胜——已有500多年历史的锡安山教堂、东罗马查士丁尼大帝兴建的圣母教堂、存放第一位殉教者遗骨的圣司提反教堂，无不破旧凋敝，尤其令他忍无可忍的是，连耶稣基督的圣墓也遭到了损毁。

随后，耶路撒冷教区的教长接待了彼得，并向他介绍了圣城当前局势。原来，20年前一个被称为塞尔柱人的东方民族占据了耶路撒冷。作为穆斯林，他们大兴伊斯兰教，而且不同于此前的阿拉伯统治者，塞尔柱人对基督徒大加欺压，洗劫了包括圣墓在内的许多神圣之所，对往来的朝圣者横征暴敛（这一点彼得已经亲身领教过），甚至鞭打抢掠。耶路撒冷虽然贵为基督教圣地，却孤悬于欧洲之外。邻近最强大的基督教国家拜占庭在蛮族的步步紧逼之下早已自顾不暇，不可能来驱逐塞尔柱人解放圣城，因此耶路撒冷的基督徒们不知还要在水深火热中苟延残喘到几时。讲到伤心处，教长和彼得相对垂泪——呜呼，圣地不可见兮，只有痛哭！

几天后，彼得带着无尽的悲愤、怅惘与无奈踏上了返乡之路。这天夜里，他露宿在巴勒斯坦的荒漠之中。半梦半醒间，彼得忽然听见半空中有人呼唤自己的名字，他的灵魂随着呼声飞离躯壳，直升云端，但见万道金光中，大天使加百列已等在那里。天使长对他说，耶路撒冷乃至整个迦南，本是"流着奶和蜜"的膏腴之地，是上帝赐予他的选民的，可惜现在不幸沦于异教徒之手。上帝已选定彼得作为信使，把耶路撒冷的遭遇报知罗马教皇，并和教皇一起发动欧洲的基督徒，护教弘法，光复圣地，从异教徒手中解放耶路撒冷。

原来自己竟然肩负着如此神圣的使命！一惊之下彼得猛地从幻觉中坐起身来，却发现灵光和天使都已消失不见。夜幕低垂，笼盖四野，黑沉沉的荒漠中只剩下他张大嘴巴喘着粗气，身边那头驴子则被他诈尸般的表现惊着，正在嘶声长鸣。

彼得并不知道他的幻觉是旅途奔波外加常年营养不良引起的神经衰弱所致，他执着地以为自己真的获得了天使的托梦。回想刚才在梦中聆听到的金色福音，老头儿涕泪交流，一种前所未有的使命感油然而生——他一生多舛，原来是上帝故意在饿他的体肤、劳他的筋骨，以膺今日之大任！那"流着奶与蜜"的迦南地啊，原来注定要通过他的双手，重焕荣光！

当下彼得顾不得劳顿，连夜赶路，向着天使指引的方向——罗马城。

爱德华·吉本《罗马帝国衰亡史》中称，彼得朝圣是在"塞尔柱人征服耶路撒冷之后20年"。塞尔柱人占领耶城的时间并无确切记载，史学界通常认为是在1071—1073年。由此推算，彼得抵达耶路撒冷应是在1091—1093年。

天路历程

"恺撒的归恺撒；上帝的归上帝。"这是《新约》里记载的耶稣基督对法利赛人的训谕。按照这一理念，王权与教权本当各司其职，井水不犯河水。但当耶稣时代过去一千多年之后，代表"上帝"的教士阶层早已兼并"恺撒"的职能，罗马教廷的教皇不但是整个西欧的宗教领袖，同时也是罗马城及周边地区的世俗统治者。

当然，罗马教会通向权力之巅的天路历程也是步步荆棘。公元1世纪，圣保罗等最早一批到罗马帝国境内布道的基督徒，非但不太招人待见，有时甚至还被统治者扔进斗兽场充当饲料。不过，基督教以其继承自犹太民族的坚忍卓绝，硬是在这片充满敌意的土地上落地生根。随着罗马帝国步入"三世纪危机"，基督徒迎来了一点转机。连年入寇的日耳曼诸蛮族让罗马政府不得不采取攘外必先安内之策。261年，罗马皇帝伽利埃努斯颁布首个对基督徒加以宽容的谕令，至此他们才摆脱了二等公民的待遇。基督教的时来运转要托4世纪的罗马君主君士坦丁（307—337年在位）的福，这个死后被教会封圣的皇帝生前在各种宗教和派别之间和稀泥，让它们得以共存又相互制衡，以此安定国内局势。313年，他发布《米兰敕令》，给予基督教信仰合法地位，后来逐渐把这个昔日的异教提升为国教。到了晚年，这位一辈子攻城略地的枭雄也像中国的梁武帝、印度的阿育王一样陷入了道德危机，深恐遭遇基督教宣扬的"末日审判"，于是他在弥留之际受洗，当了个"朝闻道，夕死可矣"的基督徒。就这样，作为"外来和尚"的基督教后来居上，让希腊–罗马世系的诸神在主场败下阵来。

自由竞争阶段过后就是垄断阶段。一朝权在手，便把令来行。得君行道的基督徒们如鱼得水，自然不希望昔日对头缓过精神，再来抢香火钱。于是，他们像《旧约》中记载的摩西、以利亚这些弘法护教、铲除异端的先辈那样，乘势打压各种竞争对手，包括古老的希腊-罗马多神宗教、一度在罗马士兵中广为流行的密特拉教、帝国东部臣民中源于波斯的祆教和摩尼教都被禁止，孕育了基督教的老前辈犹太教更是头号打击对象。基督徒似乎全然忘了自己的先辈们曾怎样在尼禄的斗兽场里，面对着猛兽的爪牙呼唤信仰自由。到了4世纪，基督教已成为罗马帝国一枝独秀的官方意识形态和主流信仰，并且在周边的日耳曼诸蛮族中也有了相当数量的信众。

再后来，西罗马帝国王权日益衰颓，直至5世纪诸蛮并起帝国崩溃，留下巨大的权力真空，给了已有相当群众基础的基督教会发展壮大的机会。从5世纪后期开始，日耳曼人的一支法兰克人逐渐成长为西欧最强大的势力。其领袖克洛维认识到基督教的影响力，于是受洗皈依，果然事半功倍地收降了许多同样信奉基督的民族。凭借基督教带来的向心力，克洛维建立了墨洛温王朝，领地包括今法国大部和德国西北部的广大地区。立国之后，在他的推动下，教会势力又有大发展。到了8世纪，墨洛温王族大权旁落，国政尽操于世袭"宫相"之职的加洛林世家之手。该家族第一代丕平一世打下基础；第二代牛人"赫斯塔尔的丕平"（丕平二世）扩大影响，再接再厉；第三代查理在732年的图尔战役中力挽狂澜，大破刚吞并了伊比利亚半岛如日中天的穆斯林远征军，遏制了伊斯兰教的扩张势头，拯救了西欧基督教世界，凭此一战之功查理权倾朝野，人称"铁锤查理"（即查理·马特）。这位"铁锤"爵爷是法兰克版的曹操，虽已是事实上的头号人物，但"等身不废汉而自立"，他将改朝换代的重任留给了儿子们。加洛林家族的第四代掌门终于要改易王统了，这个篡逆者和曹丕一样名字里有个"丕"字，他叫"矮子丕平"（正式称号是"丕平三世"）。战胜大哥取得继承权后，丕平准备踢开有名无实的墨洛温王室自立门户。为了给谋逆之举寻求合法性解释，751年，丕平致书罗马教皇试探："究竟哪种人才有资格称王，是头戴王冠的，还是手握实权的？"教皇心领神会，批示道："丕平有资格称王。"753年，新任教皇司提反二世亲自翻越阿尔卑斯山，赶到位于今天法国东北部的苏瓦松，在该城的圣梅达尔教堂为丕平举行了涂油加冕礼，以上帝之名授予他王权。法兰克人正式新桃换旧符，加洛林王朝取代了墨洛温王朝。行过禅让礼后，墨洛温末代"懒王"希尔德里克三世被剃去象征王权的长发，送进修道院软禁起来。如愿称王的丕平也投桃报李，于此后三年中两次亲征亚平宁半岛，大败威胁教皇的伦巴底人（也是基督徒），并把夺取的罗马城到当年罗马帝国陪都拉文纳之间的地盘都进献教皇，作为教廷的直属领地，史称"丕平献土"。

就这样，君权神授，神权君授。在统治阶级的私相授受中，罗马教廷有了自己支配的独立王国，教皇从此左手教，右手政，上管天，下管地。矮子丕平的儿子就是著名的查理大帝，他将法兰克的疆土拓展到今天法德意三国的大部分地区。由于双方有着良好的关系，教廷的影响也随之扩大，但总的来说还是居于王权的从属地位。查理逝世后不久，他的大帝国分裂，教会进而谋求更大的权力。查理的继承人"虔诚者"路易是个忠实的教徒，对此听之任之，教廷权威日隆。

到了10世纪，西欧掀起了克吕尼运动。法兰克南部克吕尼修道院的教士们宣布不再向王室效忠，只遵奉教廷的权威。这股风潮随即席卷西欧，经过一个多世纪的斗争和改革，罗马教廷占了上风。1073年，得到法国支持的意大利修士希尔德布兰当选为新任教皇，称格列高利七世（又译额我略七世）。此人是基督教会历史上著名的铁腕人物，曾经用教廷权威和政治手腕逼得与他交恶的德皇亨利四世登门谢罪，在冰天雪地中免冠徒跣垂手，侍立三日乞求宽恕，史称"卡诺莎之行"。这标志着教权压倒了王权，成为西欧中世纪的头号势力。后来亨利四世卷土重来，放逐了格列高利七世，但这只是了断了两者之间的个人恩怨，整体上王权仍被教廷压了一头。

格列高利七世的继任者是他的得意门徒法国人欧德·德·拉尼，此人成为教皇之后有了一个更广为人知的名号：乌尔班二世（格列高利七世和乌尔班二世之间，还有一任教皇维克托三世，在任仅不到一年，无所作为）。他于1088年被选为教皇，上位之后，乌尔班二世不似导师那样锋芒毕露，却更深谋远虑。他离间亨利四世父子，使其内斗；又抓住法国国王腓力一世的生活作风问题，以通奸罪相挟使之屈从；还不动声色地在英国发展了大批追随者，使接班未久根基不牢的英王威廉二世处处受到掣肘，政令难行。西欧三大国都被乌尔班二世玩弄于股掌之间。

教廷能在西欧翻手为云覆手为雨，靠的也并不全是权谋术数。他们得享高位，很大程度上得益于对意识形态的成功推广。

基督教强调"原罪"的概念，认为由于人类始祖亚当夏娃偷吃禁果，违背上帝意愿，犯有大罪，而这一罪愆并不随着亚当夫妇被逐出伊甸园而消解，它沿着血脉传到了每个人类后裔身上。正如《旧约·诗篇》所说："我是在罪孽里生的。在我母亲怀胎的时候，就有了罪。"基督教认为正是原罪导致了人与神的隔绝，并进而把人在世间所受的苦难都归结于此，提倡通过信教和善行来偿赎原罪，从而使灵魂获得宽宥，死后升入天堂。因此在中世纪的欧洲，赎罪的观念深入人心。而且当时正值公元11世纪，人类就要迎来的新千年被某些学说渲染为世界末日，灾荒、风暴、流星等异常现象加剧了人们的担忧。恐慌情绪在欧洲蔓延，人们都力求在"末日审判"到来之前使灵魂获得救赎。为此，他们更加紧密地团结在教廷周围，唯命是从。

社会上层和底层的环境都如此有利，乌尔班二世更能够施展才华。他整理完善了教会的各种条令，强化神权至上的主张和理论依据，把教廷的权威推向了空前的高度。

不过，臻于鼎盛的罗马教廷也并非没有烦恼。在高层，教皇可以摆平各国君主，但在基层，作为教廷各级分支机构的大小修道院仍与世俗的贵族封建主摩擦不断。在以农业经济为主的中世纪欧洲，农民是双方捐税的共同来源，饭勺碰锅沿儿的时候自然难免。农业生产力低下的欧洲在11世纪又连续遭逢大灾，农民生活困苦不堪，领主和教会的财产赋税都濒于枯竭，矛盾愈发激化。当然，也不乏怀有正义感的僧侣修士，为了保护教民的财产而与领主斗争，《剑桥中世纪史》中录有许多这样的事例。

而修道院历代积累的钱财又不可避免地招致领主、破产骑士和土匪强盗的觊觎。越来越多的人铤而走险，更多的人则是潜在的暴力分子，窘困的时局随时可能激发出战争，并有可能直接威胁到教廷。马基雅维利的《佛罗伦萨史》称，教皇在罗马都觉得没有安全感。

除了教俗矛盾，整个基督教也处于分裂状态。早在4世纪，君士坦丁大帝将罗马帝国分为东西两半，基督教会也随之一分为二，后来发展成西部的罗马公教（即通常所说的天主教）和东部以君士坦丁堡为中心的东正教。双方为了最高教权的归属以及教义上的若干分歧争执不休，关系不断恶化。1054年，东正教大牧首与罗马教皇利奥九世（格列高利七世正是由他提携的）公开决裂，东西两大教派从此势同水火，自视为正宗的罗马教会此后历任教皇都以夺回对东部教会的领导权为己任。

当时欧洲的外部环境同样不容乐观。7世纪崛起的伊斯兰教势力正值鼎盛，虽然创始者阿拉伯人已经不复当年之勇，但他们的后来者，伊斯兰化的突厥人和摩尔人战斗力更强，在东西两线（小亚细亚半岛和伊比利亚半岛）都让基督徒疲于应付。幸好伊斯兰世界也充斥着各种内耗，才使得欧洲有一丝喘息之机。

表面如日中天，实则内忧外患，这就是乌尔班二世面对的局势。如何缓解农村的教俗冲突以保护教会的财产和影响力，如何收编东部教会重新一统江湖，如何抵抗穆斯林势力并收复失地，这都是让教皇凤夜忧叹的难题。上帝保佑，1095年，一个可以一举数得解决上述疑难的机会送上门来了。

3

教皇有令

1095年春天，欧洲的夜空数次迎来流星的光顾。当时的欧洲人并没有"陪你去看流星雨，落在这地球上"的闲情逸致，根据他们的信仰，流星是上天的不祥预兆：要出大事了。

人们在惴惴不安中等待着即将到来的未知大事。乌尔班二世或许也有某种程度的预感，不久后他就迎来了一位客人——从耶路撒冷败兴而归的隐士彼得。彼得离开巴勒斯坦后，从海路抵达比萨，从那里登岸后兼程赶到罗马，伏阙请见，送上了大天使下达的紧急动员令。

教皇听取了彼得关于圣城当前形势以及天使显灵的报告后，立刻计上心来。如果发动欧洲各王爵领主和闲散武装力量东征收复圣城，既可以转移欧洲的内部矛盾，为这些社会不安定因素找一个发泄的出口，又可以通过同仇敌忾的宗教感情让潜在的竞争力量团结在教廷周围。一旦成功，还可能凭此功绩压倒东部教会，使之俯首听命。当然，更少不了从亚洲经济发达地区掠夺大量财富。此外，从宗教上考虑，从异教徒手中收复圣城的不世奇功，自然也可以为他自己在史册上和天堂里谋得一席之地。

这简直是天赐良机，乌尔班二世似乎看见了与天堂相连的耶路撒冷正在打开大门，向他发出金色的请柬。他盛赞彼得，打发老头儿先行回老家法国做前期的舆论宣传工作，自己则仔细周密地考虑东征事宜。

彼得回去巡回演说发动群众且按下不表。几乎与他前后脚，又有一位来自东方的使者觐见教皇。此人的来头要大得多，他是拜占庭帝国皇帝阿莱克修斯一世·科穆宁的特使，来意与彼得一样，请求教皇组织西欧的义勇军驱逐异教徒，援助东方的"教友兄弟"。为了搬得救兵，特使还代表拜占庭皇帝为此前的教派争端表达了愧疚。

事实上，早在格列高利七世时代，拜占庭皇帝也曾遣使求援，但当时格列高利忙于对付亨利四世，分身乏术，错过了介入东部事务的良机。而现在，同样的机会再次出现，分量更重的邀请函递到乌尔班二世手上！这样一来，他酝酿的东征计划就有了官方的邀约，更加名正言顺。不同于西欧的神权至上，在拜占庭，东正教会几乎是王权的附属品。若罗马教廷施惠于拜占庭皇室，则日后收编东正教会当不在话下。教皇暗自盘算，喜不自胜，答应帮助"东方兄弟"，他还宣布恢复阿莱克修斯被前任教皇革除的教籍，以此取信拜占庭统治者。

1095年3月，乌尔班二世北上普拉森西亚（今皮亚琴察），召开高级别的宗教会议，众多的西欧教俗头面人物出席。这次会议原本的主要议题是宗教改革，但会上乌尔班二世让拜占庭特使露面，讲述东方遭受的劫难，公开呼吁请求援助。会场一下子群情激奋，大会马上跑题，与会者个个摩拳擦掌，请缨出战。教皇顺水推舟，宣布将在这一年的秋天再召开一次大会，共商东征大计。随后，乌尔班二世去了老家法国，半年间，他走遍法国南部，四处巡游演讲。作为史上首位法兰西出身的教皇，乌尔班二世在法国的票房号召力自然非同凡响，所到之处万人空巷，但他并没急着抛出真正的主题，只是告知各界信众，秋天教廷将召集大会，届时他将亲莅会场，宣布重大事件。这一招果然吊足了法国人的胃口，此外他还广撒英雄束，要求西欧各国所有"忠于主"的民众，准时赴会。

会期定于11月，地点是法国克莱蒙。经过半年的铺垫，法国乃至西欧各界都对大会充满好奇与期待。人们从四面八方赶来，仅教区大主教就来了13位，另有250位主教、400余位修道院院长，以及数量众多的侯爵、伯爵、领主、骑士。群贤毕至，少长咸集。至于赶来聆听教皇宝训的平民百姓更是不知凡几，克莱蒙城里根本容纳不下，这些人不得不在城外的空地上搭起海量的违章临建。

11月18日这天，大会终于胜利召开。据说会议的盛况令乌尔班二世都始料未及，不过他还是注意控制火候，把高潮留到最后。前八个会议日，商讨的都是教义、教规之类的常规议题，直到第九天，根据议程该举行闭幕式了，教皇才头戴高冠身着法袍，登临讲坛。乌尔班二世启金口，吐玉音，发表了以下这篇史上最著名的演说，可惜由于当时欧洲人的整体文化程度有限，演说辞竟没有被完整地记录下来：

各位敬爱的兄弟：

我，凭借上帝恩赐而成为基督教教宗和整个世界领袖的乌尔班，向你们发出最紧急的呼吁。作为背负天命的使者，我来到你们这群上帝的仆人中间。我希望能在你们身上找到我所期待的那种对上帝的忠贞。但如果你们身上有任何有违上帝意旨的异端，我也将尽我所能，加以化解。上帝使你们生为他大家庭中的仆人，让上帝通过你们的服务感受到你们的虔诚，这将是你们由衷的幸福。你们被称作牧羊人，有鉴于此，你们不应当成为金钱的佣人，而应该做一个时刻手握牧杖的真正的牧羊人，不要偷懒，而要从所有的方面保护你的羊群。如果你玩忽职守漫不经心，导致狼叼走了你羊群中的任何一只羊，那么毫无疑问你将失去上帝许给你的奖赏。以后，你只能在地狱里追悔莫及地试图擦去你的污点。

福音书上说："你们是世上的盐。盐若失了味，怎能叫它再咸呢？以后无用，不过丢在外面，被人践踏了。"（《新约·马太福音》5：13）世界是多么需要盐啊！（注：耶稣在《登山宝训》中把教徒比作盐。）对你们来说，确应像盐一样保持特质，在对尘世的愚昧的低级趣味中开启智慧，否则当主对他的信徒们布道时，将从他们身上发现原罪导致的腐败与脓疮。他将发现他们的病态，那就是罪恶——来自于他们对自己的责任马虎大意，他将把他们作为无用之物，投入充满不洁之物的深渊，因为他们愧对主的伟大牺牲，他必会将他们逐出他所爱的神圣之所。

对一个人来说，要持有"盐"的品质，应该做到谨慎而有远见、谦逊而有学识、平和而有警觉、虔诚而诚实、公正而纯洁。以其昏昏，何能使人昭昭？己不正，何以律人？若一个人憎恶和平，他怎能让他人守卫和平？又或者一个以卑污之行玷污自己双手的人，他又怎能清洗他人身上的不洁？我们读到过，"他们是瞎眼领路的。若是瞎子领瞎子，两个人都要掉在坑里"（《新约·马太福音》15：14）。首先正己，方可律正追随你的人。如果想让上帝对你友善，就得满怀欣喜地去做能取悦于他的事。你尤其必须做的是，让属于教会的一切权益，都遵守教会的法规。要谨防圣职买卖的罪行在你们之中生根，任何买或卖教会职务的人都将接受主的鞭笞，将被赶向混乱与毁灭。要保证教会和圣职的纯洁。要将什一税视为对上帝的奉献，诚实地缴纳土地中的一切出产，不得藏匿或私售，任何谋夺主教的人，将处以流放，任何谋夺教师教士、圣职人员、修女，以及其仆人商旅及朝圣者的人，将被革出教门，让所有的强盗、纵火犯及其同伙都被驱逐出教。任何拒绝布施的人，都将下地狱受诅咒，为何他会和抢夺者受同样的处罚？因为《路加福音》上说，他窃取了本属于别人的东西，却没有好好利用属于他自己的东西。

如你们所见，长久以来，世界因为罪恶而陷于混乱。在你们的一些省份中形势尤坏，我早就告诫过你们。而你们在执行正义方面表现得如此不得力，以至于行路的旅人无论白天黑夜都难以免于强盗的袭击；无论在家里还是在外面，人们都时刻处在被抢劫和被诓骗的危险之中。

因此，我们有必要停止纷争与冲突，重新实现我们神圣的父辈达成的"上帝休战"。我敦促并要求你们每一位，努力维护你们教区的休战局面，如果任何人由于他的贪婪或傲慢打破这一协议，将由权威的上帝与教廷予以制裁。

尽管如此，上帝的子民们，你们已经承诺将比以往更加坚定地维护和平，捍卫教会的权利。但还有一项重要的工作等待你们，你们必须拿出基于你们的正直的力量，去应答另一个仿佛来自上帝的号召。你们东方的兄弟正急切地需要你们的帮助，而你们必须像你们经常承诺的那样尽快施以援手。正如大家所知，一个来自波斯的民族——塞尔柱突厥人已经入侵我们东方兄弟的国家，他们一路攻到地中海，直到布拉·圣乔治。在罗马尼亚，突厥人七次攻打基督徒，七次获胜，又侵占了我们的圣地——耶路撒冷。他们在大肆践踏上帝的国度，毁坏基督教堂，掳杀虔诚的上帝子民，污辱贞洁的妇女，贪婪地饮着受洗儿童的鲜血。

如果让那些魔鬼的奴隶统治主所信任的子民，那将是件多么令人羞耻的事。

如果你们仍然无动于衷，上帝的信徒就会在这次入侵中牺牲更多。所以我要勉励你们，也恳求你们——不是我，是主亲自勉励你们，基督的使者们，督促一切有封爵等级之人，乃至所有骑士、士兵、富人与穷人，都必须迅速予以东方基督教徒援助。

把凶恶的民族赶出我们的领土，我告诉在座的各位，也通知不在场的人：这是主的旨意。

让我们投入一场神圣的战争——一场为主而重获圣地的伟大的十字军东征吧！让一切争辩和倾轧休止，登上赴圣地的征途吧！从那个邪恶的种族手中夺回圣地吧！

那个地方（耶路撒冷），如同圣经所言，是上帝赐予以色列后嗣的，遍地流着奶和蜜，黄金宝石随手可拾。耶路撒冷是大地的中心，其肥沃和丰富超过世界上的一切土地，是另一个充满欢娱快乐的天堂。

我们这里到处都是贫困、饥饿和忧愁。连续七年的荒年，到处都是凄惨的景象，老人几乎死光了，木匠们不停地钉着棺材，母亲们悲痛欲绝地抱着孩子的尸体。东方是那么的富有，金子、香料、胡椒俯身可拾，我们为什么还要在这里坐以待毙呢？

一个遭人蔑视，受撒旦支配的堕落民族，若是战胜了一心崇拜上帝，以身为基督徒而自豪的民族，会是多大的耻辱啊！如果你们找不到配得上基督教徒这个身份的士兵，主该怎样责备你们啊！

让那些从前十分凶狠地因私事和别人争斗的人，现在为了上帝去同异教徒战斗吧！——这是一场值得参加，终将胜利的战斗。

不要因为爱家庭而拒绝前往，因为你们应爱上帝胜于爱家庭；不要因为恋故乡而拒绝前往，因为全世界都是基督徒的故土；不要因为有财产而拒绝前往，因为更大的财富在等待着你们。

让那些过去做强盗的人，现在去为基督而战，成为基督的骑士吧！

让那些过去与自己的亲朋兄弟争战不休的人，现在理直气壮地同那些亵渎圣地的野蛮人战斗吧！

让那些为了微薄薪水而拼命劳动的人，在东方的征途中去取得永恒的报酬吧！

身心交瘁的人，将会为双倍的荣誉而劳动，他们在这里悲惨穷困，在那里将富裕快乐。

现在他们是主的敌人，在那里将成为主的朋友！

毫不迟疑地到东方去吧！凡是要去的人都不要再等待，赶紧回去料理好事务，筹备足经费，置办好行装，于冬末春初之际，奋勇地踏上向东的征途！

本着主赐予我的权柄，我郑重宣布：凡参加东征的人，他们死后的灵魂将直接升入天堂，不必在炼狱中经受煎熬；无力偿还债务的农民和城市的贫民，可免付欠债利息，出征超过一年的可免纳赋税。

凡动身前往的人，假如在途中，不论在陆地或海上，或在反异教徒的战争中失去生命的，他们的罪愆将在那一瞬间获得赦免，并得到天国永不朽灭的荣耀。

向着东方出发吧！不要犹豫，不要彷徨，为荣耀我主，去吧！把十字架染红，作为你们的徽号，你们就是"十字军"，主会保佑你们战无不胜！

乌尔班二世的这篇演讲，强调了教权至上的理念，渲染了信教不虔的恶果，描述了骇人听闻的蛮族暴行，激发了同仇敌忾的宗教感情，对比了现实生活的灰暗和遥远东方的富足，许诺了"免税、免息、免炼狱"这样丰厚诱人的现世与来世的报酬……可以说，一切煽动人心的要素都可以在文中寻见，至矣极矣。演说的效果自然也不难想见，主教与勋爵们纷纷从座席上跳起，急趋到教皇面前，跪倒宣誓，愿意披坚执锐，为主前驱，驱逐鞑虏，光复圣地，赴汤蹈火，在所不辞。这种革命的激情也传染到在场的每个民众身上，广场上人声雷动，高呼"上帝的意旨！上帝的意旨！"，声震四野。

乌尔班二世让报名参军者把这句话作为格言，并要求他们在胸前或肩上佩戴红色的十字架标示，作为誓言的见证。就这样，十字军诞生了，一场即将刮向亚洲的风暴，在深秋的西欧聚集起来。慷慨激昂、踌躇满志的十字军战士们约定，于来年的8月15日圣母节誓师东征，目标：耶路撒冷。

按

乌尔班二世的克莱蒙演说是用法语发表的，美国人汤普森所撰《历史著作史》中称，该讲稿有四份记录，但都不完整且辞章各异。本文所录讲稿，前半部分为笔者译自英译本，后半部分从"正如大家所知……"起，是流传甚广的汉译本，见于多本读物，不一一列举。

"上帝的意旨"(God wills it)是十字军的口号，爱德华·吉本在《罗马帝国衰亡史》中称，这句话在法语中的本意应该是"上帝的愤怒"。

4

北方的狼族

军号已吹响，钢枪已擦亮，人类新千年中第一次欧亚大陆争霸战即将隆重揭幕。那么作为十字军的对手，这个大角斗场上的另一位斗士，塞尔柱人，又是何许人也？

塞尔柱人当时的主要势力范围在小亚细亚和中东，但他们的祖先，却是来自遥远的亚洲腹地，并且甚为我们熟知，那就是大名鼎鼎的狼族——突厥人。说突厥人是草原之狼，并非蔑称，这个尊奉狼图腾的民族，从诞生起就与狼有着离奇的纠葛。《隋书·突厥传》中记载了这段神异的往事：

> 突厥之先，平凉杂胡也，姓阿史那氏。后魏太武灭沮渠氏，阿史那以五百家奔茹茹，世居金山，工于铁作。金山状如兜鍪，俗呼兜鍪为“突厥”，因以为号。或云，其先国于西海之上，为邻国所灭，男女无少长尽杀之。至一儿，不忍杀，刖足断臂，弃于大泽中。有一牝狼，每衔肉至其所，此儿因食之，得以不死。其后遂与狼交，狼有孕焉。彼邻国者，复令人杀此儿，而狼在其侧。使者将杀之，其狼若为神所凭，欻然至于海东，止于山上。其山在高昌西北，下有洞穴，狼入其中，遇得平壤茂草，地方二百余里。其后狼生十男，其一姓阿史那氏，最贤，遂为君长，故牙门建狼头纛，示不忘本也。

这段引文大致是说，突厥人的祖先被邻国打败，征服者实行种族灭绝政策，杀到最后一个小孩忽然“手软”，没取他性命，但将他四肢截断，扔到野地里。接下来这个被削成人棍的孩子的境遇跟罗马城的创立者罗慕洛和勒莫兄弟相似，他也碰到了一头母狼，非但没吃了他，还时常衔来猎物与他分享。于是，他幸存了下来。而这个孩子的遭际之离奇尤甚于罗马的狼孩兄弟，他遇到的这头亚洲母狼不光充当养母，还捎带着为他做了性启蒙工作，并且硬是打破了灵长目人科和食肉目犬科之间的生殖隔离，怀上了人类的种。后来，邻国对当年的一念之仁反悔了，派人寻找，却被怀有身孕的母狼逃脱了，母狼来到一个"平壤茂草"的地方，生下了半人半狼的十胞胎。后来，狼人十兄弟的后裔逐渐演化成纯人类，其中被称作"阿史那氏"的一系发展最好，成了突厥首领，并以绘有狼头的大旗作为部落的象征。

这个违反生物学基本规律的故事固然不太可信，但从中还是可以感受到突厥民族从娘胎里带出来的剽悍。他们确实像草原狼一样凶猛，最初游牧于准噶尔盆地之北、叶尼塞河上游，后来被柔然汗国（即《隋书》所称的"茹茹"）统治，专司冶炼，柔然谓之"锻奴"。然而他们很快凭借冶铁技术取得了军事装备上的优势，加上柔然汗国被北魏不断打击，突厥乘势而起。552年，突厥阿史那氏领袖土门可汗求娶柔然公主不遂，之后宣布独立，并征讨故主柔然。他们仅用三年时间就灭了曾经雄踞整个蒙古高原的柔然汗国，取而代之建立了亚洲北部的霸权，势力范围东起辽海，西临河中，南抵长城，北穷朔漠。后来突厥分为东西两部——以阿尔泰山—伊犁河一线为界——分别发展，一度都闯出过不小的名堂：西突厥联合萨珊波斯帝国消灭了称雄中亚百年的"白匈奴"嚈哒人，东突厥则是隋末北方军阀混战的幕后推手，连唐高祖李渊都曾向其称臣。

可惜，游牧民族的政权多是兴也勃焉，亡也忽焉。东西突厥没辉煌几年，就先后碰上了7世纪地球上最为势不可当的两股新兴势力——大唐和阿拉伯。东突厥被"天可汗"李世民征服，西突厥也在唐高宗年间被向西拓展势力的李唐王朝赶出西域，向西亚各地流散。几经辗转，他们进入了刚刚兴起的阿拉伯帝国范围，在当地皈依了伊斯兰信仰，从此成为穆斯林战士。

西突厥汗廷在西迁时已经崩溃，不复有独立的国家形态，突厥人分裂成若干部落。10世纪中期，一位名叫塞尔柱的酋长率领其部落"九姓乌古斯"从西北迁居至锡尔河（中国史书称为"药杀水"）下游，并在该地崛起，势力范围很快遍及河中地区（锡尔河和阿姆河之间），其族人随后就自称塞尔柱人。塞尔柱人先后为西亚的若干突厥同宗势力充当雇佣兵，战功卓著，实力日益强大，11世纪中叶达到鼎盛。他们占据了今阿富汗、伊朗、阿塞拜疆等地的大片土地，并于1055年进军巴格达，从掌握实权的德莱木族雇佣兵（也是突厥人）手中抢到了伊斯兰世界名义上的最高领袖——阿拔斯王朝的哈里发卡伊姆。塞尔柱人是逊尼派穆斯林，控制巴格达后他们以"护教者"自居，其首领图格鲁尔贝伊迫使哈里发授予他国家统治者即"苏丹"的封号，从此挟天子令诸侯。至于哈里发，最早的职能之一是在做礼拜时担任领拜人，现在实权尽被褫夺的卡伊姆只能在塞尔柱人的卵翼之下"掌管"宗教事务，算是回归了哈里发的初始职能。

卡伊姆这位哈里发在位44年（1031—1075），堪称国祚绵长，可惜终其一生都是强臣手中的傀儡，不能政由己出，相当于长命版的汉献帝。后来德莱木人趁图格鲁尔贝伊返回波斯之机攻占了巴格达，但他旋即平定叛乱，又把一度被赶下台的卡伊姆重新扶立。此后他更加权势熏天，自恃迎立卡伊姆复辟有功，强娶了他的女儿，无权无势、尊严丧尽的哈里发尽管不情愿，但也无力反对。

大婚之后不久，处在权力巅峰的图格鲁尔贝伊死了，不过塞尔柱人已经成了气候。随着他们的强势崛起，狼性的血液注入了伊斯兰世界本已衰迈的躯壳，穆斯林沉寂了几世纪的扩张力量重新抬头。

由于宗教原因，塞尔柱首领们的首要征伐目标是占据埃及和阿拉伯半岛西部、信奉伊斯兰教什叶派的法蒂玛王朝（德莱木人的叛乱就是他们在幕后操纵的），但比起西南方埃及和叙利亚的沙漠，西北富庶的小亚细亚半岛显然对这群游牧战士们更有吸引力。其时塞尔柱人的政权虽然号称帝国，但组织形态还很落后，统治阶层对族人没有足够的控制力，最后塞尔柱统治者不得不"追随"着手下进入小亚半岛。于是，他们不可避免地与基督教世界发生冲突，首当其冲的，就是拜占庭。

在塞尔柱人"野蛮生长"的11世纪，原本处在巅峰的拜占庭由盛转衰。1025年，拜占庭帝国的中兴之主"保加利亚人屠夫"巴西尔二世去世。由于他生前对继承人问题漫不经心，所以死后帝国陷入混乱，半个世纪里换了13任皇帝，其间伴随着无数的政治倾轧和宫廷阴谋，帝国的复兴势头猝然中止。1050年继位的君士坦丁九世为了解决财政困难，发行含金量只及标准四分之三的新币，造成货币贬值，军人的实际收入大幅缩水，军旅士气大衰，战斗力坏朽。不久后又发生了前文提及的东西教会决裂，拜占庭更陷入孤立。随后帝国又经历了几位无所作为的君主，坐视塞尔柱人吞并小亚半岛东部和亚美尼亚。1067年，君士坦丁十世驾崩，幼子米海尔七世继位。太后尤多西娅为了稳定局势，下嫁给曾谋划兵变反对君士坦丁十世的军官罗曼努斯·狄奥根尼斯，后者成为

"共治皇帝"（相当于加强版的摄政王），称罗曼努斯四世。

罗曼努斯四世颇有励精图治之心，美国人特里高德的《拜占庭简史》中称他是"自巴西尔二世以来第一个以国家军需为先的皇帝"。面对不断侵扰边境的塞尔柱人，他采取了断然的强硬态度，1069—1070年三次主动进攻，打退了塞尔柱人。1071年，他组织了10万大军，再次挥师东进，准备收复塞尔柱人占据的曼齐刻尔特城。

与罗曼努斯对阵的，是塞尔柱人的第二任苏丹，图格鲁尔贝伊的侄子阿尔普·阿尔斯兰（意为"勇敢的雄狮"）。他深知拜占庭虽然已经今不如昔，但百年来攒下的家底仍不可小觑，尤其是此刻对方兵力远远占优，因此试图休战。结果此举更刺激了刚打了胜仗正自我感觉良好的罗曼努斯，后者称"除非阿尔斯兰亲自来请降才考虑和平"。随后战役打响，不想硬拼的阿尔斯兰且战且退，罗曼努斯则催兵猛追，结果轻敌冒进，孤军深入敌境，直到人困马乏，后勤堪忧，罗曼努斯才觉得不妙，传令连夜撤兵。以步兵为主的拜占庭部队撤退途中遭遇塞尔柱骑兵伏击，全线溃败，统领后队的将领杜卡斯抛弃了罗曼努斯和大部队，率领所部逃回君士坦丁堡，拜占庭皇帝做了俘虏。

就在曼齐刻尔特城下，近东的命运揭晓了。被俘的罗曼努斯见到了阿尔斯兰，后者问他："如果我们易地而处，你将何以待我？"罗曼努斯不忿，答道："我非宰了你不可。"苏丹则尽情展示胜利者的风度，他说："我将给你的惩罚更重，我宽恕并释放你。"一句话让不可一世的拜占庭皇帝气馁了，他知道"宽恕"和"释放"绝不是无条件的，于是同意割地赔款换取自由，把曼齐刻尔特和巴勒斯坦一带的安条克、阿勒颇、埃德萨等名城都给了塞尔柱人。

曼齐刻尔特战役是西方版的土木堡之变，而后来罗曼努斯的下场比明英宗惨淡得多。他被放回君士坦丁堡时，先行逃回的杜卡斯已经掌控全城，拥立了不到20岁的名义上的皇帝米海尔七世。罗曼努斯非但没有"太上皇"的待遇，还被杜卡斯以米海尔七世的名义抓了起来，弄瞎双眼，次年被处死。不过，罗曼努斯个人的命运已无碍大局，虽然杜卡斯拒绝兑现罗曼努斯割地的承诺，但曼齐刻尔特战役后，拜占庭已无力阻止塞尔柱人攻占的步伐。

接下来塞尔柱人又向西扩张，小亚细亚的土地大半易主。富勒在《西洋世界军事史》中援引前人写道："土耳其人（即塞尔柱人，下同）经过之后，无论人类还是农作物，都不会有一样是活的了……当他们离去的时候，遗留下的是一片荒原，到处是烧断的树木和残损的尸体，城镇也被付之一炬……小亚细亚的人口在土耳其人面前销蚀了，人们不是远走高飞就是躲进半岛中部的高山……所有的平原和谷地，都完全变成了真空，土耳其人撑着帐篷，赶着羊群，在这里自由自在地放牧。"

1072年，曼齐刻尔特战役一年后，阿尔普·阿尔斯兰在中亚战场意外阵亡，他的儿子马利克沙继承苏丹之位。他的统治重心放在巴格达和东方的故土，而小亚细亚则成了阿尔斯兰的堂弟苏莱曼·伊本·库塔尔米什的地盘。1077年，库塔尔米什以原拜占庭重镇尼西亚为首都，建立了罗姆苏丹国（塞尔柱人称安纳托利亚高原为"罗姆"），小亚半岛和安纳托利亚高原都被纳入了塞尔柱人的势力范围。

塞尔柱人西进的影响，不只在小亚细亚半岛。由于拜占庭的式微，整个近东地区都失去了保护，暴露在塞尔柱狼族的目光之下，而圣城耶路撒冷，正好就在这个地区。

大约就在1071年曼齐刻尔特战役获胜之后不久，塞尔柱人就攻陷了耶路撒冷城。需要强调的是，此前的耶路撒冷也不是拜占庭的领土，而是归埃及法蒂玛王朝管辖。法蒂玛王朝第七代哈里发扎希尔曾与拜占庭皇帝君士坦丁八世达成协议，对基督徒开放耶路撒冷，并允许他们在城中修建基督教堂以及教会学校。塞尔柱人到来之后，这种有限的和谐被打破了。相传伊斯兰教的先知穆罕默德曾在耶路撒冷"登霄"，故而这里也是穆斯林心目中仅次于麦加和麦地那的第三圣地。然而，进入圣城后塞尔柱人发现，几乎每天都有络绎不绝的基督徒赶来朝圣，他们渴望与"基督圣迹"有关的一切——一包锡安山的土、一瓶约旦河的水、一片据说取自"真十字架"但无从查证的小木屑，都会让他们如痴如狂。这些东西被带回欧洲后，更能卖出天价。

这样的情况让塞尔柱人觉得，无论从宗教还是经济方面考虑，都该对前来朝觐的基督徒加以管理。在他们看来，管理就是收费。于是，塞尔柱人四处设卡，针对往来的基督徒以及犹太人聚敛搜刮。正是圣城大门朝西开，有心无钱莫进来。同时，根据他们的狼性思维，抢掠毁坏异教名胜、羞辱虐待异教信徒是表达虔诚的方式。爱德华·吉本的《罗马帝国衰亡史》中写道："一种无生命的野性和热情促使塞尔柱人去侮辱每一个教派的教士，主教被揪住头发拖到街上，或扔进牢房，以便从他心软的教民手中勒索赎金；在复活教堂进行的神圣的弥撒，也时常遭到野蛮粗暴的干扰。"

以上种种，也正是隐士彼得这些欧洲基督徒的朝觐见闻。当然，类似的迫害和亵渎事件，以前占据耶路撒冷的法蒂玛王朝也干过。比如，1009年和1031年他们曾两度焚烧圣墓教堂，但彼得等人根据亲身经历，把账都记到了塞尔柱人头上。当塞尔柱人把耶路撒冷当成摇钱树的时候，恐怕想不到等这些见闻传回欧洲，会激起何等强烈的反响。

5

穷棒子打先锋

本来，像收复圣城这么庄严隆重的使命，当然应该搞得正规体面一点。作为东征主力的领主骑士正规军们也是这么打算的，在克莱蒙大会上他们特地选定了出师的良辰吉日：1096年8月15日圣母节。但就在骑士们枕戈待旦数着日历的时候，在乡间，已被宗教情怀和东方财富蛊惑得热血沸腾的西欧（主要是法国）农民们，刚到1096年初就按捺不住了——大半年太久，只争朝夕，不如这就上路吧。

这倒不完全是因为"卑贱者最高尚"，法国农民的思想觉悟未必就比骑士们高出多少，但他们面临的生活苦难，却无疑严重得多。古今中外，农民都是安土重迁的，只有最严酷的生存问题才能驱使他们离开所根植的土地。而十字军运动爆发时，西欧正经历着令人绝望的天灾人祸，汤普森《历史著作史》中援引的时人诺让修士的描述就是最好的注解："法国人当时正在饥馑中煎熬：连年歉收灾荒不断麦价飞涨。奸商投机倒把，一贯以百姓苦难为发财之机。面包昂贵，穷人以树皮草根充饥……（《法兰西人的神圣事业》)"在这种现实面前，传说里东方的富足自然对水深火热中的西欧农民有着无穷大的吸引力，因此，"突然听到十字军的呼喊，全国各地起而响应，砸碎了粮仓的铁索和链条"。

发出那一声呼喊的圣战宣传队中就包括隐士彼得，而且他几乎可说是同侪之中最成功的一个。在得到了天使和教皇的双重最高指示之后，这个宗教狂热分子又比以往更狂热了十倍。早在克莱蒙会议之前，他就开始骑着那头瘦驴游走于法国各地，从王公的城堡到农民的茅屋，四处宣讲圣战。他背着一个巨大的定制十字架，头上戴着荆条冠，用"情景再现"来展示耶稣基督殉难拯救人类的圣迹，他绘声绘色地描述异教徒的残暴和圣城教友的苦难，讲到激动处老泪纵横，用嘶哑的嗓音仰天呼吁，直至失声，无数民众为他的激情所打动。除了底层农民，还有一些低等骑士和没落贵族也聚集到了彼得身边。爱德华·吉本说，与彼得相比，纵然是最出色的雅典演说家也要甘拜下风。的确，古希腊的辩手们是用理性和逻辑来支撑滔滔雄辩，而彼得用的则是他的"姿势、眼泪和失声的叫喊"，尤其对于底层听众来说，这种精神感染远比理性思维更具说服力。

在法国，类似彼得的煽动者还大有人在。终于，听众们再也等不及了。为了凑出东征的盘缠，这些平日里节衣缩食的农民忽然不顾一切地涌向市场，把他们赖以安身立命的一点点微薄财产抛售出去，半卖半送毫不吝惜，尤其是带不走的土地、房屋等不动产，后来价格都降到了两折以下（这样的盛景大概会令现今一线城市的众多房奴无比神往，恨不能躬逢其盛）。与此同时，盔甲、刀枪、马匹之类的作战用品却价格飞涨，有人抵押了一座庄园，所得的钱尚不够买一匹战马，只能退而求其次，买头战驴凑合着骑。

跳楼价大甩卖结束之后，人们揣起换得的几个微薄的金币，套上牛车马车骡子车，拉着老婆孩子铺盖卷，涌上东进的大道。先是一个家庭一个家庭，接着就是一个村庄一个村庄，东进的风潮席卷了整个法国。人流中除了壮年的男人，还有老人、妇人、残疾人；除了虔诚的信徒，还有酒徒、赌徒、亡命徒。各色人等都汇入大军，正是"说走咱就走，你有我有全都有"。

这种现象，就如他们800多年后的法国同胞古斯塔夫·勒庞在《革命心理学》里总结的那样："一旦新的信条得到了传播，我们就会看到，聚拢在这一信条周围的是一群鱼龙混杂的人物，他们可能对信条本身漠不关心，但这些人都找到了借口和机会来满足他们的热情或贪婪。"

1096年2月，大约8万来自法国各地的"农民十字军"（含部分低级贵族和骑士）在莱茵河畔集结。彼得将他们分批整编，派他的信徒、当过低级军官的"穷鬼瓦尔特"带领1.5万人充任前部先锋，他亲自率领1.4万人作为中军，其他人包括奥尔良骑士福尔克、莱宁根伯爵爱米科、"癫狂教士"戈特沙尔克等人各率所部，分道进兵。此外，还有来自英国、北欧、意大利、西班牙的各路人马正在陆续赶来。有道是"庄稼汉庄稼汉，武装起来千千万"，这支杂牌军总的人数难以统计，后世研究者对其"兵力"的估计，最高达到30万。

"农民十字军"人数虽多，却是一群不折不扣的乌合之众，这一点从他们的人员构成上就可以看出——在穷鬼瓦尔特率领的1.5万人先遣队中，算上他本人仅有8名骑士，其他都是农民，基本没有战场经验。从他们的武器装备上看，更一目了然——大多数人的兵刃都是烧火棍、铲粪叉之类的木制农具，扛把九齿钉耙的已经算是拥有大杀器，其他诸如水壶当头盔、锅盖当盾牌之类的情形，也都不足为奇。还有不少人用大车拉着他们的家眷一道出征，搞得整个队伍上有老下有小，看上去像一群逃荒的难民。

这样一支"军队"，自然不能指望他们有多高的军事素养，事实上，绝大多数人连他们远征的目的地耶路撒冷究竟在哪儿都闹不清。英国人查尔斯·麦基的《人类疯狂愚昧趣史》上写道，有人认为耶路撒冷远在数万英里之外，有的人则认为耶城很近，走上1个月就能到。每经过一处城镇或城堡，队伍中的孩子们都会欢呼雀跃，问当地人："这里就是耶路撒冷吧？"而当地人和他们一样懵懂，完全没法为他们指明方向。很快，大家迷失在中欧腹地。由于文化素质极度低下，这些基督徒们的虔诚中其实还包含很多祖传的日耳曼神话的残余。在那种古老的蛮族信仰中，鹅和山羊是有灵性的禽兽，迷路的农民十字军病急乱投医，把作为口粮携带的鹅和羊放出来，让它们带路。这么做，结果不言而喻。在多走了无数的冤枉路之后，人们终于通过实践破除了迷信，从此鹅在法德文化中的地位一落千丈，成了蠢物的代名词。

不知转悠了多久，农民十字军们本就十分微薄的旅费已经告罄，吃饭成了大问题。《旧约》上说当年摩西率领犹太人出埃及，途中断粮时上帝降下大群鸟雀，给他们做"神食"，起初农民十字军也想打鸟为食，但人多鸟少，欧洲的鸟又不似摩西遇到的鸟那样有献身精神，这个办法根本不足以果腹。

在饥饿的逼迫下，一种观点流行起来：既然到了耶路撒冷就能使一切罪恶得到赦免，那么眼下的头等大事就是填饱肚子保住小命，以便活着到达那里。为了这一伟大目标，各种非常规的手段都不妨试一试，事急从权，这也算是曲线朝圣。有了理论依据，男人想通了，女人想开了，当下各显其能，大家为了最崇高最圣洁的目的，男盗女娼。

东征大军遂变质为犯罪团伙。他们很快发现偷的卖的都不如抢的效益好、来钱快，于是又兼营打家劫舍的业务。最先受害的是散居在欧洲各处的犹太人。根据欧洲基督徒的观点，犹太人是出卖耶稣的有罪民族，因此一直待他们如二等公民，经常驱赶甚至屠杀他们。所以犹太人也很少置办不动产，他们的财物多是现金，便于被驱逐时随身携带。这样，他们就成了掳掠的首选目标，十字军丝毫不受良心谴责地开抢，塞西尔·罗斯的《简明犹太民族史》中记载了犹太人的这段倒霉史，简单摘录几个样本。

1096年5月3日，犹太教的安息日。爱米科伯爵率军攻打斯佩耶城的犹太人礼拜堂。按照原始的犹太教规，安息日要停止一切工作，甚至遭遇侵略也不反抗。这个日子是古代近东各民族欺负犹太人的首选黄金时段，后者往往真的束手待毙。但到了这个年代，犹太人已经不那么泥守旧俗，他们奋起反抗，虽然伤亡不小，但最终打退了爱米科一伙。败走的爱米科不甘心，几周后他来到了莱茵河畔的名城沃尔姆斯，这里是《尼伯龙根之歌》中勃艮第人的故乡，现在则是犹太人聚居区。缺德的爱米科又挑了一个安息日发动偷袭，这次犹太人猝不及防，被杀死1000余人，连躲进犹太大主教住处寻求庇护的人也被搜出来杀掉，接着爱米科又率人屠杀了美因茨的犹太社区。另一支由莫伦子爵"木匠威廉"率领的人马也在科隆大开杀戒，伏尔泰在《风俗论》中评价道："自哈德良（将犹太人逐出耶路撒冷的罗马皇帝）时代以来，犹太民族还没有遭受过如此大规模的屠杀。"十字军的凶名传开，很多逆来顺受惯了的犹太人自知不能幸免，纷纷重金求助于他们的非犹太邻居，请求后者在大屠杀之后将自己的尸首囫囵葬了。

但并不是所有的抢劫对象都和犹太人一样软弱可欺。当十字军继续向东，他们遇到的匈牙利人就不是善茬儿。最先进入匈牙利国土的是打先锋的穷鬼瓦尔特，其时匈牙利刚刚皈依基督教不久，国王卡洛曼对这些"教友兄弟"还是满怀热忱的，一路安排食宿向导，指引他们东去。可惜穷鬼瓦尔特不识恭敬，这个从名字就透出三分惫懒之气的破落骑士完全不约束部下，行至匈牙利与拜占庭边境的塞姆林城时，十字军忽然抢劫粮食后逃跑，有16个跑得慢的士兵被愤怒的当地人抓住，剥光了衣服吊死，瓦尔特得知后又掉头杀掠了一番以泄愤，然后逃进拜占庭地界。

不久后彼得的队伍也到了，他们这伙人一路上干的坏事更多。到达塞姆林之后，看见了还被吊着的瓦尔特手下的16名"基督战士"，这帮人火冒三丈，遂屠杀塞姆林全城。彼得知道事情闹大了，率队急逃，结果在贝尔格莱德以东的摩拉瓦河畔遭到已有准备的当地人痛歼。彼得收拾残部继续仓皇南逃，跑到位于塞尔维亚境内的尼什，当地人给了他们食物，但拒绝让他们进城。恼羞成怒的十字军在城门放火，彼得已经无力管束，终于尼什人也被惹恼，杀出城来，十字军抵挡不住，四散奔逃，大批老弱妇孺都被俘虏，连彼得本人都被打得裸奔，爱德华·吉本《罗马帝国衰亡史》上说，他赤身裸体在山里躲了好几天，身边的部下只剩下不足三分之一。后来他们又聚拢起来继续东行，遇上大城镇绕着走，遇上小村庄就下手，边逃边抢，终于在1096年8月1日这一天到了君士坦丁堡，与12天前抵达的穷鬼瓦尔特所部会师。

为了防止这支忽然涌入帝国的流民大军生出事端，拜占庭皇帝阿莱克修斯以最低廉的价格向他们出售粮食，但是农民十字军们一文不名，拜占庭方面就算把粮价打到一折他们也买不起，阿莱克修斯只好免费放粮，力求保证他们情绪稳定，可即便这样还是不能避免麻烦。其时君士坦丁堡是可与阿拉伯的巴格达、北宋的汴梁并称的国际大都市，其繁华程度超过了这帮西欧乡巴佬所能想象的极致。他们一路上历尽困苦，突然来到天堂，物欲的刺激让他们管不住手脚，很快开始打砸抢烧。阿莱克修斯向罗马教廷搬兵求助，却怎么也想不到来的救兵竟是这么一群货色，他大失所望，而这些形同难民的十字军还源源不断地自西而来，更让阿莱克修斯头疼不已。这种情况下，拜占庭皇帝只能安排水陆交通部门努力提高办事效率，打发这伙人尽快离境，去"渡海东征"异教徒。8月6日，彼得和瓦尔特率领十字军渡过博斯普鲁斯海峡，进入小亚细亚半岛，开始了征讨异教徒的圣战。

塞尔柱人被打得措手不及，加上这些游牧民族还不习惯划地自守，因此开战之初节节败退，不久后，彼得部下的十字军攻占了埃索戈罗冈要塞。正当大家陶醉在胜利的喜悦中时，塞尔柱人又杀了回来，将要塞围住。

这时，众人之中第一个发疯的隐士彼得，又第一个清醒了过来。他认识到部队战略战术素养差距太大，现在的胜利局面维持不了多久，但这种败兴的言论遭到了十字军的耻笑，彼得只好只身返回君士坦丁堡，准备等待以骑士为主力的正牌十字军，他的部下们则据守埃索戈罗冈要塞。彼得走后不久，十字军几次突围未果，塞尔柱人断水断粮，逼他们投降。这时穷鬼瓦尔特所部闻讯赶来，结果正中了塞尔柱人的围点打援之计，要塞内外的十字军，都被屠杀殆尽，瓦尔特也战死了。剩下3000多名随军妇孺投降，但塞尔柱人不讲究优待俘虏，这些可怜人也被斩杀大半，只有少部分幸运儿被阿莱克修斯重金赎回。拜占庭方面的记载称，农民十字军的尸体堆积起来，不像是丘陵，更像是高山。

这就是隐士彼得组织的农民十字军与异教徒交手的记录，而这个倒霉的先遣队还是唯一一支到达亚洲的，其余几部甚至没走出欧洲就全军覆没了："癫狂教士"戈特沙尔克的部队进入匈牙利之后，匈牙利国王卡洛曼御驾亲征，在多瑙河畔的马丁斯堡将之全歼；那个抢劫犹太人的爱米科伯爵也在进军途中与匈牙利人交战，部队被对方打散，他本人逃到了意大利。至于其他的各路人马，下场也大同小异。

这次杂牌军东征，史称"前十字军"或"农民十字军"，他们是正规十字军事实上的先头部队，但不被计在正式的八次（或九次）十字军东征之列。农民的失败，只为西欧的骑士们提供了悲愤、仇恨，甚至是笑柄，而并没有人将这惨剧视为教训，正是"后人哀之而不鉴之，亦使后人而复哀后人也"。

按

十字军的征伐目标除了近东巴勒斯坦一带的塞尔柱等突厥民族，还包括伊比利亚半岛、北非的穆斯林，以及东欧的斯拉夫民族，可以看作西欧基督教民族向四面八方的扩张，并不仅仅针对东方。因此，严格地说"东征"或"东侵"的概念并不准确，但本文涉及的主要是十字军在近东以及拜占庭的作为，故姑且沿用"东征"说法。

6

闹剧落幕，正剧上演

如果说农民十字军东征是迫于生计，那正式的十字军则更多是出于宗教狂热的鼓动，农民东征路上浮棹的鲜血，并没冲淡他们心中天堂的幻影。宗教煽动力是如此持久，原因也正如勒庞所说："没有任何经验可以向信徒们揭示他们受了欺骗，因为他们非得进入天堂才能验证。"（《革命心理学》）

1096年秋天，尽管已经获知农民先驱们的悲惨遭遇，由骑士贵族主导的正规十字军还是依照原计划出发了。由于骑士将在此后的篇章中占据重要地位，所以这里有必要先对骑士这一行当做个简单的岗位描述。

顾名思义，骑士的基本职能之一就是骑马作战，但并不是所有骑马作战的人都能称之为"骑士"，骑马作战只是一个必要条件，而非充分条件。在中世纪的西欧，骑士已经成为一个阶层，而非单纯的兵种。欧洲中世纪的骑士，脱胎于罗马时代的骑兵。在罗马共和国时代，军队由公民构成，武器装备都由士兵自备，由此可以想见，有能力置办战马的，都具有一定经济条件。这就决定了骑士阶层的脐带血中就融有贵族的因子。在罗马帝国乃至后来的法兰克王国时代，军队的主力是步兵，后来马镫的传入和普及以及深马鞍的发明引发了欧洲的军事革命。骑兵可以穿戴更厚实的盔甲，更稳固地坐在马背上发起集群冲锋，这样的战法对传统的步兵方阵具有压倒性的优势，也使得骑士屡立战功，更容易获得国王或领主的封赏，逐渐赢得了更高的社会地位。倪世光博士的《中世纪骑士制度探究》一书认为，11世纪正是骑士阶层蓬勃发展的时期，骑士阶层的价值观念、准入制度、各种仪式以及作战方式都已基本成型。骑士通常出身贵族家庭，少年时作为其他骑士的扈从，并学习骑士的行为礼仪和作战技能，到了及冠之年，如果功绩和操守等各方面都被认为达标，就会被擢升为骑士。其间要进行"臣服礼""授剑礼"等典礼，这类仪式花样繁多，通常的形式是受封者单膝跪地，由奉敕者持剑在其左右肩或头顶虚击数下，同时口中念念有词，有时候受封者还要亲吻领主。但这些都是表面形式，册封的核心环节只有两个：一、受封的骑士向封敕者宣誓效忠；二、封敕者赐予骑士身份和财产（通常是土地）。由此，封敕的法统和骑士与主人的依附关系就明确地建立起来了。封敕者还要带领受封者念诵骑士的誓词，比较常见的贯口是："强敌当前，无畏不惧！果敢忠义，无愧上帝！耿正直言，宁死不诳！保护弱者，无愧天理！这是你的誓词，牢牢记住！册封为骑士！"（Be without fear in the face of your enemies.Be brave and upright that God may thee. Speak the truth always even if it leads to your death. Safeguard the helpless and do no wrong. That is your oath. And that so you remember it. Rise a knight!）受封者针对上述誓词，一一做出承诺。有时教会人员也会参与这些仪式，并充当誓词领诵者，当这些环节全部进行完毕，一个崭新的骑士就正式诞生了。

中世纪欧洲有一种理论宣称，上帝创造了三种身份：农民、骑士和神职人员。从这个说法可以看出，骑士已基本等同于世俗贵族，在某些情况下，"骑士"是和各种爵号一样尊贵的头衔。骑士不完全等同于贵族之处在于，由于任何骑士都有权授予他人骑士身份（所以也有许多骑士只有头衔没有封地），所以骑士身份的获得并不完全取决于血统，一些特殊情况下，有经济条件或立有军功的平民也可望晋升为骑士。但总的来说，骑士阶层主要还是门阀贵族的内部繁衍，是社会上层的精英圈子。

由于有着较为严格的入门许可，骑士阶层通常都有较高的综合素质，作战技能以及武器装备更加专业。阿彻·琼斯的《西方战争艺术》中介绍了11—12世纪欧洲骑士的常见行头："（骑士）拥有长及膝盖的铠甲，并与圆锥形头盔锁子甲相连，保护头部的侧面和后面以及颈项。头盔与铠甲加在一起，成为一套重达至少30磅的盔甲。在铠甲的下面，骑兵还穿有防护垫，以减轻遭到打击时的冲力。其他的改变包括头盔上安了一个鼻片、只能砍击的长剑，以及一个由木头和皮革制作的风筝形长盾，无论乘马还是步战都能给人员以较好的保护。这全套装备价值相当于一个小型农场。"

1096年秋天的第一次正规十字军就由骑士武装力量担纲，这支军队的素质自然远非此前的农民杂牌军可比。这次东征的大军，主要由五路人马组成，尽管没有帝王级别的人物参与，但领衔这五大派系的主要将领多是公爵、伯爵一级的，也算得上星光灿烂，阵容强大。正所谓"不幸的家庭各有各的不幸"，这些高门贵胄，虽说没有农民十字军那样的生活压力，但也都是在令人绝望的现实逼迫之下踏上东征之路的——他们基本都是权力之争中的失意者。

五大派将领中第一个动身的，是韦芒杜瓦伯爵于格，他是法国卡佩王朝国王腓力一世的亲弟弟。当时的法国虽是西欧大国，但境内封国林立，王纲不振，尤其是西北的诺曼人征服了英格兰之后，实力和地盘都已超越了法国国王，大有将英吉利海峡两岸合为一体之势，严重威胁了法国王室的利益。这样的时局让作为王室成员的于格看不到希望，偏偏腓力一世和罗马教廷关系紧张，乌尔班二世正抓着他的桃色新闻大做文章，因此腓力并没有派兵参加十字军。这就使得原本作为二线人物的于格有了表现的机会，他决定纠集一批人马，到东方去闯荡一番。于格的部队离开韦芒杜瓦后，南下意大利，准备穿过亚平宁半岛，在半岛南部的巴里港乘船，渡亚得里亚海，前往拜占庭。自恃出身尊贵的于格行事一贯高调，出征前他还派人赶到君士坦丁堡送信给阿莱克修斯，在信中于格把自己的身份和兵力都夸大了N倍，要求拜占庭皇帝筹备盛大的欢迎仪式，切勿简慢，因为他是"天下最尊贵的国王"。

和于格几乎同时出发的另一位十字军将领是戈弗雷。此人出身高贵，累世公侯，其母所在的安茹伯爵一系的血统据说可以追溯到查理大帝。由于他常年居于凡尔登山区西莫兹河畔的布永城堡，故此得名"布永的戈弗雷"（Godefroy de Bouillon）。这是尊贵体面的骑士名号，后来的著名骑士文化发烧友堂吉诃德也用这一格式给自己取名为Don Quijote de la Mancha。戈弗雷最高的爵号是"下洛林公爵"。洛林位于德法交界处，历史上在两国间几度易手，最有名的一次当数1870年普法战争之后法国被迫割让该地和阿尔萨斯，举国引以为奇耻大辱。中学语文课本里都德《最后一课》讲的正是这段历史。而11世纪洛林是德国的前身神圣罗马帝国的地盘，戈弗雷也是德皇亨利四世的臣属，曾在亨利军中担任掌旗官，素以忠勇见称。在当年亨利反对教皇格列高利七世的战役中，年方弱冠的戈弗雷亲冒矢石为王前驱，是第一批攻上罗马城墙的人之一。但在那之后他得了一场大病，戈弗雷深信这是由于他与教皇为敌冒犯了上帝，故而遭此惩罚。之后他改换门庭，忠于教廷。虽然戈弗雷始终没有与亨利四世翻脸，但在后者的眼中，他已几近变节分子。亨利四世后来削夺了他祖传的"下洛林公爵"封号，只保留他对洛林的管理权，没过几年又将这项权力也收回，戈弗雷只能把他的治所搬到从母亲一系继承来的法国领土布永。1095年的克莱蒙大会，让在欧洲苦无出路的戈弗雷看见了新希望，在宗教情怀和现实情况的双重刺激下，他散尽家资招募兵勇，带同两个弟弟尤斯塔斯和鲍德温（此人将是重要人物），踏上了东征之路。

与前两人相比，第三位十字军将领图卢兹伯爵雷蒙的境况要好得多。他是十字军诸路人马中的头号实力派，国富兵强。雷蒙的领地图卢兹位于法国南部，南边不远就是西欧基督教世界与西班牙穆斯林诸国的边界线比利牛斯山。雷蒙年轻时曾率军杀过山去，试图驱逐穆斯林异教徒，虽然未能成功，但此举为他赢得了勇敢和虔诚的美名，因此，他也是罗马教皇格外看重的人物。在克莱蒙大会之前，乌尔班二世曾专程到图卢兹拜会他，希望他鼓起余勇，投入东征的大军之中，并诱之以西地中海贸易航线的巨利。当时雷蒙已经年届半百，但对宗教事业和赚钱事业都还保有极大的热情，终于这位壮心不已的老将也应教皇之请，尽起封国之兵，奔向东方。由于雷蒙的声望，他一起兵立即就有众多来自各地的领主骑士以及散兵游勇赶来附其骥尾，据估计雷蒙一行人的总数有10万之众。此外，他还把全部财产和一家老小都带在军中，以明"绝不回头"之志。

第四支兵马来自意大利的塔兰托，领军人物是塔兰托伯爵博希蒙德。始建于"大希腊"时代的塔兰托是意大利南部的千年古城，博希蒙德却是新来的外地户，他不是南欧的拉丁人，而是祖籍北欧的诺曼人。11世纪初，诺曼人入侵意大利南部，打败了罗马教皇的军队。后来罗马教廷与拜占庭东正教交恶，于是转而同诺曼人结盟，并唆使后者攻打拜占庭位于西欧的海外属地西西里。到了1090年，诺曼人已经占据了整个西西里岛，以及亚平宁半岛南部的大片土地，其中不少地盘就是从拜占庭手里抢过来的。博希蒙德出身诺曼人的领袖奥特维尔家族，他的父亲是"狡猾的"的罗贝尔·吉斯卡尔，格列高利七世被亨利四世围困时曾向他求救，吉斯卡尔应邀提兵北上，不战就吓退了德皇，但他本人趁机将罗马城洗劫了一遍，教皇敢怒不敢言（后来吉斯卡尔的墓志铭中还将此事大大夸耀了一番）。1085年吉斯卡尔战死，其弟鲁杰罗一世继承了他的权力，并在此后夺取了西西里全岛。而作为吉斯卡尔的儿子，博希蒙德获得的封地仅有意大利南部的塔兰托一隅，虽然不满，但几次跟叔叔相争，都不是对手，对此博希蒙德时有浅池猛龙之叹。1096年，年届不惑的博希蒙德终于迎来了施展抱负的机会，当他得知十字军将东征收复耶路撒冷时，立刻意识到建功立业的时机来了。他停止了与叔叔的敌对，召集并动员部下，博希蒙德高声呼喊："难道我们不是法兰克人吗？难道不是我们的祖先（指查理大帝）曾经解放了圣地吗？"其实查理大帝东征耶路撒冷的传说本来就属子虚乌有，更何况，在查理率领法兰克人称雄欧洲的时代，诺曼人的祖先还在斯堪的纳维亚半岛打渔呢。除了都具有日耳曼血统，这两大族群的亲缘关系甚远，可以说是八竿子打不着。不过，诺曼人普遍文化水平较低，对这些历史问题也不太了解，这群皈依了基督教的"前蛮族"对宗教中颂扬的往圣先贤有着狂热的崇拜。博希蒙德乱认祖宗，诺曼人却听得激情澎湃，他们血液中北欧海盗的好勇好斗精神被唤醒了，诺曼人兴高采烈地表示愿意参加十字军，到东方抢钱抢粮抢地盘。于是，博希蒙德带着他的人马渡海东进，军旅中还有他的一位外甥，时年22岁的坦克雷德，这个连封地都没混上的青年骑士，将成为名扬十字军的猛将。

最后一支上路的十字军，是博希蒙德等人的老乡，来自法国西北的诺曼人。这支联军有三位主要将领，由于他们都和大名鼎鼎的"征服者威廉"沾亲带故，故而这里姑且将他们称为"威廉系"。威廉系的核心人物是诺曼底公爵罗贝尔，他是威廉一世的嫡长子，根正苗红。当年身为诺曼底公爵的威廉带兵渡海奔袭英格兰，罗贝尔留守老家，三弟小威廉（"红脸威廉"）则随父出征。这两兄弟有点类似隋朝的杨勇和杨广，大哥大大咧咧，不善钻营，喜好声色，老三则生性猜忌，深沉多智，颇通权谋。1066年黑斯廷斯一战，威廉击败英王哈罗德而据有英格兰，小威廉一直跟在父亲身侧小心迎奉，在英格兰国王王位的争夺战中处于领先地位。而罗贝尔自认为理应成为诺曼底这块"龙兴之地"的统治者，可父王并不看好他，诺曼底的事务都由威廉的妻子，也就是罗贝尔的母亲玛蒂尔达操持。老大不小还要每天"听妈妈的话"，这让罗贝尔很是不爽。尽管英国的地盘属民和物产都超过诺曼底，但目光短浅的罗贝尔更希望自己能继承诺曼底公爵之位。1079年，因为着急接班，他甚至还和老爸威廉打过一仗。《盎格鲁－撒克逊编年史》上说，罗贝尔的指挥能力远不如老父，被威廉从英国赶了回来，一直撵到法国的芒特。父子二人在城下单挑，老威廉当时毕竟已经年过半百，再加上身子发福，敌不过年富力强的儿子，被杀红眼的罗贝尔一矛刺中手臂，跌下马来。要不是他的侍卫英格兰人托基舍命相救，征服者威廉可能就成了儿子的矛下之鬼了。

同一年秋天，罗贝尔在诺曼底又一次打败威廉，这次除威廉本人再度挂彩，他的爱子小威廉也受了伤。此后威廉与罗贝尔的关系彻底破裂，但经此一役罗贝尔也颇感歉疚，争名逐利之心也淡了下来，终于在母亲调解下，与父亲威廉和解。1087年老威廉逝世，威廉·鲁弗斯继位英王，称威廉二世，罗贝尔也如愿获得了诺曼底公爵的头衔（威廉一世的次子理查先于父亲死去，幼子亨利只获得了钱财而没有封地，关于他的事迹后文有详述）。

起初，罗贝尔对海峡那边的事情也不以为意，但树欲静而风不止，他和弟弟威廉二世身边都有人不断挑唆他们吞并对方，兄弟俩的关系日益恶化，眼看迟早要兵戎相见，罗贝尔正在烦恼之际，欧洲十字军大举东行，他终于找到了解脱之路。于是罗贝尔率领本部人马投入十字军，离开令人烦恼的家庭纷争。海峡那边的威廉二世也乐得这个潜在的威胁消失，特地赞助了哥哥一笔军费，而罗贝尔则把他的领地诺曼底抵押给了弟弟。

威廉系的另外两个主要将领，分别是布卢瓦伯爵艾蒂安、佛兰德尔伯爵罗贝尔二世（与诺曼底公爵罗贝尔同名，两人是表兄弟），他们的领地都在今天法国境内。前者是威廉的女婿、诺曼底公爵罗贝尔的妹夫。他本人惯于安逸，喜好文学，并不是一个宗教狂热者，对东征兴味索然，他在西欧已经拥有大量的资产，当时的法国农民满怀羡慕地说："一年有多少天，艾蒂安就有多少座城堡。"但艾蒂安娶的是征服者威廉的三女儿阿德拉，或许是出于与生俱来的"征服基因"，这个女人不停地鼓动艾蒂安去收复圣地。在她的一再催促之下，这位地产大亨兼文学爱好者终于率军出征。艾蒂安在历史上算不上重量级人物，但他的儿子小艾蒂安后来在英国开创了诺曼王朝和金雀花王朝之间承上启下的布卢瓦王朝。而佛兰德尔的罗贝尔二世是征服者威廉的外甥，此前曾协同拜占庭军队跟塞尔柱人交战，因作战勇猛，得了"基督的剑与矛"美誉。罗贝尔二世不久前才返回法国，此次东征对他来说算是故地重游，而他的经验对威廉系十字军也是十分难得的。

上述诸位将领的手下多是享有封号的各级骑士与贵族，不过在当时西欧的大环境下，他们也都有各种各样的不如意，因此才加入十字军。如菲利浦·希提在《阿拉伯通史》中所说，他们的经济和社会地位十分凄惨，对他们来说，佩戴十字架，与其说是一种牺牲，不如说是一种投资。

除了这些正规军，第一次十字军还包括若干小股队伍，但为了防止再闹出农民十字军那样百无一用的送死部队，教廷严格限制了各路杂牌军，从身份、财产、武器装备等方面做出限定标准，严禁妇女单独参军，推行正规身份认证，取缔各种山寨版十字军，这些努力使得远征军的人员构成更加专业化。各路十字军名义上奉跟随雷蒙的队伍同行的教皇特使阿德马尔主教——克莱蒙大会上第一个发誓东征的人——为最高统帅，但实际上的指挥权仍然操于诸位将领之手。

经过农民十字军闹剧般的序幕，正剧总算开始了。

城下之盟

十字军还在路上，但他们出发的消息已经传到匈牙利和拜占庭，拜占庭皇帝阿莱克修斯、匈牙利国王卡洛曼，以及其他诸多东欧统治者们大都心神不宁。上半年的那批农民十字军让东欧人心有余悸，他们对这些原本十分期盼的教友兄弟实在是领教了，匈牙利国王动员全国兵力，严阵以待。至于亲手按动十字军东征启动键的阿莱克修斯，此刻更是深深体会到了请神容易送神难，面对不断东来的十字军，他仿佛今天面对美墨边境线上不绝如缕的偷渡客而束手无策的美国人。

但阿莱克修斯终究不能像小布什、特朗普那样修隔离墙、拉铁丝网以"终结"东来的十字军，他只能尽量对这股毁灭性的力量加以引导，使其尽快离开拜占庭的土地，去攻打异教徒，当然，最好还能顺便为拜占庭夺回失去的亚洲领土。为此，拜占庭皇帝要使出连拉带打的外交手段。要知道，拜占庭地处欧洲抵御蛮族和异教徒的前沿阵地，能坚持数个世纪而不倒，靠的正是这种借力打力、以夷制夷的太极功夫。

阿莱克修斯先致书附属于拜占庭的东欧游牧民族，雇他们邀击十字军，有时甚至派出拜占庭正规军，秘密地参与这种袭击，此举目的就是要使十字军在拜占庭的土地上找不到安全感，从而无意逗留，只想尽快离开。同时，阿莱克修斯还吩咐帝国的海运部门备好船只，十字军抵达君士坦丁堡后立即装船送往小亚细亚，不让他们在帝国首都附近完成集结。除了这些强硬手段，拜占庭皇帝也预备好了"胡萝卜"，他打算重金收买十字军中的将领，使其向自己宣誓效忠，为拜占庭收复失地。作为交换条件，阿莱克修斯除了对将领个人施以厚赂，还准备以拜占庭帝国的名义授予十字军在未来征服的东方土地上的统治权，这一招虽属空手套白狼，但直指那些想发战争财的将领的内心，也算十分对症。

再说东进的各路十字军，在阿莱克修斯拨弄如意算盘的时候，他们距离君士坦丁堡也越来越近。

第一个出发的于格，也如愿以偿地第一个到达，但他是作为光杆司令走进君士坦丁堡的。这个倒霉的伯爵在亚得里亚海翻了船，本就不太多的部下淹死大半，于格本人总算命大，被水冲到岸上由拜占庭人救起，送到君士坦丁堡。这下他出发前吹的牛皮彻底吹破，他曾经要求的欢迎仪式统统欠奉，阿莱克修斯并没怎么礼待这位"天下最尊贵的国王"，将他软禁起来，防止生事。

布永的戈弗雷那路人马的境遇要比于格好一些，这是因为戈弗雷采取了十分明智的审慎态度。他们在匈牙利边境处遇到了严阵以待的大军，戈弗雷与卡洛曼的代表谈判，最终，在承诺不侵扰匈牙利人并交出12名人质之后，他们获得了通行以及沿途公平交易的权利。甚至匈牙利方面还为他们提供了贴身护送服务——戈弗雷所部的十字军行进时，由卡洛曼亲自统领的匈牙利大军弓上弦刀出鞘，跟在一旁随行，名为保护客人，但很明显更主要的目的是提醒这些西方来客不要有任何非分之想。这种全程陪护的VIP贵宾待遇，一直持续到戈弗雷等人渡过萨沃河离开匈牙利国境，此时匈牙利王才放回人质，并送上礼物和祝福。随后，戈弗雷又在保加利亚等地享受了类似的礼遇，也都有惊无险。他以极大的克制避免了无谓的冲突，十分顺利地来到了拜占庭境内。对此戈弗雷十分得意，他对手下说，我使你们避免了在讨伐异教徒之前先和同是基督徒的人兵戎相见。

到了1097年3月，各路十字军都已经抵达拜占庭。大家一路上的经历大同小异：雷蒙树大招风，少不了遭遇各种小麻烦以及补给困难，他的解决方案是粮食能买就买，买不到就抢，当然，为了避免大规模冲突，他也十分谨慎地将下手的对象限于犹太人；博希蒙德、坦克雷德叔侄走的是海路，从塔兰托到巴尔干半岛距离不远，他们诺曼人又是靠航海起家，因此顺利登陆；威廉系的三支队伍出发较晚，只好在意大利过冬，顺便抢抢当地人。1097年春天他们再次启程，小罗贝尔对东方轻车熟路，因此他们也没费什么周折。

4月，威廉系之外的各路十字军在比提尼亚平原集结。关于第一次东征的十字军总兵力，历来没有明确的记载，作为亲眼见证者，时龄14岁的拜占庭公主安娜写出了对十字军的观感，可惜这位文青公主虽是不错的修辞家，却不是合格的记录者，她用了"成群的蝗虫、森林的叶片、海滩上的沙子、夜空里的星星"之类的生动比喻来描述十字军的数量,但具体的统计数字就恕不提供了。至于时人的说法,乌尔班二世在带有煽动性的演讲中称大军足有30万,而随军牧师的估算结果则更惊人——从60万到600万不等。现在史学界普遍的观点是,十字军人数不可能是上述的天文数字。爱德华·吉本在《罗马帝国衰亡史》中认为,各路十字军出发时的总人数在10万左右(包括大量跟随大军一起前行的朝圣者,其人数甚至可能超过正规的十字军),英国军事专家富勒将军的考证结果就更煞风景,他从补给能力方面估算,认为最终到达君士坦丁堡的十字军总人数为2.5万—3万。

面对这么多全副武装的不速之客,阿莱克修斯更紧张了。他知道这些骑士十字军的素质不同于此前的农民十字军,不怎么担心他们会像彼得那伙人一样在乡间滋扰,但可怕之处也正在这里,这些更有头脑的人可能也更有胃口,阿莱克修斯真正担心的是,这些人可能在君士坦丁堡豪富的刺激下选择更大的目标——他的帝国。由于先期抵达的几支十字军都拒绝在隆冬时节渡海进入亚洲,因此他分批装船运走的计划没能实现,现在严峻复杂的形势下,他只能用各种手腕拉拢十字军将领们,争取趋利避害。

已经成为"高级囚徒"的于格第一个就范,这个已无一兵一卒的伯爵对拜占庭皇帝宣誓效忠,以此换得了自由和礼待。阿莱克修斯趁机把他树为先进典型,让人们看见堂堂的"法国御弟"都投效了,自然也就没什么不平衡了。

不过戈弗雷没那么容易屈从,这位恪守骑士精神的将领宣称"忠臣不事二主",他已经向德皇亨利四世宣誓效忠,不会再对别人称臣。阿莱克修斯遂以断粮相挟,戈弗雷率部和拜占庭军队小打了几仗,双方都没能占到便宜。眼看大军的粮仓见底,阿莱克修斯又派出于格前去游说,并提出收戈弗雷为义子,这样就可无损他对亨利四世的忠诚。形势比人强,为了实现到亚洲收复圣城的愿望,戈弗雷只好忍辱负重,长叹一声:"便是我,也要投降拜占庭了!"

随后,阿莱克修斯送戈弗雷所部渡海,紧接着拜占庭皇帝迎来了十字军诸将中他最为忌惮的人——博希蒙德。十几年前,这个诺曼人曾经横扫拜占庭帝国在意大利南部的属地,甚至他还曾跟随其父吉斯卡尔侵入拜占庭本土,声威广布巴尔干半岛西部。诺曼人的凶悍让拜占庭皇帝印象深刻,虽然他们这次来的只有不到1万人马,阿莱克修斯还是决定采取怀柔政策,以利诱之。博希蒙德被请进君士坦丁堡,宾主双方都谦恭多礼,不提过恶。阿莱克修斯带领博希蒙德参观他豪华的殿宇苑囿，来到了一个堆满金银珍玩的库房之中，博希蒙德从没见过这么多值钱的玩意，忍不住惊呼："我要是有这些财富，整个世界我都能征服！"阿莱克修斯等的就是这句话，他当场宣布："这些财富现在都属于你了。"虽然博希蒙德胸怀大志，不会被钱财役使，但这件事让他看出了与拜占庭皇帝合作的好处远多于与他为敌——起码现阶段是这样。于是，博希蒙德宣布，愿做"皇帝的仆人"。阿莱克修斯则以拜占庭帝国的名义，任命博希蒙德为十字军最高指挥官。

不久后雷蒙也到了，这个财大气粗的老头因为不满博希蒙德受重用，宣布只做"上帝和教皇的仆人"，言下之意拒绝向阿莱克修斯臣服。最终在博希蒙德和于格的压力下，双方各让一步，阿莱克修斯不再坚持要求雷蒙效忠，法国老头则宣誓不侵害拜占庭和皇帝的利益。但他的手下还是桀骜不驯，在宣誓仪式上，有个来自巴黎的罗贝尔男爵，竟然公然跑到阿莱克修斯的御座上一屁股坐下，连当时在场的戈弗雷之弟鲍德温都斥责他无礼太甚，这位男爵则对拜占庭皇帝叫板道："我是法国最牛的武士，不服尽管来比划比划。"但得到雷蒙宣誓的阿莱克修斯心情不错，对这个莽夫只是一笑置之。

4月29日，雷蒙的大军也被送往小亚细亚，阿莱克修斯长出一口气。5月中旬，姗姗来迟的威廉系诸将也到了，身为征服者威廉之子的罗贝尔，表现却谦逊低调，以朝见上国君主之礼拜谒了阿莱克修斯，后者十分高兴，加上看见这一支人马为数不多，掀不起什么风浪，于是格外加恩，请他们在君士坦丁堡周游盘桓了好几个月。当他们终于辞别皇帝再次启程时，先期抵达亚洲的十字军已经在和塞尔柱人浴血奋战了。

一部分人先富起来

1097年5月，十字军的主力已经渡过博斯普鲁斯海峡，在小亚细亚半岛集结。

这些欧洲武士来自五湖四海，为了一个共同的目标走到一起，他们说着法语、德语、拉丁语、诺曼语，彼此沟通极不顺畅，但因为相同的作战目标和宗教情怀，他们进入"被异教徒强占的土地"之后，立刻迸发出了同仇敌忾的袍泽之谊，形成一个真正的整体。当年在巴别塔下，上帝扰乱了人类的语言使其彼此隔绝，而此刻这些人又因为他的意旨，跨越了语言障碍凝聚在一起。

十字军的对手是占据安纳托利亚高原和小亚细亚大部的罗姆苏丹国。塞尔柱人的第三代苏丹马利克沙于1092年去世后，从中亚呼罗珊到地中海东岸的统一的大塞尔柱帝国已经不复存在，代之以若干塞尔柱及其他突厥民族统治的小国，罗姆苏丹国是其中最强有力的一个，十字军到来时，苏丹是开国者库塔尔米什的儿子基利吉·阿尔斯兰（为避免与其伯父阿尔普·阿尔斯兰混淆，下文简称基利吉）。罗姆苏丹国的首都尼西亚当年是拜占庭重镇，距离小亚细亚半岛的西海岸很近，上次轻松杀光农民十字军之后，基利吉觉得欧洲人不过尔尔，于是放松了警惕。当十字军从拜占庭出发渡海时，他没有在第一时间部署西线的防务，而是留在东部与一些同宗的小国争斗，直到5月21日十字军兵临城下，他才意识到事态的严重性，匆匆赶回尼西亚，组织首都保卫战。

待基利吉赶到城下，尼西亚已被团团围住。苏丹准备从背后袭击围城的十字军，但他的兵力不足，无法实现反包围，而且轻装的塞尔柱骑兵抵不住士气如虹的十字军重骑兵，很快败下阵来。基利吉只好抛弃了他的都城和守军，在天黑之后悄悄撤出战场，到东部去招集人马准备反攻。此后十字军围城猛攻，塞尔柱人则凭着这座拜占庭人修筑的坚城据守，定居民族与游牧民族较量中通常的攻守态势完全调换了过来。十字军久攻不下，就把抓获的塞尔柱人押到城门前成批地斩首；塞尔柱人也不甘示弱，在城头肢解十字军俘虏，城上城下仿佛开了两间生肉铺子。

与十字军协同作战的还有阿莱克修斯派来的拜占庭军队。尼西亚有一段城墙濒临湖水，拜占庭人就负责从那个方向进攻。围攻持续近一个月时，拜占庭军从后方调拨的船只运到，他们准备乘船从湖上攻入城内。守城的塞尔柱人知道敌人一旦从水路杀入，尼西亚城必破无疑，于是和拜占庭人秘密谈判，最终双方商定，守军向拜占庭投降献城，后者则保证他们安全离开。这种私相授受的行为十字军毫无察觉，到了6月19日原定发动总攻的这天，他们忽然发现尼西亚城上已经升起了拜占庭帝国的双头鹰旗帜，这才意识到自己被白白利用了。虽说事先已经宣誓夺回原属拜占庭的地盘后要物归原主，但苦战了近一个月眼看胜利在望时到手的战利品却归了别人，十字军将帅们还是气不过，纷纷大骂阿莱克修斯不仗义。后来拜占庭皇帝不得不拿出了大量金银财帛作为安抚，不过十字军和拜占庭本就十分脆弱的联盟已经出现了裂痕。

但现在毕竟还不是窝里反的时候，十字军诸将领都觉得收复圣地才是头等大事，于是他们约束部下收拾心情继续东进，而拜占庭方面的将军泰提修斯也率部继续随行。此时，先前败走的苏丹基利吉已经与东部的塞尔柱诸部讲和，并重新组织起一支军队，准备赶回来复仇。7月，苏丹的大军与十字军的先头部队在尼西亚东南数百千米的多利列平原遭遇。

求战心切的基利吉一发现敌踪就立刻指挥大军围上去，而十字军的先锋队由博希蒙德率领，他看出敌众我寡，马上命令部下排出密集阵型，借助坚实的铠甲防守，同时派人火速向周围友军求援。作战双方都以骑兵为主力，阿彻·琼斯在《西方战争艺术》中描述了这场东西两大骑兵流派的较量："突厥人并不靠近，而是沿着十字军的阵形驰骋，发射弓箭，并注意不形成值得十字军骑士冲击的集团。十字军发起小群冲锋，突厥人就立即后撤，并继续发射弓箭。十字军的盔甲足以保护人员免受箭伤，但战马被射死不少，而当冲锋的小群脱离主力时，突厥人就将其完全包围，因而人员也伤亡惨重。数小时后，十字军收拢在一起，向营地退去，而毫无组织的步兵已被突厥人突破。"此时的博希蒙德部情势万分危急，琼斯书中援引时人的记述称，骑士们被"挤得一个紧靠一个，就像关入羊栏的羊群，毫无希望又惊惶失措，我们四面八方都遭到突厥人的进攻"。

危急关头，援兵赶到。戈弗雷和于格率领一军从右侧冲出，随后雷蒙和罗贝尔、艾蒂安等人也一起杀到。眼看战局逆转，博希蒙德马上鼓舞士气，十字军重新列队，排成长阵线冲向敌军。欧洲的高头大马蹄声隆隆，大地为之战抖，而马背上满身重甲的骑士手挺长矛并排冲来，更显威不可当。基利吉的部下多是入伍未久的新兵，缺乏集体作战的素养，而且他们的箭矢本就对身披重甲的十字军没有足够的杀伤力，现在见敌军重鼓声势，许多人四散逃去。只有苏丹的近卫部队不辱使命，勇敢地与铁甲骑士对攻，高喊"真主至大"，奋勇迎击，而十字军也不示弱，高呼"上帝的意旨"猛冲。但塞尔柱军队的装备和战术素养确实落后一筹，在硬碰硬的较量中完败，溃不成军，十字军在后乘势穷追。

塞尔柱人在多利列平原之战的败北使他们在此后很长时间里不敢再主动袭击十字军部队，但近东严酷的沙漠气候成了欧洲人新的大敌。十字军在多利列稍事休整之后继续向南推进，其时已是8月，酷热缺水的环境使十字军疲惫虚弱，拿不动武器的人丢盔弃甲，战马也大量渴死，失去坐骑的骑士只好屈尊骑着原本作为军粮的山羊，而一些将领携带的猎狗有时候也被迫代替驮兽拉车。为了解决饮食补给问题，十字军不得不化整为零，分散开来。当时他们已经挺进至小亚半岛东部，经过商议后大军主力继续向东，另拨出一队人马，由戈弗雷之弟鲍德温和博希蒙德的侄子坦克雷德这两员二十出头的小将率领，向南翻越托罗斯山脉，进入巴勒斯坦，为大军南下收复圣城打前站。

托罗斯山脉是阻隔小亚半岛与巴勒斯坦的屏障，平均海拔2000多米，山脚是嶙峋光秃的峭壁，山顶上常年积雪，道路难行。鲍德温和坦克雷德的联军先晒后冻，粮草也接济不上，人畜体力不支而倒毙的情况时有发生，不及埋葬的尸骸又引发了疫病，着实苦不堪言。身处绝境的十字军将士全凭着信仰的力量才坚持下来，许多战士为了轻装减负，把兵器盔甲都扔了。终于，历尽千辛万苦后，十字军翻过了托罗斯山脉，进入了小亚半岛东南部亚美尼亚基督徒的地盘奇里乞亚，柳暗花明。

经过休整，十字军恢复了元气，但刚才还在同甘苦共患难的鲍德温和坦克雷德反倒抛弃了同志加兄弟的战斗情谊。按照行军计划，他们应该合力攻打半岛南部濒临地中海的塔苏斯城，攻城战中坦克雷德出力更多，但夺下该城后，鲍德温使出手腕拉拢当地人，反而获得了更多的利益。勇猛的坦克雷德自知算计不过工于心计的鲍德温，碍于大局没有发作。随后在另一座攻克的城市马米斯特时，鲍德温又想占坦克雷德的便宜，后者终于忍无可忍，拔剑相向，至此两军闹翻。随后坦克雷德冷静下来，主动找鲍德温和解，希望继续联手，按照原定作战计划南下安条克，等待大部队来会师。然而，鲍德温有自己的打算。不同于他急公好义、严谨刻板的哥哥戈弗雷，在欧洲没有尺寸之地的鲍德温参加东征的主要动机之一，便是夺取一块由自己主宰的领土。而他深知自己的实力在十字军中远非出类拔萃，如果跟随大部队去攻打大城市，那只能落得"人家吃肉我喝汤"的结果，加上现在已与友军生出隔阂，他更无意回到大部队中去当配角，只想靠自己的力量去捞世界。尽管不少部将反对他的冒险计划，但鲍德温不为所动，他婉拒了坦克雷德，并遣散了意志不坚定的部属，准许他们转投坦克雷德，他则率余部径直向东进发。诺曼人悻悻而退，带着部下往南去了。

1097年冬天，鲍德温的人马渡过了幼发拉底河，他的目标是两河之间的千年古城埃德萨（阿拉伯人称"鲁哈"）。埃德萨扼守小亚半岛通向美索不达米亚的门户，这里本是《旧约》中犹太人先知亚伯拉罕的故乡，相传当年他就是在这里感受到神的召唤，率领族人迁往迦南。不过，那个时候还没有"埃德萨"这个名字，埃德萨城得名于公元前4世纪塞琉古帝国的开国君主亚历山大的部将塞琉古一世。他底定西亚之后，心念马其顿故国，就用马其顿名城埃德萨的名字为这座城市命名。此后1000多年中，马其顿本土的埃德萨渐已被人遗忘，而这座亚洲的埃德萨城，因其得天独厚的地理位置，一直是兵家必争之地。在巴西尔二世时代，这里是拜占庭帝国的东部重镇，主要居民是信奉基督教的亚美尼亚人。1071年曼齐刻尔特战役惨败之后，拜占庭人的势力缩回欧洲，埃德萨又一次成为基督教世界之外的飞地，这些年来在各路穆斯林邻居的交攻之下苦苦支撑。

鲍德温向埃德萨进军时，该城的统治者托罗斯正在张榜招贤，寻求能帮助他抵抗塞尔柱人的勇士，他为此开出的价码是"埃德萨城继承人的位置"。此时鲍德温已经获知了自己留在家乡的妻子病故的消息，而他在西欧并无封地，现在又远在万里之外，想继承妻子名下的地盘也已不可能，彻底没了退路的鲍德温对埃德萨更加志在必得。对他来说，最有利的是埃德萨领主托罗斯已经年迈，膝下并无子嗣，因此打他的主意就和挖绝户坟一样安全。谋划妥当之后，1098

年春天鲍德温赶到埃德萨，与托罗斯谈判，一通威逼利诱之后，老头终于就范，答应收鲍德温为养子，将来继承埃德萨城的统治权。

随后城内举行了亚美尼亚风格的收养仪式。鲍德温和托罗斯面对面紧贴在一起，祭司将他们两人套在一件宽大的衬衣里，二人胸贴着胸用力互相摩擦数下，祭司宣告礼成，养父子关系正式确立。

托罗斯"晚年得子"，虽然谈不上快乐，但他至少指望着借助鲍德温的力量击退塞尔柱人，暂解燃眉之急。可惜他没想到，连这个最低的愿望都无法实现，鲍德温的到来非但没有缓解，反而加重了埃德萨的危机。由于拜占庭背景，托罗斯本人信奉的是东正教，而埃德萨的民众多是亚美尼亚人，普遍信仰传统的"基督一性论"——早在500多年前的卡尔西顿宗教大会上，该教派就被信奉东正教的拜占庭皇帝查士丁尼裁定为异端。在那个年代，信仰问题就是路线问题，是头等大事，因此托罗斯与他的属民们本就有着一层隔阂，现在他收纳外来的鲍德温为继承人，又让许多追随他很久的部下心生怨怼。因此鲍德温进城之后，托罗斯与埃德萨人愈发离心离德。

这一切，鲍德温都看在眼里，而作为矛盾激化的导火索，他并没有选择和养父站在一起，反而暗中游说反对派，表示自己继承埃德萨之后，将废除东正教的官方地位，让埃德萨人自由选择信仰，改善文武官员的待遇。这样一来，长袖善舞的鲍德温把那些原本敌视他的埃德萨将吏们拉到了自己一边，托罗斯更加孤立无援。

1098年3月，已经对托罗斯彻底厌倦的埃德萨军官们组织兵变，逼迫老领主退位，慌乱之中托罗斯跑到鲍德温处求助，后者则劝说养父顺从民意，早点退居二线。此时托罗斯才深悔引狼入室，他绝望地跳窗而逃，被叛军抓获杀死。

作乱者随后拥立鲍德温上位，这个原本在西欧寂寂无闻的小子，现在成了一方之主，而从他进入埃德萨城到坐上王座，仅用了一个多月的时间。接下来鲍德温并没有坐享其成，他顺理成章地迎娶了一位亚美尼亚公主作为续弦，不但解决了壮年丧偶的个人问题，更凭此加强了与当地人的联系，也使小亚细亚半岛东南部信奉基督教的亚美尼亚王国成了潜在盟友。接下来鲍德温号召埃德萨人以及邻近的诸多亚美尼亚人投入麾下，然后率领他们主动出击，扫荡周边的各小股塞尔柱人和阿拉伯人。兵锋所及之处，遍及两河流域北部，埃德萨的势力范围远超托罗斯时代。

奠定了国内外的统治基础之后，鲍德温着手建国。此时他面临的主要麻烦是，他在君士坦丁堡时曾向阿莱克修斯宣誓效忠，并承诺将夺得的原属拜占庭的领土交还皇帝，埃德萨也曾是拜占庭的地盘，依照前约鲍德温需要将其交出。虽然从托罗斯事件来看，鲍德温并不怎么把誓言当一回事，但拜占庭毕竟轻易开罪不得，于是他采用了一个折中的办法，以他母亲一系的凡尔登伯爵头衔在埃德萨实施统治，自封为埃德萨伯爵，称鲍德温一世，他治下的埃德萨也只称伯国，不称王国。鲍德温名义上向拜占庭帝国称臣，但事实上埃德萨的全部权利都归他所有，这样拜占庭人找不到口实处置他，十字军同伴们也不至于过于眼红，至于名分上的事，口头便宜而已，随他去吧。

埃德萨伯国是十字军东征的第一个标志性成果，这是西欧人在东方获取的第一块领土，是十字军掘到的第一桶金。要知道鲍德温在西欧本来没有封地，如果不是参加十字军，他的命运必将是投身修道院，运气好能当个主教，运气不好就只能混迹于普通僧侣之间，逢年过节靠着兄长的周济改善一下生活。而如今这个西欧的二线贵族一跃成为东方君主，这也证明了此前西欧人期盼的东方的财富与权利并非海市蜃楼，作为先富起来的一部分人，鲍德温的先进事迹刺激着越来越多的欧洲人。埃德萨伯国的建立也触动了其他的十字军将领，如果说此前十字军东征主要是凭着对宗教的一腔赤忱，那现在有了鲍德温的赚钱效应之后，更多的人动起了取地建功、开国立业的念头。

八月围城

1097年鲍德温赶赴埃德萨的同时，十字军主力也在向着南方推进，那里有他们东征的首要战略目标，圣城耶路撒冷。但在此之前，他们必须先打通通往圣城的门户——安条克。

安条克城是昔日塞琉古帝国的首都，建城已历1300余年，耶稣的追随者就是在这里首次被称为"基督徒"，因此对十字军来说，安条克有着非凡的意义。该城居于地中海沿海通道的要冲，左侧是奥龙特斯河，右侧依靠着高耸的希尔皮乌斯山，城池修建有周长超过10千米的坚实城墙，400余座箭楼构成密集的交叉火力网，可称固若金汤。但多利列平原战役之后，塞尔柱人已对十字军颇为忌惮。镇守安条克的是塞尔柱帝国第三代苏丹马利克沙任命的埃米尔（意为总督）亚吉·西彦，面对大举来犯的十字军，他诚惶诚恐，紧急遣使与原本龃龉不断的阿勒颇、大马士革等地的穆斯林统治者修好，希望停止内战一致对外。与此同时，西彦也在安条克城主持防务，一面高筑墙广积粮，一面清除潜在的不安定因素，他将城中的基督徒和犹太人尽数逐走，还把基督教的大主教囚禁起来。

不久后，十字军从东北方向到来。在安条克城的屏障奥龙特斯河铁桥一线，十字军遭遇了西彦部署的守军，两下交锋，塞尔柱人一触即溃，退入城中，十字军紧追不舍，直到安条克城下。博希蒙德、雷蒙、戈弗雷三部本想一鼓登城，但城上严阵以待的守军万箭齐发，十字军被逼退，于是就地扎营，将城池三面围住。其时是1097年10月底，历时近一年的安条克之围，就此开始了。

安条克城高池深，兵粮足备，塞尔柱人野战不是十字军对手，但凭着坚城，足以自守，缺乏攻城器械的欧洲人一时拿他们没奈何，只能长围久困，打起消耗战。从1097年11月起，后续的各路人马陆续赶来：威廉系的三位领主到了，拜占庭方面的将军泰提修斯到了，农民十字军失败之后一直逗留在君士坦丁堡的隐士彼得、"木匠"威廉等人收拢残部也赶到了。

塞尔柱人尝试过突围，但他们刚打开城门，十字军阵中的戈弗雷和罗贝尔就抢出迎战，这两人都是名闻欧洲的武士，大显神威，阵斩塞尔柱将领，败军又退入城中坚守不出。此后双方继续对耗，城里的人想逃出去，城外的人想冲进来，都无法如愿。到1097年底，围城已近3个月，但双方真正交手的时间只有4天，周围阿勒颇等地赶来的援军也被轻松击溃。对十字军来说，最大的难题不是作战，而是在坚城之下忍饥挨饿。其时聚集在安条克城下的基督战士加上朝圣者，总数无虑十万之众。吃饭是个大问题，他们随身携带的给养有限，早已坐吃山空，邻近的村庄也无法提供足够的军粮，尽管后方由教皇乌尔班二世出面，雇用了意大利北部的航海大户热那亚人从海上为十字军运粮，但也只是杯水车薪。况且热那亚人贩运一次觉得无利可图，也就不再给教皇面子，围城的十字军再次面临断炊的危险。

1097年12月底，在度过了一个惨淡的战地圣诞节之后，十字军终于决定主动出击，到邻近各处觅食。博希蒙德和小罗贝尔选出2万人组成征粮队，向东部进发，想不到没走出多远就碰上了大马士革赶来的塞尔柱援军，十字军虽然击退了对手，但深感前途凶险，不敢孤军深入，只好带着为数不多的战利品撤退，而这些东西尚且不够支持他们返程。博希蒙德等人回到安条克城下时已是1098年伊始，饿着肚子过完新年的围城大军失望地看着征粮队空手而归。

自己动手丰衣足食的计划破产，十字军联营成了人道主义重灾区，士兵们开始宰杀战马和驮兽来充饥，原本6万匹战马和驮兽，到后来被吃得只剩下2000匹。但仅靠吃这些同样皮包骨头的动物也不足以解决问题，随后大家开始狩猎采集，附近田里的庄稼刚种下去，就被他们急不可待地挖出来煮食，山中的野生动物也遭了灭顶之灾，千山鸟飞绝，万径兽踪灭。不过不是每个人都有机会出猎，大多数人只能在营地里逮耗子，当时在军中的黑市上，老鼠肉是昂贵的高级食品。而随十字军一起前来的朝圣者们，伙食标准又低得多。他们经常需要翻检牲畜粪便，从中找出未消化的植物种子，拿来变废为宝二次利用。而随着病饿致死者不断增多，饿殍们的遗骸也被用以充饥，以我之腹，为汝棺材，正好顺便解决下葬的问题。英国人查尔斯·麦基的《人类疯狂愚昧趣史》上说，由于十字军成分复杂，彼此并不熟识，西彦经常趁夜派人悄悄出城混入十字军队伍，刺探消息。而这些人被抓之后，愤怒的十字军便在城下支起柴堆，将之架在火上烧烤，直到外焦里嫩，"令人作呕的肉香飘出好几百米"。这就是中世纪欧洲基督教会最为青睐的火刑，十字军以此威吓塞尔柱人的间谍，但烤熟之后他们有没有"壮志饥餐突厥肉"就不得而知了。

饥饿的威胁之下，一部分人的意志动摇了。一贯养尊处优的威廉系大款艾蒂安率先支撑不住，率领本部人马回欧洲去了；拜占庭将军泰提修斯也以筹粮为名返回君士坦丁堡（他留下了手下的大部分士兵）；赶来助战的鲍德温发现没什么希望，也收拾人马回埃德萨去了。尤其令人失望的是十字军曾经的精神偶像隐士彼得，这个老头当年在饥寒交迫之下独自完成了圣城之旅，而今大概是年岁增长致身体机能下降，他的胃这次拒绝听命于他的心，饿得挺不住的老头在一天夜里开溜，结果没走多远就被坦克雷德的巡逻部队发现，被逮了回来，虽然没受什么处分，但名声一落千丈。

值此危急关头，十字军只能一面尽量搜集任何可吃的东西，一面祭出精神胜利法。随军的神职人员根据当时流行的赎罪理论宣称，现在遭遇的一切困难都是上帝在有意考验信徒们的意志，同时也是在提前偿赎原罪、净化灵魂，挺过去就会否极泰来，所以大家务必咬紧牙关，勒紧腰带，迎接上帝的考验。对十字军来说，这种观点是他们此刻最后的救命稻草，大家以此互相鼓励，各种神迹、祥瑞在军中流传。绝境当中，信念帮助了十字军。

画饼充饥，可解一饥难解百饱，要想最终转危为安，只有一条路，那就是杀进安条克城去。当年希腊联军在特洛伊城下围困10年，不得其门而入，最终凭着奥德修斯的木马计一举得逞。此刻的十字军中，也有一位奥德修斯式的人物，他就是博希蒙德。和奥德修斯一样，博希蒙德也深谙堡垒最容易从内部攻破的道理，并且他通过敏锐的洞察力，在坚不可摧的安条克城中物色到了一匹"木马"。

这匹"木马"名叫菲鲁兹，原籍亚美尼亚，本是基督徒，后来投入西彦麾下，为了邀宠新主，改宗皈依了伊斯兰教。西彦本来对菲鲁兹信赖有加，委派他主管东段城墙的防务工作。当时不仅城外十字军方面闹着饥荒，城里的粮食也很紧缺，菲鲁兹凭借职权囤积居奇，结果被西彦查知，对他处以重罚。本来大敌当前，西彦要么不为苛查，要么一查到底，果断撤换，但他偏偏做事只做半截，罚了菲鲁兹一笔银子之后依旧任用他守城，这就给了心怀怨愤的菲鲁兹与敌人暗通款曲的机会。菲鲁兹准备反水的情报最先落到了博希蒙德的谍报人员手里，诺曼人听到这一绝密消息后如获至宝，他早就对安条克城动了心思，想在攻克之后将其据为己有。此前泰提修斯离去之际，博希蒙德就曾大造舆论，说拜占庭抛弃了十字军，所以大家也不必履行向阿莱克修斯献土的承诺，这就为他自己占据安条克做了铺垫。现在有了菲鲁兹这个内线，博希蒙德自信可以在攻城战中发挥重大作用，并凭此功绩，获得安条克城的统治权。就在这时，西彦请的第三路援军，摩苏尔埃米尔凯尔波加正率大军赶来。凯尔波加是塞尔柱军阀中的实力派人物，此次更纠集了28位埃米尔，组成了一支兵强马壮的联军。这就意味着十字军必须在凯尔波加到达之前破城，否则将在坚城之下被敌军合围。对十字军来说，这固然是个危险，但对博希蒙德个人来说，这更为他自高身价创造了条件。

于是，博希蒙德一面许以重金，笼络菲鲁兹，一面召集十字军诸将领议事。他向大家阐明了当前形势的严峻，并表示有绝对的把握立即拿下安条克，但大家必须发誓破城之后把安条克交给他统辖。十字军诸将当然不情愿，但此刻也没有更好的办法，只好权且答应下来，看他博希蒙德到底有什么手段。这时诺曼人才将他的计划说出，并要求大家依计而行。

6月2日这天夜里下起了倾盆大雨，除了博希蒙德部，全体十字军忽然鼓角齐鸣，从各个方向扑向安条克的城墙，城上的守军猝不及防，乱作一团。已经和博希蒙德商量好的菲鲁兹，命令他的部下们离开岗位去支持战事吃紧处。这些士兵被支走后，博希蒙德亲率60名百里挑一的精锐敢死队，摸到了城墙底下。随后菲鲁兹按照约定垂下绳梯，诺曼勇士们冒着大雨攀缘而上，这些人自然不足以消灭守军，但斩开城门还是绰绰有余的。原本在各处佯攻的十字军接到信号，纷纷杀奔东段城墙下敞开的大门，安条克城就这样被攻陷了。

安条克之围始于1097年10月18日，到1098年6月3日凌晨陷城，先后历时7个月有余。城外的焦灼，使破门而入的十字军们变得疯狂，此前遭遇的种种痛苦，现在都必须用血来偿还。黑夜之中，他们砍杀遇到的每一个人，不问男女老少。此时夜空中仍然下着滂沱大雨，雨水与血水汇成河流，冲刷着安条克的街道、广场，尸骸堆积如山。6月3日清晨，血色的太阳升起来了，原本繁花似锦的安条克城变成了阳光下的地狱，但屠杀还没有停止，直到次日。

亚吉·西彦死于乱军之中，十字军找出他的尸体枭首，并把这颗头颅作为战利品。此外，他们还发现3日凌晨的大屠杀中，由于天黑敌友难辨，不少十字军战士被自己人误伤，他们的尸骸上插着的都是同伴的长矛。接下来，十字军洗劫了城中任何可能存放粮食的地方，不但埃米尔官邸、清真寺、犹太人礼拜堂被抢光，连同宗的亚美尼亚人的基督教堂也不能幸免。城中的存粮虽然所剩不多，但原本尚可支撑数月用度，而十字军展开报复性的胡吃海喝，粮食几乎瞬间就被糟蹋光了。

而此时，摩苏尔埃米尔凯尔波加的大军，已经逼近了安条克城。

10

圣矛现世

凯尔波加的治所摩苏尔位于今伊拉克北部，和阿勒颇、大马士革的两路援军相比，他与安条克距离相对较远，而且他组织的军队规模很大，因此未能赶在安条克城陷落之前抵达。本来十字军将领们对凯尔波加的行踪非常了解，他们进城之后也想抓紧时间布置防务，奈何手下的士兵们进了安条克，比李自成进了北京还要志得意满，只知道抢掠享乐，几乎失去控制。

6月7日，安条克易主之后仅仅4天，凯尔波加到了，他也像先前的十字军那样将城团团围住。这下形势陡转，原来的围困者变成了被围困者。

刚刚在几天的狂欢之中将安条克城内食物吃尽吃绝的十字军战士们忽然发现，他们要再一次面临饥饿的逼迫，而且更糟糕的是，他们现在身外多了一道城墙，纵然想效仿艾蒂安那样开溜也已做不到了，全军陷入了前所未有的恐慌。聪明的人抢着去剥树皮挖草根，以备饥馑，擅长抓老鼠的人也重操旧业，尽管经过大半年的围困，城里现在剩下的多半是厕中之鼠，但难耐的饥饿之下，鼠肉行情还是一路看涨。紧接着，派出求援的人又带回了令人沮丧的消息：艾蒂安和原本赶来接收安条克城的拜占庭皇帝阿莱克修斯听说敌军势大，竟然让军队向后转齐步走，折回君士坦丁堡去了。而本就对东征不太提得起兴致的艾蒂安眼看十字军前途暗淡，随后更是直接卷起铺盖回了法国老家。安条克城中的十字军仅仅做了4天征服者，就被抛弃在了令人绝望的窘境中。

由于安条克是被内奸献出的，城墙和箭楼等防御系统并没遭到太大的破坏，面对同样缺乏攻城重武器的凯尔波加仍然可资据守。但问题在于，士气衰落的十字军已不愿登城作战，他们躲在兵营里得过且过。愤怒的雷蒙放火烧了一座营帐，但无济于事，十字军战士冷眼旁观，依旧不为所动。其他几位将领的部下们，也已基本不受控制。天黑之后，更有不少人用长绳偷偷垂下城去潜逃，逃不走的人鄙夷地将他们称为"绳索舞者"。

皇帝不差饿兵。当此绝境，世俗贵族们的权威已经失效，要想绝处逢生，只能仰仗上帝的光辉思想来指引航程了。随军的神父教士们出面做思想工作。一位修士斯蒂芬召集十字军，愤怒地对他们宣称自己刚刚接受了耶稣基督的托梦，主斥责十字军攻陷安条克之后的种种堕落行为，表示现在的困境就是对他们的惩罚，要想转危为安，只能通过虔诚的祷告和严苛的苦修来向上帝祈求拯救。

斯蒂芬的训导让原本濒于心理崩溃的十字军再次找到了精神寄托。人们聚集到城中的彼得大教堂，展开深入的自我批评，大家深挖思想根源，狠批私字一闪念。教堂中人声鼎沸，信众们泪雨纷飞，为这几天来的劣迹做出忏悔：

> 天主暨救世主耶稣基督，我们的希望都寄托在你身上。在这座城市里，由于你的名字，我们被人称为"基督徒"，是你引领我们到这个地方。如果我们冒犯了你，随便你用什么方法来惩罚我们，但是请不要把我们交给异教徒，那样他们会骄傲地说："看吧，基督徒的上帝在哪儿呢？"（《阿尔贝·德·梅耶历史杂集》）

要净化灵魂，先得净化肉体。斯蒂芬修士下令将男女营帐分开，男兵实施禁欲，每天集体祷告，唱圣歌，以表达虔诚，增强凝聚力，恢复军心士气。大家在他的倡导下，亲神父，远荡妇，原本看似无可救药的十字军，又奇迹般地重焕斗志，稳定了情绪。

但仅靠圣歌还是无法唱退围城的凯尔波加，想要解围，还需要更大的奇迹。

所幸，中世纪是一个不缺乏奇迹，更不缺乏相信奇迹的人的时代。6月10日这天傍晚，一个名叫彼得·巴塞洛缪的人走进雷蒙的营帐，向他述说了下面这个奇迹。

彼得·巴塞洛缪是来自马赛教区的一名低级神职人员。他说早在1097年围城期间就曾连续梦到早期的殉教者使徒安德鲁，告诉他在安条克城内埋藏着一件至尊圣物。彼得·巴塞洛缪起初没敢将使徒托梦的事说出去，但随后他又连续两次做了同样的梦。梦中圣安德鲁不但告知他圣物的具体所在位置，还指示他将此事报告图卢兹伯爵雷蒙和教皇特使阿德马尔主教，由他们选出12名品行优异的人，斋戒沐浴之后，于良辰吉日前去挖掘，切不可等闲视之。因为该圣物具有超凡的力量，可以帮助十字军打退塞尔柱人的围攻，但如果对之怠慢，则会招致祸患。该圣物就是传说中的——朗基努斯枪。

朗基努斯枪，又称圣矛、命运之矛。木制的枪身长160厘米，铁打的枪尖长22厘米，通体净重4公斤，为天下利器，无坚不摧，兵器谱排名第一。此枪原是公元前后罗马军团步兵的标准配备，其首任主人唤作朗基努斯，故而得名。该枪神异之处在于，这是唯一一件曾伤害过耶稣基督的武器。《新约·约翰福音》中记载，当年耶稣殉难之后，罗马人准备把他的遗体从十字架上取下，士兵朗基努斯为了确认耶稣是否气绝，就用手中的长枪刺了一下耶稣的肋部，"唯有一个兵拿枪扎他的肋旁，随即有血和水流出来"（Instead, one of the soldiers pierced Jesus' side with a spear, bringing a sudden flow of blood and water.）。这柄刺入耶稣圣体的矛后来就被称为"朗基努斯枪"。在中世纪基督徒的观念中，任何耶稣甚至圣徒碰过的东西都是具有神性的圣物。而该枪捅过耶稣沾过圣血，其神异自然远非其他圣物可比，基督徒认为掌握朗基努斯枪的人会拥有吞吐天地包藏宇宙的超凡力量。欧洲历史上的许多英雄人物，其成功都被认为与圣矛有关，比如君士坦丁、查理大帝，甚至传说中的亚瑟王，据说他们都曾是圣矛的拥有者。但朗基努斯枪还有一个副作用，那就是一旦失落，就将厄运缠身，以往的功业统统化为乌有。真是枪在人在，枪失人亡。

圣矛的下落，几个世纪来无人知晓，现在竟突然出现在安条克城，这有些令人难以置信。兹事体大，雷蒙听完彼得·巴塞洛缪的报告不敢自己做主，连忙找来阿德马尔主教商议，最终双方决定，宁可信其有。于是，雷蒙按照彼得·巴塞洛缪传达的圣安德鲁的指示，选了12名最虔诚最圣洁的人，包括他本人和阿德马尔在内，大家祈祷之后穿起亚麻布衬衫和马裤，用从约旦河打来的水沾湿衣服，然后来到彼得·巴塞洛缪所说的圣矛埋藏地——彼得大教堂。

大家一大早就按照彼得·巴塞洛缪的说法开挖，但直到太阳落山，掘地三尺的挖掘队还是没有收获，连雷蒙都打算放弃了。这时彼得·巴塞洛缪忽然脱下外套，只穿着贴身内衣跳入大坑之中，他五体投地伏在坑底祝祷了良久，忽然坑边的雷蒙等人都看见坑里金光一闪，大家都意识到，挖到圣矛的矛尖了！"上帝保佑"的欢呼声中，不知在地下沉睡了多久的圣矛重见天日，大家连忙将其套进早已准备好的紫布囊，并通报全军：下面是见证奇迹的时刻！

当时正陷于绝望之中的各路十字军将士，听到这一喜讯无不欢呼雀跃，对圣矛深信不疑。当然，我们今天可以断定所谓圣矛出土，与中国历史上数见不鲜的"篝火狐鸣"之类的把戏，基本可以算作同类事件，但在当时，十字军既是出于对宗教的虔诚，也是为了在绝境中捞起一根救命稻草，因此都在潜意识里说服自己，相信了这个神话。不管圣矛事件究竟是谁策划的，他预期的效果还是十分完美地达到了。阿德马尔作为十字军名义上的最高统帅，正式掌管了圣矛，将士们也因此士气大振，个个坚信有上帝保佑，必将战胜异教徒。彼得·巴塞洛缪找到了圣矛，而每个十字军战士都找到了自己的精神原子弹。

气可鼓不可泄，十字军将领们决定趁着士气高涨，主动出击，杀退围城的敌军。6月28日这天，安条克城头上升起象征宣战的红色大旗，随后十字军大开城门，仅剩的2000匹战马组成先头方阵，博希蒙德、大小罗贝尔、于格、戈弗雷等众将全都披挂上阵。他们簇拥着阿德马尔，后者头戴高冠，铠甲外罩着一袭雪白的法袍，高举着圣矛，仿佛《魔戒》里的甘道夫。骑兵阵后面是倾巢而出的步兵，虽然人人面有菜色，但大家斗志昂扬，气势如虹。全军上下齐声高唱《旧约·诗篇》中的赞美诗：

愿神兴起，使他的仇敌四散。

由于兵力上占有绝对优势，凯尔波加并没把这些人当回事。但十字军的攻势远比他想象的猛烈得多，他们无视一切危险地径直冲撞，塞尔柱人的先头部队2000名轻骑兵迅速溃败。凯尔波加不及反应，十字军已冲到近前，这位埃米尔只能在侍从的保护下逃离一线，而他那支临时拼凑的大军人数虽众，但缺乏统一指挥，士气上更是远处下风，主帅逃跑，士卒更加没有抵抗的意志，塞尔柱人果真"四散"。十字军在"圣矛"激发出的勇气之下，一阵冲锋就解了安条克之围。战败的凯尔波加逃回摩苏尔，此后坚守不出，不敢与十字军再争雄长。

但安条克的十字军马上又陷入了新的麻烦——该如何分配这座城市？十字军开城冲阵，雷蒙是唯一一位没有参加的高级将领，但得胜回城的十字军惊讶地发现，城头上已经插上了图卢兹伯爵的旗帜。原来雷蒙借口发现并保护圣矛有功，趁着大家不在城中，自行宣布接管了安条克。除了那些极度迷信的宗教狂热者，其实十字军中许多人都看出了圣矛事件经不起推敲，但危急关头需要借此事来鼓舞士气,自然谁都不会说破。可是雷蒙竟然借题发挥,贪天之功以为己有,这就无法让别的将领服气了。尤其是早已觊觎安条克城的博希蒙德,后来他开始留心寻找机会,揭穿"圣矛奇迹"的真相。

到了次年4月十字军进攻阿克时,彼得·巴塞洛缪又假借圣徒托梦,对十字军将领的战略提出非议。博希蒙德终于找到等待已久的机会,他公开指出彼得·巴塞洛缪言辞中的若干不合理之处,进而质疑圣矛事件的真实性。大小罗贝尔等其他不满雷蒙所作所为的将领也随声附和。事情越闹越大,为了缓和矛盾避免内讧,雷蒙只好同意,用"神裁法"来验证圣矛的真伪。

1099年4月8日,阿克城下十字军的营地上堆起了两座大柴堆,每座有3英尺高(约91厘米),但彼此间距只有12英寸(约30厘米)。柴堆被点燃,赤焰映天。作为圣矛的发现者,彼得·巴塞洛缪被勒令手持圣矛从两座柴堆间穿过,这就是欧洲中世纪流行的神裁法。这种观念认为真正的圣物会保护其持有者刀枪不入水火不侵,到底圣矛和彼得·巴塞洛缪的说辞是真是假,一试便知。倘若圣矛能保佑他不受伤害,则一切自然确凿无疑,而彼得·巴塞洛缪要是不幸被烧死了,不但白死,还要背上骗子的污名。

这圣矛到底有没有防火功能,大概彼得·巴塞洛缪心里也没底,但此刻势成骑虎,他也只有硬着头皮去赴汤蹈火。彼得·巴塞洛缪手擎圣矛口诵经文,从燃烧的柴堆之间挤了过去,即将穿过火堆时,不知为何他又转身折了回来,据说他是要以此显示自己的虔诚和清白。正是"基督教徒意志坚,烈火焚烧只等闲。满身大泡何所惧,要留神迹在人间"。一趟炼狱之旅下来,彼得·巴塞洛缪伤得不轻,幸好他身形瘦小,步伐敏捷,才挤过了柴堆,没被当场烧死,这为圣矛和雷蒙多少保住了一丝颜面。

几天后,全身重度烧伤的彼得·巴塞洛缪不治身亡,圣矛的神话就此破灭。圣矛在当时就已被证伪,但后世的许多历史书中,还是言之凿凿地将其当成信史来写。于是,爱德华·吉本在《罗马帝国衰亡史》中评价道,后来的历史学家都用严肃的态度提及安条克显灵事件,像这样的情况表明,无知和轻信有很大的进步,当时当地被怀疑的神迹,相隔一段时空距离之后又被盲从的信仰所接受。

不管怎么说,"圣矛"总算在最正确的时间和地点适时地出现,挽救了十字军,挽救了东征事业。爱德华·吉本在《罗马帝国衰亡史》中称,为了围攻和防守安条克，先后已有5万名十字军战士和欧洲来的朝圣者丧生。从这个数据可以看出，被困在安条克城中的十字军真是到了最危险的生死关头，而正是圣矛充当了打进这些濒临崩溃的躯体的一针强心剂。但随着神迹的退去，雷蒙的"发现圣矛"之功自然也就无从谈起，博希蒙德等人可以名正言顺地反对他对安条克宣示主权的行为。圣矛帮助十字军击退了塞尔柱人的围城大军，同时，这柄矛也在本就不十分同心同德的十字军诸将领之间，划开了一道裂痕。

按

　　朗基努斯枪的材质尺寸，史料中并没有详细记载，传说中则有各种演绎，不可信之处居多。本文中的描述，是根据史料中记载的公元前后的罗马军团兵器统一规格写成的。

11

耶路撒冷！耶路撒冷！

1098年6月28日，十字军击败凯尔波加，相继赢得了安条克攻坚战和保卫战两场胜利，各种矛盾也在胜利之后凸现出来。在安条克城下饿着肚子共患难的各路诸侯们，有了富庶的安条克之后已无法共富贵，钩心斗角的权力之争日益公开化、表面化。其中尤以雷蒙与博希蒙德、坦克雷德叔侄的对立最为严重，他们为了安条克的归属明争暗斗，不可开交。这种气氛使很多十字军将领失望，戈弗雷曾一度离开大部队去埃德萨投奔弟弟鲍德温；于格回到君士坦丁堡试图说服阿莱克修斯派出援兵，协助貌合神离的十字军"收复圣地"，遭到拒绝之后，这位心灰意冷的光杆儿伯爵索性一走了之，回了法国韦芒杜瓦的老家。是年8月，名义上的联军最高统帅、教皇特使阿德马尔主教又因病医治无效不幸逝世，阿德马尔一直作为联军的精神支柱和教廷凝聚力的具象代表，他的逝世更让十字军濒于分裂与内讧的边缘。

好在士兵们的觉悟还是要高过各位将军，他们公开请愿，要求尽快出兵解放圣城。纷争无果，而东征尚未成功，各位将领们也意识到，如果不安抚军心，远征的阶段性成果将可能丧失。大家终于决定，先搁置分歧，保持战斗力，继续南下去进攻远征的首要战略目标——耶路撒冷。

攻下安条克之后，耶路撒冷门户已开，但途中还要经过的黎波里、阿克、布鲁特等若干塞尔柱埃米尔的辖地。这些地方的穆斯林统治者慑于十字军的威力，纷纷与之接触，表示愿让开大路，甚至提供军需，只求免于十字军的攻掠。但匹夫无罪，怀璧其罪，这些城市的财富早就引起十字军的觊觎，他们还是准备一路抢过去，家家过火，人人过刀。

第一个目标是马拉·安·诺曼。这个要塞位于安条克东南，本来不在行军路线上，但十字军要以主力南下，必须先拔除此处，以绝后顾之忧。1098年11

月底，十字军兵临马拉·安·诺曼城下。

马拉·安·诺曼城墙坚实，十字军再次陷入苦战，半个多月的围攻战中，先期到达的雷蒙和小罗贝尔损耗不小。但随后到达的博希蒙德再次灵光闪现。12月11日这天，他在晚上祷告的时候派翻译通知城中的居民，只要躲到城中的宫殿里就可保命，十字军破城之后不会侵犯那里，而且顺从者的财产也不会被侵犯。兵法有云："围师必阙。"本来城里人眼见走投无路，都抱了与城共存亡之心，但现在突然发现有活命的机会，抵抗的意志顿时冰消，许多人按照博希蒙德的指示躲进宫殿。在这种逃跑主义情绪的感染下，还在抵抗的守军士气也大大衰落，终于，城墙被十字军攻破。

接下来，马拉·安·诺曼人就发现自己上了当。

> 我们的人（指十字军）全进了城，在房屋里或藏物品的地方，发现有价值的东西就把它们据为己有。天亮了，只要一发现敌人，不论男女老幼一律杀死，城里每个角落都有萨拉森人（原指阿拉伯人，后被西方人用来泛指穆斯林）的尸体，在街上行走，很难不踩在尸体上。博希蒙德逮住那些听他命令躲进宫殿的人，夺去他们的金银首饰，杀死一些人，把剩下的带到安条克卖掉。

上文是十字军中亲历者的记述，写在《第一次十字军东征轶史》中。该书还称，攻陷马拉·安·诺曼之后，十字军因为给养跟不上，便就地取材，吃起了人肉，当然，这些肉都是从被杀的城里人尸体上割取的。穆斯林史学家伊本·阿西尔倒没提及这个骇人听闻的限制级特写镜头，但他的著作中称，马拉·安·诺曼城破之后，十字军在3天之内屠杀了10万人——这个数字似乎有些夸大了。

屠掠了马拉·安·诺曼城之后，众将又各率本部人马向西折回，继续沿海岸线向耶路撒冷进军，只有博希蒙德回了安条克，加紧在当地的经营。十字军的下一个目标是的黎波里，这不是现在利比亚的首都的黎波里，而是位于今黎巴嫩境内的一座沿海城市，是安条克和耶路撒冷之间的头号重镇。但安条克和马拉·安·诺曼接连陷落之后，的黎波里的埃米尔对十字军已经闻风丧胆，他派来使者，卑辞厚礼请求"和平"，表示愿意在十字军到来的时候让路放行，必要的话还可以箪食壶浆，搞搞一家亲式的犒劳活动。

不过近来十字军烧杀抢掠手风甚顺，看不上埃米尔开出的这点蝇头小利，他们知道的黎波里的富庶堪比安条克，决定径直打过去，把他们的整座城市和全部财富一勺烩掉。十字军回绝了使者的好意，表示"基督战士和异教徒不共戴天"，接着出兵攻打的黎波里北边的屏障阿克。可惜这一次攻城战并不顺利，后退无路的阿克人凭着坚实的城墙和哀兵必胜的意志，最终顶住了十字军的数轮围殴。久攻不下的十字军阵营中矛盾凸现，还发生了前文提及的"圣矛穿帮"事件，为了尽量消解种种潜在的麻烦，雷蒙等人终于决定，绕开阿克城继续前进，的黎波里也连带着幸免于难——当然，化干戈为玉帛的外交开销还是一个子儿也不能少。

阿克人奋力自救的成功范例，并没能激励附近其他的穆斯林君主。其实此时十字军以及随行的武装朝圣者总数超过4万（苏联历史学家扎波罗夫的《十字军东征》和美国学者菲利浦·希提的《阿拉伯通史》都采用这一数字），但其中正规军仅有1.3万—2万人。不过，那些各自为政的穆斯林小邦并不知道虚实，敌人的声势和凶名足以吓得他们龟缩不出，坐失抵抗的战机，自此完全处于被动。此后，十字军一路南下，势如破竹，几乎未遇抵抗。尤其是路过的黎波里时，当地领主除了交钱交粮，还奉上了大批骏马，本来十字军骑士们的战马已被他们自己吃得所剩无几，这下他们又能重新组织起数量可观的骑兵队伍。此外，布鲁特等十字军途经的各地，也多半像的黎波里一样主动破财消灾，献出大笔买命钱。1099年6月2日，十字军攻陷耶路撒冷西北的海港城市雅法，就此打通了与欧洲的海上补给线。再无后顾之忧的十字军士气大振，他们随即折向东南，6月7日，梦萦魂牵的圣城耶路撒冷终于遥遥在望。

漫长艰辛的旅程快要接近幸福的终点，十字军和随军朝圣者们的激情刹那被点燃，嗨到了极点。"耶路撒冷！耶路撒冷！"声震云霄的欢呼声此起彼伏，人们开怀大笑，喜极而泣。大家匍匐在地，亲吻圣城脚下的沙粒，脱下鞋子，排成队列绕城行走，"亲脚"感受圣城的温度。在狂欢的气氛中，大家似乎忘了耶路撒冷高耸的城墙之后还有一群剑拔弩张的人，满怀戒备地注视着他们。

此时在耶路撒冷城中的已不是十字军最初的假想敌塞尔柱人，而是来自埃及法蒂玛王朝的阿拉伯人。前文提到过基督教各个分支教派间的矛盾与倾轧，其实在伊斯兰教中，同室操戈的内耗有过之而无不及。法蒂玛王朝就是教派斗争的产物。

661年，先知穆罕默德的女婿兼第四任哈里发阿里遇刺身亡、倭马亚家族的穆阿维叶出任哈里发并开启世袭王朝之后，伊斯兰教就分裂为逊尼派（意为"正统派"，是多数派）和什叶派（意为"追随者"或"党人"，是少数派）两大阵营。双方最主要的分歧在于，后者只承认阿里的子嗣"圣裔"为合法的哈里发，拒绝承认穆阿维叶建立的倭马亚王朝（中国史书中称"白衣大食"），甚至连在阿里之前的阿布·伯克尔、欧麦尔、奥斯曼这三位"正统哈里发"都不予承认。后来阿布·阿拔斯借助什叶派的力量，推翻信奉逊尼派的倭马亚王朝，建立了阿拔斯王朝（中国史书中称"黑衣大食"）。但这个新王朝过河拆桥，又反过来打压什叶派。10世纪初，在亚洲几无立锥之地的什叶派秘密转移到阿拔斯王朝统治力量薄弱的西北非，开辟根据地。先行者阿布·阿卜杜拉经过9年的传教和起义，在北非原住民柏柏尔人中间发展了大批信众。909年，他指认从叙利亚赶来投奔的什叶派领袖赛义德为"乌拜杜拉·马赫迪"（意为"期待中的救世主"），并在后者被捕后发动劫狱，乘势推翻了统治当地的阿拔斯王朝藩属国艾格莱布王朝，赛义德被拥立为哈里发，在突尼斯沿海修筑马赫迪耶城作为首都。这个新兴王朝以伊斯兰教什叶派为国教，赛义德自称阿里和先知穆罕默德之女"圣女"法蒂玛的后裔，故而称为法蒂玛王朝。借助"圣裔"的号召力，法蒂玛王朝很快占据了北非马格里布（突尼斯、阿尔及利亚、摩洛哥）的大部分地区。当年兴起了迦太基共和国的突尼斯土地，又将塑造一个新的强者。

出身叙利亚的赛义德时刻觊觎着埃及，但数次征讨未果，直到969年，这个愿望才由他的曾孙穆伊兹实现。这位帝国的第四任哈里发攒出2400万第纳尔银币作为军费，并重用来自西西里的希腊籍大将昭海尔·绥基利，后者经过两年的悉心筹备，率领10万精兵一举征服埃及。此后穆伊兹迁都开罗，成为当仁不让的北非霸主。当被征服的埃及宗教领袖们质疑他的"圣裔"身份，要求他出示族谱时，穆伊兹拔出宝剑说："这就是我的族谱！"然后又将大把金币洒在地上，对吓坏了的一干人等说："这也是我的族谱。"软硬兼施之下，整个北非终于拜服在法蒂玛王朝脚下。为昭显新朝气象，法蒂玛王朝的统治者取缔了阿拔斯王朝标志性的黑色衣装冠带，他们除故布新，推行绿色衣帽，以象征什叶派信仰，因为这一着装特色，法蒂玛王朝在中国的史籍中被称为"绿衣大食"。埃及的民众原是逊尼派，在法蒂玛王朝统治时期被迫改宗什叶派。起初他们十分抵触，但由于哈里发治国有方，民众生活有明显改善，于是也就接受了新的衣冠、宗派和统治者。在穆伊兹时代，法蒂玛王朝还一度将势力扩展到伊斯兰教的两大圣地麦加和麦地那。尽管由于什叶派信仰，他不能见容于圣地的逊尼派长老，但法蒂玛王朝鼎盛时期的势力范围已经涵盖了包括两处圣地在内的阿拉伯半岛的汉志地区。

976年穆伊兹去世后，他的帝国经历了第五任哈里发阿齐兹的文化鼎盛、第六任哈基姆的倒行逆施、第七任扎希尔的休养生息、第八任穆斯坦绥尔长达60年的尸位素餐和其间频繁的自然灾害，磕磕绊绊，终于走到了11世纪末。穆斯坦绥尔任内，最有损法蒂玛王朝声威的事件，就是使包括耶路撒冷在内的巴勒斯坦地区落入了信仰逊尼派的对头塞尔柱人之手。这位哈里发后期也曾一度振作，启用亚美尼亚籍奴隶出身的名臣白德尔·哲马利推行改革，让王朝显出中兴希望，但1094年、1095年白德尔和哈里发相继逝世之后，改革人亡政息。穆斯坦绥尔最年幼的儿子被扶立为傀儡哈里发，称穆斯塔尔里，意为"居高位者"，但王朝的政务事实上尽操于高官阿夫达尔之手。

1098年6月28日，就在十字军借助"圣矛"解了安条克之围的同一天，法蒂玛王朝的军队打败了比他们衰退得更严重的塞尔柱人，夺回了圣城耶路撒冷，但他们赢得这场伟大胜利之后不到1年，十字军就兵临城下了。

此刻，法蒂玛王朝的主力部队还部署在埃及，驻在耶路撒冷的守军人数只有2万左右（一说守军人数为4万），和十字军部队相比，数量上处于劣势，士气上更远落下风。因此，守城的法蒂玛王朝耶路撒冷总督伊夫蒂哈尔·亚德-道拉希望与十字军达成和平协议，允许这些基督徒"放下武器后进城朝圣"。围困安条克时期，阿夫达尔曾派出使者联络十字军，表达合作对付塞尔柱人的愿望，尽管未能如愿，但当时处境不利的十字军还是对法蒂玛使者给予了热情的接待。可惜，此一时彼一时，现在宗教狂热处于顶点的十字军们不再记着那次愉快的交往，他们拒绝了法蒂玛人刻舟求剑式的和平提议，他们已不满足于做朝圣者，更要做圣城的"解放者""征服者"。

浴血的解放

1099年六七月间，近东的沙漠地带正值酷暑季节。耶路撒冷城下本可避暑纳凉的树木早已被城中的守军砍光，正午的太阳无遮无挡地辐射着大地，似乎连沙子和砾石都被蒸出了汗水，一层暑气嚣嚣然腾起，弥漫在空中，被裹在热浪里的景物，仿佛也在摇曳。

透过闷热的空气望去，一大队人马正在绕着紧闭的耶路撒冷城徒步，行进的人群步履艰难，却保持着队列整齐。走在最前面的是一群手擎圣经的牧师，他们衣着肃然，神情庄重，高声诵读着赞美诗，其他人在神职人员的带领下，跟着齐声吟诵。大家手里拿的不是武器，而是十字架和经卷，穿着的不是盔甲，而是象征赎罪的白袍，甚至连鞋子都没穿。这不是和平仪式，而是十字军的"特殊"攻城方式。《旧约·约书亚记》记载，古代先知约书亚进攻耶利哥城时用的就是此法，据说约书亚当时率众绕城，到了第七天，大家齐声呐喊，耶利哥的城墙竟在喊声中崩塌。

于6月初来到耶路撒冷城下的十字军们由于缺乏攻城器械，最初几次进攻都没能得手，耗了1个月之后，他们决定师法先人。7月8日开始，斋戒沐浴后的十字军将帅怀着最虔诚的心开始了绕城游行，声称接到了阿德马尔冥授的牧师们的保证，约书亚的神迹必将重演，耶路撒冷的城墙也会应声倒下。

约书亚的故事未必是无稽之谈，直到20世纪还有物理学家试图从共振等方面揭示耶利哥城墙倒塌之谜，但十字军在耶路撒冷城下的境遇与约书亚不同，他们面对的不是圣经时代简陋的夯土墙，而是当时世界上最为坚固的防御工事之一。耶路撒冷在1033年经历过一场大地震，当时统治圣城的法蒂玛王朝官吏组织了认真的灾后重建，把经过数代经营的城墙塔楼又翻修一遍，塞尔柱人统治时期也做过修缮，此时城中的大卫塔等要塞还远没过保质期，任凭十字军喊破了喉咙，照样屹然不动。守军在城头晃动涂抹着秽物的十字架，借以嘲笑徒劳无功的十字军。

对十字军来说，想喊倒城墙固然不太可能，但这种带有宗教性质的行动也不是全无益处。宗教感情暂时弥合了各派将领之间的矛盾，坦克雷德和他叔叔的死敌雷蒙拥抱互勉，而最近灰头土脸的隐士彼得等精神领袖也通过在宗教活动中的积极表现，多少恢复了些号召力。在他们的鼓舞下，十字军的士气和凝聚力再一次达到顶点。

在十字军上下祈求上帝佑助的同时，各种必要的攻城器械的制造工作也在同步进行着。十字军兵临圣城的消息激励了欧洲，早在1099年6月底，来自热那亚等地的船只就运来了制造攻城器械的各种必要材料和工具，所缺者唯有木料。本来耶路撒冷守军已经砍光了城外的树木以免资敌，但随后奇迹般的好运眷顾了十字军。有一天，负责后勤保障的坦克雷德带队去搜集粮食，或许是由于饮食卫生状况长期欠佳，他腹泻发作离开大部队，自己去寻方便之所。坦克雷德找到一块低地，低调处理，事毕，他忽然发现了一个地洞，而且很明显是人工挖掘的。好奇之下，坦克雷德叫来手下搜查，结果发现，这竟然是当地人的一处窖藏，里面有没来得及运走的400根木料。这下十字军急需的攻城器材有着落了，坦克雷德这次着实捡到了大便宜。

中世纪的欧洲人虽然拙于研究，但拜他们聪慧的希腊罗马先辈所赐，各种攻城器械的研发和使用技术已经相当完备，主要器械有弩炮、抛石机、攻城锤、移动攻城塔、云梯等。其中，弩炮是放大版的十字弩，固定在机床上，用绞盘发射，可以有效压制城头的火力。抛石机是利用杠杆原理投射石弹的远程兵器，早在亚述时代就已出现，后来经腓尼基人之手传入希腊，据说在公元前3世纪的布匿战争时代，希腊的杠杆巨匠阿基米德就已经研发出能发射350千克巨石的抛石机。中世纪的抛石机经过改进，也有了这样的威力，尤其是"长臂抛石机"，发射的石弹足以击碎城楼。攻城锤同样最早出现在亚述，其基本构造是一根悬挂着的巨型原木，有时木头的前端还包着金属的撞头，由士兵将之推到城门前，拉起再松手，利用巨大的回复力撞击城门。后来攻城锤在马其顿亚历山大大帝的父亲腓力二世手中实现了技术升级，变成有覆盖板和木质车轮的移动堡垒，尺寸也越来越大，工兵可在覆盖板的保护下冲到城下挖墙脚或填平护城河。攻城塔是可移动的木质高塔，早在希腊时代就出现了，公元前305年的罗德岛战役就动用了高达43米的巨塔。这种塔具有全封闭结构，塔外附有铁皮或兽皮作为保护，塔内隔成若干楼层，可容纳大量步兵，下端有车轮，由塔内的绞盘和杠杆操纵，塔上层略高于城墙处设有吊桥，推进至城下时放下吊桥，士兵从塔中杀出，登城作战，塔顶的平台上还设有弓箭手或标枪手，为登城部队提供火力掩护。云梯是最早的攻城武器，就是一架超长的梯子，顶端带有铁钩用于钩住城墙，然后士兵蚁附而上。云梯的优点是制造和使用都很简便，但士兵攀缘时完全没有保护，只能任城头的守军宰割，梯子也容易被推翻。后来经过技术改造，诞生了封闭式的云梯，可以抵挡矢石，但缺点同样明显。首先士兵登梯时视线受阻，另外守军可以对封闭云梯先泼油再放火，这样杀伤对象就不仅是单个士兵，而是一整支爬城小队。因此除非兵力明显占优，否则云梯这种明火执仗的打法很难奏效。

有了坦克雷德提供的宝贵木料，接下来的近1个月，十字军开始加班加点地抢修。由于材料毕竟有限，他们制造不了更多的大型攻城器械，只造了两座攻城塔和若干轻型抛石机作为辅助。至于主力攻城武器，十字军选择了云梯，平均每两名骑士就要负责造一架。到了7月中旬，十字军的各种攻城器械已经置备完毕，当时为期7天的绕城游行还没结束，但十字军将领们已经决定改用唯物主义手段攻城。

7月14日凌晨，十字军全体总动员，悄悄把各种攻城设备都搬运到耶路撒冷城下。当时的耶路撒冷守将伊夫蒂哈尔·亚德-道拉，曾经参加过法蒂玛王朝从塞尔柱人手中夺取耶路撒冷的战役，深知这座坚城的牢固。此刻法蒂玛王朝的援军正从埃及赶来，而城中的守军一个星期以来对十字军的行吟攻城法已经看得审美疲劳，觉得他们技只此尔。于是，守军上下都放松了警惕，直到天亮时十字军忽然鼓噪登城，他们才惊醒过来，但此时，云梯的铁钩已搭上城头，远处的抛石机也已拉满绞索对好准星，他们再没有备战的时间了。

震天的鼓角声中，十字军从四面八方同时发起猛攻，飞蝗般的箭矢射向城头，抛石机发射的燃烧弹呼啸而至，仓促应敌的法蒂玛守军也奋力放箭投火，力阻敌军。都已无路可退的双方展开殊死搏斗，十字军中的妇孺也冲上火线救助伤员，并用皮袋为攻城部队运送从约旦河打来的水。惨烈的拼杀一直持续到傍晚，双方在第一天的战斗中难分高下。

次日清晨，士气更高涨、准备更充分的十字军占了上风。当年第一个杀上罗马城头的戈弗雷这一回再次拔得头筹，在他负责进攻的北段城墙，他手下一个名叫利埃托的骑士率先攻上城头，戈弗雷和弟弟尤斯塔斯亲率大部队紧随其后冲上。这个小小的突破口竟导致整条防线全线坍塌，随着入侵者登城，守城者的抵抗意志瓦解了，面对杀来的敌人，他们已没了交战的勇气，于是纷纷抛下兵器，争着逃入掩体。"城破了！"恐慌瞬间从北门传到西门，传到东门，如潮的恐惧冲垮了守军的心理防线，几乎全部的防御工事都已放弃抵抗，守城的士兵们四散奔逃。

然而，随着十字军高呼着"上帝的意旨"从弃守的大门开进城中，那些逃亡者很快就发现他们已经无路可逃。耶路撒冷，这座名字就蕴含着和平之意的圣城，即将迎来一场空前惨烈的大屠杀。

城破的这一天是1099年7月15日星期五，对耶路撒冷城中军民来说，这是一个不折不扣的黑色星期五。守城的约2万名法蒂玛王朝士兵，除了据守大卫塔中的一小部分和久攻不下的雷蒙达成协议，得以缴械出城，其他自伊夫蒂哈尔·亚德-道拉以下，几无一人幸免，城中的穆斯林和犹太民众，更是尽为刀俎之肉。下面让我们循着先人的笔迹走入骇人的历史现场，透过浸润着血腥气息的文字，感受这座圣城的浩劫。

> 在阿克萨清真寺里，法兰克人屠杀了7万多人！大半是伊玛目和伊斯兰学者、信徒和苦行者，他们多是背井离乡，到圣地安度晚年的。在岩石圆顶殿里，法兰克人偷了40多个银烛台，一个40磅重的高脚银灯台，另外还有150件银器和20多件金器，真是一大笔战利品。逃出去的叙利亚人于斋月来到巴格达，他们在哈里发的法庭上陈述经过，如泣如诉，感人肺腑。星期五，叙利亚人来到大清真寺痛哭求援，讲述穆斯林在圣城遭受的痛苦，闻者莫不热泪盈眶，他们经历此巨难，因此中断了斋戒。（伊本·阿西尔《全史》）

以上是阿拉伯方面的史学家的记载，遇难人数被认为有较大的夸张成分（爱德华·吉本的《罗马帝国衰亡史》中也采用了7万人被杀的说法），但十字军的暴行已足以在东方人心中刻下永久的伤痕。当时的另一位阿拉伯史学家乌萨麦评价道："他们（十字军）只是一群骁勇善战的畜生，岂有他哉！"而这桩东西方之间的血仇，对一些当事方的后裔来说，直到今天也没有完全释然。

> 法兰克人来了，杀光了城里的人，无论是伊斯马仪派教徒还是以色列人都不放过，幸存的人也成了俘虏，只有部分人被赎了回来，但其他人仍囚禁在世界各地。当然，我们期待苏丹与法兰克人交战，把他们驱逐出去，然而，希望一次又一次破灭。（戈伊泰因《耶路撒冷陷落时之书信集》）

以上是遭遇池鱼之殃的某位犹太人的书信，尽管无论基督徒还是穆斯林统治圣城，他们都被视为异教徒，属于被统治阶级。但比起穆斯林，洪水猛兽般的欧洲人显然对他们造成了更大的伤害。

> 这是多么惊人的场面！我们的人割下了敌人的头颅，另一些人则用箭射死他们，有些穆斯林被迫从高耸的城楼上跳下去，还有些被抓获后，被折磨数天再焚以烈火。街上到处都是成堆的头、手、脚以及零碎的肢体，在街上行走必须从尸体中辨认出一条路……（雷蒙《第一次十字军东征》）

> 进城后，我们追杀萨拉森人，一直追到所罗门神庙，我们打了一整天，神庙里流淌着鲜血。最后，我们突破了异教徒的防线，在神庙里抓到很多人，我们杀死他们，看得顺眼的才放条生路。在所罗门神庙上面，还躲着一伙异教徒，人数很多，男女都有，坦克雷德和德·贝亚恩（Gaston de Bearn）好不容易才制服他们。十字军立刻进占整座城市，抢劫金银珠宝、马匹骡子，挨家挨户洗劫，搜刮来的财物装都装不下。（《第一次十字军东征轶史》）

> 我们的人捉获不计其数的俘虏，男人、女人，把他们关在一间庙里，我们杀死一批，放走一批，这完全取决于一时的兴头。（图德博德《朝圣耶路撒冷史》）

> 伯爵雷蒙与其部属奋勇进攻……他们鼓足勇气奔向城里，并和其他人一起，不停地追杀可鄙的敌人……那时，其他人——阿拉伯人与埃塞俄比亚人奔入大卫塔，而有些人隐匿在所罗门神庙里。在这些神庙的前庭里，他们也遭到很猛烈的进攻，没有一块地方可供萨拉森人逃避屠杀，其中很多人被射死在所罗门神庙的屋顶上，他们在逃亡时放火将神庙焚烧，又有

很多人从房顶上滚下，在这庙里，屠杀了近万人……如果你站在那里，你的脚直至大腿都会沾上死人的鲜血。还有什么可说？他们中谁也不能保住性命，妇女与幼儿，均不得幸免。你可以看到，我们的骑士侍从和比较穷的士兵，由于知道萨拉森人的狡猾，怎样剖开死人的肚皮，要取出他们生前所吞下的金币。为了这个，他们此后若干天里把尸体堆积起来烧为灰烬，以便更容易地找到黄金……在这样的大流血之后，十字军搬到市民的住宅里，夺占住宅中的一切，当时形成了一种习惯，任何人，不论贫富，只要他首先进入一座住宅，就可收取占领其中的一切作为自己的财产，其他人不得侵犯……（佛尔舍牧师《耶路撒冷史》）

以上是十字军方面略带得意的书写。几乎都提到了所罗门神庙中血流过踝的地狱场景，还有一位欧洲史学家阿伊蒙多·迪·阿奎莱斯在他的著作《法兰克史》中称神庙里"血流没膝"，考虑到耶路撒冷陷落时的全部居民通常被认为只有3万余人（当时耶路撒冷常住居民本有7万左右，但十字军围城之前伊夫蒂哈尔·亚德-道拉为了防止出现内奸，驱逐了城中大量基督徒和部分犹太人），加上2万左右的守军，最多不超过6万，似乎很难造成这样的效果，故而此说基本可认定是为了凸显十字军"英勇"而刻意地夸张失实。但不论屠杀的血泊没踝还是没膝，这样的"功绩"都足以为每一个"建功者"在地狱的血河里赢得一个永远的没顶席位。

大规模的屠杀整整进行了3天，零星的暴行更不知持续了多久，其惨绝人寰，直非笔墨能容。近东巴勒斯坦、叙利亚一带的穆斯林军民或罹于刀兵，或流离失所，如当时的巴格达大法官哈达维所说，他们"不是在骆驼的鞍子上，就是在秃鹫的肚子里"。

而在这场大惨剧最令人绝望之处在于，十字军战士们是带着无比虔诚的宗教情感来实施上述暴行的，他们将这视为崇高之举，丝毫不受良心谴责。据说攻城之前十字军们就曾彼此约定：破城后不杀异教徒者死后下地狱。秉承着这样的精神，他们将"连接尘世与天堂"的耶路撒冷活活变成了一座地狱。而且大屠杀并不是执行某位将领的命令，恰恰相反，这是一次十字军士兵们自发的带有狂欢性质的群体暴力。坦克雷德曾试图保护请降的敌人但未能如愿；雷蒙接受大卫塔守军的投降并允许他们平安离去，此举被认为怯懦甚至通敌；当戈弗雷看见他的部下从哭嚎的穆斯林母亲手中夺走幼儿并摔在岩石上脑浆迸裂时，曾提出"伟大虔诚的战士应该选择更好的立场"，但这种声音也被一片喧嚣的喊打喊杀之声淹没。后世的编年史家夏特列斯忍不住评论，还有什么场面能表现这样的残忍不仁呢？

尽管其杀人越货的手段格外纯熟，但如果将十字军视为单纯的强盗就过于单线条，过于脸谱化，应该看到的是十字军残忍行为背后的思维方式和道德体系。基督教、伊斯兰教、犹太教都是一神教，信仰的一元化可能带来极度的偏执和对其他思想、信仰的极度不宽容。在中世纪欧洲基督教世界，现实中的痛苦和愤懑使这种思想中潜藏的乖戾、恣睢、敏感、小气等毒性都爆发出来，变得充满神经质和暴力倾向。他们口中念诵着耶稣的"要爱你的敌人"，潜意识则遵奉摩西的"以牙还牙，以眼还眼"，因此当时机来临时，对宗教的虔诚就变质为对暴力破坏带来的快感的沉醉。而这种嗜血的狂热，在这样的"意识群体"中极具传染性，故而他们杀戮异己毫不留情，满怀正义感地向异教徒"讨还血债"，体现出极度的人格分裂。安德烈亚斯·布施在陀莱的《十字军东征图集》的序言中这样为十字军的杀戮做辩护：

> 基督徒们数个世纪以来所遭受的耻辱在十字军战士们的胸中久而久之积蓄成一股强烈、然而无处可以发泄的怒火，人人都清楚地记得，安茹的富尔克（戈弗雷与鲍德温的母系）是在怎样屈辱的条件下才被允许瞻仰圣墓和耶稣受难像的：他必须首先"玷污"这些被基督徒看作最为神圣的地方和物品，当然他最后费尽心机地满足了敌人的要求，骗过了身旁咧嘴大笑的守卫，向圣地和圣物沥洒酒水。攻城的将士们谁也不会忘记，数日之前突厥人是如何嘲笑做祈祷式的他们，那些亵渎上帝的污言秽语至今依然不绝于耳，这一切时常召唤着他们，不仅仅要拿起武器，更重要的是要能够在敌人的利刃之下奋不顾身，勇猛直前，冲锋陷阵，哪管在这血战和厮杀中是否应该尽可能地抑制住内心的冲动，是否应该将在历次无法形容的困境和危难中所表现出来的、并且不断高涨的基督教热情，限制在对谅解和宽容职责的冷静省察之中。

在淋漓的鲜血映衬下，这样的辩护词显得有些苍白，但它也提醒着后人，比屠杀本身更可怕的，是培养"屠杀哲学"的报复心理、对抗意识、极端思想、控制欲望和不宽容精神。

至于被屠杀的穆斯林（以及犹太人），尽管作为个体他们大多数是无辜的，但事实上他们所属的信仰群体此前也对其他宗教的信徒实施过不同程度的歧视甚至迫害，因此他们的遭遇在某种意义上也是为祖辈的所作所为还了债，尽管基督徒索取的"利息"高昂得不近情理。当这些陈年宿怨被两种"你死我活"的哲学重新搅起时，个体作为牺牲品的命运便无可更改。

血亦有时灭，当烧杀抢掠的高潮过去之后，十字军将领们要做的是，商讨圣城的种种"解放后"事宜。

尔国临格

　　亲戚或余悲，他人亦已歌。1099年7月18日，处处淤血凝结的耶路撒冷城中，唱诗班的吟唱声已取代了大屠杀的哭嚎声。屠杀者们刚刚放下刀剑，身上血腥味尚未散去，就换了另一副面孔。是日，十字军战士们免冠徒跣，成群结队，来到耶稣圣墓，在隐士彼德等教士的赞美诗中，他们无比虔诚地匍匐在地，流着泪亲吻墓地的石板，向主述说感恩和悔罪之情，一个个纯洁如婴儿，驯顺如绵羊。

　　"吾父在天，愿尔名圣。尔国临格，尔旨得成。"

　　《马太福音》中描述的愿景，此刻看来已经触手可及，以圣父圣子和圣灵之名发动的战争，现在已经大获全胜，那么，天国降临尘世的一天，岂不是也将到来？

　　尽管在耶路撒冷还立足未稳，尽管西欧和拜占庭方面的援助指望不上，尽管法蒂玛王朝从埃及开来的大军随时可能杀到，但夺取圣城的旷世奇功还是让十字军上下无比自信地认为：是的，基督徒的天国就要降临了。1099年7月22日，攻陷耶路撒冷之后的第8天，十字军诸位将领召开会议，为他们心目中的天国勾画蓝图。

　　与会的主要人员包括戈弗雷、雷蒙、坦克雷德，还有两位罗贝尔，大家首先达成了共识：不能按照此前的誓词将耶路撒冷交给拜占庭。至于罗马教廷，虽然十字军东征是以他们的名义发起的，但要说就这么把自己浴血奋战夺来的胜利果实拱手让人，这些将领们再怎么虔诚，也毕竟心有不甘。那么，圣城到底该交给谁呢？

　　十字军将领们一致决定就地取材，从他们自己当中选举贤能，做耶路撒冷的统治者。从安条克到阿克再到耶路撒冷，雷蒙的功劳未必最高，苦劳却必定最大，几乎每次大战都是这位十字军头号大户出力最多，损失最重。然而，老伯爵的手下们却不够争气，除了已被戳穿的"圣矛奇迹"，他这一派人马的战绩实在乏善可陈，加上他在安条克的表现犯了众怒，雷蒙很清楚自己的处境孤立，因此尽管目前他的实力仍然数一数二，但老头儿很"明智"地选择主动退让，放弃了先手的机会，打算让别人先争个头破血流，自己最后出手，坐收渔利。可惜雷蒙的如意算盘立刻落空了，在威廉系的两位罗贝尔的推动下，全军一致赞许戈弗雷是"基督教世界声望最高的第一号勇士"，选举他出任"耶路撒冷国王"。戈弗雷也没有头脑发热，这位勇将和其弟鲍德温一样拥有出众的政治天赋，他知道"国王"之称太过惹眼，在各方势力交错博弈的耶路撒冷，王座就像火山口一样令人无法安坐。在众人的劝进声中，戈弗雷表示愿意承担领导圣城的义务，同时拒绝国王的称号，他表示，在耶稣基督曾经戴过荆棘冠的城市里，戴金冠是不妥当的。就这样，戈弗雷以"圣墓的守卫者"（Advocate of the Holy Sepulchre）的名义执掌耶路撒冷以及雅法，用一个低调的头衔，换来了耶路撒冷事实上的控制权，这一手和他弟弟鲍德温在埃德萨只称伯爵不称王的策略如出一辙。雷蒙本想让戈弗雷先出头，把他架在火上烤，没想到反而成全了他，悔之晚矣。老爵爷一气之下屯兵大卫塔，拒绝交出这座要塞的控制权。

戈弗雷却懒得和雷蒙怄气，虽然获得了十字军几派势力的拥戴，但他深知要想在圣城站稳脚跟，还必须获得罗马教廷的认可，这样他的统治才算名正言顺。于是，戈弗雷和其他几位将领联名派出使者，敦请罗马教皇派人接管耶路撒冷的宗教事务，准备向教廷出让教权，以换取其对自己统治合法性的认可。这个审慎的举措，最终为戈弗雷赢得了耶路撒冷事实上的最高世俗权力。

就在十字军"解放"耶路撒冷之后不久，东征运动的首倡者教皇乌尔班二世已经蒙主宠招，见上帝去了。非常可惜的是，在当时的通信条件下这位教皇没能亲耳听到他期待的胜利消息，否则他给上帝的述职报告可以写得更漂亮一些。乌尔班二世的继任者是帕斯加尔二世，这位新教皇接到戈弗雷等人的报捷之后，派出了比萨教区的大主教戴贝尔特作为特使，赶赴圣城。此人不但是宗教界的显要人物，更是政治高手，爱德华·吉本的《罗马帝国衰亡史》中评价他："对于罗马教廷许多见不得人的勾当和计谋，他有长期的训练和经验。"

然而，戈弗雷等人的第一批访客却不是教皇特使，而是从埃及开来的法蒂玛王朝援军。在第一次十字军东征中，穆斯林方面的军队无论塞尔柱人还是阿拉伯人都表现得行动迟缓。这支援军原本是来解耶路撒冷之围的，但和此前凯尔波加支援安条克的大军一样，他们还在路上的时候，要解救的城市就已经陷落了，直到8月初，这支埃及大军才走出加沙，进抵耶路撒冷西南的亚实基伦。此时，耶路撒冷城中兵力远少于敌方，戈弗雷知道安条克的博希蒙德指望不上，欧洲的后续部队更是远水不解近渴，如果坐守耶城，将面临源源不断的敌军的围困，凶多吉少，己方唯一的机会在于趁着敌军远来疲惫，出其不意发动奇袭，用一个下马威震慑对手，使其不敢再犯。

这个计划得到了大小罗贝尔和坦克雷德的支持，大敌当前，雷蒙也同意提供援助。戈弗雷率领耶路撒冷城中的十字军精锐部队南下，主动寻找敌军。8月13日这天，十字军的侦察兵在亚实基伦城以北发现了敌人，法蒂玛王朝的部队数量众多但部署分散，警戒松懈。戈弗雷决定抓住良机一举克敌，他率骑兵直插敌营，猝不及防的法蒂玛军大惊，仓促之间他们稍作抵抗就四散奔逃了。十字军从一个营寨冲到另一个营寨，如入无人之境，一通砍杀，敌方非死即逃。毕竟己方人数有限，戈弗雷也不敢追得太紧，他下令将敌营中来不及带走的大批军需给养全部运回耶路撒冷。亚实基伦一战，法蒂玛军折兵数万，只有3000多名埃塞俄比亚雇佣兵逃回了非洲。他们非但没能收复失地，反而为十字军送上了一份大礼，其时法蒂玛王朝内部的政局也是一团乱麻，权臣阿夫达尔正忙着与政敌斗争。此次失败后他们没有实力再次兴兵北顾，耶路撒冷的十字军政权警报暂时解除。

从1096年8月出征，到1099年8月亚实基伦大捷，第一次十字军东征的主要战事至此告一段落。虽然后人对这场战争的记忆更多的不是两军阵前的名将风采，而是陷城之后的血腥屠戮，不是运筹帷幄的奇谋妙计，而是连骗带哄的宗教迷信，但仅从军事角度看，十字军的征战还是颇有可观之处。短短3年之间，这些来自西欧各地的基督战士尽管互不熟悉，缺乏默契，将领之间钩心斗角，后援补给没有保障，却仍然能够在近东所向披靡，这固然得益于他们的对手塞尔柱帝国的分裂，但同样不能忽视的是，虔诚信仰转化而成的动力和凝聚力，凭着这一精神助力，十字军赢得了这场欧亚大陆洲际角逐的胜利。

亚实基伦战役之后，许多十字军战士觉得圣城已经解放，原罪已经涤清，此行功德已经圆满，可以解甲归田重返家园了。于是他们纷纷告辞，启程回欧洲，当然，走的人或多或少都发了一笔财，比如有2封十字军写给欧洲家人的报捷信件在各种书籍中被频繁引用，一个说此时的财富已比出征前多了10倍，另一个说赚到的钱是自己梦想的2倍。

大小罗贝尔也各自收拾所部回法国去，但他们返回欧洲后的命运大相径庭。佛兰德尔伯爵罗贝尔回家安享战利品，而诺曼底公爵罗贝尔则在归途中获知三弟英王威廉二世已经故去——他在一次狩猎中离奇地中箭身亡，随后有谋杀嫌疑的幼弟亨利迅速继位，称亨利一世。觉得事有蹊跷的罗贝尔后来率领诺曼底的人马赶赴英国兴师问罪，他和亨利打了6年，先赢后输，终于在1106年的坦什布赖战役中被渡海反击的亨利杀得大败，罗贝尔被解往伦敦终身监禁。这位十字军勇将当年远征东方就是为了避免兄弟阋墙，怎料到这种命运竟是避无可避。

而1100年之前离开圣城的人之中，还有更落寞失意的。如果要评选第一次十字军中最大的蚀本者，雷蒙绝对是不二之选。这位老伯爵带着全部家当离开富庶的封地图卢兹，在东方拼杀了3年，虽然分享了"解放圣城"的荣誉，但物质方面一无所获。老头当然心有不甘，但出于宗教信仰和舆论压力，他不准备和戈弗雷争夺耶路撒冷了。1099年9月，雷蒙率领部属北上安条克，准备去和他最大的对头博希蒙德再较高下。临行，雷蒙发誓终身不再回圣城。

风流云散，圣墓守卫者戈弗雷孤独地守着耶路撒冷，他手里一度只剩下1000名步兵和300名骑兵，在仇敌环伺中十分危险。好在周边的穆斯林邦国都被十字军吓怕了，没什么人敢上门来捋虎须，耶路撒冷一直平安无事。到了1099年底，罗马教廷的特使戴贝尔特终于到了，而且不是单枪匹马，他带着一支由他的比萨同胞组成的舰队，这是因为教皇和戴贝尔特都明白，非此则不足以在耶路撒冷获得真正的发言权。

教皇特使的到来涉及十字军建立的国家的权力重组，埃德萨的鲍德温和安条克的博希蒙德都不敢怠慢，他们以履行朝圣义务为名，相继向耶路撒冷赶来。圣诞节这一天，他们和戴贝尔特的队伍一起开进耶城。

果然，戴贝尔特亮出了底牌，教廷不仅希望主持耶路撒冷的宗教事务，还准备接管这座圣城的一切权力。这是十字军不能接受的，但也不能和教廷撕破脸皮，最终，经过反复讨价还价，双方达成以下几项主要协议：1.由戴贝尔特接替此前十字军选出的教士阿努尔夫，出任耶路撒冷教区的教长，耶城宗教权力归罗马教廷；2.戈弗雷、博希蒙德、鲍德温在耶路撒冷、安条克、埃德萨的统治权由教廷正式封敕；3.这三地以及此后十字军夺取的每一座城市，教廷享有四分之一的统治权。

就这样，通过罗马教廷授予的法统，耶路撒冷王国、安条克公国、埃德萨伯国这三个由欧洲人在亚洲建立的国家正式挂牌营业，后两者名义上是耶路撒冷王国的属国，实际上自行其政，只是同盟，而非附庸。

耶路撒冷王国的建立，对当时的基督徒来说，相当于"把天国搬到了人间"，而在后世研究者的眼中，将之看作"把欧洲搬到了亚洲"似乎更合适，这一点集中体现在戈弗雷颁布的《耶路撒冷条例》中。

该条例相当于耶路撒冷王国的宪法，其中明确了贵族法院和平民法院的构成；国王与领主、领主与家臣之间的权利义务；各级领主和骑士的继承权或享有采邑的年限；宗教与世俗法庭的权限划分等内容。最能表现欧洲封建精神的是，条例中规定的君臣之间的义务不是单向的，国王对领主、领主对家臣没有随意生杀予夺的权力，在这个金字塔结构里，领主虽须听命于国王，但对自己的采邑享有完整的权利，家臣只对自己的领主负责，对国王则无此义务。另外，上级享受下级尽忠的同时，必须保护下级的利益不受侵犯，一旦某一方违约，彼此间的义务也随即废止。比如领主叛逆国王，后者自然有权号召其他诸侯共讨之，而如果国王无端迫害自己的臣属，则其同僚也有权"用言语或用刀剑"保卫蒙冤受屈的兄弟。在其他各级别的依附关系中，这个原则同样成立——注意，这是法律层面予以许可的。

这就是欧洲法律的精义：要求属下服从和照顾其福利。这两方面是不可分割的，这样的观念对于"君要臣死，臣不得不死"的东方来说，实在是很有参考价值的。可惜，十字军国家带到东方的这种政治模式，并未能给周边国家以启发，当然，这也和他们从未把这样的权利推及亚洲人有关。比如扎波罗夫的《十字军东征》中讲到十字军领主有权对其领地上的亚洲臣民任意征税，不但是穆斯林和犹太人，连十字军要"解放"的东方教友希腊人、亚美尼亚人和叙利亚基督徒，也要负担人头税——这甚至使这些东方基督徒怀念起穆斯林统治的"黄金时代"。爱德华·吉本曾评价："奴性成习的亚洲人在引进政治自由的模式以后，还是无法觉察这方面的经验和教训。"这固然是带有偏见的苛责，但东方在遭受侵略和剥削之余，没能从侵略者身上取长补短，师夷长技以自强，而只充当了单纯的受害者，这的确使他们在十字军东侵中付出了双倍高昂的代价。

14

四分天下

　　榜样的力量是无穷的，十字军收复耶路撒冷的伟绩，以及十字军将领们"升官发财"的好运，令错过了第一次东征的欧洲人无比眼热。在这种赚钱效应的刺激下，1100年起新一轮的"东征热"又在西欧兴起。教皇帕斯加尔二世也效仿前辈乌尔班，宣传新的圣战，尽管现在已经不需要再"解放圣地"，但这不是问题，把口号稍作修正，改为"保卫圣地"就行了。伦巴底人、勃艮第人、德意志人，甚至远在北欧的挪威人都行动起来了，喊着新口号，踏上新征程。这些人后来被称作"后卫十字军"，或是"1101年十字军"。

　　但是，这些后知后觉者没有先驱者们的好运了。他们错估形势盲目"追涨"，最终轻者"套牢"，重者"割肉"，因为此时的行情已经变了。首先，乌尔班时代西欧与拜占庭的亲密关系已经不复存在。实际上拜占庭是第一次十字军东征的受益者，他们借十字军之手收复了小亚的若干失地（吉本将拜占庭比作跟在狮子身后捡食腐肉的鬣狗），但阿莱克修斯并不满足于此，他气恼三个新成立的十字军国家竟无一遵守前约向他称臣（鲍德温建立埃德萨伯国初期曾向拜占庭表示臣服，但事实上拜占庭完全无法对其施加统治力）。而对东征事业已兴趣全无，回到西欧的十字军也对阿莱克修斯"见困难就让，见便宜就上"的不仗义行为大加宣扬，导致了后卫十字军对他和拜占庭帝国满怀敌意。拜占庭与西方关系恶化，使得阿莱克修斯坚决不让分批到来的十字军在境内休整集结，而是威逼利诱，刚一抵达就马上送过海去。于是，仓促进入敌境的十字军们经常还没找准东南西北就遭遇了塞尔柱人的突袭。其次，由于在第一次十字军东征中被打得一败涂地，穆斯林方面痛定思痛，结束了一些无谓的内耗，一致对外，罗姆的苏丹基利吉·阿尔斯兰收拢了许多塞尔柱埃米尔，组成抗击十字军的统一战线。其实从战斗力上讲，他们并不弱于欧洲人，一旦认真应对，临时拼凑的后卫十字军就不是对手了。到了1101年年中，先后四批后卫十字军几乎全部战死在小亚细亚，伏尔泰的《风俗论》中称，死者总数有30万之巨。其中包括两位熟面孔：于格和艾蒂安。他们都是在第一次东征时半途开溜的，尤其是于格，参加了"圣矛战役"以及之前的多次恶战，却在进军耶路撒冷之前一时想不开回了欧洲，结果为山九仞功亏一篑。听到攻陷圣城的消息后懊悔无比的于格响应教皇的号召，再次率军东征去履行"未尽的义务"，结果终于战死疆场。至于艾蒂安，则又是被他的悍妻逼着自投死路的。

后卫十字军的遭遇证明了第一次东征的胜利局面是难以复制的，事实上，那也是绵亘两个世纪的十字军运动中欧洲人取得的唯一一次胜利。他们在东方先后建立四个拉丁人国家的业绩，是十字军东征的辉煌顶点。简要介绍了后卫十字军的命运之后，让我们再将目光转回这几个十字军国家。

1100年，随着耶路撒冷的政教军民各项事宜都渐次尘埃落定，更多的十字军战士和朝圣者觉得此间大事已了，都带着或多或少的战利品，返回欧洲去了，连戴贝尔特主教带来的比萨卫队也走了。

以"圣墓守卫者"之名行使统治权的戈弗雷深知，在这片仇敌环伺的土地上，作为征服者的欧洲人要想立足，必须取得本地人的支持。因此，这位虔诚的基督徒明智地放下宗教偏见，允许基督教的各个东方支派兴办自己的教堂和宗教学校，并按照他们的习惯举行宗教仪式，后来这项权利也给予了犹太人和穆斯林，不过后两者的宗教团体的规模受到了严格限制。

戈弗雷此举为戴贝尔特主教所不喜，被指责对异端和异教徒过于宽容。戈弗雷也看出了要想成为耶路撒冷真正的统治者，必须摆脱教廷的牵制和掣肘。于是，他和威尼斯人签了一份协议，向他们许以耶路撒冷王国境内的一些经济特权，以换取人力物力的支持。威尼斯城邦以商业立国，此前他们与近东地区的各个穆斯林政权都是贸易伙伴，十字军东征胜利之后，他们正为经济利益受损而犯愁，而戈弗雷伸出的橄榄枝让他们喜出望外。唯利是图的威尼斯商人们满载给养和后援部队的商船纷至沓来，为孤悬于近东沿海狭长地带的几个十字军国家铺就了一条海上生命线。戴贝尔特主教的家乡比萨，正是威尼斯最大的商业竞争对手之一，戈弗雷请威尼斯人来牵制戴贝尔特代表的教廷势力，实在是再合适不过。就这样，更多的欧洲势力被吸引到亚洲，耶路撒冷王国的局势越发错综复杂。

戈弗雷在地上搭建他的天国，却不知此时天上的天国已向他发出邀约。1100年7月18日，正是耶路撒冷大屠杀结束一周年的日子，这位圣墓守护者在38岁时英年早逝了。尽管戈弗雷算得上第一次十字军中最有骑士精神的将领，但近东的穆斯林还是对他的死额手称庆，并且由于死在这个特殊的日子里，他的早逝被视为报应。戈弗雷死后没有留下儿子，只有一个年幼的女儿远在欧洲老家，虽然对欧洲人来说，女王嗣位是很常见的事，但强敌环伺的耶路撒冷王国显然不能把自己的命运交付给一个千里之外的小女孩。根据《耶路撒冷条例》，耶城贵族们有权核准最具资格的继承人，来填补突然出现的权力真空。这些人都是戈弗雷十字军中的老部属老同僚，他们希望仍由十字军的人来接手耶路撒冷，以保证他们的利益不被触动。于是，这些人选择了戈弗雷的弟弟，身在埃德萨的鲍德温。

　　鲍德温也对兄终弟及很感兴趣，听闻戈弗雷死讯之后，他马上率部赶赴耶路撒冷，将埃德萨交给与自己同名的表亲"布尔克的鲍德温"。11月初，鲍德温抵达耶路撒冷，不到两个月就摆平了打算趁机扩大教会权力的戴贝尔特和素有嫌隙的坦克雷德等各派势力。1100年圣诞节，鲍德温正式加冕。与戈弗雷不同，他不客气地当了"耶路撒冷国王"，称鲍德温一世。但为了不冒天下之大不韪，狡猾的鲍德温特意选择了耶稣诞生地伯利恒来举行加冕仪式，以此取悦教会势力。次年，当后卫十字军前赴后继地涌向东方时，鲍德温又用贸易特权换得欧洲另一个海商大户热那亚的支持，为自己的政权拓宽了生存空间。在他的努力下，耶路撒冷终于成了一个君权高于教权的王国。

　　接下来，鲍德温修筑要塞保护边境，同时不断出击，袭取弱小的穆斯林邦国，抢劫过往商队，为耶路撒冷王国做着原始积累。至于他从前的领地埃德萨，则彻底出让给了同名的表弟，后者成为埃德萨伯爵，后称鲍德温二世。此人上台后不但增加与耶路撒冷和安条克的联系，还效仿鲍德温一世，迎娶了一位亚美尼亚公主，从而使介于埃德萨与罗姆苏丹国以及拜占庭帝国三岔路口上的亚美尼亚王国成为盟友和战略缓冲带。在鲍德温二世的经营下，埃德萨伯国也逐渐稳住了局面。截至当时，在三个十字军国家中，鲍德温与其族人三居其二，他们是第一次十字军东征中无可争议的最大赢家。

　　几家欢喜几家愁，其他几位十字军将领就远没有鲍德温的运气了。

　　博希蒙德是第一次东征大军中的头号人精，联军南下耶路撒冷时他借故溜回安条克，在当地搭建自己的班底，最终他如愿取得了这座城的统治权，但这个狡猾的诺曼人的运势也自此转入低谷。由于安条克地处近东要冲，为周边众多穆斯林势力所觊觎，博希蒙德不得不四出征战。虽然诺曼人骁勇善战，但常在河边走，哪有不湿鞋。1101年，他在一次战斗中被俘虏。塞尔柱人抓住显要人物后的通常做法不是将之杀掉，而是留着勒索赎金，就像当年曼齐刻尔特战役阿尔斯兰不杀擒获的拜占庭皇帝。但博希蒙德的侄子坦克雷德没钱赎他（博希蒙德认为他故意见死不救），鲍德温也不愿援救，眼看博希蒙德命悬一线，最终还是埃德萨的鲍德温二世担心唇亡齿寒，和博希蒙德意大利老家的诺曼亲戚一起凑份子，总算把被关了2年的诺曼人捞了出来。

获释的博希蒙德指责坦克雷德不积极营救他，便与侄子反目；而为了偿还鲍德温二世帮他垫付的大额赎金，博希蒙德又不得不对周边穆斯林势力发动新的战争。结果，和所有急于翻本的赌徒一样，精明的博希蒙德不可避免地越输越多。1104年，有情报说一支强大的塞尔柱人联军要进攻埃德萨伯国，博希蒙德和坦克雷德都赶去赴援。埃德萨和安条克的联军决定先发制人，攻取塞尔柱大军必经之路上的哈兰城，御敌于国门之外。十字军出其不意地出现在哈兰城下，一番猛攻，哈兰城上已经竖起了降旗，结果十字军的保留节目再次上演——诸将为哈兰城的归属爆发了激烈的争吵，没等他们吵完，塞尔柱联军到了。

这下十字军在坚城之下腹背受敌，一场惨烈的大战之后，寡不敌众的十字军被杀得大败而逃，鲍德温二世被俘，直到3年后才被赎回。哈兰战役断送了埃德萨的精锐力量，此后损兵折将的埃德萨只能勉强自守，基本丧失了攻击扩张的能力。而近年来每战必输的穆斯林，也就此找回信心，此后十几年中，无论埃及的法蒂玛王朝还是近东的塞尔柱人都向十字军发起了反击。其中最辉煌的战役当属1119年的阿塔勒布战役，阿勒颇的阿塔贝伊土库曼人伊尔加齐率领塞尔柱人大败安条克军。当时的编年史家卡马尔丁在《浴血的战场》中写道："上帝让穆斯林得胜，逃向营地的十字军尽遭杀害。土耳其人从四面八方猛攻过来，射箭如飞蝗，投枪似雨点。十字军纷纷逃散，骑兵战败，步兵溃退。仆人和年轻侍从全部被俘，鲁杰罗殿下（坦克雷德之子，此时实掌安条克大权）也遇刺身亡。穆斯林仅损失20人，十字军却只有20余人得以逃生。他们的一些首领总算保住了性命，但有近1.5万人长眠于此。胜利的消息传到阿勒颇时，穆斯林刚刚排队做完中午的朝拜……"从此，这处战场被基督徒沉痛地称为"血田"，这一战中安条克精锐尽丧。要不是伊尔加齐随后就适时地去世，安条克公国可能要提前一个多世纪灭亡了。

话说回头。1104年败走哈兰之后，博希蒙德认真分析了形势，认为自己最大的问题在于没有稳定的兵源。于是，他决定返回西欧，筹集新的十字军，并借助他们的力量巩固自己在东方的统治。当时，由于屡次煽动十字军与拜占庭对立，阿莱克修斯已经把博希蒙德列为潜在敌人，因此他不可能明目张胆地进入拜占庭境内。拜占庭公主安娜的书中称，博希蒙德藏在一副棺材中，由手下秘密运送过境，据说为了增强效果骗过拜占庭的巡逻队，博希蒙德还特地在棺材里放了几只发臭的死鸡。为了重整旗鼓，他真是豁出去了。一路上体味艰辛的博希蒙德终于回到了欧洲，接下来他先后去了罗马和法国，由于在东征中的功绩，所到之处备受礼遇。仅比博希蒙德年长五六岁的法国国王腓力一世还想招他为婿。博希蒙德四处游说，并散尽从东方取得的财富来招兵买马。

1107年，他带着从西欧招募的一支新军返回东方，但他这次太急于求成，直接攻打了拜占庭的属地。这场师出无名的战役进展不顺，手下的不满情绪蔓延，久战无功的博希蒙德不得不和拜占庭议和，再次屈辱地向拜占庭皇帝称臣。尽管此时他的兵力没受太大损失，但博希蒙德的威信扫地，这回一向越挫越勇的诺曼人终于心灰意懒，也不去安条克了，而是直接掉头回了故乡塔兰托。他曾经豪情万丈，归来却空空的行囊，十年远征间关百战，终点又回到起点，如梦一场。1111年，博希蒙德在老家郁郁而终，他创立的安条克公国，只能由侄子坦克雷德继承。在博希蒙德回欧洲游说期间，坦克雷德将叔叔的武功发扬光大，攻占了不少叙利亚的城市，拓展了安条克公国的地盘，还自封为"伟大的叙利亚王"。可惜，他正式继位之后仅过了一年也病逝了，临终前坦克雷德交代手下，将公国还给博希蒙德的子孙。

博希蒙德大起大落的一生令人唏嘘，而另一位十字军将领的境遇则更加落寞，他就是雷蒙。1099年，负气离开圣城的雷蒙率部北上，本来他还想和老冤家博希蒙德争夺安条克，但后者趁十字军主力进攻耶路撒冷之际保存实力，在当地的经营已有规模，法国老头争不过他，只好带着本部人马继续在近东漂着。1100年底，雷蒙患病来到君士坦丁堡求医，在此间他和陆续到达的后卫十字军将领们接上了头，然后随他们一道返回亚洲，准备借重这些新鲜血液，再展宏图。结果，一向时运不济的老头似乎把他的霉运传染给了这些后卫十字军，他们遭遇惨败，雷蒙在莫西万战役中逃跑，这又让他承受了巨大的道德压力，甚至一度在安条克被羁押。好在当时主政的坦克雷德没有难为叔叔的老对手，将他释放了。

1102年，雷蒙终于选定了自己的目标——的黎波里。此地位于安条克和耶路撒冷之间，地处要冲，之前曾向十字军投降换得了短暂的平安，但雷蒙决定将其据为己有。这一年，这位法国老伯爵发动了他东征的最后一战：围困的黎波里。

从以往的战绩来看，只要雷蒙攻城，那么战役一定不可能速战速决。大概老雷也清楚自己的短处，这一次他拿出了大手笔，不但联络拜占庭、热那亚等方友军四面合围，更在的黎波里城东修筑了一座堡垒作为攻城指挥部，拉开架势，准备以长围久困逼降有坚固城墙拱卫的黎波里。结果，足足3年，的黎波里没有拿下，他自己的大限却已到了。1105年，雷蒙病逝于围城的军营之中，享年64岁。这位老将是第一次十字军诸将领中为东征事业投入最多的，但也是投入产出比最低的。出征前他放弃了在法国的基业，发誓要在东方建功立业，结果由于欠佳的军事能力，本来拥有最强兵力的他竟然每战无功，最终没能亲眼看见自己王国的诞生。在穆斯林历史学家的记载中，他被视为第一次十字军中的头号人物——如果雷蒙泉下有知，这个历来好名的老头或许会有一丝快慰吧。

雷蒙死后，他的外甥采尔达尼伯爵威廉继续围攻的黎波里，但他延续了雷蒙在攻城战中一贯的拙劣表现，围城4年一无所获。1109年，雷蒙与前妻的儿子贝特朗从欧洲赶来。7月，再也撑不住的的黎波里守军终于开城投降，根据协议，十字军没有进行耶路撒冷式的大屠杀，但一番抢掠自然是免不了。贝特朗随即在城市控制权之争中凭借耶路撒冷国王鲍德温的支持击败了威廉，自称的黎波里伯爵，威廉获得了封地作为安抚。但这个倒霉鬼很快离奇身亡，他名下的属地也被贝特朗顺理成章地兼并。这样一来，第一次十字军东征的最后一个胜利果实，的黎波里伯国也正式宣告成立。亚洲的地中海沿岸尽数落入欧洲人之手，埃德萨伯国、安条克公国、的黎波里伯国、耶路撒冷王国由北向南一字排开，第一次十字军东征的军事成就达到极点。

十字军攻占耶路撒冷整整10年之后，欧洲人终于又取得了一块在亚洲的新领地。不过，这也是他们获得的最后一块东方土地，接下来幸运将转而垂青他们的对手穆斯林。

15

西方人在东方

的黎波里伯国的建立，标志着第一次十字军东征的征服业绩达到顶峰。四个欧洲人建立的十字军国家开始了他们在亚洲的艰难生存。

以治理而论，成就最高的当属耶路撒冷王国的鲍德温。他继位当年就征服了布鲁特和西顿，次年征服了北边的凯撒里亚和南边的阿尔苏夫。这几年中他前后三次打败埃及法蒂玛王朝的军队，稳固了南部边境，随后又与东边大马士革挟持幼主的权臣图格特金签订了和平条约，为王国营造了稳定的外部环境。1113年，鲍德温公然重婚，在未与亚美尼亚公主离婚的情况下又娶了一位富有的寡妇阿黛蕾德。由于基督教信仰，在欧洲，即便王室也须遵守一夫一妻制（情妇是默许的，但没有名分），但鲍德温的王国天高教皇远，教会也对此睁一眼闭一眼，阿黛蕾德的丰厚嫁妆也为耶路撒冷王国的国防建设添砖加瓦。1115年，鲍德温修筑了著名要塞骑士堡，扼守大马士革到埃及的要道，王国在鲍德温手中实力大增。到了1118年春天，鲍德温进攻埃及，结果在途中病倒只好班师，随后去世。截至当时，耶路撒冷王国的疆域已经东临约旦河，西依地中海，北达布鲁特，南及红海北部的亚喀巴。而就在鲍德温辞世的同一年，十字军时代的另外两位关键人物也离世了：拜占庭皇帝阿莱克修斯和罗马教皇帕斯加尔二世。前者向西欧的求援直接引发了第一次东征，后者则在耶路撒冷王国的建立过程中起了重要作用。

鲍德温一世先后娶过三任妻子，但无一为他生下子嗣，于是他去世后，历史再次重演，埃德萨伯爵又一次接了耶路撒冷国王的班。1118年4月，鲍德温二世出掌圣城，埃德萨伯国则交给了他的一位亲戚乔斯林。

鲍德温二世的才略要逊于一世，而且在他的统治时期，由于老一代战士日渐凋零，欧洲方面对东征的热情也有所减退，耶路撒冷王国的扩张趋势停止了。

不过，王国还是于1124年，在威尼斯舰队的协助下将提尔纳入版图，打通了与西欧的重要贸易航道。次年，鲍德温二世又率部击败了阿勒颇的埃米尔阿齐兹。不久后，叙利亚崛起了枭雄赞吉，耶路撒冷王国更加步履艰难。1129年，鲍德温二世率领大军进攻大马士革，本来胜利在望，但忽然天降暴雨，耶路撒冷的人马被迫撤围，丧失了向叙利亚方面拓土的最佳时机。此后鲍德温的健康状况开始恶化。

鲍德温二世任内的另一件事就是与安条克的博希蒙德系联姻，他的女儿艾丽斯嫁给了博希蒙德二世，这使得后来的安条克统治者也流着鲍德温一系的血。鲍德温二世于1131年去世，他倒是留下了继承人，他的长女梅丽桑德嫁给法国的安茹伯爵富尔克五世，后来他们夫妻一起统治耶路撒冷王国，直到第二次十字军东征。

再说埃德萨伯国。在鲍德温"荣升"之后，乔斯林接位，此人是随后卫十字军来到东方的。由于埃德萨地处东方，被敌对势力包围，乔斯林也不得不像他的前任们一样频繁地四出征战。1131年，鲍德温二世去世的同一年，乔斯林在一次攻城战中被爆炸物所伤，不久后不治而亡。此后其子接位，称乔斯林二世。时事艰难，他改变了父亲四面树敌的外交政策，开始和一些穆斯林割据势力和解，从中寻找自己的盟友。

安条克公国和的黎波里伯国，在它们非凡的创立者之后，就没有太多值得叙述的光彩事迹了。安条克公爵博希蒙德二世虽然在1112年其堂兄坦克雷德病故之后，就取得了名义上的继承权，但他一直滞留欧洲，安条克的权力事实上操于坦克雷德之子鲁杰罗之手，后者死于1119年的"血田"阿塔勒布，安条克又交由鲍德温二世代管。直到1126年，博希蒙德二世才正式履职，结果4年之后，享祚未久的博希蒙德二世战死沙场。他与鲍德温二世之女艾丽斯生的女儿康斯坦丝尚且年幼，后来这个女孩长到9岁时，被许配给了法国人"普瓦捷的雷蒙"，安条克公国成为嫁妆，被记入了法国人名下。不久后，这个法国冒险家头脑发热，横挑强邻，发动了对拜占庭的战争，结果大败而归。拜占庭皇帝约翰二世反击，险些一举消灭了安条克，在埃德萨伯国的援助和斡旋下，"普瓦捷的雷蒙"服软了事，安条克国力大损。约翰二世这一战打出了信心，后来准备以倾国之兵夺取全部的四个十字军国家，结果战备阶段他就去世了，基督教世界免于一场内战。

的黎波里伯国方面，1112年，雷蒙之子贝特朗继位不到三年就去世了，其子庞斯承袭爵位，他平淡无奇的统治持续到1137年。接下来其子雷蒙二世继位，一直到第二次十字军东征期间。

四个十字军国家中，虽然耶路撒冷对另外三者享有名义上的宗主权，但这几个国家都明白他们的处境是一荣俱荣一辱俱辱。因此，在艰难的环境中，他们还是基本做到休戚与共，同气连枝，彼此互为奥援。

虽然这几个国家都以《耶路撒冷条例》为治国纲领，并没有走上东方式专制之路，但建国之初那些功高盖世的君主还是享有极大的权威。不过，随着老一代的风流云散，以及越来越多政治势力的涌现，东方十字军国家的权力结构也日益立体多元化。由于要仰仗威尼斯、热那亚等航海城邦提供后勤援助，十字军国家的主要城市都为他们辟出了形同租界的特区。此外，君主们也按照西欧的分封制，把土地分给自己的臣属，后者又依此模式逐级分封，这几个弹丸之地的小国，内部都邦国林立。而十字军国家的发展过程中，最具影响力的事件当属骑士团的诞生。

根据中世纪欧洲人的观念，教士和骑士本是两种泾渭分明的身份，但在人丁稀少的耶路撒冷王国，教士们也不得不"投笔从戎"，组成一个带有宗教性质的半独立的军事团体。这个团体的出现既是由于宗教虔诚，更是因为耶路撒冷捉襟见肘的人力状况以及错综复杂的派系斗争。正如伏尔泰在《风俗论》中所说，"当连负责看护病员的僧侣都拿起了武器，那一定是因为他们自身难保，而如果整个社会管理得好，也就不会设立特殊的团体"。

12世纪初期，耶路撒冷主要的骑士团有两个：医院骑士团和圣殿骑士团。

医院骑士团是骑士团中字号最老、辈分最高的始祖级社团，早在十字军东征之前就活跃在近东地区。他们以耶路撒冷圣墓附近的两处修道院和一处会所为大本营，负责为朝圣者提供保护和医疗，并致力于各种慈善事业。这个组织后来扩展到欧洲和近东很多地区，在拜占庭、叙利亚、埃及等地都有分支机构，其中的中坚力量是意大利阿马尔菲商人摩路家族设在耶路撒冷的医疗站。

十字军攻陷耶路撒冷之后，军中的一个法国贵族热拉尔率领所部占据了修道院和医疗站，并将原有的互助团体整编，确立了组织结构和各种规制。骑士团以大团长（Grand Master）为最高首领，设有教士会议和由八名法官组成的独立司法机构，成员之间彼此以兄弟相称。大家统一着装，平时都穿着黑色长袍，上绣白色十字架图案，战时则在铠甲外面罩一袭红斗篷，也绣着醒目的白十字。这就是骑士团的前身，由于他们以医疗起家，故被称为医院骑士团。

耶路撒冷建立十字军国家之后，搞慈善出身的医院骑士团为了表示不改初衷，仍将"守卫信仰，援助苦难"（Defence of the faith and assistance to the suffering）作为组织的格言和纲领。1113年，他们采取了一个非常精明的投机行动，在急于寻找东方代言人的罗马教皇那里得到了认可，并凭教皇的特许获取了免税特权，也因此无须臣服于耶路撒冷王国的世俗统治者，成了一个半独立的国中之国。

1120年，来自法国多菲内的雷蒙·杜·皮伊接任医院骑士团大团长，他在圣约翰教堂附近修建了新的总部，并将组织正式定名为"耶路撒冷圣约翰医院骑士团"，因此医院骑士团在正式记载中被称作"圣约翰骑士团"。医院骑士团在雷蒙的管理下又有大发展，他们的分支机构拓展到周边的马耳他、罗德岛、塞浦路斯以及西欧各地。凭借这一庞大的网络，骑士团从事商业和金融活动，不但赚取了巨额财富，还无意中发展出了现代跨国银行的雏形。此外，雷蒙辖下的骑士团还通过为欧洲来的朝圣者提供保护而收取费用，加上传统的募捐，以及针对异教徒的抢掠，骑士团生意兴隆，财源广进。传统的慈善事业虽然没有被摒弃，但已让位于上述这些更有利可图的新型业务。而耶路撒冷日益严峻的国防压力，也使得国王愈发倚重骑士团的力量，他们真正成了一支不可忽视的力量，在政教军财各方面都有足够的影响力。

圣殿骑士团的情况与医院骑士团类似，他们的全称是"基督和所罗门圣殿的贫苦骑士团"。这个名称的由来，是因为他们的总部设在阿克萨清真寺的一角，而这座清真寺相传建立在所罗门圣殿的地基之上。在民间传说中，所罗门圣殿之下埋藏着价值连城的财宝，这就是圣殿骑士团选择此处扎营的原因，而关于圣殿骑士与财宝的传说，直到今日还是激发小说家创作灵感的好素材。

一般认为，圣殿骑士团成立于基督徒攻占耶路撒冷之后10年左右，创立者是10名法国骑士，领头的两个分别是于格·德·帕英和戈弗雷·德·圣欧莫。作为医院骑士团的拷贝版，圣殿骑士团的组织结构与前者大同小异。他们也有自己的全套包装，他们的标准制服是白色的无袖长袍，绣有红色的大十字架，这图案也是经教皇特许后才绣上去的。

圣殿骑士团成立的初衷也是保护朝圣者，因此这个组织从一开始就偏重于军事，这是他们与医院骑士团的一大区别。这种区别也同两个社团人员构成上的差异有关，医院骑士团以擅长经商的意大利人为主体，其他成员来自欧洲各国；而圣殿骑士团的原始班底则是清一色的特别能战斗的法国人。作为后起之秀的圣殿骑士团，风头很快盖过了老前辈医院骑士团，虽然他们的三大戒律中有"恪守神贫"的信条，但这些人对搞钱的热情并不因此而削减。和医院骑士团一样，圣殿骑士团也逐渐发展为经营范围涵盖跨国贸易、金融信贷、安保服务、武装押运、地产开发、拦路抢劫、杀人越货等多个领域的复合型集团化的新兴大企业。而除了上述这些生财之道，圣殿骑士还于1139年从罗马教皇英诺森三世处获得了征税权，这样他们就更有了无视耶路撒冷王权的资本。耶路撒冷的统治者与骑士团名为君臣，实际上是联盟关系，前者对后者并没有绝对的控制力。

由于在多个业务领域存在竞争，圣殿骑士团和医院骑士团的关系也比较微妙，他们经常并肩作战，但彼此之间也深怀芥蒂，矛盾激化时暗斗甚至会升级为明争。随着骑士团的规模和财力日益强大，社团内部的分工也不断细化，有了专门的理财人员负责为战斗人员提供后勤保障，骑士和士官可以心无旁骛地专注于武功，这也使他们的战斗力和战术素养不断增强，成为真正的精锐部队。由于有了这样的财力与武力，许多历史学家把骑士团视为十字军时代东方真正的统治者。

以上就是医院骑士团和圣殿骑士团的简要概况，而与他们鼎足而立并称三大骑士团的条顿骑士团，则要等到12世纪末第三次十字军东征时才正式登场。在接下来十字军国家与试图收复失地的穆斯林之间的博弈中，将越来越多地看见这些骑士的身影。

来得容易去得快

流血的近东，在渐渐愈合。各个十字军国家中，尽管外来的欧洲征服者和原住民仍然彼此不太顺眼，但他们都已学着和对方共存。西欧骑士们开始蓄须，以这种异国情调为风尚，东方式的长袍和头巾也成了时新打扮，大家品尝着当地酿造的葡萄酒，赏玩着亚洲的珍珠宝石与丝绸，学着塞尔柱和阿拉伯贵族放鹰纵犬的风流，并用阿拉伯语交流着对东方新生活的感受，而这种全新的生活方式，也和亚洲特有的甘蔗、桃子、菠菜等果蔬一道传回了他们的欧洲老家。至于东方人，即便是穆斯林，战前的生活水平也在一点点恢复，针对他们的宗教和世俗方面的种种限制都在逐渐放宽。尽管他们还要背负沉重且名目繁多的捐税，但和在世界其他各地一样，逃离家园的或揭竿而起的只是少数人，更多的被征服者似乎也习以为常了——毕竟对于大多数人来说，生活本就充满了妥协和将就。至于与十字军国家毗邻的穆斯林邦国，也有不少同前者签订了和平条约甚至贸易协定，互通有无。意大利人加托在《十字军东征：马背上的圣战》中用圣经里的诗句评价这种情形："狮子必吃草与牛一样。"12世纪初叶的近东，经过惨烈的杀戮之后，战争最最意外的附属产品——民族融合，似乎也要不期而至了。

然而，对身处广袤的伊斯兰世界的十字军国家来说，仅有国内的有限稳定是不够的。作为几个世纪以来这片土地的主宰者，穆斯林绝不会容忍这些入侵者闯到自己的卧榻之侧，旁若无人地酣然大睡；对欧洲人施加的伤害，他们更不可能一笑而过，这一串十字军国家就像伤口上的痂，不但结在近东的土地上，也结在每个穆斯林的心里。耶路撒冷失陷之后，浩劫余生者在巴格达啼血的哭诉，让他们无时或忘。当时的阿拉伯人哈里发穆斯塔兹尔庸碌无为，自身难保，突厥人苏丹和各色大小埃米尔也没有足够的实力和眼光，底气不足的穆斯林只能隐忍待时，但"吉哈德"（圣战）之声始终不绝于耳，一旦力量积蓄到足以打破这种不稳定的平衡，穆斯林会毫不犹豫地撕去这块痂，为此流血也在所不惜。

12世纪20年代，拖了20多年的"吉哈德"终于付诸实施，巴格达的哈里发和苏丹将圣战事宜委派给实力派人物，摩苏尔的埃米尔布尔苏格。1124年，他打退了围攻阿勒颇的十字军，顺势将阿勒颇收为盟邦。此后，地跨两河上游两大城邦的布尔苏格准备南下叙利亚，再图进取，但没来得及再和十字军作战，他就卷入了伊斯兰世界内部的纠纷。在大塞尔柱帝国瓦解之后，叙利亚和摩苏尔、阿勒颇，分别由阿尔普·阿尔斯兰的两个孙子统治，这两系为了争权夺利曾经打过内战，两地之间也颇有积怨。布尔苏格的摩苏尔派系南下，叙利亚的大马士革派系如临大敌，他们不但与耶路撒冷王国结成针对摩苏尔人的同盟，还雇请了盘踞在叙利亚北部山中的刺客团阿萨辛派。阿萨辛派是什叶派的一个极端分支（阿萨辛派事迹后文《大陆苍黄》有详述），其创派祖师是大名鼎鼎的山中老人，后历代首领都沿用此称号。因为信仰问题，他们本就仇视逊尼派的塞尔柱人布尔苏格，而后者的到来更会威胁他们事实上的独立王国地位，于是同意行刺。阿萨辛派素以暗杀见长，刺客出手例不空回。1126年，摩苏尔埃米尔出师未捷身先死。

不过，布尔苏格的意外遇刺，非但没让穆斯林的"吉哈德"夭折，反而还使得一位更强有力的人物走上前台，他就是绰号"蓝眼睛"的突厥人伊马德丁·赞吉。

赞吉的早年事迹不为人知，只知道他的家族出身寒微。他的父亲是大塞尔柱帝国第三代苏丹马利克沙的一个奴隶，名叫桑库尔，后来因为作战英勇被任命为阿勒颇的埃米尔，但不久后就在塞尔柱帝国崩溃所引发的内战中丧命，阿勒颇的统治权也被人夺走。其时赞吉年纪尚幼，由此可以想见，他后来的权力之路历经了多少艰辛。考虑到这样的成长环境，关于赞吉残忍粗暴野蛮之类的说法，也就不难理解。赞吉长大后，曾经在控制巴格达的塞尔柱苏丹手下担任巴士拉总督，任内镇压过一起针对苏丹的叛乱，功绩卓著，简在帝心。1126年布尔苏格遇刺后，赞吉奉命去摩苏尔收拾残局。当地人起初并不接纳他，结果赞吉二话不说，率兵把摩苏尔打了下来，这一下他声名鹊起，周边诸邦莫敢不从。随后苏丹以哈里发的名义封他为摩苏尔的"阿塔贝伊"，这是一个类似宰相的职位，名义上是摩苏尔年幼领主的辅臣，却掌有实权，中文里对这个头衔最有意思的译法是"太傅"，确实性质有点像。赞吉也凭此法统独立施政，以摩苏尔为中心,开创了自成一体的赞吉王朝。

接下来,赞吉扩张地盘,秣马厉兵,准备发动对十字军国家和大马士革的战争。赞吉虽是个粗人,却不乏政治头脑,他十分注重在征服的领地收揽民心,每次出征都严厉约束部下,不得扰民,践踏庄稼者处以重刑。《剑桥插图伊斯兰世界史》载,时人形容赞吉的军队路过农田时"看上去就像是在两根绳子间行军"。这样的军纪使赞吉颇得民心,许多属地内的人民终年为他祈祷。而他对待军旅既严苛又慷慨,从不吝惜用丰厚的战利品来奖赏军功,这样他麾下自然三军用命。至于私生活方面,赞吉也不尚奢华,除了贪杯,几无其他不良嗜好,行军途中他与士卒同甘苦,每天都睡在草堆上。面对这样的厉害角色,叙利亚北部各地只能任他按部就班地逐一收取。1128年赞吉控制了他父亲当年的领地阿勒颇,次年又控制了哈马,势力范围已超过布尔苏格当年,成为叙利亚北部最强大的一股力量。赞吉的名字伊马德丁,意为"宗教的支柱",反击基督徒的"吉哈德"之中,就要靠他发挥支柱作用了。

进入12世纪30年代,安条克公爵普瓦捷的雷蒙与拜占庭交恶,已经颇有基础的赞吉趁机南下。1137年,赞吉先攻大马士革,又转而向西北袭击的黎波里伯国,将的黎波里伯爵雷蒙二世围困在一座城堡里,围点打援,大败赶来助战的耶路撒冷国王富尔克,耶路撒冷援兵全军覆没,国王仅以身免。经此一战,十字军诸国震惶不已。1139年,赞吉又夺取了附近的重镇巴贝克。在他的打击下,原本不同阵营的十字军国家与大马士革联起手来,现实的生存问题面前,曾经不共戴天的宗教矛盾暂时被搁置一旁。

同样,枭雄赞吉虽然干的是伊斯兰圣战"吉哈德"的买卖,但他更看重现实利益,挡在他霸业之路上的,不论是基督徒还是穆斯林,都要予以清除,此前他对付大马士革就是先例。而现在看到南方的十字军与大马士革联盟一时难以攻下,赞吉转而将目光投向了北方——第一个十字军国家,埃德萨。1143年,赞吉的手下败将耶路撒冷王富尔克打猎时意外坠马,随即身亡,他13岁的儿子鲍德温三世继位,母后梅丽桑德摄政。趁着南边的敌国主少国疑,无力北顾,赞吉决定解决北边孤立无援的埃德萨伯国,一劳永逸地除掉后顾之忧。1144年11月,赞吉出兵攻打埃德萨的同盟,一位突厥领主阿尔斯兰。因为担心唇亡齿寒,埃德萨伯爵乔斯林二世硬着头皮为异教盟友出头,结果正中赞吉的下怀。

原来赞吉攻击阿尔斯兰所部,本就是醉翁之意不在酒,把埃德萨为数不多的守军从坚实的城墙背后引诱出来，这才是他最想看到的局面。赞吉获知乔斯林二世出兵驰援阿尔斯兰，马上率部急行军，绕道赶到埃德萨城下。

不出赞吉所料，征途中的乔斯林二世被他迅雷不及掩耳的攻势吓住了，他自知兵力有限，不敢回援老家。埃德萨人普遍经商，军事力量本就有限，现在大部队出征，全城的平民都被丢给了赞吉。围城从1144年11月28日开始，埃德萨的市民们尽管做了殊死的抵抗，但他们毕竟不是专业的战士，无力阻挡敌方的百战之师。赞吉为了防止游荡在外的乔斯林二世拉来救兵，下令加紧攻城，他的士兵在城墙角下掘地道，纵火焚烧。终于，12月24日这天，经过他们连挖带烧，埃德萨城厚实的壁垒轰然塌陷。透过弥漫的灰尘，埃德萨人惊恐万状地看着从城墙豁口处涌进来的敌军，这是他们生命中最恐怖的一个平安夜。

1144年，埃德萨度过了一个浴血的圣诞节。赞吉下令屠城，塞尔柱人将近半个世纪之前十字军在耶路撒冷的所作所为重演了一遍，仅仅是在逃命时死于自相践踏的埃德萨人就无虑千数，城中全部的欧洲成年男子都被杀死，妇孺则被掠为奴隶，基督教的教堂和修道院全被夷为平地。不过，政治高手赞吉纵情复仇之余，还是注意缩小了打击面，他命手下不得骚扰埃德萨的原住民亚美尼亚人，犹太人和东正教徒也得到了不同程度的保护，赞吉以此声明，他只向法兰克人寻仇，与他人无涉。

因胆怯而逃避守土之责的乔斯林二世躲到了安条克公国境内求援，但安条克公爵普瓦捷的雷蒙正与拜占庭闹得不可开交，拜占庭人一度打到家门口，焦头烂额的安条克人抽不出手来支持兄弟国家。而耶路撒冷方面，尽管鲍德温三世之母摄政女王梅丽桑德派兵来救，但她的人马行动迟缓，在埃德萨陷落之后一星期才赶到，被赞吉轻松打退。

就这样，第一个建立的十字军国家埃德萨伯国，在穆斯林的反击中又成了第一个牺牲品。这固然与统治者的无能有关，但埃德萨深陷于敌境，又没有出海口可供欧洲的舰队支持，这样不利的地理位置注定了它难以免于这种命运。从1098年鲍德温一世空手套白狼赚城算起，直到1144年乔斯林二世失国，这个小邦一共只存在了46年，来得容易，去得也快。

埃德萨伯国的灭亡让它的友邦们噤若寒蝉，但欧洲人也不甘就此坐以待毙，就在其他几个十字军国家枕戈待旦的同时，一度沉寂的"圣战"呼声很快又重新响彻西欧。

新的召唤

狐死首丘，埃德萨陷落之后，其他三个十字军国家自感亡国可待，他们向欧洲老家发出了绝望而急切的呼救。

急报传到罗马，已是1145年，当时西欧的局面已与半个世纪前的乌尔班时代大不一样。乌尔班二世发动的十字军东征运动使欧洲的社会矛盾有了一个宣泄的出口，但这种仅靠煽动仇外情绪来忽悠民众的手段，并不能解决切实的生计问题。毕竟通过十字军运动获益的人只是少数，对于更多的人来说，生活状况长年没有改善，不满情绪也日益增长，民众与包括教廷在内的教俗统治阶层对立愈发严重，西欧掀起了反抗教权扩张的城市公社运动。

就在这一年，罗马迎来了新任教皇——来自意大利比萨的尤金三世。这位圣保罗大教堂的新主人时运不济，由于当时的抗议风潮，他当选半年之后才得以入主罗马城。1145年11月，来自东方的卡布拉主教休向刚刚坐上教皇宝座的尤金三世报告了埃德萨沦亡的噩耗，这对基督教的东方事业来说固然是个不小的挫折，但对教皇个人，却也是一个机会——现在又可以借着外敌的威胁来号召欧洲人紧密团结在自己周围了。尤金三世马上开始筹划新的十字军东征计划，并撰写动员文件。

尤金三世不但有明辨时事的洞察力，也很有自知之明，他知道以自己的声望，不足以像前辈乌尔班二世那样登高一呼应者云集，放手发动群众的重任必须交给一位更具号召力的贤人。这个人就是他的导师，法国明谷修道院的院长，圣伯尔纳。

名字里就带个"圣"字，足见这位院长不是凡品。他是那个年代的西欧宗教权威和道德楷模，虽广有人望，但由于属于崇尚俭朴的西多会，伯尔纳淡泊名利。他的学生是教皇，许多朋友是法德等国的重臣，他本人却甘于做一个修道院长，专心传道授业，教书育人，平平淡淡地搞他的希望工程。伏尔泰评价他："从来没有哪个教士像伯尔纳这么善于处理烦琐的事务，又能保持其庄严的身份，没有一个人像他那样受到人们不是慑于权势的纯粹的个人的尊崇。"联系伏尔泰著名的反教会立场，就不难想象这是何等难得的评价了。具体说来，圣伯尔纳的优点包括持身谨严、不尚虚荣、信仰坚贞、悲天悯人、学识渊博、精于辩难……这些还是多少靠点谱儿的，而民间传说中还把一些原本耶稣基督才有的大神通也加在了他的身上。据说圣伯尔纳的目光所及之处，魔鬼无法生存，因此不管得了什么疑难病症，只要他看一眼就会痊愈（中世纪欧洲人认为疾病是魔鬼附身所致）。有如此神奇杀菌的天目，圣伯尔纳被当作当代圣徒来崇拜，时人称"生平不识伯尔纳，纵称英雄也白搭"。当然，在后世的评价中，圣伯尔纳德的形象就有些走样了，比如苏联史学家扎波罗夫的《十字军东征》中，就称他为"自由思想的刽子手""当时天主教最反动的人物"。

圣伯尔纳对他的得意门生很是支持。当初尤金三世被堵在罗马城外的时候，他就曾试图凭借自己的影响力游说德王派兵护送教皇履职；而对十字军的东方事业，他更倾注了不少心血，耶路撒冷圣殿骑士团的纲领《圣殿骑士团团章》就出自他的手笔，他还曾热情讴歌圣殿骑士"身上穿着钢铁的铠甲，精神上披着信仰的铠甲"。因此，现在教皇以宣传圣战的重任相托，时年54岁的老圣徒不俟驾行矣，开始了在法国各地的巡回演讲。

圣伯尔纳的号召力不在当年乌尔班二世之下，每一站演讲都引得听众麇集，大家都来争睹这位当代大圣人的风采。1146年3月1日，伯尔纳的巡演迎来了一个高潮。这一天，在勃艮第的韦兹莱（今法国罗讷省境内），信众们在旷野上搭起高台，人潮从四面八方涌来，上至王公贵族，下至庶民黔首，声势比之当年的克莱蒙大会也只稍逊半筹而已。而在走高层路线方面，伯尔纳比乌尔班更有面子，他身旁坐着的演说嘉宾正是时年26岁的法国国王，卡佩王朝第六代君主路易七世。

伯尔纳从埃德萨沦陷讲起，向懵懂的法国农民们阐述当前局势的严重性。他说埃德萨失守是上帝在借以惩戒和警醒不够虔诚者，要大家务必坚定信心，同时要抓住这个机会去建立新的功业。他用壮怀激烈的言辞向听众们疾呼："进行新圣战是主的驱使，是上帝的召唤！伟大的法兰克人兄弟如今正在东方与异教徒们奋力拼搏，圣城耶路撒冷正面临着被异教徒踩躏的危险。基督徒们，尤其是我们伟大的法兰克人基督徒，决不会坐视圣地的浩劫而不管，也不愿因迷恋这里的穷乡僻壤而不愿踏上主的道路。"随后他又列举了许多因参加第一次东征而发家致富的先进事迹，把东方的富庶大大夸耀一番，言下之意：此时不抢更待何时。

人群密集的地方最容易爆发群体无意识的大面积传染，当年在克莱蒙如此，如今在韦兹莱同样如此。人们的情绪被伯尔纳的激情点燃，"上帝的意旨"再次响彻云霄。伯尔纳趁热打铁，命人抬出早就准备好的一箱子小十字架，当场分发，领取者就算是被授予了十字军的名分。路易七世第一个从他手中接过十字架，而台下听众们伸手狂呼索要，十字架供不应求。现场的火爆气氛也反过来感染了伯尔纳，这位素来宝相庄严的老圣徒也脱下法袍，当场裁剪成十字架的形状，撒向台下。这些布片瞬间被一抢而空，仿佛投入湍急的洪流中被冲得不见踪影。看着台下狂热的人潮，圣伯尔纳知道，他的演讲成功了。

接下来伯尔纳又不辞劳苦，翻山越岭赶到德国，继续演讲。老圣徒名声在外，虽然当时的德国人没几个听得懂他的法语，但都还是跑来捧场，热情程度比法国人一点不低。在当时，听圣徒布道是最高雅、最有品的事，就像今天林肯公园等乐队来巡演，真假小资们甭管听懂听不懂，都得去凑下热闹。

此外，尤金三世也派出特使，以教皇的名义游说法德两国国王以及西欧各路有实力的封建主，请他们响应号召，参加圣战。1146年在圣伯尔纳及其他教廷使者们的奔走呼号中很快就要过去了。这年12月1日，作为第二次东征终极发动者的教皇尤金三世，颁布了《给予参加十字军者之特权书》〔亦称《吾等之前辈》(*Quantum praedecessores*)，标题取自通谕开篇使用的拉丁词语〕，在诏书中他历数异教徒的恶行，号召东征保卫圣地。这些言词都不脱乌尔班二世克莱蒙演讲之窠臼，但尤金三世的自出机杼之处在于，他首次以法律明文向参军者许诺了种种权益，其核心部分大致如下：

> 我像父亲一样关怀你们的安宁和东方教会的贫乏，现在我本着上帝赋予我的权力，将我的前任教皇乌尔班所实行的赎罪权利，赋予为那些虔敬之心所驱使，决心承担并执行这个神圣而必要的工作和任务的人，并命令将他们的妻子、女儿、财货和产业，置于我自己以及大主教、主教们和上帝的教会中其他教士们的保护之下。

> 同时，我也以使徒的权力，禁止对任何人在参加十字军时所正常保有

的财产提出任何诉讼，除非关于他们的返回或死亡已得到非常可靠的消息。

此外，因为那些为主战斗的人不应当置办任何贵重的服饰和供个人排场之用的物品，也不应当携带鹰犬或其他表现耽于逸乐的东西，我本着主的意旨，规劝那些决心负担这个神圣工作的人，务须谨慎小心，不要追求这些事物，而要热忱勤勉地致力于置办马匹、武器，以及其他在与异教徒交锋时可能使用的东西。

至于那些为了债务所迫而怀着纯洁的心开始这个神圣的行程的人，无须偿付过去的利息。若是他自己，或是他们的担保人，曾经为了支付利息而立过任何誓约，我也以使徒的权力予以解除。

此外，如果某些人在事前通告他们的亲属们，或者他们所隶属的领主们，而这些人不愿或不能把钱借给他们，我们也可以准许他们自由地将自己的土地或其他财产抵押给教会、教会人士，或其他基督信徒（来借贷），任何人不得提出异议。

我现在按照前面所说的我的前任开始实行的规定，以上帝赋予我的全能上帝和使徒之长圣彼得的权力，向那些以虔敬之心开始并完成这一神圣旅途的人，或将在旅途中逝去的人宣告，只要他们能够低首下心痛彻忏悔，他们的全部罪孽都可得到赦宥，而且将从赏善罚恶之主那里得到永恒的报酬。

时代变了，教皇的动员令也得与时俱进。"上天堂""免原罪"之类的许诺虽然还是不能少，但仅有这些空头支票已经不够了——50多年过去了，人的智力水平和认识水平怎么也得有点长进吧？乌尔班二世当年也曾向参加十字军的人许诺了某些现实利益，但这一次尤金三世显然做得更到位。他以教廷的名义用书面的法律形式为参军者免除利息，承诺照看他们的家人和不动产，这为穷人提供了躲债途径，帮富人免除了后顾之忧，这样的现实利益自然会激励更多的人投军，这样一来西欧的社会矛盾又找到了释放的出口。而根据第一次东征的情况来看，正是古来征战几人回，教廷接受财产抵押向这些人贷款，自然会事先做好资产评估工作，出征者人死债烂的概率极高，教廷坐收其抵押的土地等财产，绝对是稳赚不赔。尤金三世的这份特权书，理论上对后世的所有十字军事宜都有法律效力。

就这样，在新的召唤感染下，在新的政策刺激下，一支新的十字军，终于又踏上了旧日的征途。

暗流拜占庭

如同一部系列电影，第二集的投入总是比第一集多。十字军东征这部史诗系列大片，第二集的演员阵容也胜过了第一集。上一次只有一些公爵、伯爵参演，这一回欧洲方面则动用了两位国王，其中一位甚至还算是准皇帝。

这位国王自然就是圣伯尔纳的忠实信徒，法王"小路易"路易七世。当年他的祖父腓力一世因为与乌尔班交恶没有参加第一次十字军，而在韦兹莱大会上，这位年轻的国王则发挥表率作用，首先从伯尔纳手中接过象征十字军身份的十字架，准备御驾亲征。尽管以法国首相絮热（也是一位教士）为首的稳健派大臣都劝他一国之主不可草率行事，但路易有他的心病。前不久，在一次讨伐维特里（今法国马恩省境内）的领主时，他焚毁了该地的一处教堂，有四五百无辜平民被烧死在教堂里。此事让路易深受良心谴责，而当时他手下的主战派则抓住此事不断向他进言，只有去耶路撒冷才能赎罪，于是十字军的呼声一响起，他便下了决心，准备用异教徒的血来为自己洗罪。伏尔泰在《风俗论》中不乏揶揄地评价道："这本来是只要在法国国内实行仁政就可以更好地弥补的，但他许愿要去屠杀几百万人来补赎烧死四五百人的罪愆。"

1147年6月，絮热等人终于劝谏不住，只能目送这位少年国王举兵东进。行前，路易还郑重地从教皇尤金三世手中拜领了十字军旗。法王辖下的香槟伯爵、图卢兹伯爵等诸侯，以及从耶路撒冷赶回法国募兵的圣殿骑士团大团长也率部从征。此外，随军的还有路易的王后，阿基坦女公爵埃莉诺。这位芳龄廿五的美少妇是真正的实力派，手下有自己直属的亲兵，她作为嫁妆带到法国国王名下的地盘比卡佩王室领有的土地面积还大。法国人不靠谱的浪漫精神在埃莉诺身上体现得淋漓尽致，她对东征的热情甚至比夫君路易七世还要高。法王的这支远征军共有7万人马，和第一次东征时一样，还有为数众多的朝圣者随行，声势可谓浩大。然而，领军的法王夫妇二人对战争一无所知，尤其是埃莉诺，她虽然自告奋勇率领着娘家人马担任先锋，但每天陪在她身边的不是军事顾问，而是各种诗人优伶，军队行进中鼓乐长鸣，不像军旅出征，倒像是流动演出的戏班子。

第二次十字军东征队伍中的另一位重量级人物，是神圣罗马帝国霍亨斯陶芬王朝的开国君主，康拉德三世。

康拉德出兵比路易还早了一个月，但事实上他对这次东征不太情愿。一年前圣伯尔纳赴德演讲，虽然受到民众热捧，但在高层反响平平。原因是康拉德三世年事渐高，老来唯好静，万事不关心，他觉得东征和他关系不大，即便要发战争财，抢劫邻近的斯拉夫人就够了，投入产出比更高，无须劳师远征。但圣伯尔纳终究有办法让老德王老来尤委命。

1146年圣诞节，他以使徒的名义单独约见了康拉德，把他当作一个普通教友而不是国君来训教布道。康拉德和当时的绝大多数欧洲人一样，深信末日审判。于是，伯尔纳扛着十字架，用庄严神圣的语气向康拉德描述末日审判的情景，他模拟耶稣的身份质问康拉德，大意是：上帝为你做了一切，你又为上帝做了什么？天生万物以养人，人无一德以报天，你身为一国之君，你好意思吗？看看人家小路易，同样是信奉基督的君王，做人的差距咋就这么大呢……另外，康拉德的上台颇有曲折，本来他不在国王候选人之列，全因为几大选侯彼此不服，他才作为折中人选被推上王位，为此他在得国之时颇赖教廷之助，即便现在也需要借助教廷为外援，保持对最大反对派韦尔夫家族的战略优势，所以圣伯尔纳不但占有宗教道德的制高点，还代表着罗马教廷势力，这么软硬兼施，不由得老康不给面子。终于，德王也扛起十字架，许诺"为了上帝的事业前往东方"。而作为交易，后来教廷方面答应德王，他以及其他德意志诸侯征讨易北河东岸的东欧斯拉夫人的军事行动也享受十字军待遇。这项灵活政策后来也给了英国人和今比利时一带的弗拉芒人，他们征伐的目标是伊比利亚半岛上摩尔人控制的诸国，并配合葡萄牙人从穆斯林手中夺回了半岛的西部沿海地带，此次远征奠定了今天葡萄牙王国的雏形。

再说康拉德。既然要东征，他就以德国人惯有的雷厉风行的作风召集军队，仅用了小半年，就已筹备停当。康拉德三世拉起的这支队伍也有7万人马，其中还包括一支女子骑兵队，巾帼女将们穿着镶有镀金马刺的高筒皮靴，英姿飒爽，被称为"金靴女将"——这些女士都是军中贵族的"名门命妇"。此外，臣属于德王的波希米亚国王和波兰国王也赶来助阵。不同于法国人形同郊游的业余军队，德军的指挥层相当专业，不但名义上的最高统帅康拉德是戎马半生的老将，实领军务的指挥官更是非同小可，他就是康拉德的侄子和继承人，时年23岁的新任士瓦本公爵腓特烈，多年以后他有个外号叫作"红胡子"——传说是用人血染红的。

本来这次的十字军诸将领还准备推举德高望重的圣伯尔纳作为最高统帅，但伯尔纳不像隐士彼得那样无知者无畏，他明白军旅之事非己所长，因此婉拒了众人的好意——你们到前方奋勇杀敌，我在后方招募兵员，都是为上帝服务，分工不同而已，没有高低贵贱之别。

此次东征有西欧两大国的君主亲自领衔，前景被广泛看好，另有许多领主踊跃报名参加，其中包括西西里国王，博希蒙德的堂弟鲁杰罗二世。这个诺曼人主动向德法两国君主发出邀请函，愿意为他们提供船只渡海。这和半个世纪以前他爹鲁杰罗一世对待第一次十字军的态度比起来，堪称冰火两极——当年老罗不但拒绝出兵，还对教廷派来的说客当场放了个屁，以示轻蔑。但诺曼王朝无利不起早的特性在欧洲早就尽人皆知，小路易和老康都知道鲁杰罗二世老狐狸一个，决不会提供免费午餐，他们都谢绝了西西里国王的好意。

于是十字军还是走陆路。很快，东征的大军进入了拜占庭帝国的疆域。德军离得近先到，一路上自然又少不了沿途杀掠，而主要的倒霉蛋自然又是犹太人。这次的堂堂王师，在军纪方面比之当年的农民十字军也好不了多少。而到了拜占庭，抢顺了手的德军依然故我，当时德国（神圣罗马帝国）与拜占庭不但签有盟约，还沾亲带故，拜占庭皇帝曼努埃尔一世（阿莱克修斯的孙子）娶了德国皇后的妹妹，算起来老康和小曼还是连襟，不过德王并不因此客气——抢小舅子，不正是理所当然？直到德军行进至巴尔干半岛东北部的色雷斯山区，正劫掠间忽然天降暴雨，接着山洪暴发，德国人马被冲走不少，他们这才觉得是遭了天谴，有所收敛。

随后康拉德率军南下进抵赫勒斯滂（今达达尼尔海峡），本来已可渡海，他却突然命部下掉头折向东北，说是要到君士坦丁堡和曼努埃尔会晤，共商东征大计。拜占庭皇帝避之犹恐不及，自然不愿这瘟神找上门来，他连续几次派人去劝说德王，在赫勒斯滂就近渡海，沿着当年亚历山大大帝的路线赶紧东征去吧，圣战去吧，该干什么干什么去吧。康拉德却故意装作听不出弦外之音，一定要到君士坦丁堡与连襟一会，"增强两国的友谊"，悠悠我心，思君良深，何拒人于千里之外耶？

曼努埃尔知道是祸躲不过，也没法再拒绝了，只好在和诸路十字军签了互不侵害条约并互换人质之后，允许康拉德来访。这是因为拜占庭的头号大敌西西里诺曼王朝正打算借十字军东进之机浑水摸鱼，袭击拜占庭，为此鲁杰罗二世不惜牺牲名声，与其在地中海的头号对手埃及的法蒂玛王朝结盟，而他拉拢十字军主要也是这个用意。曼努埃尔深知，与德国的同盟关系是拜占庭对付诺曼人的重要砝码，现在危急关头，这个盟友还是不能得罪的。但爱德华·吉本的《罗马帝国衰亡史》说，拜占庭皇帝暗中命令手下偷袭德军，使其不敢久留，还授意沿途城镇在与他们贸易时以次充好，甚至在食物里下毒，"他们在进军途中不断遭遇各式的阻碍和错误的向导，行省的总督接到暗中送达的命令，要求加强关隘的守备力量并破坏桥梁来妨碍他们的行动。零星的迷途人员遭到抢劫和谋杀，士兵和马匹在森林里被不知来自何方的箭矢贯穿，病患在床上被活活烧死，道路两旁的绞架上吊着死者的尸体……"而十字军方面自然也不会严格遵守协议，一路上该抢的还抢该杀的还杀，尤其是遭到"盟友"上述的接待后他们更将之视为理所当然。总之，十字军和拜占庭都在这场基督教世界内耗中损失不小。

终于，1147年9月，经过小半年的跋涉，康拉德带领着他的大军来到了君士坦丁堡城下。匆匆忙忙从小亚细亚前线赶回来的曼努埃尔用盛大的仪式接待了他，将他安置在城外的皇帝行宫之中。德王故意放任手下在君士坦丁堡周边四处抢掠，连曼努埃尔的皇家苑囿都遭了殃，而此时帝国西疆西西里的诺曼人已经大军压境，拜占庭皇帝不能再和盟友翻脸，只好忍气吞声。入秋，法王路易的十字军也越来越近，他们一路上的所作所为与德国人相比不遑多让，曼努埃尔万万不敢让这两伙强盗军在自己的都城胜利会师。经过反复的催促威逼与利诱，想要独享保卫圣地之功的康拉德终于同意起驾东去。10月初，德王的人马由拜占庭的船只运送，渡过博斯普鲁斯海峡，进入了征讨异教徒的第一线，小亚细亚半岛。

德国人前脚刚走，法国人后脚就到了。1147年10月4日，路易七世的队伍也来到了君士坦丁堡，曼努埃尔实在招架不过来了。不过，这位拜占庭皇帝洞察力超强，会见人下菜，他摸准了小路易年轻天真的特点，派出大批嘴甜的使者，对他极力奉承，阅历有限的路易被各路马屁砰砰围住，如沐春风，对曼努埃尔大生好感。拜占庭皇帝又主动邀请路易及随员到自己宫中做客，他亲率仪仗队到宫门口降阶相迎，亲自对这位比自己还小一岁的法国国王大唱赞歌，一时间宾主尽欢。

但两位年轻君主之间短暂的友善气氛马上就被打破了。西西里的鲁杰罗二世趁着拜占庭对十字军疲于招架的当口，已经率军打进巴尔干，占领了阿提卡和伯罗奔尼撒半岛之间的要道科林斯地峡，洗劫了底比斯等地。鲁杰罗二世继承了西西里诺曼人领袖奥特维尔家族的狡诈，路易七世东征之前曾与他会晤，鲁杰罗借此事大造舆论，放风说法国国王已经同意和他共同攻打君士坦丁堡，瓜分拜占庭。鲁杰罗的这招离间计果然让拜占庭和法国心生芥蒂，曼努埃尔闻报后觉得宁可信其有不可信其无，无奈之下只好效仿鲁杰罗，和死对头塞尔柱人的罗姆苏丹国签订了停战协议，准备全力对付诺曼人。结果他与异教徒媾和的举动大大触怒了虔诚的路易，而路易手下的一些谋臣也劝他一不做二不休，索性趁势夺了君士坦丁堡。随军的圣伯尔纳弟子，朗格勒主教戈弗雷向路易进言，君士坦丁堡工事老化，守军薄弱，一鼓可下，而且曼努埃尔和塞尔柱人沆瀣一气，显然已经叛离基督教，干掉他正是清理门户。

幸与不幸的是，路易当时毕竟年幼识浅，对这种军国大计缺乏决断力，道义感却十分强烈，他虽然已对曼努埃尔很不满，但还是坚决不同意攻击"基督教友"的不义之举，加上他手下的底层士兵普遍反对，这个动议遂不了了之。而拜占庭方面，曼努埃尔也不敢把国运寄托在路易的道义上，让他们赶紧渡海离去才是上策，于是他也和鲁杰罗二世一样，放出假情报。他向路易透露，康拉德三世的人马已经在小亚细亚大获全胜，眼看就要把异教徒赶尽杀绝了，言下之意：再不赶紧去抢就抢不着了。

对这一情报，路易和他的臣僚们自然难辨真伪，但毕竟对付异教徒、保卫圣地才是东征的主要目的，为了分享这一荣誉，法王决定赶快去亚洲完成崇高的宗教使命。11月初，路易的人马也渡过了博斯普鲁斯海峡，离开了波谲云诡的君士坦丁堡，而十字军和拜占庭之间的尔虞我诈，很快让这支远征军在亚洲遭遇了始料不及的可怕命运。

按

　　康拉德三世为德国霍亨斯陶芬王朝开创者，但他只担任了德意志国王，不曾加冕为神圣罗马帝国皇帝，故文中只称"德王"，而不称"德皇"。

没开始就结束

　　早在进抵亚洲之前，行军途中的十字军就意外地收获了一个超级重大利好消息：赞吉死了！这位欧洲基督教世界的头号假想敌，在1146年突然被手下暗杀。此事的起因十分荒唐，赞吉一生驭下恩威有度，人又狡猾谨慎，唯独好酒，结果就死在这一嗜好上。据说这天他喝高睡着了，偶尔从醉梦中醒来，发现一个侍从在用他的金杯喝酒，赞吉半梦半醒间骂了几句又倒头睡去了。这下该侍从可吓坏了，深恐主人次日追究，越想越怕的侍从终于铤而走险：既然你不肯金杯共我饮，我也只能白刃不相饶了。纵横半世的枭雄赞吉，就这么糊里糊涂地在睡梦中死于竖子刀下。

　　听到这个消息的十字军振奋不已，觉得上帝佑助，天灭敌酋，大家高歌猛进，只等着一扫寇氛，灭此朝食。尤其是走在先头的德王康拉德所部，进入亚洲后，这支骄兵兼程赶路，一心只想着在法国和安条克公国的人马到来前独力挫敌，尽享荣誉和战利品。

　　但欧洲人显然得意得太早了。赞吉死了，这固然是好消息，可是与之偕来的还有一个坏消息，那就是赞吉的继承者比他还厉害。在由赞吉掀起的伊斯兰世界对十字军的反击潮中，他本人其实只是第一个浪头，他的继承者们还会一浪更比一浪强，把一批批的欧洲人拍在沙滩上。赞吉死后，他的长子萨法丁·加齐继承了老家摩苏尔以及赞吉的"阿塔贝伊"封号，次子努尔丁·马哈茂德则接手了位于前线的阿勒颇。赞吉的基业虽然又陷于分裂，但"二丁"在面对共同的敌人时还是能够兄弟同心。尤其是小儿子，"努尔丁"的意思是"宗教的光明"，如果说老爸赞吉还只是凭借武力成为"支柱"，努尔丁就是文武兼备的全才，后来凭借他的文治武略，赞吉王朝放出了超乎父辈的光芒。

　　当然，这些都是后话。对康拉德和他的远征军来说窝囊的是，他们还没来得及见识努尔丁的力量，就糊里糊涂地一败涂地了。

渡过博斯普鲁斯海峡之后，康拉德一味贪功冒进，1147年10月25日，他亲自率领的主力部队进抵拜占庭与罗姆苏丹国边境多利列平原的一条小溪边。此时他的队伍已经连续行进了10天，早已人困马乏，饶是意志品质过硬的德国人也撑不住了。于是，老康下令部队休整饮马，全副披挂的重甲骑士们吃力地翻身下马。正当他们准备小憩片刻时，成群的塞尔柱突厥骑兵忽然呼啸而至。德军当时慌了手脚，沉重的铠甲让他们上马都很困难（平常都有扈从扶持），更遑论列阵应敌。而塞尔柱人都是轻骑兵，他们围着德军纵马奔驰，箭如飞蝗，尽管箭矢对德军的铁甲杀伤力有限，但能有效地压制敌人，使其没有还手之力，并造成心理打击。果然，德军意志崩溃，四散奔逃，慌不择路之下自相踩踏的不计其数，也有人失足跌进沼泽，或被赶上来的敌人轻易从背后杀死。在卫队的拼死保护下，康拉德和腓特烈总算撑到了晚上，天黑之后，当塞尔柱人的攻势放缓，老康叔侄抛下残存的人马，仅带卫队连夜遁逃，这才捡回性命。

和第一次十字军时不同，这一回的多利列遭遇战与其说是战役，不如说是屠杀。德军的营帐辎重丧失殆尽，战斗减员高达90%，俘虏都被塞尔柱人卖为奴隶，而侥幸逃脱的人连饿带病，又倒下一大片。但德国人毕竟还是理性的，经此惨败，很多幸存者认识到这"圣战"是无论如何打不下去了，于是自行离队，各想办法回欧洲去了。雪上加霜的是，康拉德的堂弟弗莱津主教奥托所率的1.5万人分队也在另一条路上遇伏，粮草辎重尽毁，奥托无力再进，只能率残部撤回君士坦丁堡。这一来德王几乎成了光杆司令，老头虽然咬牙切齿地誓言"报仇"，但其时其势，这种场面话也只能说说而已。万般无奈的康拉德只好带着腓特烈，掉头去寻找走在后面的家眷等非战斗人员队伍，然后垂头丧气地退回拜占庭境内的尼西亚"休整待援"。

而此时，康拉德叔侄期待的救星法国国王路易七世才刚刚上路。这支队伍里充斥着少不更事的君主和生性浪漫的贵族，一路上笑语欢歌。别的事上"男女搭配干活不累"，行军打仗却是例外，莺歌燕舞的浪漫主义远征军纪律散漫效率低下，直到11月中旬才到达尼西亚，见到了落魄不堪的德王叔侄。老德王抱住小路易哭诉，惊悉友军的遭遇之后，路易采纳了康拉德的建议，沿着小亚半岛的海岸线绕道向南，避开塞尔柱人出没的边境地带。于是法军和德军残部兵合一处，继续前进，他们沿途经过帕加马、士麦那，一直来到以弗所，这几处都是拜占庭的地盘，因此一路上平安无事。

事非亲历不知难。法国人自觉一路顺风顺水，很不理解德国人的狼狈，于是，取笑倒霉的盟军成了他们惯常的娱乐项目。虽说败军之将不足言勇，但康拉德好歹也是一国之君，整天听着法国人的冷嘲热讽，实在太伤自尊了，到了以弗所之后他终于决定与路易分道扬镳，借口要疗伤，带着所剩无几的手下乘船返回君士坦丁堡去了。

当时有不少人认为，多利列战役中塞尔柱人之所以能掌握德军的动向，正是由于已和他们签了停战协议的拜占庭方面通风报信，但穷途末路的老康已经顾不了那么多了。果然，回到君士坦丁堡的康拉德惊喜地发现，曼努埃尔对他的接待极尽热忱，这不是因为小曼为人厚道，看重连襟之情，而是因为拜占庭一贯的外交策略就是平衡，德国是他们制衡西西里诺曼王朝的重要棋子，在德王倒霉的时候雪中送炭，正可以最低廉的成本拉拢他们。据说精于医道的曼努埃尔还亲自为康拉德诊病疗伤，这个明智的友善之举，果然令老德王满怀感激。

再说康拉德走后，路易和他的臣僚们决定放弃保守的绕远路线，直接向东南挺进，尽早渡海赶赴安条克。此时已是1148年1月，改道不久的法军在米安德尔河边打败了与之遭遇的塞尔柱人抢粮队，士气大振。可惜，这场胜利很可能是敌人故意下的诱饵，为的是将法军引入已为他们准备好的坟墓。

米安德尔河之役后三天，法军抵达劳底加城，但此处提供不了太多的给养，法军只好忍着饥劳去翻越该城附近的卡德摩斯山。

接着麻烦来了。路易和他的将领们都看出这片险恶的山地中可能埋伏着塞尔柱人，法王的随驾史官德伊尔的俄多教士在他的书中称，路易主张依托一处峭壁当道安营，而国王的叔叔蒙伦纳却坚持要到山上扎寨，居高临下尽在掌握。最终，没有军旅经验的小国王采纳了叔叔的建议，蒙伦纳率领军士攀上山去，结果就在他们吃力地爬到半山腰时，坡上忽然喊声四起，无数埋伏的塞尔柱人冲杀出来，矢石交攻，法军乱作一团，不是被敌人射倒砸倒，就是慌乱中跌下山去。俄多特别强调，当时身在后队的路易七世闻声，勇敢地亲率卫队赶来助战，可惜"一切都是徒劳的"。最终法军好不容易支撑到天黑，在夜色掩护下撤出山区，辎重尽失。

关于法军的这次中伏惨败，当时更多的人都相信另一个版本的描述。据同时代稍后的另一位编年史家，并不在事发现场的提尔主教威廉描述，那一天，路易七世轻佻招摇的王后埃莉诺，率领着她的阿基坦亲兵担任前哨，行至卡德摩斯山中时，路易从后队发来指令，要求选取有利地形扎营。本来埃莉诺手下的阿基坦贵族戈弗里准备依山安营，但埃莉诺看见前面有一处谷地绿草如茵，风景宜人，是理想的露营野餐地点，就命令戈弗里把营地设在那里，后者只好从命。之后发生的事，就与俄多的记载大同小异，一个比较显著的差别是，在后一个版本里路易没那么英勇镇定，据说他在敌人杀来时爬到一棵树上，这才躲过一劫。

显然，在这个版本里埃莉诺被当作导致法军遭袭的罪魁祸首，她孟浪任性是事实，但要说应该因此而负全责，似乎也冤了点。不过这也不难理解，"红颜祸水"的观念在东西方广泛存在，把失败的责任推到一个女人头上，对那些致力于维护"圣战者"声望的史学家来说，不唯是简单的，亦是必要的。

总之，当树杈上的国王下来时，他能做的唯一一件事就是收拢残部，全速朝南逃去，逃离神出鬼没的可怕敌人，逃向安全的海岸线。1148年2月，法军残部逃到小亚半岛南部拜占庭辖下的港口城市安塔利亚，惶惶如漏网之鱼，在他们身后，不依不饶的塞尔柱人已经追来。敌军在迩，安塔利亚城总督不敢开城门放他们全部进来，只能安排渡船，载法王、王后以及一少部分部队驶往安条克。至于更多的人，尤其是原本跟在军队身后赤手空拳的法国朝圣者们，都被不负责任的国王和见死不救的安塔利亚总督抛弃在城墙下，等待他们的只有塞尔柱人的弓箭和马刀。

至此，第二次十字军的两大主力部队都已溃不成军，东征事实上还没开始，就已经结束了。不过千辛万苦到了东方，总得去一趟耶路撒冷才行，尤其是本来为了赎罪结果一路上又造了大孽的路易。1148年3月19日，他和他的活宝王后终于带着剩下的不足一半的人马抵达安条克。结果，盛大的欢迎宴会之后，本以为能稍微喘一口气的小国王很快就发现，他又陷入了一场新的麻烦。

最后的折腾

安条克的统治者，名义上是博希蒙德的孙女康斯坦丝，但她当时只有22岁，公国的军政事务事实上都由她的丈夫普瓦捷的雷蒙掌管。这位雷蒙前文曾有提及，他统驭安条克的主要成绩是：因为无端招惹拜占庭险些被灭国。而如果看看他的血统，或许就会理解他性格中的这种"二百五"精神了——他是路易的老婆埃莉诺的叔叔。

雷蒙和埃莉诺二人不但是至亲，而且曾经"相依为命"。埃莉诺4岁丧母，她童年的很多时间是在这位叔叔的陪伴下度过的，后来雷蒙于1135年"远嫁"安条克，两年之后埃莉诺也成了法国王后，算是天各一方了。此次重逢之前，叔侄女俩已暌别了13年，一见之下亲昵异常，自不待言。他们几乎整日形影不离，彼此交谈用的还是法国南部的家乡方言，不但雷蒙手下的安条克人不明白，连路易听着都觉得像外语。

历来信息不透明，都会导致流言四起。雷蒙叔侄女过于亲密的举止和几乎无人能懂的言谈，很快就被人理解为暧昧关系。这条绯闻迅速成为安条克人居家旅行、街谈巷议的首选话题，粉遍了全城，路易自然也有所耳闻。可是混不吝的雷蒙还跟没事儿人一样，不断来怂恿路易，看在埃莉诺的面子上，留下来帮他对付阿勒颇的努尔丁，以及大马士革的阿塔贝伊王朝。而失国之后一直混在安条克的前埃德萨伯爵乔斯林二世，以及的黎波里伯爵雷蒙二世（第一次十字军中的图卢兹伯爵老雷蒙的曾孙）也经常跑来拉拢法国国王。一路损兵折将又绯闻缠身的路易正烦得不行，对这些人一律采取不合作态度，表示要先去耶路撒冷朝圣。感到失了颜面的埃莉诺与丈夫大闹一番，双方各自负气离开，路易带领人马南下赶奔耶路撒冷，埃莉诺则在路易卫队的"护送"下，先行乘船回了法国。

1148年5月，路易抵达耶路撒冷，在这里又见到了难兄老德王康拉德，他是乘拜占庭的军舰来的，比路易早到了两个月。耶城各界头面人物组织典礼，对这两位西欧最显赫的君主给予了最高规格的礼遇，但圣城的见闻，还是让他们非常失望。在欧洲的时候，他们都以为耶城前线的同胞们每天都在和异教徒浴血奋战，结果现在身临其境，才知道他们个个吃香喝辣、穿金戴银，锦衣玉食的排场比自己在欧洲尤有过之。更过分的是，他们还不顾立场和大马士革的异教徒签了盟约，这算怎么回事？本来一腔热忱想帮阶级兄弟闹革命，却发现兄弟已经沦为修正主义分子，强烈的心理落差使法德二王对"圣战"的热情都大打折扣。

不过既然来了，还是得打，尽管打谁还没准谱。6月，欢迎仪式已毕，耶路撒冷的各级勋爵、主教、骑士团在耶路撒冷西北的港口城市阿克召开作战会议，和法德两王探讨下一步的军事行动。本来这次东征最直接的动因是埃德萨的陷落，但埃德萨的代表没有与会（乔斯林二世正与普瓦捷的雷蒙一起力战努尔丁）。于是他们被遗忘了，没人在乎埃德萨能否"光复"，经过一番吵骂，最终大家把目标锁定在大马士革，一座与耶路撒冷签有盟约的城市。

放任大敌努尔丁肆虐北方，却背信弃义，师出无名地去袭击盟友，这可以算是"春秋无义战"了，和法德十字军此前憧憬的崇高的宗教目的更是大相径庭。但事已至此，不打也不行，况且如果打下了富庶的大马士革，也多少可以抵偿一些损失。于是，两位国王最终还是认同了这个作战计划，与耶城的诸路人马一并东进，渡过约旦河，逼近大马士革。

本来在各派势力犬牙差互的近东，大马士革因为与北叙利亚系穆斯林领主的宿怨，选择与十字军国家携手，而现在这些盟友忽然翻脸，这让大马士革的埃米尔乌努尔措手不及。慌乱之中他总算认识到了"没有永恒的朋友，也没有永恒的敌人"，他命手下火速赶到阿勒颇，向努尔丁告急，请他务必看在同为穆斯林的份上，尽弃前嫌，拉兄弟一把。

1148年7月，十字军兵临城下，乌努尔在大马士革城坚固的城墙后布置防务，尽管十字军此时的战斗力已远无法和半个世纪前相比，但较之大马士革人，仍占有优势。对乌努尔来说值得庆幸的是，大马士革城外有一大片果树园，密实的林木延缓了十字军马队的前进，为他赢得了时间。而山头林立的十字军又犯了老毛病，在破城之前就开始为战利品的归属明争暗斗，这也变相地帮了乌努尔的忙。

内讧归内讧，十字军攻城还是没放松。到了7月27日，大马士革人已经快挺不住了，但就在这天夜里，城里城外的人都得到了一个情报：努尔丁大军已动，不日即至。

这个消息对两边的人来说都是极大的震撼，十字军方面清楚，他们没有把握在努尔丁到来之前拿下大马士革，一旦努尔丁绕到背后断掉归路，他们可能被城内外的敌军合围。而且努尔丁能够赶来驰援，一定是已经打败了普瓦捷的雷蒙，他们不知安条克方面具体损失如何，但安条克之败意味着的黎波里和耶路撒冷失去了北边的屏障，他们现在大军在外，老家空虚，情势堪忧。十字军各派首领紧急开会，磋商是打还是撤。

而在城里，乌努尔看出十字军必将不战而走，届时，他将以一城残兵面对努尔丁的大军，这个老对头之子会不会借机坐收渔利，占了大马士革？那简直是一定的。所以为今之计是尽快和十字军讲和，让他们在努尔丁到来之前自行撤走，这样可以不欠努尔丁人情，让他没有吞并的口实，同时恢复和十字军国家的联盟关系，多少也会让努尔丁有所顾忌。

于是，白天还打得死去活来的两伙人，连夜重归于好，乌努尔送出一笔钱财，算是劳务费。十字军拿钱走人，总算不是一无所获。

不出十字军所料，努尔丁此前已经打退了试图夺回埃德萨的雷蒙和乔斯林二世联军，乔斯林单骑得脱，雷蒙也逃回国内，安条克公国奥龙特斯河以外的土地尽被努尔丁占据。接下来努尔丁率领得胜之师进抵大马士革，大马士革方面自知无力与抗，只好做了努尔丁的"同盟"。当然，名为同盟，实乃附庸。就这样，歼敌拓土的努尔丁，反而成了第二次十字军东征的最大受益者。

经过这趟徒劳的征伐，康拉德和路易知道以他们现在的实力留在东方不可能再有作为，老德王回到耶路撒冷之后不久，就乘船北返君士坦丁堡，接着转路回国了。至此，东征已无以为继，非但"光复埃德萨"的初始目标成了镜花水月，还搭上了法德两国远道而来的逾十万战士与朝圣者的生命，要弹压的异教徒反如棉花般越弹越高。这次东征堪称完败。

十字军的亚洲计划破产，而针对东欧斯拉夫人的战争也一无所获。康拉德筹备进兵亚洲之前，德国的巴伐利亚公爵"狮子亨利"、不来梅大主教阿达尔贝特和萨克森宫中伯爵"大熊阿尔布莱希特"、马格德堡大主教腓特烈这两路人马就响应教廷号召，于1146年3月各自率部东渡易北河，开展这项"短途东征"去了。"狮子"瞄准了波罗的海以南，斯拉夫人的波德利奇王国，"大熊"的目标是中欧的斯拉夫柳蒂奇人。结果前者被波德利奇人用焦土抗战打败，"士兵都成了肥料"；后者围攻柳蒂奇人的城市，城头居民打出十字架，声称自己也是基督徒，大熊手下纯朴的战士们见是自己人，就拒绝再攻城，大熊只好悻悻而退。总之，除了西路军在葡萄牙取得了对后世有深远影响的胜果，第二次十字军运动一败涂地。

三军败绩的消息传回欧洲，引起轩然大波，就在不久前尤金三世和圣伯尔纳等教廷吹鼓手还信誓旦旦地保证东征必胜，而这个华丽的气泡转眼就吹破了。参与东征的人非但没获得任何物质或精神上的回报，还成批地客死他乡，在西欧遗下孤儿寡母无数，这让宗教权威们的威信一落千丈。情急之下，这师徒二人顾不得风度，展开了互骂，尤金把导师伯尔纳称为"假先知"，后者回赠教皇的则是"反基督者"——在基督教语境中，这可以算是最狠毒的咒骂了。后来大家都冷静了下来，认识到还是应该和衷共济搞危机公关，引导舆论挽回影响，伯尔纳又鼓起余勇四处宣讲，准备重新拉起一支队伍到东方与异教徒再决高下，教皇也公开表示支持，但此事随后就没了下文。或许经过这场劫难，西欧各国已经不起折腾了。

在西欧骂声一片时，十字军的另一位重要人物路易七世还逗留在东方，从大马士革城下无功而返后，作为虔诚的教徒，路易又在圣城盘桓了半年多。1149年夏天，他乘船经由西西里返回法国，途中还和鲁杰罗二世再度会晤。这一回路易答应和西西里结盟，攻打拜占庭，但接下来这个计划就因为他家庭的一场变故，被永远地搁置了。

按

扎波罗夫等苏联史学家把进军东欧的十字军称为"反斯拉夫十字军"，并在著作中对他们大加挞伐。扎波罗夫的《十字军东征》中记载了与第二次十字军同时代的亨利、腓特烈等几路人马在东欧遭受的败绩，并据此认为十字军在东欧的活动以失败告终。但事实上，在路易等人在近东遭受失败后不久的12世纪50年代，西欧人就从斯拉夫人手中夺取了勃兰登堡等地，至今仍是德国领土，而斯拉夫族也最终皈依了基督教。因此从战略目的上来看，东欧十字军事实上取得了成功。

阴谋与爱情

第二次十字军东征最直接的结果，就是翻脸。耶路撒冷和大马士革翻脸，西欧和拜占庭翻脸，教皇尤金三世和导师圣伯尔纳翻脸，而时人未必能想到，影响最深远的要数法国王室小夫妻，路易七世和王后埃莉诺的翻脸。

钱锺书先生《围城》里边的赵辛楣说，旅行最试验得出一个人的品性。旅行是最劳顿，最麻烦，叫人本相毕现的时候。经过长期苦旅而彼此不讨厌的人，才可以结交……因此结婚以后的蜜月旅行是次序颠倒的。

这个论断用在路易夫妇身上就再合适不过。

遥想路易当年，小埃初嫁了，真是风光无限，妒煞旁人。新娘是二八年华、富可敌国的美女，新郎是前途无量、意气风发的王储，绝对的金童玉女，天作之合。而且婚后不久，法国老国王"胖子"路易六世就晏驾了，小路易顺利晋升为七世，埃莉诺也成了王后，这对夫妻更被视为神仙眷侣。

但正如那句话，婚姻如鞋，合不合适只有脚知道。在令人艳羡的表象之下，美少妇与夫君其实性情并不投合。埃莉诺不但是美女，还是才女，相当讲究生活情调。由于自幼接受良好的教育，她对诗文、音乐、体育都有很浓的兴趣，也有一定的造诣，加上来自法国南部的商业城市，眼界开阔，个性张扬，这使她在土气古板、文盲成堆的法国宫廷里格外鹤立鸡群。相形之下，路易虽是国王，但从小生活在当时还很闭塞的巴黎，接触的都是圣伯尔纳的西多会那套神秘、苦修、禁欲之类的思想，性格又低调内向，只知道潜心于宗教，局促木讷，不解风情，在活力四射的王后面前，十足的土包子呆头鹅。日久天长，埃莉诺时有"我嫁的不是国王，而是一个教士"之叹，而循规蹈矩的路易看见这位有才的老婆，也难免觉得"女子无才便是德"。

毕竟是第一家庭，你念你的经，我招我的风，各得其乐，日子也不至于过不下去。可是，一趟东方之旅让他们的婚姻走到了破裂的边缘。如前所述，埃莉诺先是涉嫌"瞎指挥"导致路易大军中伏，损失惨重，接着又在安条克与叔叔雷蒙如胶似漆，状甚亲昵，惹得一城人个个都猜测路易那顶王冠已经绿意盎然，最终路易和她大吵了一架，打发她自己回国。本来这两回事都是没凭没据，但谎言重复一千遍还能成为真理呢，何况第二次十字军东征失败之后急于挽回面子的圣伯尔纳等宗教人士一股脑把口水喷向埃莉诺，伯尔纳唯一的自我检讨就是"不该允许女子从军"，此即暗指埃莉诺，更有人说她是"十字军中的耻辱"。

先行回到巴黎的埃莉诺过了大半年千夫所指的憋屈生活，路易七世也回来了。大概他还对妻子在东方的作为耿耿于怀，并没对她遭受的非议进行宽慰，而且从耶城朝圣归来的路易比以往更加沉溺于宗教，神神道道的，可能连"小别胜新婚"都省略了。于是没过多久，王宫中就爆发了吵架大战，国王王后就此分居。

欧洲讲究男女平等，法国国王没有那么大的能量，不能把得罪他的后妃送进冷宫，因此埃莉诺虽与路易闹僵，但人身自由并没受到限制，还能参与国家政治活动，包括会见外宾。终于，1152年，一位访客走进了她的寂寞心灵，此人就是19岁的新任安茹伯爵，短斗篷亨利，也就是未来的英王亨利二世。

亨利二世其人，对此后的欧洲历史有着深远的影响，也是承上启下的重要背景人物，因此在这里有必要对他做一番祖宗三代的全方位介绍。

他的曾外祖父，即征服者威廉；他的外祖父是威廉的小儿子，后来当上英国国王的亨利一世。亨利一世有得国不正之嫌，因此上台后格外励精图治，在他治下，落后已久的英国虽无太大发展，但他体察民情、断事公正的作风还是赢得了民众赞誉。当时的编年史家称："他是个好人，全国都敬畏他，在他统治期间，没有人敢伤害别人。"1106年，亨利打败并囚禁了参加过第一次十字军的大哥诺曼底公爵罗贝尔，势力范围扩展到英国和诺曼底，但事业进入上升期的亨利很快就遭遇了一场人生惨剧。1120年，他唯一的婚生儿子，王储威廉赴法国访问归来，途中遭遇海难，包括王储和他妹妹在内的船上人员全部遇难，只有一个屠夫幸免，将这个不幸的消息带回英国，这就是著名的"白船号事件"。据说亨利听闻噩耗后，"他的脸上再也没有笑容了"。

令亨利难过的不仅是丧子之痛，更是英国将要面临的继承权危机。威廉遇难后，亨利虽然还有一大堆儿子，问题是他们都是私生子，没一个能摆上台面。有合法继承权的，只剩了一个女儿玛蒂尔达（英格兰人称其为"莫德"），年仅17岁，亨利深恐自己故去之后，女儿坐不稳王位。其时玛蒂尔达已经嫁给了神圣罗马帝国的皇帝亨利五世（与教皇格列高利七世死掐的亨利四世之子），感情还算不错，不过没能生育子女。1125年，"白船号事件"5年之后，亨利五世也死了，玛蒂尔达又守了寡，这让她的父亲亨利更加担心。亨利这些年虽然又数度续弦，努力造人，奈何早年挥霍无度，现在已经心有余而力不足。1127年，自感日暮途穷的亨利只好把手下的贵族重臣们都召集起来，逼他们宣誓效忠玛蒂尔达。为保万无一失，老亨利又在一年后，安排25岁的女儿梅开二度，嫁给了法国北部的一大实力派人物，安茹伯爵世子，"美男子"若弗鲁瓦五世。

这位若弗鲁瓦时年只有14岁，母亲已经去世，父亲富尔克五世则再娶了耶路撒冷国王鲍德温二世的女儿梅丽桑德，并借此成为耶路撒冷倒插门的共治国王，把法国老家封地的继承权都留给了若弗鲁瓦。这位少爷自小就注定是法国安茹、马恩等地大片领土的主人，家底殷实，又没受管束，人也就放浪不羁起来。若弗鲁瓦颇以风流自赏，尤其喜欢打扮，他最著名的爱好之一就是在帽檐上斜插一枝金雀花。按照他花花公子的个性，本来不愿意娶比他大了11岁的寡妇玛蒂尔达，但在臣僚们的劝说下，终于完成了这桩政治婚姻。玛蒂尔达与若弗鲁瓦都太清楚联姻背后赤裸裸的利益交换，彼此并没有什么夫妻之情，婚后不久就分住诺曼底与安茹，各过各的。不过，为了共同的远期政治利益，他们还是通力合作，于1133年诞育了一个男孩，这就是后来的亨利二世。

之所以不厌其烦地交代亨利二世的复杂身世背景，就是为了说明他与生俱来的政治财富：父系的安茹等地、母系的诺曼底，甚至还有英格兰。

根据亨利一世的精心布局，内有群臣宣誓效忠，外有安茹作为强援，他的政权应该能平稳过渡到女儿玛蒂尔达手里了。1135年12月1日，小亨利降生两年后，老亨利"怀着女儿必能继承父业的坚定信念"（丘吉尔语），放心地去了。哪知道日防夜防家贼难防，亨利一世尸骨未寒，他的如意算盘就落了空。他的外甥，法国布卢瓦的艾蒂安先于玛蒂尔达赶过海来，"继承"了王位，成为英格兰国王斯蒂芬（法语名为Étienne de Blois，英语名为Stephen of Blois，以下称"斯蒂芬"）。

不得不再介绍一下这位斯蒂芬的背景。除了四个儿子，征服者威廉还有六个女儿，其中五个皆不足论，唯有三女儿阿德拉，嫁给了那位参加了第一次十字军的法国大款布卢瓦伯爵艾蒂安，并为他生下了几个儿子，其中一个也叫艾蒂安（即斯蒂芬）。1100年，老艾蒂安好不容易东征归来，但因为提前溜号，没进耶路撒冷的大门，不够光荣，又被阿德拉逼着参加了后卫十字军，终于战死东方，彻底光荣了。这之后，阿德拉请求已当上英王的弟弟亨利一世帮助照拂小艾蒂安和另一个儿子亨利，或许是自感手足之间惭德太多，亨利答应了姐姐并悉心栽培外甥们，让这两个单亲家庭的孩子一个成为伯爵，一个成为大主教。

1135年亨利一世过世，斯蒂芬立即赶到英格兰，在其弟亨利领衔的教士集团的支持下拿下了王位。至于当年宣誓效忠玛蒂尔达的权贵们，由于对其夫家安茹伯爵系的传统敌意，纷纷改投斯蒂芬门下。

但身为征服者威廉的孙女，玛蒂尔达也不是好欺负的。经过4年的筹备之后，她于1139年率兵渡海而来，向斯蒂芬索还王位。表兄妹大战数回合，获得苏格兰国王支持的玛蒂尔达一度占得先机，还曾俘虏斯蒂芬。1141年，玛蒂尔达攻进伦敦，取得了英格兰事实上的统治权。不过，她获胜之后没能坐稳江山，她有女强人的素质，却无政治家的眼光，短暂的统治期内她为了赢得底层民众的支持，以雷霆手段削夺贵族权力。本来贵族特权膨胀是斯蒂芬政权之滥觞，确实该整治，但玛蒂尔达不讲策略，操之过急，一阵大干快上，把贵族阶级得罪遍了，动摇了自己尚不稳定的根基，不出一年就被卷土重来的斯蒂芬打败，狼狈地跑回了诺曼底。从此，她再没离开过老家，把余生都用来培养她的接班人，亨利二世。

几年之间，在母亲的调教下，这位小亨利已经出落得文武双全，在法律方面尤有心得。此外，他还高大英俊，风流倜傥，魅力四射，交游广泛。正是这最后一项，改变了他的命运。1151年，美男子若弗鲁瓦五世英年早逝，安茹伯爵的爵位由亨利承袭，作为法国国王名义上的封臣，亨利要去拜会法王路易七世。终于，通过1152年的那次造访，就有了本章开头的一幕：他邂逅了寂寞难遣的法国王后，埃莉诺。

由于一贯养尊处优，年过三十的埃莉诺依旧风姿不减，而血气方刚的小亨利对这位有故事的女人也是一见倾心。于是，满园春色关不住，一枝红杏出墙来。一段罗曼史就此展开。

亨利的到来让埃莉诺重获生趣，她看着死气活样的老公路易愈发不顺眼，这次失败的婚姻是父亲为她选择的，现在埃莉诺要把握命运，独立自主地重新选择一回，走自己的路，让别人说去吧。没过多久，埃莉诺就以"与路易同宗，血统相近"为由，向教会申请离婚（伏尔泰在《风俗论》中不太厚道地特加批注：在当时，通奸不能构成离婚的理由），路易七世也早对埃莉诺审美疲劳了，干净利落，分手快乐。离婚之后，埃莉诺带走了她名下的阿基坦。刚和前夫一拍即散，埃莉诺转身就与新欢亨利一拍即合，阿基坦也成了亨利的地盘。由于事先保密工作做得好，直到这时路易才如梦初醒，他深恨埃莉诺耍了这手阴谋，悔之无及，此时再想讨回地盘已不可能，人财两空的路易只能喟然长叹：爱人不见了，向谁去喊冤！

再说另一边。小亨利新婚燕尔，春风得意马蹄疾，埃莉诺老树新枝，春潮带雨晚来急，无限春光，不及细表。很显然，亨利与埃莉诺的这段姐弟恋并非完全出于政治考虑，与他父母当年纯粹的政治婚姻不同，他们走到一起，应该算是"阴谋与爱情"的完美结合。丘吉尔评价道："感情和政治几乎从未如此融洽地结合在一起，这桩婚姻是当时最漂亮的政治举动之一，二人大胆的决定赢得了全欧洲的敬佩。"1153年，领有安茹、诺曼底、阿基坦三大领地的亨利，率兵打回英格兰。

斯蒂芬能够挤掉正牌继承人玛蒂尔达，全赖英国教俗贵族的支持，作为回报，他不得不对他们宽容放纵。这个既得利益集团的横行使英国民众对斯蒂芬的统治极为不满，因此，流着威廉和古盎格鲁-撒克逊王族之血的亨利二世甫一登陆，即被民众视为救星，连教士们都欢呼"英格兰的君主和统治者来了，他将主宰这个王国的命运"。

人心向背已十分清晰，绝望的斯蒂芬带着他的主力部队在马尔梅斯伯雷与亨利对垒，做最后的抵抗。是役，亨利如有神助，没开战就有一阵大冰雹劈头盖脸地砸向对方阵地，而处在上风向的亨利军几无损失。随后，斯蒂芬又三次自己坠马，最终一败涂地。战后，在提奥波德主教的调停下双方签了《温彻斯特条约》，规定斯蒂芬继续为英王，他收亨利为养子，并指定其为唯一继承人，同时斯蒂芬还保证，无论英国还是诺曼底的事务，他都"一定会征求亨利公爵（亨利从母亲处继承了诺曼底公爵头衔）的意见"。迁延了近20年的英国王位之争，就此达成妥协。

一年后斯蒂芬去世，亨利正式接任英王，是为亨利二世。其父若弗鲁瓦因喜好金雀花而将其绘在家族纹饰上，这一审美情趣名闻欧洲，因此，亨利二世在英国开创的王朝被称为金雀花王朝（又称安茹王朝）。亨利之母玛蒂尔达的两度出嫁，都造成了深远的影响。她与亨利五世无果的第一次婚姻，使历时百年的神圣罗马帝国法兰克尼亚王朝（又称萨利安王朝）绝嗣，康拉德三世开创的霍亨斯陶芬王朝借机走上前台；而她与第二任丈夫若弗鲁瓦五世诞育的亨利二世，则成了名王辈出的英国金雀花王朝的开国之君。

即位之后，亨利王师四出，一年内就削平了国内外各派反对势力，此刻他领有继承自父家的安茹、母家的诺曼底和英格兰，还有妻家的阿基坦，领地面积五倍于法王路易七世，成为西欧烜赫一时之雄杰。亨利二世凭借其在法学上的造诣，在英国主抓法制建设，尤其基于英国历史上缺乏成文法的传统，特别强调案例法，此即独树一帜的英美海洋法系之源头，亨利二世也因此被誉为英国"法律之父"。丘吉尔称赞他，在英格兰的历代国王中，就法律和制度贡献方面而言，无人能与之媲美。

除了事业蒸蒸日上，亨利在家庭方面也收获颇丰。曾经与路易七世长年无子嗣的埃莉诺再嫁之后，忽然找到了感觉，接连为亨利家添丁进口，自1153年起，一口气生了四儿三女。其中，就包括在两百年十字军运动中知名度最高的——狮心王理查。

按

亨利二世的"二世"称谓，是从英格兰国王的谱系上算的，他娶埃莉诺时是安茹伯爵，尚未当上英王，从安茹谱系上算不应叫"二世"，但本章节中出现的亨利太多，为表述清楚避免混淆，从他一出场就"提前"称之为亨利二世。

另按

埃莉诺共为亨利生过五个儿子，但其中的长子威廉早夭。

萨拉丁

　　且让狮心王在西欧慢慢成长，十字军历史中的另一位重要人物——确切地说是重要的对手——现在已经登上了历史舞台。他的名字叫作优素福·伊本·阿尤布，就是拉丁语中所说的，萨拉丁。

　　还得回溯遥远的1138年。这一年萨拉丁诞生在伊拉克北部提克里特的一个库尔德人家庭，家庭成分：地主。萨拉丁的家族阿尤布氏祖居高加索山麓，他祖父那一辈迁居提克里特，后被大塞尔柱帝国第三任苏丹马利克沙任命为当地埃米尔，但到了他的父亲纳吉姆丁·阿尤布这一代，已经有些家道中落，就在小萨降生这一年，阿尤布丢了官爵。1146年，阿尤布带同8岁的萨拉丁和一大家子人，离开故土到了摩苏尔，后来又辗转去了大马士革。

　　接下来的几年中，围困大马士革的十字军来了又走，倒是努尔丁坐收渔利，将大马士革纳入势力范围。努尔丁的力量还在不断积聚。1149年6月，他再攻安条克，用诈败诱使安条克公爵普瓦捷的雷蒙追击，而后在米雷兹平原将其围歼，阵斩雷蒙，传首巴格达，占了安条克东北的大片土地。1150年，他又击败了试图复国的乔斯林二世，彻底扫清埃德萨伯国的流亡势力。努尔丁亲自用一条铁链把乔斯林二世牵回关押，直至囚死。1153年，努尔丁吞并了已向他臣服的大马士革，终结了阿塔贝伊王朝的统治。又过一年，努尔丁压服兄长萨法丁·加齐一系，完成了统一叙利亚和伊拉克北部的最后一步，赞吉王朝至此扩张到极致，仅剩的三个十字军国家被压得喘不过气。此后，努尔丁专心经营东方领地，将首都迁到大马士革并在当地大力发展城市建设，与耶路撒冷等十字军国家暂时相安无事。

　　努尔丁崛起的过程中，萨拉丁的父亲阿尤布和叔叔阿萨德丁·谢尔库赫（又译舍尔库、谢拉古、西勒科等）都投效麾下，一个做文官，一个当武将。谢尔库赫的表现尤为突出，他样貌生得十分猛恶，不但魁梧壮实，还是个独眼龙，而他也有不辜负这个造型的战斗力，骨子里继承了山地民族库尔德人特有的勇悍善斗，在努尔丁的一系列征伐战中鞍前马后屡立奇功，深得器重。在这段日子里，凭借父亲和叔叔挣下的家业，少年萨拉丁不但拥有一流的教育环境，在物质方面也过上了锦衣玉食的高干子弟生活。年纪渐长，萨拉丁终日醇酒美人，享受人生。虽然他身材瘦小，长相一般，仅凭外表很难"赢得青楼薄幸名"，但显赫的世家背景使他有条件尽情风流快活。

萨拉丁放浪形骸的青春岁月，很快就结束了。

努尔丁之所以能在其征服的各处领地都广受推戴，一个主要原因就是他表现出的宗教虔诚，为他赢得了海量人气。努尔丁每攻下一地，都广修清真寺、宗教学校，以及医院、澡堂等公共福利设施，着力改善民生，又通过伊斯兰信仰强化属民的向心力。作为努尔丁公国新的政治文化中心，大马士革是重点建设对象，努尔丁仅在此一地就新建了42所宗教学校，每天礼拜时，《古兰经》的唱诵之声回响全城。努尔丁还以身作则，提倡简朴，下令禁酒，自己从不穿戴黄金和丝绸，宠妃向他索取财帛，努尔丁答道："我只是为信士们掌管钥匙的人，怎么能擅自把属于他们的财产分给你？"这样的作风赢得举国称贤，时人赞颂他，"别的君主只保护自己的财富，您却致力于保护宗教"。

耳濡目染之下，年轻的萨拉丁不可能不被触动，他终于离开酒肆勾栏，投身宗教学院。中世纪伊斯兰世界的文明程度远胜欧洲，学校里教授的除了教法经文，还有各种文化知识和经世济民之学。据后来为萨拉丁立传的传记作者瓦拉尼记载，他学习了欧几里得的几何学、托勒密的天文学，以及各种伊斯兰宗教律法。令人意想不到的是，这位后来戎马半生、打遍中东的"伊斯兰守护者"最感兴趣的不是兵法韬略，而是经卷诗文。萨拉丁好好学习天天向上，每天都是罗丹思想者的造型，文化知识和宗教虔诚都与日俱增，人也愈发老成。向努尔丁看齐，他换掉了华贵衣衫，戒掉了酒瘾，此后终身只喝清水。总之，他身上再也寻不见年少轻狂时的纨绔作风。正是这段向学经历，使他拥有了学识、智慧、谋略，也拥有了他最为后世所称颂的伟大人格。经过数年的充电，学业有成的萨拉丁沿着父亲的足迹走上仕途，做了努尔丁的一名官员。

12世纪60年代中期，好运气再次垂青努尔丁——与他不共戴天的埃及法蒂玛王朝发生了内乱。1160年，9岁的阿迪德继位，成为王朝第十四任哈里发。

两大派系趁着国主年幼争权夺利，政争愈演愈烈。1164年，在维齐（宰相）之争中落败的贵族沙瓦尔流亡叙利亚，求努尔丁出义兵"吊民伐罪"，并答应事成之后，以埃及每年三分之一的税金相酬。努尔丁起初对沙瓦尔这个过气政客不太感冒，不打算贸然介入非洲事务，但事情接下来的发展给了他更大的决心和更好的借口。政争获胜的埃及权贵特尔阿木担心努尔丁和沙瓦尔联手，竟转而找上了耶路撒冷王国，请求刚刚即位一年多的新任国王阿马尔里克一世（鲍德温三世之弟，前者1162年病逝后，阿马尔里克继位）发兵援救。11年前耶路撒冷的圣殿骑士团和医院骑士团攻陷埃及的北方门户亚实基伦后烧杀掳掠，已与埃及结下血仇，更不用说夺取耶路撒冷之后大屠杀的陈年往事了，但为了保住好不容易夺到手的权力，特尔阿木集团已顾不得这些，即便耶路撒冷方面狮子大开口，要求此后埃及每年税收的"大部分"，特尔阿木还是一口应承下来。

其实无论是基督教的耶路撒冷王国还是伊斯兰教逊尼派的努尔丁，都是什叶派法蒂玛王朝的不共戴天之敌，但埃及两大权贵集团为了一己之私，竟相勾结外敌，这正是亡国的前奏，出了一个吴三桂，大明王朝就完了，而法蒂玛王朝竟连出两个，其国运可想而知。阿马尔里克名为救助，实则一心借机吞并，进入埃及之后借口特尔阿木供饷不力与之闹翻，率兵急趋开罗。自食其果的特尔阿木追悔莫及，只好来了一招洪水抗战，掘开尼罗河河道，拦阻阿马尔里克进军，一时间双方陷于胶着状态。

现在的局势已由不得努尔丁再犹豫踟蹰，本来几个十字军国家在努尔丁、罗姆苏丹国，以及拜占庭的威胁之下已经气息奄奄，但若是获得了埃及作为战略后方，他们完全有机会重新振作，逆转形势。有鉴于此，努尔丁终于决定先下手为强，派一员大将抢在阿马尔里克得手之前攻进埃及，扶植自己的傀儡。他选派的这员大将，正是萨拉丁的叔叔谢尔库赫。时年26岁的萨拉丁也随军出征，生平第一次踏上了战场，不过，此时他的角色只是一个负责后勤运输的低级军官。谢大叔打仗在行，他此次率领的都是从中亚招募的土库曼雄兵悍将，对付衰弱不堪的法蒂玛王朝军队，有如摧枯拉朽，三两下就打进开罗，斩杀特尔阿木，扶植沙瓦尔当上维齐，重掌埃及大权。

沙瓦尔和努尔丁做这桩交易，本来已是与虎谋皮，结果掌权之后，他更加欲令智昏。想到要把埃及每年三分之一的税款呈交努尔丁，老沙肉痛不已，他随后就借故拒绝履约，只肯出3万第纳尔意思意思，这笔钱大约只相当于合同金额的百分之三。其时谢尔库赫的人马尚在埃及境内，听说沙瓦尔想恶意欠薪，谢大叔勃然大怒，宣布要亲自向埃及人收取这笔钱，率部四处抢掠。他的这些土库曼兵生性凶暴，抢得性起往往执行"三光"政策，连烧带杀之下，埃及民众倒足了霉。

眼见火烧眉毛，已经有了卖国经验的老沙故技重施，派人联络屯兵于埃及门户亚实基伦的耶路撒冷国王阿马尔里克，再许重贿，请求援助。阿马尔里克本就对埃及跃跃欲试，只因上次出兵后不小心操之过急，提前与特尔阿木闹翻，被后来居上的谢尔库赫抢了先机，这才驻马边境，观望事态发展。果然，现在机会再次来临，阿马尔里克和手下的医院、圣殿两大骑士团都主张马上出击，于是十字军的兵马迅速跨过边界，在沙瓦尔部队的配合下，将谢尔库赫所部围困在他们的据点比勒拜斯城中。

远征军告急，大马士革的努尔丁不能坐视，他十分明智地采取围魏救赵之策，乘十字军主力尽出之机猛攻安条克，一番大杀之后，派人把一大口袋人头外加缴获的十字军军旗送往埃及，交给围困谢尔库赫的阿马尔里克。这个示威之举果然让十字军胆寒，他们最终与努尔丁达成协议，双方停战并各自退出埃及。撤军途中，谢尔库赫亲自手持大斧断后，令十字军将士们印象深刻。后来迫于压力，沙瓦尔给谢尔库赫和十字军方面各赔付了一笔钱，总金额比他曾经许诺的全年税款三分之一还是少了许多。

对努尔丁来说，这一次埃及之行收获远小于预期，初次上阵的萨拉丁也没有什么突出表现，但法蒂玛王朝的羸弱刺激了努尔丁的胃口，而远在巴格达的阿拔斯王朝哈里发也看出了现在正是落井下石根除老对头的最佳时机，准备与努尔丁联手，一举剪除这个"异端王朝"。

同样衰落不堪的阿拔斯王朝此时恐怕还未必想得到，他们的无心插柳之举，不久之后成就了伊斯兰世界一次轰轰烈烈的中兴。

埃及易帜

1166年，被各方势力觊觎的埃及已是战云密布。主政的沙瓦尔不甘心坐困愁城，为了保住好不容易到手的权柄，他只好再次饮鸩止渴。反复权衡之后，他确定实力弱一些的耶路撒冷王国威胁稍小，适合拉拢，于是与之结盟，共同对付咄咄逼人的努尔丁。当然，为了缔结盟约他又少不了出卖埃及的利益。

1167年1月，耶路撒冷王国精锐尽出，准备进驻埃及。这一次他们有备而来，阿马尔里克拉上了近年来一直龃龉不断的拜占庭，他与曼努埃尔签订盟约，一起出兵埃及，说好事成之后平分其地。就这样，渡尽劫波的基督徒兄弟们又站到了同一战线上。阿马尔里克还曾写信求助法国的路易七世，承诺"只要陛下支持我们，埃及很快就会打上十字架的标志"，但遭遇婚变之后路易对东征已毫无兴趣，并没理睬他。

几股敌人的合流也让努尔丁的军事行动有了更充分的理由。不久之后，得到巴格达方面支持的努尔丁以替法蒂玛王朝清君侧为名，再次派出谢尔库赫，率领1.2万名突厥士兵和1.3万名阿拉伯士兵，二度南下进攻埃及，讨伐不听话的沙瓦尔。29岁的萨拉丁再度从征，他即将为古老的埃及史书添上新的一页。

这一次，萨拉丁原本又被叔叔派去和辎重队的骡马骆驼们待在一起，但战局的发展使他很快离开后勤部队，走上前台。攻入埃及之后，谢尔库赫被阿马尔里克和沙瓦尔的联军数次击败。1167年3月，远征军在巴贝恩战役中与数倍于己的敌军对峙（其中绝大多数是沙瓦尔手下的埃及军团，十字军方面的兵力少于谢尔库赫，但他们战斗力强，是联军主力），形势危急。这时，谢尔库赫决定诈败诱敌，他给了侄子一个光荣而艰巨的任务——萨拉丁和他的辎重部队被安排在显要位置，作为诱饵吸引敌军的火力。果然，赢了数阵的阿马尔里克等人已不把谢尔库赫放在眼里，他们纷纷瞄准了萨拉丁，想抢夺战利品。萨拉丁则按照叔叔的事先部署，凭借飘忽的走位与追兵扯开距离，在这个过程中他表现出高超的指挥技巧。在萨拉丁的扯动下，敌人阵势已不成章法，谢尔库赫亲率库尔德轻骑兵，凭借速度优势把追赶萨拉丁的几拨敌人分割围歼。这时耶路撒冷和埃及联军才觉出不对劲，停止追击，而谢尔库赫的主力部队此时早已安全撤出战区。通过叔侄俩的大胆谋划和默契配合，远征军以较小的代价成功逃生。

远征军撤离巴贝恩战场后，退守埃及的海港名城亚历山大。谢尔库赫留下萨拉丁作为守城主将，自己则带着骑兵出去打游击，牵制敌人。沙瓦尔和阿马尔里克的联军随后包围了亚历山大，拜占庭和意大利的舰队也赶到，并封锁了该城的港口。被四下合围的萨拉丁拼了命地左遮右挡，从早春三月一直坚持到八月凉秋，也幸亏当地居民普遍反感沙瓦尔，他才得以凭借群众基础勉力支撑。1167年秋天，阿马尔里克眼见拿不下亚历山大，加上努尔丁攻打自己的后方的黎波里伯国甚紧，为了保持在埃及战场的局部优势，他只好与谢尔库赫签了和约，放后者回到叙利亚，努尔丁为此还向耶路撒冷方面付了一笔"赎金"。

萨拉丁第二次进兵埃及，又是无功而返，但不同于上一次，此番他已亲身经历了战火的考验，当年学到的军事理论知识已不再是纸上谈兵，并且他坚守危城，独当一面。经过了这样的锤炼，建功立业、拓土开疆已只是时间早晚的问题了。

新的机会很快就来了，才过了不到一年萨拉丁就第三次踏上了埃及的土地。原来谢尔库赫退出埃及之后，沙瓦尔想出每年10万第纳尔的保护费，雇请耶路撒冷方面帮忙抵御努尔丁，不过圣殿和医院两大骑士团觉得埃及国弱可取，不满足于这点岁币，而是想将其整个吞并。因此，尽管阿马尔里克反对，他们还是决定动手，夺取更为丰厚的战利品。1168年10月，十字军攻克比勒拜斯城之后大肆屠掠，这个短视之举使他们在埃及成了人民公敌，甚至信仰基督教的民众也视他们为洪水猛兽。17岁的哈里发阿迪德走投无路，只能再次向努尔丁求助。

就这样，谢尔库赫和萨拉丁叔侄奉努尔丁之命三打埃及，自知在埃及民心尽失的阿马尔里克闻讯率军撤走，谢尔库赫的大军不费吹灰之力地进入开罗。这回谢大叔意识到不能再留祸根，他以阿迪德的名义将被俘的沙瓦尔处以极刑。此人为了一己私欲，数度让埃及民众罹于战乱，此时才死，实在是晚了。

当然，谢尔库赫不是来为民除害的。镇压了卖国贼沙瓦尔之后，他取而代之，让阿迪德"任命"他继任埃及的维齐。

谢尔库赫毕竟只是武人，虽深通韬略，却没有政治眼光。独揽埃及朝政之后，他开始将精力用在享乐和索贿方面。对阿迪德来说，这未尝是坏事。因为似这等目光短浅之辈通常也不会有太大的政治野心，只要能让他沉溺于此，不威胁自己的统治，那放任他搜刮民财便是了。阿迪德也已经准备效法巴格达的哈里发，在异族武人的卵翼之下安心扮演橡皮图章的角色。可惜，这个最低标准的愿望，终究也没能实现。不知是不是纵欲过度，1169年3月，才当了两个多月宰相的谢尔库赫忽然暴毙。

这时，阿迪德和努尔丁都面临着选择，前者自然希望借机收回大权，政由己出，后者也不想三打埃及的努力就此白费。努尔丁已经准备重新选派重臣去埃及接替谢尔库赫，就在这时，一个令他意想不到的消息传来：阿迪德任命了萨拉丁侄承叔业，继任维齐。

后来的史家们为阿迪德这个决定找了很多理由，有的说他看中阿尤布家族的声望，有的说他欣赏萨拉丁宽宏的气度，但阿拉伯史学家伊本·阿西尔直言指出，萨拉丁拜相凭的不是他的强，而恰恰是他的"弱"。阿西尔写道，曾有个顾问向阿迪德建言，萨拉丁是努尔丁远征军诸将中"最年轻最没根基的"，而且在割据埃及的各路埃米尔中"没有一个人听命于他"，这样的人对法蒂玛王室的威胁最小。就这样，阿迪德选择了萨拉丁，希望一石二鸟的策略既能稳住努尔丁，又可以为自己日后收回权力做铺垫。

1169年3月26日，萨拉丁正式出任法蒂玛王朝的维齐，这项任命也获得了努尔丁的认可，阿迪德及其幕僚集团长出一口气，但他们随即就将为自己的决策后悔不迭。大权在握的萨拉丁立刻一改往日的文弱做派，以雷厉风行的手段展开了改革。阿迪德这才目瞪口呆地发觉，原来萨拉丁之前一直是在扮猪吃老虎。

萨拉丁的第一项改革措施是发布禁酒令。禁酒是伊斯兰教的重要戒律，但王公贵族们对此都贯彻得很不彻底，尤其在奢靡腐化的法蒂玛王朝。萨拉丁以禁酒作为突破口，迅速在埃及民众中树立了虔诚节俭的良好声誉，相形之下法蒂玛王室一向不佳的公众形象则显得更为不堪。接下来，萨拉丁先是亲征达米埃塔，打退了围攻该地的耶路撒冷和拜占庭联军，并在亚历山大等地部署重兵御敌，稍后又亲率人马征讨忠于法蒂玛王室的苏丹雇佣军团，将他们逐出境外，还顺便占领了苏丹北部。这些苏丹军人在埃及横行不法，早为民众深恶，萨拉丁打击他们既取悦了埃及人，又消灭了法蒂玛王室最可依赖的一支力量，使自己在埃及的势力更加无人可以撼动。最后，萨拉丁的改革深入意识形态领域。他打压什叶派长老，削夺他们的军权，同时在开罗和亚历山大等主要城市兴办宗教学校，推广逊尼派教义，要求埃及人在每天祷告时同时为阿迪德和巴格达的阿拔斯王朝哈里发祈福。法蒂玛王朝以什叶派立国，萨拉丁此举动摇了他们统治的理论基础。自穆伊兹征服埃及推广什叶派以来，截至此时刚好200年整，在萨拉丁的大力扶持下，被压制了200年的逊尼派逐渐开始收复失地。

此时阿迪德才算知道了萨拉丁的厉害，悔之晚矣。而对萨拉丁来说，法蒂玛王室在埃及的统治根基也正可资利用，一个活着的阿迪德更符合他的需要，所以这个不满20岁的少年国君还可以在他的后宫之中"沈腰潘鬓消磨"。

萨拉丁也没忘记自己的后台老板努尔丁，经常强调自己是阿迪德和努尔丁双重臣属的身份。不过，脚踏两只船的政治立场历来不为上司所喜。努尔丁担心萨拉丁挟阿迪德以自重，在埃及另立山头，不停地发急递，要求他废黜法蒂玛王朝的哈里发，甚至以武力相挟。如努尔丁所料，萨拉丁此时异志已萌，不想丢弃阿迪德这个可贵的政治资本，但终于抗不住努尔丁的积威，1171年，他罢黜阿迪德并将其软禁在后宫。10天之后，刚满21岁的末代哈里发竟然适时地在深宫之中"忧愤而死"，这下萨拉丁终于可以向老板交差。虽然没有直接证据表明阿迪德的死与萨拉丁有关，但"我不杀伯仁，伯仁因我而死"，阿迪德郁郁而终，萨拉丁实在脱不开干系。不久后，一批忠于法蒂玛王室的少壮派军官密谋行刺，但被事先知悉的萨拉丁轻易破获，处死了领头的禁军军官穆塔敏，法蒂玛王朝已经翻身无望。

至此，立国262年、据有埃及202年的法蒂玛王朝绝嗣。萨拉丁也不再需要这块牌位，阿迪德死后，他命令埃及人换下穿了两百多年的绿色服饰，重新穿上象征阿拔斯王朝的黑色服饰。萨拉丁取消了法蒂玛王朝的哈里发头衔和什叶派的国教地位，改奉逊尼派，尊阿拔斯王朝为正朔，他本人自任埃及苏丹。他开创的这个新王朝被称作阿尤布王朝，改旗易帜的埃及，自此走进了新时代。

新朝气象

1171年，阿尤布王朝底定埃及。由于法蒂玛王朝久失人心，埃及民众普遍乐见其倒掉，政权实现了平稳过渡，时人称，"就连两只羊都不会为了这一变故而抵牾顶架"。但萨拉丁接手的是一个沉疴难起的老旧王国，为了扭转百年颓势，王朝的各项政策方略都需要除旧布新，萨拉丁进行了一系列对内对外的制度改革。

内政方面，首先要解决的是王朝的财政来源，而财务问题又无非税收和贸易两项。此前法蒂玛王朝的土地税收沿用的是法老时代的古制，将征税权租给包税人，由后者定期收税，按比例上缴国库，国库再根据预算支付各项军政开支。这种税制的弊端在于中间环节过多，逐级上下其手之后，不但民众遭受剥削，中央实收的税金也不充裕，一旦遇到灾荒战乱，税额难以保证时，中央财政还要负担整个国家的运转成本，就会在重压之下瘫痪。萨拉丁此时已拥有了147个方阵的军队，供养如此规模的军队实在是个难题。此时埃及百废待兴，如果沿用旧制抽税，不是难以完税，就是加重民间负担。针对这一局面，萨拉丁的改革措施是引入当年倭马亚王朝创立的伊克塔制度，即军事采邑制。他将埃及土地分成若干小块，分封给有功将领和阿尤布家族宗亲，任命他们为埃米尔。每人两块地，一块称为卡萨，用于供养埃米尔本人及其家族，一块称为伊克塔，其出产专门用于维系领主的军队，埃米尔有义务在国君召唤时带兵出征。埃米尔对封地只有支配权，而无继承权（后来发展成可世袭），国君可以随时收回，他们在自己封地上的征税额度要经过中央政府的核准。中央政府派驻的官员管理封地的行政司法等事务，他们还负责审核埃米尔对两块封地的收支情况，严禁挪用特定款项，以保证军队的待遇和战斗力。萨拉丁将军队化整为零，军事成本摊到地级领主头上，虽然为日后的武人干政埋下隐患，但这一制度实行之初，确实起到了财政减负、保养军力的作用，也使民众免于层层盘剥之苦，得以休养生息，更用看得见的实利让手下众臣更加辛勤用命。

除了对内的赋税，还有对外的贸易。埃及地处东西要冲，南及红海，北通欧陆，富商巨贾多汇于此。萨拉丁非常清楚此中巨利，他掌权之后就下令驱逐了埃及内地的全部非穆斯林商人，并禁止外籍人士在埃及经商，同时在亚历山大开设经济特区，由政府出面，与欧洲商人贸易。由于政府实施了垄断，因此在贸易中占有绝对主动地位，而经由埃及贩来的香料、茶叶、丝绸等东方特产，又是欧洲人须臾不可或缺的日用品，因此前往亚历山大的欧洲商人仍然络绎不绝，贸易款源源不断地流入政府腰包。萨拉丁的外贸理念有点类似英国伊丽莎白时代的重商主义，以贸易顺差为终极追求，为此不惜动用国家力量。从长远来看，这种国家垄断外贸、实施单口通商的政策失之僵化，就像清朝中后期的广州十三行制度，几乎可以说是误国之举；但在短期内，这个政策确实能起到快速积累财富的作用。为了维护这一贸易格局，萨拉丁软硬兼施，一方面他在亚历山大优待外国商旅，提供周全的接待与保护；另一方面，对胆敢触碰红海贸易线路等专属利益的外商毫不留情，出现在红海的欧洲船只一律击沉。为了确保东方商道和通往麦加的朝圣之路，萨拉丁后来还占领了阿拉伯半岛的汉志地区，势力范围直达也门，并委派其兄长在当地实施统治。

经过地税和外贸两方面的开源节流，萨拉丁的阿尤布王朝财源广进。《剑桥非洲史》中称，法蒂玛王朝时代埃及的岁入约为300万第纳尔，到了1189年，阿尤布王朝的第18个年头，这个数字已达到了500万第纳尔，几乎翻了一番。

除了内政，萨拉丁在外交、军事等方面同样有所作为。他的外交策略和中国春秋时期管仲为齐桓公的谋划如出一辙，核心理念就是四个字：尊王攘夷。

所谓王，在伊斯兰语境里对应的自然是哈里发。近两个世纪以来，伊斯兰世界最多时曾同时有三位哈里发，但现在法蒂玛王朝的哈里发一系已被废黜，科尔多瓦后倭马亚王朝的哈里发政权早已经瓦解，继承其政治遗产的几个小公国正被一群基督教王国围殴，所以要勉强挑出一位最有号召力的哈里发，那还得数住在巴格达的阿拔斯王朝哈里发。此时的巴格达哈里发名叫穆斯塔迪，和东周天子一样，他也是大权旁落，形同虚设，势力范围不超出巴格达一城。这样牌位式的"天下共主"正是萨拉丁需要的。他在与法蒂玛王族斗争时，打的就是巴格达哈里发的旗号，上位之后，更是高调遵奉穆斯塔迪为效忠对象，以哈里发的名义扩张地盘积聚实力，奉天子以令不臣。虚弱的哈里发也急需萨拉丁的声势作为外援，因此与之通力合作，这为萨拉丁提供了起步阶段最必需的合法性与号召力。

如果吞并蚕食的对象仅限于周边弱小，那难免给人造成"耗子扛枪窝里横"的印象。萨拉丁非常清楚，想在穆斯林当中确立威信，就必须打击伊斯兰世界共同的敌人：十字军。萨拉丁立誓为穆斯林夺回圣城耶路撒冷，并以"反抗十字军，驱逐法兰克人"为号召，使许多周边的穆斯林势力团结在他的旗下。

此外，萨拉丁在公众形象方面也继承了从赞吉到努尔丁一以贯之的艰苦朴素作风。他清心寡欲，摒弃奢华，不为自己修宫室，把钱都拿来建设清真寺等公共设施。与赞吉父子相比，他还有格外的宽宏与亲善，这样的人格魅力迅速赢得了埃及人的赞许。在伊斯兰世界，宗教虔诚是统治者必须具备的品格，萨拉丁晨昏祷告，风雨无阻，即便人在征途，也会在马背上诵读《古兰经》，如果因为作战耽误了礼拜，则必会在战后的第一时间补上。萨拉丁对宗教的态度赢得臣民拥戴，而且他通过尊奉逊尼派，使埃及摆脱了法蒂玛王朝时代的孤立态势。这一次改宗的影响深远，时至今日，埃及都是伊斯兰教逊尼派的文化中心之一。21世纪初阿富汗的塔利班宣布要炸毁古迹巴米扬大佛时，美国方面还曾托当时的埃及总统穆巴拉克居中说项，劝说同宗教友炮下留佛——当然，最终还是没能如愿。

总之，萨拉丁的治理使埃及很快海晏河清。然而，当时近东局势错综复杂，埃及人无法置身事外，萨拉丁还要面对诸多对手，而其中第一个，就是他昔日的主公，努尔丁。

萨拉丁在埃及主政之初，努尔丁不以为意，他曾公开对手下们说："没有我的命令，他什么也不敢做。"但萨拉丁羽翼渐丰，以努尔丁的洞察力，不可能没有知觉，他对这个曾经不起眼的属下的猜忌也日甚一日。尤其是萨拉丁越过他直接接洽巴格达哈里发的行为，已经让努尔丁看出了他的不臣之心，这让努尔丁愤怒不已，以至于手下们都不敢在他面前提起萨拉丁的名字。

1172年夏天，一队努尔丁手下的人马在没得到他命令的情况下围攻埃及的阿斯旺，臣属于萨拉丁的当地埃米尔向其求助，萨拉丁派兄长图兰沙阿赴援，打退了入侵者。次年又发生了相同的事件。这两次龃龉让努尔丁有了发作的借口，他致书大骂萨拉丁，并扬言要亲统大军，踏平埃及。年轻气盛的萨拉丁准备整兵应敌，但他的老父阿尤布当着全体宗族的面，严厉训斥萨拉丁："如果努尔丁来了，没人能阻止我跪在他的马前，如果他命令我砍掉你的头，我也会毫不犹豫地照做。"后来阿尤布私下对儿子讲，努尔丁的势力还很强大，不可贸然与之决裂，否则就会两败俱伤；而努尔丁对埃及也有所忌惮，所以只要在小处多忍让，给足他面子，他也不会兴兵轻犯。萨拉丁听从了父亲的建议，给努尔丁写了一封言辞谦卑的道歉信，赔了6万第纳尔以及若干珠宝珍玩，并公开宣示继续坚定不移地高举努尔丁伟大旗帜，这才避免了兵戎相见。不过，努尔丁的威胁还是给萨拉丁造成了极大的心理阴影，他在埃及各个战略要地大修工事，其中包括至今屹立在开罗南郊的萨拉丁堡，这是萨拉丁那段诚惶诚恐备战备荒的日子的见证。

努尔丁自然看得出萨拉丁只是在韬晦待时，因为萨拉丁嘴上服软，实际上并不肯听命。在阿斯旺事件之前，努尔丁出征约旦时曾征召他助战，萨拉丁只是虚言应付，不遣一兵，交恶之后更加不受控制。但对这个已经来临的新时代，努尔丁已经无力掌控，这个纵横中东近30年的强人，此刻已是重病缠身，大限将至。1174年5月15日，努尔丁逝世，身后留下了11岁的儿子萨利赫。萨利赫年纪尚幼，无力统驭父亲的部属，大马士革有一派人主张迎回萨拉丁任辅政，但伊本·穆卡达姆近水楼台先得月，抢先攫取了大权，坐镇大马士革。努尔丁因其在军事和宗教方面的成就，身后备受称颂，他的臣民赞扬他"再现了穆罕默德的胜利与荣耀"，但此后，他的王国和荣耀就不得不让位于昔日的臣僚萨拉丁了。

努尔丁辞世之后，同年7月，雄心勃勃的耶路撒冷国王阿马尔里克染上痢疾，竟至不治，也撒手西去了。随后，他13岁的儿子继位，是为鲍德温四世，一时间还看不出厉害。此时，整个近东地区已呈现出萨拉丁一家独大的局面。

老主公没了，萨拉丁顺理成章地宣布埃及独立，脱离赞吉王朝。而努尔丁在阿勒颇、摩苏尔两地的亲族各自为政，都宣布自己才是合法继承人，不服萨利赫，伊本·穆卡达姆也被指责专权。内部乱作一团，这又为萨拉丁提供了北进叙利亚的绝佳借口。

1174年8月，萨拉丁以援助萨利赫为名，起埃及倾国之兵，北出加沙，挺进他的第二故乡大马士革。10月，萨拉丁已经驻兵大马士革的南大门布斯拉，当地领主愿意归附，但他担心萨拉丁的兵马不足以攻克壁垒森严的大马士革。

萨拉丁听取了他的建议，放弃武力攻城，改用金钱开路。他拿出5万第纳尔分发给大马士革周边诸村寨的居民，这些人立刻都站到了萨拉丁一边。城中守军看出人心向背，也开城投降，萨拉丁兵不血刃拿下大马士革。萨利赫被伊本·穆卡达姆等部下裹挟着逃往阿勒颇，而他的母亲，努尔丁的遗孀则索性改嫁萨拉丁。

随后，萨拉丁又大撒金钱安抚大马士革各界，接着继续北进，两个月间接连占领了霍姆斯、哈马等地，席卷叙利亚版图的四分之三，而此时距离努尔丁去世仅仅过了大半年。萨拉丁征服叙利亚的过程中，大马士革的"和平解放"模式不断重演，在多数地方都是老萨拿钱，守军献城，以至于萨拉丁的传记作者说他"把埃及的钱都花在了叙利亚"。这一年的最后一天，萨拉丁已进抵阿勒颇城下。

25

刺客与劫匪

然而，就在萨拉丁驻马阿勒颇，准备一鼓作气收取城池之际，却接连变生不测，攻取阿勒颇的计划被无限期搁置，萨拉丁也生平第一次与死神擦肩而过。

1175年新年刚过，这天晚上萨拉丁正在中军帐里与诸将进餐，忽然帐外人影闪动，13名手持匕首的刺客蹿了进来，几下电光石火，兔起鹘落，已有一人被刺倒在地，抽搐而死，原来刺客的兵器上淬了见血封喉的毒药。这些杀手自然是冲着萨拉丁来的，可惜筹备不够周密，认错了对象，他们杀死的是萨拉丁手下的一位将军。杀手一击不中，诸将有了防范的余暇，大营外的卫士们也赶来护主，一干刺客尽数被斩杀。

这伙刺客正是在西亚北非令人闻之丧胆的阿萨辛成员，萨拉丁的北进已威胁他们在叙利亚北部山区的权势，因此他们在阿勒颇人的雇请下，前来行刺。虽然没有成功，但他们的恐怖主义手段着实吓阻了萨拉丁，他撤了阿勒颇之围。一年之后，阿萨辛再次试图暗杀萨拉丁，这一次更是千钧一发。萨拉丁的胸甲被刺穿，当时那把剑距离他的喉咙只有0.01厘米，幸好萨拉丁的卫队马木留克同样武功高强，才挡住了阿萨辛的致命之击。愤怒的萨拉丁率大军围剿阿萨辛派在叙利亚的迈斯亚夫堡，阿萨辛派只长于暗杀，若论沙场决机，万不是萨拉丁的对手，不得已之下，时任山中老人的拉希德丁·锡南求和，发誓再不与萨拉丁为敌。而萨拉丁考虑到阿萨辛派在波斯、中亚等地还有庞大的势力，也不愿与这个恐怖组织结下不可化解之仇，终于同意和解，然后返回埃及休整。

1176年，萨拉丁对阿勒颇的攻势仍然没有进展，不过这一年发生了一个意外的重大利好事件，使阿尤布王朝的战略态势又有改善。在小亚细亚锐意进取的拜占庭皇帝曼努埃尔遭受重挫，在与塞尔柱苏丹基利吉二世的密列奥塞法隆战役中大败而归，原本与十字军联合进攻埃及的计划只好取消，萨拉丁的后方压力顿时大减。

截至此时，萨拉丁的势力已经据有叙利亚大部，他的阿尤布王朝，综合国力在近东地区取得了压倒性优势，阿拔斯王朝的哈里发正式册封他为"埃及、叙利亚、汉志、也门、马格里布苏丹"，上述地区基本都在他的控制之下。而且萨拉丁文治武略齐抓并举，久经战乱的近东在他的治下，民生有了明显改善，民众把"马里克·纳绥尔苏丹"的尊号献给他，意为"胜利之王"。

萨拉丁期待的终极胜利，不是与阿勒颇人同室操戈，而是实现他曾许下的承诺：为穆斯林收复圣城。本来他的战略是统一埃及与叙利亚，然后按照努尔丁当年的构想，"把基督徒置于穆斯林的磨盘之间"。但一波未平一波又起，刺客退场了，又有一个劫匪冒出头来。1176年，与阿萨辛派停战之后不久发生的一个偶然事件，使得萨拉丁暂时放下阿勒颇，提前把目光投向耶路撒冷。

1176年，当萨拉丁对付阿萨辛刺客团的时候，阿勒颇城暂时没被战火波及。这一天，城中监牢的大门忽然打开，一名囚徒被释放了，在向这个生活了16年的羁居之所投下匆匆一瞥之后，获释者打马南行，奔安条克方向去了。

这个人名叫雷纳德，出自法国豪门沙蒂永家族。可惜此人门第虽高贵，为人却下作，性好偷鸡摸狗。1147年，法王路易七世率十字军东征，作为族中末子，没有封地的雷纳德也赶来投效，两年之后路易铩羽而归，雷纳德却留在了东方。胡混了一阵，并没什么成就，直到1153年，他讨到了一门好亲事，时来运转。

1149年，普瓦捷的雷蒙被努尔丁击斩，他的夫人安条克女公爵康斯坦丝守了寡，4年之后，这位28岁的青年寡妇遇见了雷纳德，萌发了第二春。都说女人嫁个有钱男人等于少奋斗10年，其实这话用在男人身上也同样成立。入赘安条克的雷纳德成了"共治公爵"，一夜之间变得有钱有势。稍后他又搭上了圣殿骑士团这条线，大家都是法国老乡，又都热衷抢劫，很快就打得火热。

羽翼渐丰，雷纳德准备将他烧杀抢掠的远大志向付诸实施。1156年，他率舰队出海，去抢掠信奉基督教的塞浦路斯岛，临行前还鞭打囚禁了有极高威望的安条克主教埃梅里，只因后者谏阻他出征。到了岛上，雷纳德放手劫掠，从教会的金银财宝到农家的牛羊鸡鸭，事无巨细，兼容并包，后来抢的东西太多运不走，老雷索性作价拍卖，逼迫当地人高价赎买回去。

雷纳德还抓走了塞浦路斯的最高行政长官约翰·科穆宁，这下可闯了大祸，因为塞浦路斯是拜占庭帝国的属地，而科穆宁，正是拜占庭的皇族姓氏。1159年，拜占庭皇帝曼努埃尔亲统大军兴师问罪，这是拜占庭皇帝半个世纪内第二次兵临安条克，上一回是普瓦捷的雷蒙惹来了约翰二世，康斯坦丝前后两任老公都这么能招灾惹祸，不禁令人怀疑这个女人对"没事找抽型"的男人有特殊的偏好。而雷纳德还没有他前任的本事，面对拜占庭大军，他打起白旗出城，跪在曼努埃尔面前求饶，颈上系着套索，手里捧着宝剑，意思是"我彻底服软认怂了，要勒要捅您看着办吧"。拜占庭一向坚持平衡的外交政策，也不想真的宰了安条克当家人引发地区局势混乱，曼努埃尔见雷纳德服输，就心满意足地班师而去，连塞浦路斯的损失都没让他赔。

结果拜占庭人刚走，老雷马上雨过忘雷，又率人出去打劫，而这一次下手的对象，是连拜占庭人都要退避三舍的努尔丁。1160年，雷纳德进犯阿勒颇，被守将当场拿下，扔进土牢从严发落。1176年，面临萨拉丁威胁的阿勒颇人终于懒得再给他提供牢饭，打开牢门放他走路，至此，老雷已足足被关了16年。

雷纳德返回安条克之后才知道，他赖以发迹的夫人康斯坦丝早在1163年就已故去，现在安条克主政的是康氏与前夫的儿子博希蒙德三世，对他这个后爹并不感冒。真是物是人非事事休，未语泪先流，雷纳德只好收拾行装，南下耶路撒冷，投奔他的圣殿骑士团兄弟们去了。

如果说雷纳德身上有什么过人之处，那大概就是他的女人缘，而且他的这种雄性魅力似乎专门针对有钱寡妇。到了圣城之后，老雷很快结识了外约旦领主，寡居的富姐艾蒂安内特，并与之闪婚。此后，这对半路夫妻共同享有卡拉克、蒙特利尔、莫阿布等几座城堡，这些要塞都正坐落在从埃及到麦加以及叙利亚的交通要道上，城堡外的大道之上每天都有阿拉伯商队经过，不绝如缕。抢劫是雷纳德的最大爱好，现在这样绝佳的作案地点，老雷自然抢得不亦乐乎。

按照萨拉丁的战略计划，本来是想先统一阿勒颇，再集埃及、叙利亚两国之力南北夹击，一举消灭十字军国家，收复耶路撒冷。为此他暂时没有理会阿马尔里克死后处于守势的十字军国家联盟，但雷纳德的搅局使他不得不调整部署，先保证埃及和叙利亚两地之间的生命线。1177年冬天，萨拉丁宣布讨伐雷纳德。他率领3万人马出埃及，分路进击，准备合围圣城，针对耶路撒冷王国的"吉哈德"提前打响了。

病中人生

对付只会欺软怕硬的雷纳德，萨拉丁有十足的胜算，但他此时还不知道，这一次真正要面对的敌人不是这个抢劫惯犯，而是十字军国家的最高领袖（至少是名义上的最高领袖），耶路撒冷国王鲍德温四世。当然，就算萨拉丁还能记起这个名字，也不会对其稍有顾忌，因为这位鲍德温国王不但是年仅16岁未经世事的少年，还是个身染绝症不久于世的病人。

鲍德温四世生于1161年，说起来，他也算是含着金钥匙出生的——他是耶路撒冷第五任国王阿马尔里克一世的儿子，第四任国王鲍德温三世的侄子。据说他降生后不久接受洗礼时，就被没有子嗣的国王伯父鲍德温三世赐予了自己的名字，更被指定为王位继承人。其实和周成王的桐叶封弟一样，这个封敕本来也源自一句戏言。如果当时年方壮盛的鲍德温三世多活几年，或许最终也就成为笑谈了，但巧的是，仅仅一年之后，鲍德温三世竟然身染重病一命呜呼。或许天意冥冥，想让耶路撒冷真正的主人早日坐上注定属于他的王座。

鲍德温三世故去后，兄终弟及，阿马尔里克当上国王，小鲍德温也享受了王储的待遇。他有很多家庭教师辅导各门功课，平常也按照当时培养骑士的教程，练习骑马和格斗的技能。小鲍在马术方面很有天赋，据同时代稍晚的编年史家提尔主教威廉称，他驾驭马匹的能力堪比成年骑手。在技击方面，他更令人印象深刻。他学武时很能和群众打成一片，一帮半大小子也不分尊卑，大家拿着木刀木剑互抢互砍，小鲍有个特点：被小朋友们砍中之后从来不哭不闹。

他的教师们看在眼里，起初不以为意，只觉得此儿小小年纪就如此坚毅，足见骨骼清奇万中无一，将来必是命世之主。但后来类似的事情越来越频繁，小鲍德温有时手臂被打得淤肿乌青，竟仍似浑然不觉，这好像已经不是意志品质的问题了。到了1170年小鲍德温9岁时，终于有人"见而异之"，请了御医来检查。诊视过小鲍，大夫如遭电击，他火急火燎地跑去觐见国王阿马尔里克，向他报告了那个晴天霹雳般的诊断结果：麻风！

麻风，古老的顽症。说不清麻风病折腾人类究竟自何时始，反正从印度的《吠陀经》到中国的睡虎地秦简，各族各地的先民都在习得文字之初就记录下了这种可怖的病症。麻风病由麻风杆菌引起，会损伤患部的神经使其丧失感觉，这就是小鲍德温被打伤却无痛感的原因。如果说"挨打不疼"听起来还不错，那么麻风的其他症状就没这么好玩了。麻风患者通常会出现皮疹、浮肿、肢端溃烂、肌肉萎缩，晚期还会伤及骨骼和脏器，尤易损害肝、脾、睾丸、淋巴结、眼球等处。而麻风杆菌还会破坏人体的结缔组织，造成面部肿胀变形，人们给麻风导致的种种毁容症状做了一些通俗化命名，比如"兔眼""狮脸""蝙蝠状面孔"等等——虽然缺德，倒也不失贴切。

麻风病不光影响形象，还会致命。在19世纪末挪威科学家汉森发现其致病原理之前，麻风基本是不治之症。《论语·雍也》有云，孔子的爱徒冉耕患了该病，孔圣人也只能哀叹："亡之，命矣夫！"唐朝时候，即便是号称"药王"的孙思邈，也对麻风病束手无策，至于医疗水平差得远的古代欧洲，那就更加不用提。

麻风另一令人恐惧之处，是其传染性。《论语》上说孔子探望冉耕时，"自牖执其手"，也就是隔着窗子与他握手，据说这是因为冉耕怕把病传染给老师。事实上麻风病虽然会传染，但现代医学已证明其传播能力并不太强，不过古人并无此认识，他们普遍以为麻风病有很强的传染性，因此对患者畏之如虎。春秋时的秦国法律认定麻风病人"有罪"，处理办法是"定杀"，对其采取火烧、水淹、土埋诸般刑罚，视若仇雠。后来政策稍稍人性化了一些，从人道毁灭改为隔离圈禁。

而麻风患者在社会上也处于贱民的地位，中国传统伦常系统里著名的抛弃老婆合法化章程"七出"中规定："妇有七去：不顺父母去，无子去，淫去，妒去，有恶疾去，多言去，窃盗去。"所谓"恶疾"，即指麻风。可见在古人看来，麻风患者从道德水平上是与淫妇、窃贼相当的。在西方，麻风病人同样备受歧视，对他们的主要处置办法也是隔离。从罗马帝国时代起就有"麻风村"，病人在集中营一般的指定村落中居住，还要佩戴醒目的标记以阻止别人靠近，他们依靠外界提供的饭食苟延残喘，是真正的坐以待毙。这种"隔离疗养区"直到十五六世纪还在欧洲各地挂牌营业，可参见卡尔维诺小说《分成两半的子爵》。

惊闻噩耗的阿马尔里克懵了，王储身患不治，这实在是祸从天降。但现实就是这样残酷，定下神来，国王意识到首先应该将这个恶性突发事件的影响控制在最小，防止一小撮别有用心的人借题发挥，蛊惑人心。为此，他只好授意有关部门封锁了消息，让群众不明真相。阿马尔里克又命小鲍德温穿上宽大的衣物，以遮掩病躯，同时将他隔离起来。

接下来的几年间，耶路撒冷王国内忧外患。争夺埃及未果之后，阿马尔里克只能眼看着萨拉丁在北非日益做大，他的身体却和国势一样衰落下去。1174年努尔丁死后，萨拉丁北上问鼎叙利亚，阿马尔里克准备趁其后防空虚做最后一搏。他尽起倾国之兵奔袭埃及，却在途中病倒，不治而亡。

现在，养在深宫之中的病儿鲍德温，不得不走上前台，担负起家国之重了。

此时，他的麻风已无法隐瞒，耶城当局将王储的病况公之于众。毕竟耶路撒冷王国地方小，山头多，对很多手眼通天的人来说，小鲍患病的事早已不是秘密，所以贵族们已有心理准备。而且这样一个年纪幼小的重症患者势必无力掌控王国，正是贵族们最需要的傀儡和摆设，于是大家全票通过，支持小鲍继位。

可是远在欧洲的罗马教廷听闻此事，却提出了异议。根据当时的宗教观念，麻风病是上帝降给罪人的天谴，一直对耶城控制权念念不忘的罗马教廷抓住此事大做文章，要求撤换鲍德温。但如前所述，小鲍德温是最符合耶城权贵利益的人选。为了抵制教廷借机渗透的企图，耶路撒冷的贵族议会决定抗命，他们致信教皇说鲍德温已在圣地行过涂油加冕礼，天命已定，岂容再易。他们还说，在加冕仪式上发生了"苍鹰击于殿上"的神异事件——一只鹰飞来落在王冠上，张开双翅摆出了十字架的造型，这说明鲍德温登位是顺天应人的。终于，在耶城贵族们的力挺下，鞭长莫及的罗马教廷也不再搞事。1174年底，鲍德温克承大统，是为鲍德温四世。

此时鲍德温四世的病征已很明显，曾担任他导师的提尔主教威廉称，他幼时本来姿容俊美，"good looking child for his age who grew up full of hope"（在同龄人中长相悦目，并且备受期待地成长着的孩子）。但麻风病早早地摧毁了他的容貌，鲍德温脸部和手足的病变尤其严重，"病情日甚一日，以至于他的臣下无论何时看到他的病容，都禁不住悲从中来"。浮肿溃烂的形象有碍观瞻不说，还可能传染。但以国王之尊，毕竟不能送到麻风村里去隔离，于是鲍德温四世只能浑身包裹白纱布。圣城的新主人，就以这种姿态出现在臣民面前。

由于鲍德温四世继位之时年仅13岁，尚未达到法定的亲政年龄，因此耶城众权贵们需要选出一位摄政王。当时耶路撒冷的政治派系林立，但总的来说分为两大体系：以医院骑士团为代表的稳健派和以圣殿骑士团为核心班底的激进派。前者多是十字军二代、三代，出生在近东，从先人手中继承了产业，故而希望维持稳定，他们的外交和国防理念都以防守为主；后者则多是第二次十字军东征以后来到耶城的，尚未挣到足够的家底，还带有较浓的宗教狂热，向往冒险扩张，雷纳德就是一个典型的样本。这两派经常彼此攻讦，后者蔑称前者为"串种小马"。在经过一番争吵之后，还是"小马"占了上风。鸽派的代表人物，小鲍的表叔的黎波里伯爵雷蒙三世(参加第一次十字军东征的图卢兹伯爵雷蒙之玄孙)担任了耶路撒冷摄政王，权领政务，其他的两大骑士团，以及雷纳德等诸侯也都各有自己的势力范围。小鲍本人，只能躲在银面具之下，深居简出，一转眼就是三年。

病中的人生是痛苦的，尽管贵为国王，终究摆脱不了一个受人歧视的特殊身份。好在上帝对鲍德温四世还算是公平的，特地在他衰朽残损的身躯里面，安放了一颗七窍玲珑的慧心，只不过继位以来，他尚无机会展示——直到三年后的这一天，萨拉丁的大军兵叩国门，耶路撒冷乱作一团。

祸福相依，对16岁的鲍德温四世来说，危机也正是转机。他身上潜藏已久的勃勃英气，即将冲破纱布与袍服的层层束缚，喷薄而出。

双雄会

大敌当前，耶路撒冷的鹰派和鸽派只能暂时搁置争端，共商对策。惹祸的雷纳德此时却精神百倍，主张出击，御敌于国门之外。实权人物雷蒙拙于军事，防务全赖骑士团出力，只好采纳。

根据他们商量的作战计划，雷蒙携医院骑士团坐镇耶路撒冷，防守大本营；雷纳德和圣殿骑士团大团长奥多各率所部，赶赴加沙布防，这一路的主要将领还包括灭国后一直待在耶路撒冷，有名无实的埃德萨伯爵乔斯林三世，以及将在日后扮演重要角色的伊贝林男爵巴利安。另外，为了防范萨拉丁突破加沙防线，会议还决定派一旅偏师进驻加沙与耶路撒冷之间的第二个战略要地：亚实基伦。

这个任务就交给了鲍德温四世，小国王率领500名骑兵以及若干扈从，在伯利恒大主教的陪同下，"御驾亲征"了。

平心而论，雷蒙等人让鲍德温四世离开耶路撒冷并非出于恶意，主要还是为了让他脱离险地。因为作为萨拉丁的主要目标，耶城要面临的压力显然大于亚实基伦，而且亚实基伦临海，万一遇上不测，逃走也方便。至于以出征的名义支走鲍德温，多少也是为了顾全他的面子，但耶城诸将对萨拉丁的排兵布阵显然缺了解。亚实基伦并非安全地带，萨拉丁向那里派出了1万人马，准备端掉这个港口，切断耶路撒冷与外界的海路联系，他本人则率领2万主力部队杀奔加沙，去会圣殿骑士团的主力。

正是天堂有路不去走，地狱无门撞进来。鲍德温和他的部下们一到亚实基伦，来不及进城，就见敌军漫山遍野。而对方显然也发现了他们，正呼啸着围拢而来。

寡众悬殊，正当卫队惊恐万状时，忽然一声整队备战的命令刺进他们的耳膜，那声音稚气未脱却清晰沉着，正是常年沉默的小国王鲍德温四世。

鲍德温以最快的速度向部下们交代了突围的计策。他着重发挥欧式重甲骑兵冲击力强的优势，将队伍排成密集队形，朝东北耶路撒冷方向冲去。敌人料定他们必会逃回老家，本就把拦截重点放在这一方向，见他们果然朝这边冲来，人人急着立功，都朝这边围拢过来，然而他们的包围圈本来就没收紧，现在被鲍德温一扯动更露破绽。此时，鲍德温下令，掉头折向西北，全速冲击。萨拉丁的部下们大多已被吸引到东北侧，加上只觉得对方已是煮熟的鸭子，心下已经懈怠，没想到对方还有这么一手声东击西，西北侧为数不多的轻骑兵们抵挡不住，四散躲避，不自觉地让出了一条通道。鲍德温的人马乘隙破阵而去，沿着海岸线朝西北方向疾驰。大约有百来名兵将阵亡，但多数人逃出生天。

鲍德温成功突围，不但自救，也救了雷纳德。原来雷纳德和奥多等人率主力在加沙与萨拉丁决战，虽然一时难分胜负，但他们在人数上远处下风，已陷入重围，不少骑士团成员被俘。此时，萨拉丁在亚实基伦方面的通信兵飞马来报，说是围住了耶路撒冷的国王。他大喜之下，觉得亚实基伦才是重点，于是放下雷纳德，亲自率领主力部队急趋亚实基伦，准备一举拿下鲍德温四世。对方主力一走，雷纳德等人压力骤减，他们也冲破了萨拉丁留下包围他们的部队，赶去亚实基伦护主。

结果萨拉丁赶到亚实基伦才知，鲍德温已经逃出重围。此时，他在城外消灭耶路撒冷主力的构想已经落空，自己又折损了3000多人，不由得越想越气，下令将抓获的圣殿骑士团俘虏全部处死。杀人出气之后，萨拉丁重新评估此刻的形势，现在他面临一个抉择，是追击国王，还是直捣耶城。老萨最初的战术意图是诱使耶路撒冷的守军出城迎战，利用优势兵力将其聚而歼之，然后奔袭耶路撒冷夺取空城。现在这个计划已经实现了一半，虽然没有尽歼圣殿骑士团，鲍德温也没抓到，但毕竟调虎离山已经成功了。萨拉丁不想前功尽弃，最终他还是决定压住怒火，暂时不去理会逃走的鲍德温，按原计划兵进耶路撒冷——拿下了耶城还怕逮不着小鲍？

萨拉丁将原来分作两部的队伍重新整编，掉头折回东北，朝耶路撒冷进发。这一番徒劳奔波，他担心军粮供应不上，在途中又分出几个分队，分别进攻拉姆安拉、阿尔苏夫等十字军据点，抢掠给养。同时他又求胜心切，率领8000名马木留克精兵，快马加鞭一路疾驰。此时，2.6万的大军间距拉得过大，已经首尾不能相顾了。

有道是骄兵必败。轻敌的人通常都会遭到惩罚，即便萨拉丁也不例外，尤其他轻视的是最不该轻视的鲍德温四世。小鲍在亚实基伦虎口脱险，但他并不像萨拉丁所料那般，只想着躲回耶路撒冷的高墙之后。鲍德温知道耶城的主力部队大都在外，现在回城很可能被敌人瓮中捉鳖，想克敌制胜就只能兵行险招，抓住萨拉丁轻敌骄躁的心理，在途中伏击。出其不意，攻其不备。

鲍德温一面急行军准备绕到萨拉丁身前，一面派出传令兵去打探雷纳德等部的消息，要他们尽可能赶来会师。没过多久，老雷和奥多率领着最精锐的80名圣殿骑士外加百余名骑兵赶了上来，几千名步兵紧赶慢赶，随后也到了。鲍德温收拢各路残兵，终于抢在萨拉丁之前进至拉姆安拉东南、耶路撒冷西北的蒙吉萨，埋伏起来。

1177年11月24日，鲍德温的探马已探明，萨拉丁亲自率领的先头部队将在次日抵达。临阵磨枪，鲍德温向连日奔波的部下们作战前动员，他命随行的伯利恒大主教将圣物请出来。大主教依令，让手下的教士抬出一个古旧高大镶金饰银的十字架，毕恭毕敬地竖立在地上。鲍德温向手下们宣布，这就是基督教的镇教之宝——真十字架。

所谓真十字架，相传是当年罗马人钉死耶稣时所用的那个十字架。根据中世纪基督徒中流行的圣物理论，和耶稣有关的对象都是神圣的。前文提到的圣矛朗基努斯枪，枪尖沾过一点耶稣的血就成了顶级圣物，那么这个见证了耶稣殉难全过程的十字架，更是圣得不能再圣。基督教在罗马得势之后，这个真十字架就被基督徒发掘出来，供在耶路撒冷，奉为至宝。7世纪时，萨珊波斯大将沙赫·贝拉兹攻陷耶城后将之掠至帝国首都泰西封，不久后拜占庭皇帝希拉克略又大败波斯，迫使波斯王卡瓦德二世完璧归赵。此后伊斯兰教兴起，耶路撒冷数度易主，真十字架也不知所终。耶路撒冷王国建国后曾声称寻回了真十字架，但这样珍贵的宝贝，自然一直密藏于大内，没几个人能有幸一睹其真容，只有立有盖世勋绩的功臣，才能获得一小块真十字架上的木屑，作为最高的旌奖。因此鲍德温此言一出，军中一片哗然。

鲍德温走上前去，在真十字架前郑重地顿首叩拜，祈求上帝赐予力量，佑助十字军将士奋勇杀敌。在鲍德温慷慨以慷的祷辞中，士兵们仿佛看到真十字架上腾起万丈神光，大家都唱诵福音，热血沸腾。大主教趁热打铁，号召大家勇于殉道，牺牲者必将在天堂赢得一席之地，鲍德温则命人将战士们的姓名全部记录在案，以备战后旌表。且不论这具真十字架的真伪，总之鲍德温确实利用它激励了耶路撒冷的士兵们，使士气达到了顶点。

11月25日中午，萨拉丁的先头部队果然进入了埋伏圈，鲍德温很沉得住气，命手下不要轻动，等萨拉丁出现，敌人彻底松懈时再打。到了午后，萨拉丁的人马越聚越多，正准备稍事休息，鲍德温觉得时机成熟，一声令下，冲锋开始了。目标，就是萨拉丁的大帐。圣殿骑士打先锋，他们仅有80人，却敢向万军丛中冲击，是因为他们确实有骄傲的资本。圣殿骑士从武器装备、训练、营养到格斗技巧和作战经验，各方面都是十字军中的佼佼者。据《圣殿骑士团全史》介绍，在举着会旗的长官的指挥下，圣殿骑士列阵冲锋，他们的队形如此紧密，以至于"扔一只苹果进去，在落地前必会砸到人或马"。他们平放骑枪，将盾牌举在胸前，脚紧踩马镫，身体绷紧前倾，等待着即将到来的冲击，他们身后是下一排5名骑士⋯⋯

这样的重骑兵密集冲锋历来是最让东方轻骑兵头疼的，尤其此刻猝不及防，萨拉丁手下最精锐的马木留克骑兵仓促应敌。结果他们刚刚上马，敌人已奔至眼前。圣殿骑士迅猛的雷霆之击，使马木留克高超的个人武艺根本来不及施展就被挑于马下，数百名骑兵跟上刺杀踩踏，紧接着数千步兵也掩杀过来，萨拉丁的大营顿时炸开了锅。

战斗从下午持续到黄昏，萨拉丁的8000名马木留克骑兵几乎被全歼，其他各部也损失惨重，主力遭受重创。萨拉丁本人在圣殿骑士发起冲锋时及时撤离了营帐，手下掩护他跨上一匹骆驼，幸好这匹骆驼脚力甚健，奔走如飞，载着老萨迅速逃离了战场。萨拉丁在几千名禁卫保护下逃回埃及，而他在蒙吉萨附近各处抢掠的士兵们闻变，纷纷赶回，途中又被鲍德温逐个击破。大获全胜的小鲍意兴飞扬，率军狂追萨拉丁，一直赶到西奈半岛，天降暴雨，这才收兵。

查点双方的战斗减员，耶路撒冷方面阵亡约1100人，受伤约750人；萨拉丁方面没有确切记载，但他逃离蒙吉萨战场后又在沙漠中遭遇贝都因强盗，回到埃及时发现身畔只剩下不足3000残兵，总损失高达90%，这样算起来，除了逃走和死于贝都因人之手的人，萨拉丁方面在蒙吉萨战役中约有2万人丧生。这个数字比例意味着，初试锋芒的鲍德温四世完胜老江湖萨拉丁。

鲍德温四世的横空出世使萨拉丁第一次遇到了劲敌，蒙吉萨战役之后，

1178年整整一年他都在埃及卧薪尝胆，准备再决高下。而获胜的鲍德温，凭此一战名扬天下，耶路撒冷的各派势力再也不敢拿他当小孩子对待，摄政王雷蒙乖乖交还权力让他亲政。非但如此，连远在欧洲的教皇和各路诸侯，也不由得对他刮目相看，人们称颂他的才智足堪比肩乃祖戈弗雷与鲍德温一世。而此役中，雷纳德也左冲右突，表现得异常英勇，这为他赢得了声望。战后，小鲍在战地修建了一座修道院，用以纪念女圣徒凯瑟琳。因为蒙吉萨战役当天恰是她的纪念日，而这位圣徒又是在埃及殉难的，故而鲍德温认为打退埃及的敌军，有圣凯瑟琳的庇佑之功。

可惜，此刻意气风发的鲍德温四世接下来需要面对的大敌，除了萨拉丁，还有他自己的病体。16岁的小鲍VS.39岁的老萨，这场双雄会的胜负成败，只有时间才是最终的裁定者。

按

关于蒙吉萨战役的记载很不完整，只有耶路撒冷方面的记载，而且其中掺杂了太多的"真十字架显灵"之类的宗教神话色彩，真伪难辨；而穆斯林史学家，尤其是作为当事方的埃及方面，对此言之甚略。目前基本被确认的说法是，萨拉丁兵败返回开罗后，发现身边的部队只剩了十分之一，也就是说总损失为23 400—27 000人，但这些人是否都阵亡了，或者是否都是在蒙吉萨一战中阵亡，则没有明确说法。本文中采用的"2万人"阵亡之说为通说，事实上真实的阵亡人数可能少于此。而耶路撒冷方面，有确切姓名记载的阵亡者达1100人，从这个比例来看，作为获胜方的他们，投入的总兵力也不会太少。80名圣殿骑士冲阵可能是史实，但肯定不是仅凭80人就确立了战役的胜利。

28

上帝的弃儿

1178年，鲍德温在耶城养病，遭遇重创的萨拉丁则在埃及疗愈疮疤，双方相安无事。

又过了一年，萨拉丁卷土重来，在加利利以北的泉水谷与雷蒙、奥多领衔的耶路撒冷军展开主力会战。萨拉丁的军队挡不住圣殿骑士迅猛的冲锋，连败几个回合，他索性借此诱敌，让部下在逃散之时沿途抛下大量辎重，将敌人引入埋伏圈。本来圣殿骑士团军纪极严，但连战连捷之下，奥多觉得敌人不堪一击，就放纵手下掠夺战利品。骑士团忙于哄抢，从精神到队形都松懈下来。这时萨拉丁遣出潜伏的精锐，发动奇袭，圣殿骑士们猝不及防，被杀死大半，奥多被俘。

作为主力的圣殿骑士团既败，雷蒙等人也支撑不住，率残部逃走。鲍德温四世亲自率军前来接应，虽然掩护雷蒙等人杀出重围，但也没能挽回败局。亏得经过蒙吉萨一役，老萨对这位麻风国王深怀忌惮，也没敢追得太紧，鲍德温才得以脱险。泉水谷之战，双方都死伤不少，耶路撒冷方面损失尤其惨重，而且他们的人力物力资源远逊敌方，短时间内难以恢复元气，从此转入了守势。萨拉丁没能如愿全歼敌人，但将十字军的势力逼回耶城，埃及到叙利亚的生命线就此无阻，赢得了对十字军国家的战略优势。

1180年，自知形势危殆的鲍德温遣使与萨拉丁谈判，谋求和平协议。小鲍提议停战两年，在此期间他保证在十字军地盘上通行的穆斯林商队和前往耶城朝圣的穆斯林的生命财产安全。截至此时，小鲍和老萨大比分上算是1比1打成平手，但在蒙吉萨，鲍德温赢得的是一场酣畅淋漓的完胜，萨拉丁在泉水谷则仅以微弱优势险胜。老萨深知小鲍不是易与之辈，与其和他硬碰硬，不如让时间和麻风病替自己除去这个强敌——虽然萨拉丁比鲍德温年长了23岁，但他还是坚信自己会活得更长。萨拉丁接受提议，签下和约，暂时放下耶路撒冷，专心地去啃阿勒颇那几块硬骨头了。

近东迎来了半个世纪以来少有的平静，各方的势力仍在变化消长。对萨拉丁来说，形势是越来越好。在伊斯兰世界内部，虽然阿勒颇仍没拿下，但他已蚕食了叙利亚北部，并且向伊拉克的幼发拉底河上游拓展势力范围。在外部世界，1180年拜占庭皇帝曼努埃尔逝世，年仅11岁的儿子阿莱克修斯二世继位。小孩没有鲍德温的本事，镇不住场子，他的老娘玛丽又因风流成性而备受非议，乱成一团的拜占庭皇室为免外患，于1181年与萨拉丁签订了互不侵犯协议，随后塞浦路斯的地方政权也效仿立约。这两份盟约使萨拉丁的大本营埃及免于来自海上的威胁，盟约中还规定萨拉丁与十字军国家发生冲突时，拜占庭要保持中立，加上此前萨拉丁已同小亚细亚的塞尔柱人结盟，现在他周边的敌对势力越来越少了。

对耶路撒冷来说，情势则刚好相反，不但战略空间日益萎蹙，国王病体日益沉重，这个小国还陷入了更加危险的内部权力纷争。

鲍德温四世命不久长，这一点耶路撒冷举国皆知，而作为麻风病人，他已丧失了生育能力（古代欧洲人误认为麻风病是遗传疾病，也不可能让患者留后），所以鲍德温死后耶路撒冷的王位将面临空缺，各派的眼睛都盯着这把椅子。

既然鲍德温四世不可能留下子嗣，那么从血统上说，有资格继承王位的就只有两位寡居的女性：他的姐姐西比拉公主和太后玛利亚。此外，鲍德温另有一个异母所出（太后玛利亚亲生）的小妹伊莎贝拉，年纪幼小，可以忽略不计。作为宗亲，雷蒙打的是老太后的主意。蒙吉萨战役后他交出权力，随后马上就安排自己的党羽伊贝林男爵巴利安迎娶了鲍德温守寡的母亲玛利亚，打算以此维持自己的势力。而另一派雷纳德和圣殿骑士团等人，只能把目光投向西比拉公主身上。

鲍德温也不是没有考虑过身后事，他更倾向于自己的外甥，西比拉之子鲍德温五世。但问题在于，此子时龄仅有4岁，其父"长剑"威廉早在他降生之前就去世了。这孩子有没有与自己相当的才略？鲍德温四世心里没底。所以现在的首要工作就是给孩子找个靠得住的后爹，以备不测。

就在1180年，寡居的西比拉公主遇见了一位刚从欧洲来到圣城的青年骑士，吕西尼昂的居伊。此人相貌英俊，他出身的吕西尼昂家族也是法国名门（马坚翻译的希提《阿拉伯通史》中将"Lusignan"译为"律星云"，极显文采），西比拉与之一见钟情。

居伊与西比拉两相爱悦，很快到了谈婚论嫁的阶段。大家都知道，鲍德温活不到外甥成年，这意味着西比拉的再婚丈夫将是未来耶路撒冷的实权人物，因此，这个光荣岗位炙手可热。作为本地贵族的领袖，前摄政王雷蒙自然不希望权势落到新来者的手中，于是从中作梗。但居伊和公主硬是爱得瓷实，顶住了雷叔的百般阻挠，在复活节这天，胜利地冲进了婚堂。

对于居伊究竟有多大本事，鲍德温一时间也看不清楚，但既然姐姐已嫁了此人，未来总得仰仗他。鲍德温将政务交给新姐夫居伊，自己退居二线安心养病，雷蒙培养的巴利安没获得什么权柄。

居伊上台后与雷纳德等人沆瀣一气，为了报复搅婚之怨，对雷蒙派系大加打压。至此雷蒙才痛悔押错了宝，其实这是他自己糊涂——一开始就该走西比拉路线，而不是太后玛利亚。毕竟，选择继承人时鲍德温将居伊立为"太姐夫"还说得过去，要是将他推出的巴利安立为"太干爹"，那就太不成体统了。

再说雷纳德。得到了新盟友居伊这个实权人物的支持，老雷更觉腰粗胆壮，对鲍德温与萨拉丁签订的和约视若无睹。1181年，和平协议的期限未过，雷纳德就率兵在停火区内的塔伊马绿洲打劫了一支阿拉伯商队，抢走价值20万金币的货物，杀人无算。一向很有契约精神的萨拉丁还不想为这事提前破坏协议，就与鲍德温交涉。鲍德温让雷纳德归还货物，赔偿损失，结果雷纳德连国王的面子都不给，还对萨拉丁出言不逊。老萨将这笔账权且记下，准备待来年和约到期，再堂堂正正地向其讨还。谁知转过年去，没等萨拉丁发兵报仇，雷纳德就抢先下手，闹出了更大的动静。

1182年，雷纳德把一批造船材料秘密运到十字军国家最南端的要塞，红海口岸亚喀巴，紧急拼装。5月，老雷命人带着刚刚造好的舰队冲下红海，目标：伊斯兰教第一圣地麦加。

阿拉伯半岛红海沿岸的几个港口疏于防范，被雷纳德洗劫了一番，红海另一侧的非洲，正对着麦加的艾布达港也被攻陷。老雷继而登岸准备突袭麦加，虽然萨拉丁的大哥图兰沙阿闻报后火速从驻扎地也门出兵征剿，击退了雷纳德，但这一事件还是在整个伊斯兰世界掀起轩然大波。圣地遭受威胁，穆斯林什么心情？众人的震惊愤恨和恐慌也转化为萨拉丁的压力，他宣布定要严惩雷纳德。而在当时的宗教对立情绪下，老雷的大胆行为也被耶路撒冷乃至欧洲的激进派视为壮举，雷纳德赢得了空前的声望。

次年，萨拉丁终于以谈判换地盘的方式拿下阿勒颇，可以集中全力对付十字军国家了。9月，萨拉丁率兵来袭。29日，他的主力渡过约旦河，再次进入耶路撒冷王国疆域。而此时鲍德温的病情已经十分严重，无法亲临第一线指挥，只好委派他寄予厚望的姐夫居伊，与雷蒙一道领兵出战。10月初，萨拉丁的主力部队进抵伊茨雷埃勒河谷，被已经驻守在此的居伊拦住去路。萨拉丁远来立足未稳，粮草补给尚在后方，被居伊吓了一跳。本来此时以逸待劳的耶路撒冷主力军如果果断出击，胜算不小，但居伊和雷蒙为了是战是守又生争端，萨拉丁一面虚声叫阵，一面秘密安排部队撤出战区绕路而行。10月8日，当耶路撒冷军营中还在争吵时，萨拉丁的大军已经掉头再渡约旦河，折向东南奔雷纳德的老巢卡拉克堡去了。

1183年11月20日，萨拉丁的人马忽然出现在卡拉克城下，将城堡团团围住，抛石机轰鸣，开始攻城。雷纳德的情报工作如此差劲，以致对敌人的到来全无防范。他开关应敌，但仓促之间准备不足，被萨拉丁杀得大败，逃回城中。雷纳德派人突围，十万火急向鲍德温求援，同时尽可能地施展缓兵之计。

萨拉丁到来之前，卡拉克堡中正在筹备一场婚礼，新郎新娘分别是"小马派"贵族托隆的汉弗莱四世和鲍德温12岁的异母妹妹伊莎贝拉，结果突如其来的矢石交攻打断了喧闹的喜筵。雷纳德精通阿拉伯语，听说过不少萨拉丁的仁义美名，他灵机一动，派人以报喜的名义给萨拉丁送去婚礼蛋糕。萨拉丁果然下令停止进攻，还准备了一份不菲的贺礼，请使者带回卡拉克送给新人。借着这个难得的喘息之机，雷纳德修缮工事，整饬防务，又坚持了几天。12月，居伊率领耶路撒冷大军赶来增援，萨拉丁解围撤走，居伊和一贯嚣张的雷纳德也没敢追击。萨拉丁为了不打扰婚庆中的新人而错失战机，这固然有点像是宋襄之仁，但他宽宏的王者之风也就此传为佳话，连敌人都禁不住为之赞叹。

对萨拉丁来说，这一回合的较量虽然没能惩治雷纳德，却收获了意外的惊喜，那就是耶城的内部斗争愈发激烈。居伊欠佳的表现让鲍德温大失所望，两人随后爆发了激烈争吵，鲍德温免去姐夫的摄政之职，重新换上雷蒙，居伊则携西比拉负气出走，去了亚实基伦。这让两大集团的矛盾更趋白热化。鲍德温已经看出这个姐夫的才能绝不足以在自己身故之后与萨拉丁抗衡，但他毕竟在西欧广有人脉，能为耶城提供最为紧缺的兵源，而且能革除他的官爵，却革除不了他的驸马身份，未来外甥还在他的掌控之下，因此也不好把他怎么样。他现在能做的只有尽量调解两派之间的平衡，避免内讧，而这些工作又让他的健康状况不断恶化。

1184年战事继续，十字军在北边夺取了哈马，一度占先，但萨拉丁秋天在南边再度发起进攻，一路打到卡拉克城下。雷纳德这次没有蛋糕可供退敌，只能死催着鲍德温派出援兵。这一年中，鲍德温的病症集中发作，此刻他已全身溃烂，手指脚趾都已经坏朽截去，眼睛也几乎失明，别说上阵打仗，动一动都会疼痛难忍。奈何卡拉克堡是王国南部重镇，不但与耶城互成犄角，还是楔入敌境、牵制对方粮道商道的重要堡垒，万万不容有失。鲍德温不得不强打精神，勉力赴援——他已骑不得马，只能躺在担架让人抬着去往前线。

两军对垒，萨拉丁看见耶路撒冷王旗之下，挣扎着坐在担架上指挥的鲍德温，既有三分顾忌，心底又难免涌起七分惺惺相惜的感伤。望着病榻上的末路英雄，萨拉丁长叹一声，挥了挥手，撤兵。这是老少两大雄杰最后一次沙场相逢。

经过这一番奔波，回到耶路撒冷时鲍德温已经病入膏肓。1185年，自感时日无多的国王命手下起草了三份文件。第一份是给耶城所有贵族的遗诏，指定身后由外甥鲍德温五世嗣位，雷蒙摄政辅弼，同时明确指出居伊不得参与权力中枢。此外还特别强调，如果外甥夭折，则雷蒙暂领王国事务，由全体贵族会同罗马教廷一起商讨继承人选。他又派人将外甥从亚实基伦接来，命耶路撒冷大主教希拉克略当着自己的面为其加冕，让耶城权贵宣誓效忠。第二份是写给欧洲头面人物的信函，收信人包括罗马教皇乌尔班三世、德皇"红胡子"腓特烈、英王亨利二世，以及比他自己还年轻4岁的法国国王腓力二世（路易七世独子，1179年继位）。鲍德温言辞恳切地请他们援救耶路撒冷，并监护外甥成长，身畔无人可供托付大任，孤独的鲍德温只能向整个欧洲的基督教世界托孤。第三份则是写给生平头号大敌萨拉丁的，他建议双方签订为期4年的和平协议，后者答应了。

后世史家认为，摩苏尔方面努尔丁残余势力的作乱，以及1185年巴勒斯坦和叙利亚严重的春荒是萨拉丁同意议和的原因，这些应该都在萨拉丁的考虑范围之内，但谁又能说，促使他签下和约的诸多考虑中，没有对鲍德温四世这位可敬的对手的顾念？

未来的4年，耶城有了萨拉丁一言九鼎的和平承诺，心力交瘁的鲍德温终于可以欣慰了。

1185年3月，圣城的丧钟敲响，24岁的鲍德温四世终于闭起了早已不能视物的双眸。上帝说，要有光。这位上帝之城最后的守护者，曾有过光芒四射的人生，但现在光已消散，一切已沉入了永远的黑暗。棺椁上的雕像，表情宁谧安详，一如平常，看不出生离死别的难堪，仿佛睡着一样。

29

毁灭之路

1185年，耶路撒冷迎来了第五位名叫鲍德温的君王。

接过舅舅的王冠时，鲍德温五世已经9岁，虽然还是个孩子，但耶路撒冷这个催人早熟的环境，加上他们家族一贯的早慧因子，假以时日，他也未必不能像先辈们那样成为少年英主。然而，这个英才辈出的家族在东方生息了近一个世纪之后，已失去了上帝的眷顾。1186年8月，小国王鲍德温五世在位不到一年半，就患上重病，夭折了。

王国又陷入了继承权之争。其实，不管谁掌权，他们都将拥有一笔鲍德温四世为继任者留下的最宝贵的遗产：与萨拉丁的四年之约。有了这段缓冲期，摇摇欲坠的耶路撒冷王国或许还有回旋的余地。可惜，从鲍德温四世溘然长逝的那一天起，命运之神就已经签署了王国的死缓判决书。而居伊和雷纳德等辈一心要做的，就是让行刑的那一天尽早到来。

鲍德温五世离世时，身在阿克，当时随驾的王国要人有摄政王雷蒙和首相乔斯林三世。从当时的形势来看，一年来一直在掌枢王国政务的雷蒙最有望转正为国王，他自己也对此充满乐观，得意之下，他并没察觉到同僚们对他的态度，比如乔斯林。

雷蒙为鲍德温五世料理后事的时候，乔斯林跑来找他，说了一番恳切的劝进之辞，并对摄政王说，想在耶路撒冷坐稳宝座必须要有自己的嫡系班底，他建议雷蒙先回他的地盘太巴列争取当地贵族支持（雷蒙是的黎波里伯爵，而太巴列是他妻子在耶路撒冷王国的封地），而自己则护送小国王的灵柩先行返回圣城准备葬仪，顺便为雷蒙登基打打前站。雷蒙被乔斯林忽悠得飘飘然，就不假思索地如其所请，吩咐他扶灵南归，自己则向东赶往太巴列。

雷蒙回到根据地，召集部属准备南下正位。再说乔斯林，离开阿克之后即刻派人将国王的死讯飞马报知在亚实基伦的居伊和西比拉，同时知会了另外三个重要人物：雷纳德、耶路撒冷大主教希拉克略、圣殿骑士团新任大团长杰拉尔德（本为雷蒙部下，后转投圣殿骑士团，前任团长奥多在泉水谷战役被俘后死于看押之所，其继任者阿诺德也在1184年病逝于欧洲，杰拉尔德凭雷纳德的提携接班）。这些人有一个共同点：都是雷蒙的政敌。

乔斯林抵达耶城的同一天，居伊夫妇也到了，加上雷纳德等人，连夜谋划，反雷蒙统一阵线宣告成立。次日，宗室、教会、勋爵、骑士团，几大巨头忽然齐在耶城议会现身，向大家宣告了国王病逝的消息，毫无心理准备的人们乱作一团。虽然鲍德温四世曾有遗诏，命雷蒙在王座空位期暂领全局，但其时耶城多是居伊和圣殿骑士团的人马，这意味着遗诏已经失去执行的基础。但另一方面，拥有雷纳德、乔斯林等人支持的居伊，也受到了雷蒙党人以及部分老成持重者的坚决抵制，局面混乱难决。

争执之际，希拉克略大主教拿出《耶路撒冷条例》说，此种情况下应由耶城的教俗贵族根据王室血统的远近，共同议定新君人选。人家有法可依，雷蒙一派的人也就无话可说，只好同意选举，反正只要不是居伊就行。

既然选举的最主要依据是血统，那事实上就等于只有一个候选人：西比拉。她的父亲是国王，弟弟是国王，儿子是国王，若论王室血统，谁能出其右？但她若掌权，则和居伊掌权实无分别。倒居派还是咬死先王遗诏，不同意西比拉继位，除非她先同居伊解除婚约。西比拉公主倒表现得十分淡定，声称为了大家不惜牺牲小家，既然居伊不能见容于诸公，那我与他离婚划清界限也就是了。反对派没想到西比拉竟会如此果决，但现在他们也再没了反对的口实，西比拉无悬念当选。他们纵然还心有不甘，但想想王国大权没有落入居伊手里，也算是胜利。

可惜，这些人高兴得太早了。"Long live the queen"（女王万岁）的朝贺之歌还没唱响，就发生了戏剧性的一幕。希拉克略按照事先准备好的台词对西比拉说："时事艰难，国赖长君，陛下虽身世绛贵，究属女流，丝箩非独生，终须托乔木。"心领神会的西比拉当即"从谏如流"，说牝鸡司晨固然不当，人伦废弛亦不可取，为国为家，就按照大主教所说，选择一位丈夫吧。有道是衣不如新，人不如故，就还是选居伊吧。这么多年我一直用他，可以省了磨合期。说罢，呼唤夫婿上前，正好神父、殿堂、宾客都是现成的，希拉克略又为其主持了复婚，接着居伊走到王座下跪倒听封，新任女王将早准备好的另一顶王冠郑重地戴在他头上。一旁的反对派早已目瞪口呆，只能眼睁睁看着夫妻俩在党羽们的山呼万岁中，携手共升御座。凭借老婆以女王身份的任命，居伊成功绕过了先王遗诏带来的合法性难题，一出王室过家家，至此完美落幕。

很快，身在太巴列的雷蒙听到了消息，这才后悔上了反复小人乔斯林的当。雷大叔准备亲自率兵去讨个说法，却发现的黎波里和耶路撒冷之间的两座重要港口布鲁特和提尔都已被居伊派的人占领。原来乔斯林离开阿克之时就已让雷纳德伏下此招，专备雷蒙来攻，而当时正忙于自我陶醉的雷大叔，对此竟毫不知情。

波谲云诡的几天之间，十字军国家的各派势力都受到了这场政治大变局的冲击。居伊掌权之后，亲雷蒙的医院骑士团有许多人离开耶城出走，有的投奔雷蒙，有的去了安条克或塞浦路斯，耶城实力有所削弱。而雷蒙的一派势力也发生了分裂，其中最有影响的要数巴利安的反水。他本是雷蒙力扶的人物，但看出大势已去之后，选择了留在耶路撒冷，为新君效命，在此后的历史事件中，他将扮演极其重要的角色。此外，雷蒙在太巴列以及的黎波里的臣属也有人出走，总的来说他是赔了夫人又折兵。只有安条克的博希蒙德三世坐收了一批文武人才，算是趁乱捡到了点便宜。

雷蒙自觉咽不下这口气，决定向居伊等人发动反击。他的计划是抛开居伊西比拉夫妇，另立一个耶路撒冷国王，以此保证自己权力的合法性。除了西比拉，最具血统合法性的应该是她的异母妹妹伊莎贝拉，就是当年萨拉丁围攻卡拉克时，在城里结婚的那个小女孩，现在已经16岁了。她的丈夫汉弗莱也是贵族，从政治属性上看正是雷蒙的同类，这对小夫妻自然是十分合适的人选。

雷蒙传檄声讨骗取王位的居伊，并打出汉弗莱的旗号招兵买马，准备打到耶路撒冷，清理门户。可惜雷蒙实在没有识人之明，他选择的这个汉弗莱是个十足的孱头，听说有人要拥立他，吓得像民国初立的黎元洪一样，连忙收拾细软带着老婆逃往耶路撒冷。汉弗莱迫不及待地向居伊表忠心，赌咒发誓决不会参与雷蒙的阴谋。居伊便将小姨子和连襟安顿在城里，等着看雷蒙的笑话。果然，不久后就有消息传来，雷蒙气急败坏地回了太巴列，南征之事不了了之。

心灰意冷的雷大叔绝了争雄耶城的念头，退回去准备安心守好自己的一亩三分地，而志得意满的居伊及其盟友们，则准备按照自己的意愿，经营新到手的王国。这伙人中，雷纳德和杰拉尔德都是狂热的好战分子，他们丝毫认识不到鲍德温四世与萨拉丁的和约是对他们的保护，反而将其看作束缚，尤其是有"毁约者"之称的雷纳德，更是对契约条文视若无睹。他的城堡之下常有阿拉伯的商旅通行，老雷的人马稍一驱驰就可冲进商队，满足自己对抢掠格外狂热的癖好。

雷纳德和他的朋友居伊国王都没有觉察，耶路撒冷王国正随着他四出抢掠的马蹄，飞快地奔跑在通往毁灭的单行道上。

30

变局

动荡的1186年即将过去，岁尾年初，雷纳德和萨拉丁这对冤家都收到了新年的礼物。

1186年12月，一支规模庞大的阿拉伯商队从卡拉克城堡下经过，去往埃及，城里的雷纳德看见年货送上门，自然不客气地照单全收。

由于当时尚处在和约规定的停战期，萨拉丁听闻此事后还是依照先礼后兵的固定程序，谋求和平解决，他派人分别向居伊和雷纳德本人索还被劫财物。居伊不置可否，而雷纳德，杀人越货之后正在兴头上，对萨拉丁的使者大放厥词："想要东西，找你们的穆罕默德去要好了。"

有道是"上帝欲让人灭亡，必先使其疯狂"。雷纳德狂悖不堪的言行，正是他和整个耶路撒冷王国自取灭亡的开始。萨拉丁虽然清楚鲍德温四世死后的混乱时期是自己吞并耶路撒冷的最佳时机，但毕竟有和约在，无论为了做人原则还是形象工程，他总得念及"泱泱大国，诚信为本"。而现在，他损失了一批不菲的财物，却换得了更大的收益——他期待已久的提前开战的口实。现在，受辱的萨拉丁有充足的理由向世界宣告：我要亲手除掉雷纳德——那个破坏和约的人。

收到这份新年礼物的萨拉丁开始秣马厉兵，1187年春天，3万余人的大军已经组织起来。消息传开，几个十字军国家大感震惶。审时度势之后，安条克的博希蒙德三世不敢引火上身，与萨拉丁签订了中立协议。而耶城权力斗争的头号失意者，困守太巴列的雷蒙也面临着艰难的抉择。与安条克不同，太巴列地处萨拉丁进兵耶路撒冷的必经之路，因此他不可能像博希蒙德三世那样置身事外保持中立，要么面对强大的萨拉丁，充当仇敌居伊的炮灰，要么让开大路，放穆斯林大军进攻圣城，以千夫所指的代价换取自保。雷蒙面前，没有中间路线。

　　萨拉丁和居伊的智囊团都注意到了雷蒙进退维谷的境地，双方都想将其拉入自己的阵营。萨拉丁一方的使者率先到达太巴列，萨拉丁洞悉了雷蒙对居伊集团的不忿，他承诺，如果雷蒙让他的军队通过太巴列，等他消灭雷纳德，逐走居伊之后，将扶植雷蒙登上耶路撒冷王国的王位。

　　这个提议正中雷蒙下怀。事实上，驱使他反对居伊的不仅仅是单纯的权力欲，还有一份责任感。他知道居伊这个绣花枕头在雷纳德等一干奸佞的蛊惑下，迟早亡国，只有靠他"有道伐无道"取而代之，王国才有重生的机会——当然，也只是在萨拉丁的卵翼之下，聊胜于无地生存。雷蒙打定主意，宣布与萨拉丁结盟，讨伐居伊。

　　雷蒙与萨拉丁媾和的消息传到圣城，居伊暴跳如雷，准备和雷蒙这个老叛徒死磕。这时，他手下为数不多的保持着理智的人提出了反对意见，此人正是从雷蒙手下反水来投的巴利安。老巴是西比拉的继父，论起辈分也算居伊的岳丈。他劝国王暂息雷霆之怒，现在即将到来的大战是基督教世界与伊斯兰世界的全面对决，应该尽可能争取一切助力。雷蒙的领地处在抗敌第一线，囿于旧怨，担心耶城方面坐视他孤军作战，这才和敌人言和，此时如果对他晓以大义，表明国王对他的支持立场，他必能反正。

　　居伊耳根子软的毛病有时也是优点，听了巴利安的分析，他决定先试着挽救，争取一下雷蒙。巴利安自告奋勇地赴太巴列游说，居伊又让提尔主教乔西乌斯随行，并派了杰拉尔德率一队圣殿骑士护送，一行人赶奔太巴列而来。

　　1187年4月末，巴利安等人还在路上，萨拉丁的效率则比他们高得多。他的长子阿夫达尔已奉命带着1700名骑兵来到太巴列城下，说是要借道攻打阿克，要求雷蒙按照盟约，予以放行。

　　现在雷蒙真的犯难了。既然已经结盟，就得表现出诚意，把盟友挡在城外便说不过去；但要是任由穆斯林安然通过自己的地盘去杀掠基督徒教友兄弟，那他将被整个基督教世界视为叛徒。最终，经过谈判，阿夫达尔保证，只是到阿克城下示威，决不破坏沿途，不主动袭击，而且整个行动时间不会超过12个小时。雷蒙咬牙放行。

　　其时雷蒙已经获悉耶城方面的动向，他也知道耶城使团三人组包括杰拉尔德、巴利安这两个背叛自己的变节分子。对这帮反骨仔，雷蒙恨不得他们早死，但毕竟不能让这么有身份的人在自己的地盘上死于异教徒之手，因此，阿夫达尔一走，雷蒙马上派出快马间道而行，去知会巴利安等人切勿进入太巴列地界，以免遭遇。

雷蒙苦心孤诣地在萨拉丁和耶路撒冷之间寻找平衡，可惜他忘了自己曾经的手下杰拉尔德是何许人。此人反出雷蒙门下之后，之所以能够这么快被雷纳德接纳，就是因为他不计后果、不知死活的二杆子脾气与后者颇为投合。接到前老大的示警，杰拉尔德十分不屑，并且听说萨拉丁之子就在左近，他见猎心喜，双眼放光，决定立一桩惊世奇功，好好羞臊一下畏缩如鼠的雷蒙。当时，老成稳健的巴利安恰好途中接到新的指令转赴别处，提尔主教乔西乌斯也染病离队调养，杰拉尔德成了最高指挥官。他下令队伍掉头折向阿克方向，截击阿夫达尔。

1187年5月2日，杰拉尔德与返程中的阿夫达尔两队人马在克雷森泉遭遇。虽然手下只有约90名圣殿骑士，杰拉尔德还是不假思索地下令出击。阿夫达尔的队伍恪守与雷蒙的约定，一路上秋毫无犯，此刻正需要舒展舒展筋骨，眼看一小队敌军打了鸡血般猛冲过来，便拉开架势与之对打。90：1700，标准的不对称战争。圣殿骑士自恃能以一当十，奈何敌人的数量已接近他们的20倍，他们被毫无悬念地斩尽杀绝，头颅被穆斯林战士挑在矛尖上，作为战利品带到太巴列示众。至于发起这次自杀性质袭击的"孤胆英雄"杰拉尔德，则负伤逃走了。

雷蒙最不希望看到的局面，终于还是发生了。果然，克雷森泉遭遇战之后，"叛徒走狗"之声动地而来，雷蒙听取骂声一片，只觉里外不是人。恰在此时，途中因故落后的巴利安和乔西乌斯等人到了，他们看出强大的舆论压力可能迫使雷蒙重新考虑他的立场，因势利导地展开游说。巴利安是舌辩高手，对老领导雷蒙的脾气又拿捏极准，他摆事实讲道理，从是非善恶到成败利弊，连拉带吓又哄又蒙，一通思想工作做下来，雷蒙终于决定，洗心革面，重新做人。

随后，雷蒙宣布废除与萨拉丁的盟约，同时亲赴圣城，以朝拜国君之礼去见他的死敌居伊，以此明志，构建统一阵线。

耶路撒冷方面实现了暂时的大团圆，萨拉丁分化瓦解的谋划落空。但老萨早已伏下后手，他马上做出反应，出兵围困太巴列。这不仅仅是报仇出气这么简单，雷蒙向居伊宣誓效忠，居伊也就负有了保护他领地财产的义务，进攻太巴列，正是攻敌之不可不救。如果居伊按兵不动或只派小队人马来救，可以逐个击破，顺带动摇他在王国的威信；而如果居伊亲率主力来援，那正好堕入萨拉丁预备好的引蛇出洞之计——那是他求之不得的。

1187年6月，近东正值酷热季节，但大军的杀伐之气，使沙漠一片肃杀。萨拉丁从埃及、大马士革、阿勒颇、戈兰等地征发的人马已经在太巴列湖东北的戈兰高地集结待命，伊拉克等地臣服于他的埃米尔们也调兵遣将，前来助阵。萨拉丁的主力有1.2万名骑兵，2万余名步兵，另有数量不详的藩属援军，对其总兵力的估计，最多达到6万。这个数字或许不太惊人，但对耶路撒冷王国已经算是有压倒性优势了。6月26日，萨拉丁下令大军开拔，目标太巴列城。

太巴列是始建于公元前后的犹太古城，位于耶路撒冷东北方向，依靠着吐拉恩山脉。城的西北有个湖泊，尽管只有170平方千米，但在干旱缺水的近东，这湖被称作"加利利海"，阿拉伯人则称其为"太巴列湖"。相传当年耶稣就曾在这湖畔施展神迹，让圣彼得从湖中钓上会口吐银币的鱼，帮助信徒对付税吏的逼迫。而现在，萨拉丁想从这湖里获取的，不只是银币，他要以太巴列城为钓饵，钓起整个耶路撒冷王国的命运。

按
_____

有的书籍中称，雷纳德抢掠的阿拉伯商队中有萨拉丁的妹妹，也有的说是他的母亲，但这些记载都不见诸正式史籍。

31

炼狱哈丁

　　萨拉丁将大军分为三部分：自己亲率步兵，在太巴列湖西岸扎营，背水取势，准备攻城；另外两支以骑兵为主的队伍则分别交于侄子塔基丁和重将库布里，绕过城池，埋伏在耶路撒冷援军的必经之路上。经过5天的部署，1187年7月2日，对太巴列城的围攻开始了。城中的精锐早已被雷蒙带到耶路撒冷，此时城头上只有雷夫人埃丝基瓦指挥着少量守军，左支右绌，一鼓可下。但老萨醉翁之意不在酒，他故意放慢节奏，只动用了为数不多的部队攻城，主力则按照既定部署分别隐藏在城南城北的两处丘陵地带，等着居伊的援军。

　　与此同时，他的对手也已经行动起来了。早在5月底，耶路撒冷的主力部队已经进驻阿克，居伊就是在那里接见了前来投效的雷蒙。居伊当年在伊茨雷埃勒河谷与萨拉丁对峙时，怯懦不前，坐失战机，并由此见责于鲍德温四世，一度权位不保。即便他此刻已如愿称王，这样的不光彩记录仍如背上的十字架一样难以卸下，因此他急于雪洗前耻，在耶路撒冷人面前直起腰来。而这一次决战又事关生死存亡，居伊动员了耶路撒冷的倾国之兵，医院圣殿两大骑士团精锐尽出，各派出约400名骑士，加上居伊等人招募的，合计约1200名骑士，以及大约相同数量的扈从。此外，他们还就地征兵，包括2000名轻骑兵射手（其中有的还是穆斯林），1万多名步兵，总兵力接近2万。居伊、雷纳德、雷蒙、杰拉尔德、巴利安、汉弗莱，一干要人悉数在军中。获悉萨拉丁开始攻城，雷纳德自告奋勇，宣布要去"解救的黎波里伯爵夫人"。此言一出，从小深受骑士精神教育的耶城诸将无不热血沸腾，大家围住居伊，齐声敦促："老大下令吧！"

　　而作为事主的雷蒙，却表现出了不合时宜的冷静。他劝谏居伊不要轻率进兵，以免中了萨拉丁的诱敌之计，太巴列城高池深，足以坚守一段，届时萨拉丁兵锋已钝，再出击不迟，况且以萨拉丁一贯的风度，纵然破城也决不会加害埃丝基瓦。雷蒙的意见是老成之言，可惜由于他令人印象深刻的迟钝作风，这个意见被不予考虑。一心扶危解困的居伊带着做侠客的激情与憧憬下达命令：兵进太巴列。

经过一天的跋涉，傍晚，居伊的大军抵达了位于耶稣老家拿撒勒以北的西弗利亚，安营歇息。此地已接近太巴列，身为地头蛇的雷蒙对周遭的天时地利十分清楚，入夜后他再次请见居伊，向其痛陈利弊。他告诉国王说，此处距离太巴列有一两天的路程，虽不算太远，但途中完全没有可供汲水之处，在盛夏的沙漠中离开水源行军一天，这无异于自杀。雷蒙敦请居伊原地驻扎，静观其变，倘若一定要进军，也务必调集后勤部队运来充足的水。

居伊好谋无断，想想有理，就决定次日按照雷蒙的计划，驻兵观望。然而，长出一口气的雷蒙刚刚退下，圣殿骑士团的大团长杰拉尔德又来求见，请居伊按照原定计划速去救援埃丝基瓦，万勿迟疑。雷蒙老婆被困，自己不急反倒是旁人着急，正是皇帝不急太监急。居伊心下困惑，此时杰拉尔德向国王参奏自己的老首长怀有异心，大讲雷蒙与萨拉丁暗通款曲，怀着不可告人的目的，想把耶路撒冷引向深渊云云。居伊本就对雷大叔心存芥蒂，杰拉尔德的煽动更让他拿不准刚刚拟定的战略计划，但水毕竟是大问题，他不知如何是好。杰拉尔德则信誓旦旦地表示，饮水问题不必考虑，"因为不出一天，圣殿骑士必能尽歼敌军杀出沙漠，饮马太巴列湖"。

居伊大喜，遂再无疑虑。次日升帐，命令大军进击。雷蒙提出异议，被诸将一顿骂压了下去，身处嫌疑之地，雷大叔不敢再争，只好依令率领本部人马头前开路。居伊挥剑誓师，命阿克大主教请出至宝真十字架，他亲自率领全军在圣器前祝祷，令主力部队以真十字架为中心排成方阵，跟在雷蒙所部之后上路，医院骑士团被安排殿后。大家意气风发地开拔，除了雷蒙，此刻诸人还想不到他们是在向地狱进发。

再说萨拉丁。他在太巴列城下接到探马来报，前方大路上烟尘滚滚，料定必是耶路撒冷的援军开到。天遂人愿，敌人正向自己设下的鬼门关赶来，萨拉丁喜不自胜，连称"真主保佑"。他命令轻骑兵出动，沿途邀击敌军，且战且退，把他们引向库布里所部的设伏点。

七月酷热，此刻天将正午，这一天毒辣的日头炙烤大地的兴头似乎格外充足，热情好像一把火，燃烧着整个的沙漠。阳光垂直地抛掷下来，戈壁之上无遮无挡，全身重甲的耶城军士们在寸草不生的地面上艰难行进，犹如身处烤箱。石灰岩反射的阳光，刺得人睁不开眼，偶尔一阵热风卷着沙尘吹过，更令人如坠炼狱。随身携带的水壶早已喝干，人人头晕目眩，脚步踉跄，肿胀的舌头挂在嘴外，干涩如树皮。

就在此时，萨拉丁的飞骑呼啸而至，一阵箭雨倾泻过来。居伊等人强打起精神整兵迎战，可刚排开阵势，敌军已经远远跑开。虽然这次袭击没造成太大的损失，但令早已困顿不堪的十字军精神更加紧张，接下来他们又遭遇了好几拨这样的侵扰，不得不走走停停，直到黄昏。此时，十字军被困在了无水的沙漠里，太巴列湖的救命水距他们只有不到32千米，但库布里的防线横亘其间，让十字军寸步难行，真的成了咫尺天涯。

担任先导的雷蒙派使者赶回居伊身边，本来他不赞成这次出击，但此时当逢绝境，他转而劝居伊果断下令，率领全军转路向北突围，绕过敌军，奔向太巴列湖——这是唯一的求生机会。居伊已别无选择，只能孤注一掷。他命手下诸将依照雷蒙之计，趁着暮色奋力突围。然而，白天的炼狱行军已经折磨得速度快慢不同的骑兵与步兵行动脱节，他身边的人马不足以杀开血路。大家拼尽全力推进到太巴列城西北一个名叫马里斯卡西亚的山间荒村，就再也难进一步。其实此刻十字军虽折损不少，但战斗力犹在，萨拉丁的军队也还没形成合围之势，如果果断掉头，精锐部队尚有希望逃出生天。但居伊不知是慌不择路，还是抱着置之死地而后生的幻想，下令部队向山坡退去，暂避敌军箭矢。这个决定最终让他们陷入了万劫不复的境地，以疲弱困顿之兵登高据守无水无粮之地，是自寻死路。居高取势虽可占到俯身击敌的便宜，但也使自己没了退路，而且队形过于收拢，容易被包围，加上没有给养，更难以持久，几乎是集一切不利因素于一身，局面就像《三国演义》里描写的马谡失街亭。

居伊带着残兵败将，在小村边的这一处山坡上扎营休整，他们还不知道，此处就是萨拉丁为他们精心挑选的乱葬坟茔：哈丁。

此处是山岗上的一个缓坡，左右双峰并立，因此称为"哈丁双角"，山坡的另一面就是哈丁村。居伊的部队行至此处时，天已全黑，荒山之间星月无光，黑沉沉的哈丁双峰仿佛魔鬼的犄角，居伊等人脚下的地面，则是魔鬼的血盆巨口。此刻，全军人困马乏，焦渴欲裂。正当他们准备稍事休息，忽听得黑暗之中杀声震天，塔基丁率领以逸待劳的守军，从埋伏处鼓噪而出，背后追来的库布里也挥师赶到，合兵一处，将居伊所部的主力与雷蒙的先锋部队分割包围，接着萨拉丁亲率一旅到场。一场夜狩开始了。

萨拉丁命手下在上风处焚烧灌木，滚滚浓烟夹着火星扑向居伊的阵地，本已严重脱水的十字军被熏得头晕眼涩，咳嗽连连。他们在黑暗之中四处乱窜，稍不小心就进入了敌人的射程，鸣镝破空，一排排箭矢射到，中箭者的惨呼响成一片。萨拉丁还展开心理战，命手下围着篝火载歌载舞，大家齐唱"感谢真主，把愚蠢的基督徒送到我们手中"。还有的人故意跑到光亮处，当着渴疯了的十字军的面把水倒在沙子里。火矢夹攻，四面楚歌，十字军心力交瘁，苦不堪言。

好容易熬到次日清晨，山火已熄，凉风渐起。稍稍恢复了一点力气的居伊、雷纳德等人强打精神整顿部卒，准备拼着最后的力气突围。但萨拉丁根本不给他们困兽犹斗的机会。拂晓，他的后勤部队用70头骆驼载来了无数箭矢，居伊等人数次强行突围，都被暴风骤雨般的箭阵逼回山坡上。

绝境中的居伊祭出最后一招，命令神职人员在中军竖起真十字架，全军以此为核心排成方阵，准备借重神明的佑助，绝处求生。这一招果然奏效，本已士气瓦解、四散逃命的十字军们忽然觉得抓住了救命稻草，肾上腺素疯狂分泌，信仰的支撑使他们又凭空挤出了几分力气，大家摩肩接踵结成阵式，唱着圣歌，发起最后的冲锋。这情景令萨拉丁也心生忌惮，其时他的儿子阿夫达尔随侍在侧，后来他的记载中写道："我看着我的父亲，发现他也非常紧张，脸色发白，手捻须髯。"阿夫达尔还回忆道，当看见骑士们的冲锋一次次被打退之后，他高呼"我们已经胜利了"，萨拉丁则严厉地斥责他"闭嘴"，只有国王的指挥营帐倒了，才能判定最终获胜。

精神武器的作用毕竟有限。据阿夫达尔称，就在萨拉丁说完这句话之后，山坡上象征君主居所的红色大帐轰然倒地，被一轮又一轮的箭雨冲刷得残损不堪的真十字架方阵，也终于溃散。萨拉丁这时才确定胜利属于自己，他激动得含泪高呼"真主至大"，下令收网，"去把那些魔鬼消灭掉"。他的士兵们收起弓弩，拔出弯刀，向余生者杀将过去。残存的十字军们有的丧失理智地迎面冲来，有的掉头向山上逃去，结果前者被砍倒在地，后者逃了一阵，也被擒杀殆尽。

由于主力都在围攻居伊，雷蒙率领的先遣队压力减轻，他准备返回接应居伊。但萨拉丁懂得"围师必阙"的道理，他命塔基丁故意在西北方向让开道路，本来抱着必死之心的雷蒙所部眼前忽现生路，再也顾不得居伊，大家裹挟着雷蒙逃离战场，向着的黎波里方向全速退走。一同逃出的还有一贯幸运的巴利安等人。

在哈丁主战场，当萨拉丁命令停手时，耶路撒冷军已只剩下200余名骑士和1000余名步兵，与两天前出征时相比，损失超过90%。至此，哈丁战役以穆斯林摧毁性地完胜基督徒而告终。残兵全部束手就擒，其中包括居伊、雷纳德、杰拉尔德、汉弗莱，还有居伊之弟阿马尔里克、雷蒙之子等重要人物。而保护真十字架的阿克大主教以及医院骑士团大团长，都已阵亡，真十字架也落入穆斯林手中。对幸存下来的人来说，这简直是世界末日，富勒的《西洋世界军事史》中摘录了萨拉丁的秘书伊马德丁的描述：

> 这个大十字架被拿到苏丹（指萨拉丁）面前，许多异教徒（指基督徒）为它而死。当它被举起时，这些人都跪下磕头，他们曾经拿金珠去装饰它，在隆重的日子里都要背负它一同走，在战斗中也以防卫它为第一任务。这个十字架的被俘，要比国王的被俘更令他们感到伤心。

哈丁战役是萨拉丁军事生涯的最高成就。是役，他料敌之先，成竹在胸，对敌军的调动几乎和对己军颁令一样从容自如，加上巧妙地运用天时地利，最终将敌军困入森罗大网，尽毁耶路撒冷一国之兵，而缴获真十字架，更是赢得了对整个基督教世界的心理优势，这些精彩手笔使得哈丁战役成为围歼战的样本战例。而从战略全局上看，哈丁战役更是影响深远，同一本书中富勒还援引了朗西曼《十字军史》中的评价：

> 东方的基督徒在以前也遭受过惨败，他们的国王和王子也曾做过俘虏，但是俘虏他们的人都是小国的君主，他们获得的胜利也有限。可是在哈丁双角，这个王国所集结的空前的大军却被全歼，神圣的真十字架也丧失了，而获胜者则是整个伊斯兰世界的共主。

烽烟散尽，镜头切换到萨拉丁的大帐之中，在这里，战俘们得到了区别对待。作为国王的居伊享受了贵宾级待遇，萨拉丁不但命人解缚，还亲手斟了一杯冰镇果汁给他——对几乎两天滴水未进的人来说，没有比这更好的礼遇了。沁人心脾的冷饮下肚，居伊一向不怎么灵光的脑子忽然萌发了奇想。他知道在穆斯林的习俗中，在自己的住所向别人提供饮食，就意味着以宾客相待，非但不会加害，甚至还要提供保护；萨拉丁在自己的营帐里给他水喝，意味着他这条命算是保住了，那么何不利用他们这个规矩，再多保全几个同伴？且把金杯度与人。居伊想着就顺手把杯子递给身侧的雷纳德，后者心领神会，接过来一饮而尽。

旁边的萨拉丁看在眼里，饶是他再有涵养，也禁不住怒从心头起，他虽宽宏，却非一味市惠的滥好人。抢劫惯犯雷纳德就是引发这一战的元凶，自己已经对整个伊斯兰世界宣誓，必取其首级，饶了谁也不能饶了他，而这厮死到临头竟想投机取巧，苟全性命！萨拉丁火往上撞，斥责居伊竟敢擅自把水给别人，接着喝令手下将雷纳德推出帐外，他亲自操刀，枭首示众。

自知已无生路的雷纳德抓紧最后的机会表现风骨，他挣扎吵骂不休，直至刀光一闪，血溅五步。救命水没能管用，但好歹也算没做个渴死鬼。

首恶必办，胁从不问。萨拉丁斩了雷纳德，火气也消了大半，他转回头来温言宽慰吓傻了的居伊，"一国之君不杀他国之君"。然后他将被俘的一众耶城权贵暂时看押起来，但不是投进黑牢而是软禁，至于居伊，更是送入 VIP 号房格外优待。不过，那 200 余名骑士就没那么幸运了。萨拉丁认为圣殿骑士是罪大恶极之辈，下令全部处决，夹杂在其中的医院骑士也遭了池鱼之殃。处刑之前，萨拉丁给了骑士们最后的求生机会——只要他们改宗皈依伊斯兰教，但绝大多数的骑士选择赴死，甚至本已获释的低级士兵中，也有人感于骑士们的忠勇，主动要求陪死。这些人用生命捍卫了战败者最后的尊严。

至此，盛极一时的耶路撒冷两大骑士团遭受毁灭性打击，日后再没能在近东恢复元气，活动重心先是转移到塞浦路斯，后又辗转回到各自的老家法国（圣殿团）和意大利（医院团）发展。可不知为什么，萨拉丁竟放过了骑士团的首领杰拉尔德。

太巴列城中，埃丝基瓦听闻居伊的惨败，知道大势已去，开城献降。不出雷蒙所料，萨拉丁对这位勇敢的妇人十分敬佩，派人护送她到的黎波里，与雷蒙团聚。可惜这个举动更加剧了耶路撒冷以及欧洲基督徒对雷蒙的怀疑，尤其是历经惨败之后，他们急于寻找替罪羊，纷纷指责雷蒙是叛徒。千夫所指，无疾而终。三个月后，雷蒙在的黎波里忧愤而死，享年47岁。整个基督教世界都痛骂他是变节分子，而伊斯兰世界也没把他树为"弃暗投明"的先进典型。一生憋屈的雷蒙，继承了乃祖图卢兹伯爵老雷蒙终身吃力不讨好的命运，令人唏嘘。

哈丁战役葬送了耶路撒冷王国几乎全部的能战之兵，而真十字架蒙尘，更让剩下的人丧失了御敌的勇气，不设防的圣城就此暴露在了萨拉丁的目光之下。接下来，萨拉丁要做的便是携哈丁之余威，直捣耶路撒冷。

长烟落日孤城闭

哈丁一战倾人国，耶路撒冷已是萨拉丁的口中肉，虽然未咽下，腹中尚饿，但萨拉丁有足够的耐心去慢慢品尝胜利的滋味。他没有直扑耶城，而是不疾不徐地扫清周边的各个城堡要塞，一家一家地吃过去。

阿克、纳布卢斯、加利利、凯撒里亚等重镇都只剩下了一堆无人设防的石头墙，原本的守卫者都已战死在哈丁，于是不出一个月，萨拉丁兵不血刃地将这些城市全部收入囊中。8月，他又拿下布鲁特，其弟弟阿迪勒攻破雅法。9月初，南线逼降亚实基伦。至此，除了海岛城市提尔在意大利蒙费拉侯爵康拉德五世的舰队援助下力保不失，整个耶路撒冷王国，已只剩了一座孤城。

1187年9月的耶路撒冷，秋风起，愁云飞。三军败绩之后，城里几无能战之兵，国王居伊等一干首脑人物尽成臣虏。困居城中的老弱妇孺们知道，萨拉丁的大军正在步步逼近，黑云压城城欲摧，无助的人们惊恐万状，只能祈求英雄的出现。

时势造英雄，在这个生死关头，原本称不上英雄的人，也终于要挺身而出，扮演拯救者的角色了。此人就是伊贝林男爵，巴利安。

这个老头儿似乎有预知危险的第六感，在雷蒙失势之前，他便适时倒向居伊；在杰拉尔德发起袭击阿夫达尔的克雷森泉自杀性战役之前，他便适时离队；在哈丁战场上，他趁敌人故意留出活路瓦解己方意志的机会，适时随着雷蒙冲出重围；后来雷蒙逃回的黎波里闭门生闷气，巴利安则去了提尔，偏巧此处又是为数不多的顶住了萨拉丁袭击的城市之一。萨拉丁从提尔撤围后，自感命大的巴利安不想只是独善其身，又追上萨拉丁谈判，希望老萨允许他先行到耶路撒冷将自己的家人接回提尔。他许诺，如蒙获准，将终生不与萨拉丁为敌。

其实此刻已成孤家寡人的巴利安并没有和萨拉丁谈判的资本，但不知是出于一贯的宽大风度，还是想收拢人心搞统战，萨拉丁竟真的准其所请，让巴利安去耶城接出一家老小。这个草率的决定将给他带来意想不到的麻烦。

9月20日（伊斯兰历7月20日），萨拉丁终于看见了耶路撒冷。他的大军驻马城下，城中，岩石圆顶殿的穹顶已经跃入眼帘。不出萨拉丁所料，尽管已经丧失了抵抗力量，这座寄托了基督徒最后的信仰与荣誉的城市还是拒绝投降，准备死战到底。血红色的夕阳之下，耶路撒冷城门紧闭。但让他意想不到的是，城头上打出的主帅旗号，竟然就是巴利安。

原来，巴利安一进入耶路撒冷，立刻被当时城中最高级别的人物西比拉女王和希拉克略大主教拉住，二人苦苦请求他领导耶城人民抗敌自救，民众也一拥而上，围住巴利安请愿，要他勇挑重担，拯救圣城。巴利安毕竟是受过骑士教育的人，知道扶危济困乃是吾辈之责，加上骤然被推到救世主的高度，一种壮怀激烈之感也从心底腾起。老巴顺应民意，宣布整兵备战。其时耶城的骑士，算上巴利安也只有不到10人，士兵也没剩下几个。不过，壮劳力毕竟还有不少，巴利安和希拉克略将这些人组织起来，办速成班，教授作战技巧，又分发武器，修筑工事，又册封骑士，激励斗志。一番火线动员之下，耶路撒冷弥漫着一股哀兵必胜的悲壮气氛，人人紧握手中枪，候着萨拉丁到来。

萨拉丁得知宣誓不与自己为敌的巴利安一转眼就翻脸不认人，立时火冒三丈，下令三军准备攻城。而动手之前，摸准萨拉丁脾气的巴利安派人传书辩解，说自己也是刑格势禁，身不由己云云，还请萨拉丁遵照前约，安排他的家人到提尔。能言善辩的巴利安，也是笔下生花，萨拉丁看罢书信，有些谅解他了，加上珍爱自己一诺千金的诚信美名，就忍住怒火，真的派人护送巴利安一家老小离城北赴提尔。

这一来两下里心事已了，也就没什么需要寒暄客气的了，双方都撕掉了温情脉脉的面纱，真刀真枪你死我活。决战开始了。

毕竟双方军队的数量和质量都相去甚远，耶路撒冷城里的居民只能凭着城墙和意志勉力招架，完全没有还手之力，战事呈现绝对的一边倒局面。萨拉丁的秘书伊马德丁用充满暴力美学的笔调，描述了这场围城之役：

> 投掷的石块与目标物之间毫无屏障，在南北两面，欲望之火燃烧着众人的心灵，面孔任凭武器来亲吻。战斗的情绪扭曲着灵魂，双手紧握着出

鞘的宝剑。人们抱怨风速太慢，不能把石块射入城中。这些从抛石机上飞出去的石块，倾泻在城墙脚下，打碎了城头上的墙垛。让火流星从天空落下，让岩浆从地下喷出，让燃烧的木材迸出火星！没有什么比得上抛石机带来的灾难，它们展现出无坚不摧的奇迹，集中火力，发射的炮弹呼啸声，击中目标的轰隆声……

然而，在关乎生死的决战之中，起决定性作用的往往不是武器装备和战术素质。耶路撒冷人凭借对信仰的虔诚和对生命的渴望，竟然将萨拉丁的雄兵悍将挡在城外。城墙数度被打开豁口，又被血肉之躯堵住，新月旗几次跟着云梯一道插上城头，又和登城的突击队一同被抛下。一夫拼命，万夫莫敌，为了保护城里的妻儿老小，耶路撒冷仅剩的那些原本不谙军务的男人们骤然间变得骁勇善战，势若疯虎；妇孺们也为前线运送武器、给养；教士们不避矢石，在城头游行祈祷，鼓舞士气。一城孤军以命相搏，饶是萨拉丁的百战精锐，一时间也奈何不得，胶着状态一直延续到了10月1日。足足12天，环而攻之而不克，萨拉丁震惊了。

10月2日这天，正是伊斯兰教的登霄节，相传先知穆罕默德曾在这一天于耶路撒冷登临天界，聆听真主宝训。早在向耶城进发的途中，萨拉丁就曾向部下们发誓，要尽早拿下耶路撒冷，以便在登霄节这天踏着穆圣的足迹，亲自走上一遭。现在时日已到，耶路撒冷城下仍不得其门而入的萨拉丁，心急如焚。城墙里面，巴利安等人也知道，打到这个份上，己方也是油尽灯枯，随时可能倒下，耶城的易主已经势所难免，必须在这之前，携守城战之余威与敌人谈判，尽可能地谋得一个有利的条件。

双方都必须立刻结束战斗，于是稍作试探之后，决定耶路撒冷命运的谈判马上开始了。

33

神武不杀

巴利安亲自打着白旗出城，在两军阵前面见萨拉丁。双方开始讨价还价，巴利安提出献城，要求萨拉丁放城中的居民安全离开，并带走全部财产，言下之意，他只肯把一座千疮百孔的眼看就要守不住的空城交给萨拉丁。老萨慷慨，但并不傻，他十分清楚当前的形势，自然不肯让败局已定的对方占这么大的便宜。于是，不知是余怒未消还是想故意压价，一向慈眉善目的萨拉丁这回声色俱厉，他对巴利安说，要为88年前惨死在第一次十字军手中的数万名穆斯林报仇，要杀进城去，鸡犬不留。

巴利安也知道自己刚才的漫天要价太不切实际，为了能使谈判继续下去，他抛出手中仅有的筹码，向萨拉丁作了最后陈情：

> 如果我们活不了，畏惧您的权力而放弃一切希望；如果我们毫无出路，不得安宁，灵魂得不到拯救，也得不到宽恕和恩典的话，我们就要为自己的生命讨回公道。
>
> 在受到打击之前，我们每一个人就要撂倒他们十个。侵略者的手还没抓住我们，我们就已经消灭了他们十次。我们要烧掉房子，摧毁神殿的穹顶，让你们为害我们沦为奴隶而深感耻辱。
>
> 我们要推倒岩石圆顶殿，让你们尝尝失去它的痛苦。我们要杀死所有的伊斯兰教徒战俘，他们人数太多了。而且大家都知道，我们讨厌无耻的人，而崇尚荣誉。我们要毁掉财物，不留给你们；我们将杀死自己的孩子，让他们诅咒我们。您气量狭小，不答应我们的请求，就会失去一切利益，您又能得到什么好处呢？有多少幻灭不是来自对成就的期望，而痛苦只能靠和平来治愈！有多少人在黑暗里开始旅行，天亮前就在夜色中迷失

了方向？

这篇说辞，也被伊马德丁记录在案。巴利安果然辩才了得，一席话软硬兼施绵里藏针，虽然"一个撂倒十个"不过是信口胡吹，而所谓"太多了"的伊斯兰战俘，也最多不过数千，但巴利安"毁掉圣地"的恫吓还是让萨拉丁不得不三思。他是要做解放者，而非毁灭者，如果整个圣城及人民竟因为他一念之差而玉石俱焚，那么他非但将在伊斯兰世界功不抵过，而且也违背了他一贯敦厚宽仁的原则与风范。

权衡利弊，萨拉丁同意巴利安所请，承诺入城后不开杀戒，放基督徒们一条生路。但是，这个善举也不是无代价的，毕竟他此番劳师动众，糜费钱粮，总不能得不偿失。萨拉丁开价，让耶路撒冷方面出一笔钱，作为全城人的赎身费，交了这笔钱，所有人都可以携带家财平安离开。

有了萨拉丁"不杀"的保证，巴利安知道请命环节的工作已经完成，下一项要进行的就是砍价了。他向萨拉丁陈述，城里并没有多少钱。经过反反复复的锱铢必较，萨拉丁的折扣打了又打，最终不再坚持全城人打包赎买的要求，改为分摊到每人头上：青壮年男子10第纳尔、妇女5块、小孩2块。可以在40天内筹钱，交了钱就可以保住自由，并带着全部家产走人，愿留者也听便；而如果40天期限一过还是交不出钱，那就只好委屈一下，卖身为奴了。这是最后的要价，再没有通融让价的余地了。

其时耶城中约有近10万人，人口比例虽无详细数字，但哈丁惨败和守城的12天血拼后，值10块钱的壮劳力应该不剩多少了，因此这笔钱粗略算来，大约在50万—60万第纳尔，仅相当于埃及年税额的十分之一，萨拉丁要的真的不多。

巴利安把对方的要求带回耶路撒冷，几乎是一城欢腾，大家本来命垂人手，现在又有了生机，自是喜不自胜。协议达成，萨拉丁如愿以偿地在登霄节当天进城朝拜先知的圣迹，同时他派兵接管城中各处机要，严令手下不得侵害城中百姓，在每条街道上都派了两名军校率十余兵卒把守，防止乱兵扰民。得益于萨拉丁的部署，耶路撒冷当年血流成河的一幕终于没有重现，多灾多难的圣城，总算实现一次平稳过渡。

但消灾需得破财。涉及这个问题，众人又开始犯难。现在城中多是孤儿寡母弱势群体，萨拉丁要的价码说高不高，可对没有收入来源的鳏寡孤独疾废者来说，也不是那么容易拿得出来。最终，只有2万余人交了赎身钱，他们大部分带上财产离开这个伤心地，寻找新生活；也有人交了钱但继续留在耶路撒冷，对这部分人，萨拉丁承诺不予迫害。

剩下的人，跑到教会和医院骑士团处请求救命。大主教希拉克略和骑士团方面起初不舍得花钱替他们赎身，后来眼看民众情绪愈发不稳定，再不施舍点就有开抢的危险，终于咬牙掏出3万第纳尔，但动用的是英王亨利二世此前捐赠的善款，他们自己的本钱还是没肯掏。这算是大宗交易了，萨拉丁收钱之后又给了优惠返点，一口气释放7000名穷人。

教会和骑士团不肯再出血本，还有一大半人哀哀无告，连萨拉丁的弟弟阿迪勒都动了恻隐之心。他找到老哥，讨要1000人作为奴隶，获准之后，阿迪勒领了人立刻全数释放，萨拉丁闻之，对弟弟的善行赞叹不已。

巴利安看出萨拉丁好说话，紧忙跟上依法炮制，要来1000人放掉。而希拉克略，让他出钱赎人他不肯，白捡的功德还是愿意做，他也从萨拉丁处讨了1000人来放生，然后带着自己的一大堆金银细软出城，其中有的银饰还是从基督圣墓上撬下来的。据估算，希拉克略带走的钱财价值足有20万第纳尔。萨拉丁的手下们都愤愤不平，指出他带走的财物已超出"个人财产"的范畴，请萨拉丁下令缉拿追赃。对此萨拉丁则一笑置之，"由他去吧，这样他们就有机会感受我们宗教的宽宏大量了"。

再后来，耶路撒冷人组织了一批规模庞大的寡妇团，来到萨拉丁面前哭告，说自己的丈夫已经战死在哈丁，现在实在无力缴纳赎金。女人们的泪水，让老萨又生悲天悯人之情，最终他长叹一声，下令将全部的寡妇、孤儿，以及老年人放掉，这一来被释放的人多达5万以上。他们从耶城的圣司提反门鱼贯而出，从日出走到天黑才走完，其中部分哈丁遗属，甚至还获得了萨拉丁的抚恤金。

至于西比拉等权贵，也都被礼送出境。后来在西比拉的一再恳求下，萨拉丁又开释了居伊，连赎金都没要就放他走，唯一的条件只是一句"永不再与萨拉丁为敌"的承诺——当然，一向信誉不佳的居伊后来还是违背了该承诺。这是后话，按下不表。

最终，大约8万耶路撒冷难民安全离去，虽然其中大部分没有如约交钱，但萨拉丁不仅信守约定，秋毫无犯，甚至还为他们提供免费护送，有的护送队士兵在途中还把坐骑让给了老人和儿童。获释者中有一部分人途经埃及，准备搭热那亚、威尼斯等商人的船返回欧洲，结果遭到拒绝，这时萨拉丁的士兵反而替他们出头与意大利人交涉，最终安排他们上了船。对于因伤无法在指定日期内离境者，萨拉丁允许他们逗留一年来调养身体，不必缴纳赎金。要知道大部分伤员都是在与他作战时负伤的，而萨拉丁非但不记仇，甚至还允许死敌医院骑士团派人留驻城内照顾他们。

但真正被卖为奴隶的也有1万余人。当然，用今天的标准来衡量，即便只卖1个人，也属不义之行，但根据12世纪的价值观以及通例，尤其考虑到基督徒与穆斯林的血仇，萨拉丁的做法已经算是如天之仁。

终于，萨拉丁兑现了对整个伊斯兰世界的承诺：收复圣城耶路撒冷。这一年，萨拉丁49岁。80余年前基督徒们在岩石圆顶殿和阿克萨清真寺顶上插上的十字架，现在已被拆下，在城里游行示众，一路上，镀在十字架上的金箔片片脱落。礼拜塔上，伊斯兰教的穆安津喊阿赞的宣礼声，重新取代了基督教的圣歌。一度被改为基督教堂的清真寺，也被从大马士革运来的玫瑰香水洗涤一新。努尔丁曾用过的布道坛从阿勒颇运来，萨拉丁命人在上面刻款曰：

> 真主的仆人、苏丹萨拉丁，在真主通过他收复耶路撒冷之后，立此题铭。

耶路撒冷，十字架的阴影又一次被掩盖在新月的光芒之中。不过，萨拉丁对基督教等"异教"并没有赶尽杀绝，手下们"拆毁耶稣圣墓"的提议被他断然否决，城里的基督教和犹太教的宗教场所也得到了保护。法兰克人的教堂被移交给东正教和亚美尼亚派，这一举动令拜占庭皇帝伊萨克二世大喜过望，派人送来一批厚礼向萨拉丁道贺，萨拉丁也投桃报李，将圣墓教堂交给拜占庭方面派来的东正教代表，两国关系也因此更趋亲善。

虔信于自己宗教的同时，给其他宗教以生存空间，这样的宽容精神在中世纪显得格外难能可贵。意大利人加托在《十字军东征：马背上的圣战》中评价道，萨拉丁（与异教斗争）的行径仅限于宗教象征，而非具体人员。对比之前一个世纪基督徒们早已犯下的杀戮罪过，这已经够意味深长的了。

借用那句略带恶搞意味的电影台词，"英雄的最高境界就是不杀，就是和平"。在冤冤相报的中东，绝对的和平固然做不到（甚至今天也一样），但萨拉丁在获取完全胜利之后，没有对原本不共戴天的"异教徒"施以屠戮，甚至还有一定程度的优待，这已经足可称之"神武不杀"，具有"王者风范"。一个世纪以来，这样的景象实不多见。可惜，这不是安定和平的起始，而是另一场新的传奇搏杀的开端。

三大名王

耶路撒冷再度陷落，这个消息是爆炸性的，以至于在当时的交通和通信条件下，也只用了一个月，就传遍了欧洲。

罗马城中，年迈体衰的教皇乌尔班三世惊悉噩耗，如遭五雷轰顶，委顿在地。几天后老教皇还是不能面对这个残酷的现实，撒手人寰了，一缕灵魂直升天国，亲自向上帝哭诉去了。

他的后继者们化悲痛为力量，准备再一次发动欧洲人，杀到亚洲与异教徒拼个你死我活。接任的教皇格列高利八世传檄全欧洲，说圣城失守事关重大，整个基督教世界都要吃二遍苦，遭二茬罪，因此所有的信徒都有义务从军出征，再一次解放圣地，将革命进行到底。格列高利八世诏令欧洲大小王公停止内战，准备一致对外，又命所有的红衣主教都去发动教民，让大家务必出力报效，不肯捧人场的就得捧钱场，额外缴纳"萨拉丁什一税"，顾名思义，就是缴出收入的十分之一充作军费，对付萨拉丁。同时，为了强化悲怆的氛围，顺便控制消费，推进税收，教皇还号召基督徒们在此后5年之中，每逢星期五绝食一天，星期三、星期六不食用肉类。

格列高利八世享位不久，1187年底，这位刚上任了两个多月的教皇就蒙主宠招，上天述职去了。但在短暂的任期之中，格列高利八世已将东征动员的工作全面铺开，继任者克雷芒三世萧规曹随，继续推行先辈的政策，宣传圣战。此时，苟延残喘的安条克、的黎波里以及提尔等东方十字军国家与地区也派了使团来向家乡人民求援。为首的是提尔主教乔西乌斯，他也像当年的隐士彼得、圣伯尔纳等人一样，在西欧巡回演讲，声泪俱下，试图唤起西方教友对苦难东方的关注。

耶路撒冷的影响毕竟非同小可，因此，尽管欧洲的宗教狂热比照一个世纪前隐士彼得的时代已有大幅降温，但教会的号召还是引得应者云集。这些回应者中，就包括当时欧洲最强盛的几个国家的统治者。他们的倾力加盟，为第三次东征的十字军搭起了空前绝后的全明星阵容，他们可以被称作"欧洲三大名王"。

第一位，是霍亨斯陶芬王朝的德意志国王、神圣罗马帝国皇帝，腓特烈一世，绰号"红胡子"。

我们先回顾一下这位腓特烈的发家史。在他继承士瓦本公爵爵位之初（即1147年），曾随叔叔德王康拉德三世参加第二次十字军东征，到过亚洲。弱冠之年的腓特烈就经历了十字军的大场面，而在不尽如人意的东征结束之后，他自己又开创了大场面。

从东方无功而返后，康拉德卷入了与西西里诺曼人以及德意志内部反对派韦尔夫家族无休止的斗争中。1152年2月，身心俱疲的老德王去世了，此时他的嫡子亨利年仅8岁。老康知道国赖长君，生前就指定了30岁的侄子腓特烈接班。

在当时诸侯林立的德意志，先王遗诏并没有多大的法律效力，但腓特烈凭借自身的能量实现了平稳过渡。除了兵强马壮、智勇过人，腓特烈还有一个优势：血统。他的母亲朱迪斯来自一直跟康拉德过不去的韦尔夫家族，因此他的上位得到了父系母系两大门阀的一致拥戴。1152年3月，腓特烈顺利通过了选举，继任德意志国王，是为腓特烈一世。当年由于韦尔夫家族拒不交出王冠，康拉德当了国王却没能再进一步坐上神圣罗马帝国皇帝的宝座，成了自奥托大帝以来首位没享受过皇帝头衔的德国国王。腓特烈不想跟叔叔一样抱憾，现在韦尔夫家族不再是阻碍，但他要寻求加冕，还需要罗马教皇点头。

天假其便，仅仅过了一年，罗马教廷就出了乱子，当时的教皇还是一向罩不住的尤金三世，这次他又掉了链子。1153年3月，一位称作"布雷西亚的阿诺德"的教士在罗马鼓动市民从教会手中夺权，恢复罗马共和国古老的元老院和执政官制度。受够了教士们威福自用的罗马人反响热烈，教廷岌岌可危。当时欧洲反对教权至上的市民自决运动已颇具规模，这股力量如树苗般破土而出，拱松了教廷的根基。不过，第一个从这棵树上摘取胜利果实的却不是民众，而是被教廷压制已久的帝王们。被阿诺德运动搞得焦头烂额的尤金三世求助腓特烈，而腓特烈早觊觎富庶的意大利北部，正愁师出无名。现在教皇遭难，他趁机大敲竹杠，不但要求加冕，还迫使尤金三世割让意大利伦巴底地区的税收权。不过，他也承诺摆平阿诺德之后，再帮教廷对付南边的诺曼人，防备东边的拜占庭。尤金三世火烧眉毛，无暇与他砍价，只好全盘应承下来。双方签了《康斯坦茨协定》，得意的腓特烈兴高采烈，点起人马，南下勤王。

腓特烈是当时欧洲一流的军事统帅，出手果断，仅用一年多就成功镇压了市民运动，还将抓获的起义领袖阿诺德先绞杀再焚尸，最后挫骨扬灰，撒进台伯河。意大利第一次领略到这位德国暴君的铁血作风。这样的功绩换取教皇的加冕本该顺理成章，但腓特烈在意大利作战期间，尤金三世十分不巧先行一步，去世了。他的继任者是阿德里安四世，1155年6月18日他如约为腓特烈举行加冕礼，不想典礼遭到阿诺德余党的袭扰一度中断。礼成之后，阿德里安四世又借题发挥，指责腓特烈没能履行协议恢复罗马的秩序，拒绝承认尤金三世的协议中许给腓特烈的权利；紧接着又转而与西西里诺曼人媾和，把腓特烈晾了起来，双方关系急剧恶化。1157年，腓特烈收到阿德里安四世寄来的书信，被其中的一些言辞惹恼，他一怒之下险些斩了下书的两位信使，最终在众臣僚的劝说下才将他们放回罗马——这两人之一，就是下一任教皇亚历山大三世。

至此，皇帝和教皇之间已是剑拔弩张。1158年腓特烈第二次进兵意大利，这一回他发动了10万大军，雷霆之击下，意大利北部血流成河。1159年，阿德里安四世去世，险些死在腓特烈手下的亚历山大三世继任，德皇的进攻更加猛烈。1160年，经过两年围攻终于拿下米兰城之后，腓特烈屠城泄愤，不但杀人，还砍尽果树，屠尽牲畜，甚至将城市广场的地翻了一遍，撒盐于其上，使之寸草不生。正是在这两年的征伐与屠戮中，腓特烈得到了那个日后比他的名字更广为人知的绰号：红胡子（巴巴罗萨）。他醒目的红色须髯本是日耳曼人常见的体貌特征，但现在所有意大利人都相信，那丛胡须是用他们同胞的血染红的。

在意大利的征战中，腓特烈手段异常残忍，比如作战时抓当地平民的孩子当挡箭牌，砍掉俘虏脑袋交给士兵当球踢。这类的暴行史不绝书，因此意大利人对其恨之入骨。意大利人在他的淫威之下隐忍到1167年，这一年威尼斯、维罗纳等意北城邦组成伦巴底同盟，奋起抗暴，教皇也加入了这个统一阵线。腓特烈第四次进入意大利弹压，一开始战事颇为顺手，他一度攻进罗马城，逼得亚历山大三世化装潜逃。然而，随后意大利暴发瘟疫，入侵的德军大批死亡。伦巴底同盟毕竟主场作战，人力资源要丰富得多，借机反攻，这次换成了腓特烈化装成农民，狼狈逃回德国。

此后腓特烈又于1174年、1176年入侵意大利，结果两战皆墨，尤其后一次输得一败涂地，他本人也重伤被俘。身陷囹圄的腓特烈签署投降协议，吐出了之前侵吞的托斯卡纳等地区，承认意大利北部诸城邦的自主权，又支付大笔战争赔款，还臣服教皇，屈辱地跪地亲吻教皇的鞋子，重演了当年亨利四世卡诺莎朝觐的丢人一幕，这才获得释放。

忍辱偷生的腓特烈没有放弃扩张的野心，但手段转以外交为主。1180年，腓特烈放逐了他的表弟，韦尔夫家族的萨克森兼巴伐利亚公爵"狮子亨利"，亨利是他的老搭档，同时也是最大的潜在威胁。这次放逐影响深远。离开德国后，狮子流亡英国，投奔岳父英王亨利二世，他把韦尔夫家族的血统带到英伦，这血脉至今仍在英国王室中延续。1185年，腓特烈为儿子亨利迎娶西西里诺曼国王威廉二世的堂妹，享有王国继承权的康斯坦丝（鲁杰罗二世之女），借此预订了西西里的王位。此外，他还安排自己的子女与拜占庭、英国、西班牙卡斯蒂、丹麦、匈牙利等国的王室联姻。可惜他的遗传基因大概有问题，这些孩子无一例外全部夭折，婚事也都泡汤了。不过，腓特烈在欧洲的战略环境还是得到了一点点改善。

1187年，64岁的腓特烈已经通过与西西里联姻，从南北两面完成了对意大利的战略包围，或许新的战略计划已在他的心中酝酿。恰在此时，圣城陷落的消息传来，在格列高利和克雷芒两任教皇的奔走呼告下，与东方异教徒的阶级仇民族恨再次上升为主要矛盾。红胡子也转头东顾，他发现，这是完成年轻时未尽的东征之梦的机会，更是让自己在欧洲人眼中的形象从魔鬼升华为天使的机会。次年，腓特烈在美因茨召开帝国大会，高调宣布要积极响应教皇的号召，挥师东征，解放圣城。这场作秀大会取得了预期的成功，与会的德意志诸侯都表示愿意团结在腓特烈周围，高举十字架，发扬先辈十字军的光荣传统，在新东征路上再创辉煌，甚至连意大利人对红胡子的看法也有了一定程度的改观。

当腓特烈踌躇满志地秣马厉兵时，另有一位君王也接到了教皇的征调命令，他就是三大名王中的第二位，法国国王腓力二世。

与老当益壮的腓特烈不同，腓力二世是位少年君主，这一年，他只有22岁。说起他的身世，还要回溯35年前他的父亲路易七世那次轰动欧洲的离婚事件。

想当年，法国王后埃莉诺抛下路易改嫁亨利二世，虽然对这个麻烦老婆没什么留恋，但作为嫁妆的大片土地随着她的改嫁被带到了亨利名下，这就让路易肉痛不已。几次与亨利交涉都讨不到便宜，而诉诸武力又打不过，正是赔了夫人又折兵。郁闷的路易只好忍气吞声，专注于国内建设。此间主要成就有二：一、1163年路易七世资助教会，开始修建巴黎圣母院，虽然没能看到最终竣工（1345年），但毕竟算是为这座法国日后近千年的标志性建筑打下了地基；二、1165年路易以45岁高龄诞育了第一个儿子，就是腓力，尽管比不上圣母院那么利在千秋，但正是这个迟来却早慧的儿子，未来以其雄才大略，拓土开疆，为法国后来的大国地位奠定了基础。

腓力出生时，亨利二世的势力正如日中天，他在法国的领土上将路易的王室辖地围成一个孤岛。1179年，路易身染风疾不能理事，腓力提前接班，是为腓力二世。次年，路易去世，香槟伯爵、兰斯主教等一大堆外戚和教士蹿上权力舞台，以摄政之名，准备架空小腓力。清朝的康熙帝14岁除鳌拜亲政，腓力也不含糊，这一年他才15岁，在外有强邻、内有权臣的不利局面下，这个未成年人竟然主动出击，扭转局面。他娶了佛兰德尔伯爵阿尔萨斯的腓力的外甥女伊莎贝拉，借此取得了妻子名下的领土阿图瓦，同时也拉拢了这个被排除在权力中心之外的强力诸侯。腓力在阿图瓦建立了自己的班子，并会晤来访的亨利二世，大大提升了自己的国际形象，使自以为掌控了巴黎的一干权贵变得形同虚设。同时，依靠妻家的力量，他摆平了舅舅香槟伯爵等摄政大臣，夺取了大粮仓韦芒杜瓦，将法国的大权逐步收回。在准岳父佛兰德尔伯爵显现出干政苗头时，腓力又借重英国的力量打压他，削夺了他的不少领地，直到1185年佛兰德尔伯爵完全服帖。至此，腓力成了法国真正的王者，而这一年他刚满20岁。少年老成、指挥若定的作风使这个弱冠少年赢得了一个光鲜的尊号：奥古斯特（也被译作"高贵王"或"尊严王"）——来源于当年开创罗马帝国的屋大维给自己的称号。

不过，腓力真正的大敌，还要数虎视在侧的亨利家族。如前所述，亨利二世从父母妻子方面继承了法国的大片土地，加上英格兰，总面积五倍于法国王室属地。亨利的几个儿子都比腓力年长，此刻也早已长大，并且都在法国获得了封地：老大小亨利领有诺曼底、安茹、马恩；老二理查领有阿基坦；老三杰弗里领有布列塔尼；老四约翰由于生得晚，地不够分了，就留在英国，随侍在老爸身边。

亨利二世一生文成武就，偶傥风流，堪称成功人士，唯独在对下一代的教育方面，彻底失败，几个儿子都与他矛盾重重（具体原因下文分解）。腓力敏锐地洞察了他们父子的离心离德，并借机大加挑拨，直接导致了在法国的三兄弟与老父数度兵戎相见，而腓力则坐收渔利，每次或者出钱或者出人，帮助几个小哥们斗老爹。此时亨利二世春秋鼎盛，他的几个儿子也还没成气候，暂时威胁不到他。不过，不管他们父子大练武谁输谁赢，坐山观斗的腓力总能捡到便宜——这正是他超越只会损人不能利己的老爸路易之处。亨利一家的家底越打越少，腓力的地盘则越来越多。

亨利虎毒不食子，对几个儿子还是下手容情的。不过，老大小亨利和老三杰弗里先后意外身亡，到1187年时，腓力用以打亨利的枪，只剩了理查一杆。此时，腓力从幕后走上前台，亲自出手，与理查并肩作战，亨利也知道腓力这小子是幕后黑手，使出全力准备除掉这个惹祸精。双方正打得热闹，乔西乌斯等人的圣战宣传队到了，这位提尔主教甘冒矢石，冲到两军阵前，向他们晓以大义：不要吵，要团结。

亨利二世的祖父是耶路撒冷国王富尔克，因为这一层渊源，他一直对耶路撒冷的事务十分热心，还曾大量捐助骑士团。为了挽救投资收益，他同意暂时放下与腓力的过节，参加十字军。另一边，腓力也发现亨利暂时难以对付，而且圣城陷落，国难当前，要是再和他纠缠，会承受极大的舆论压力，于是也卖了面子给教皇，答应与亨利冰释前嫌，一道东征。接下来双方罢兵，各自回去筹备东征事宜。

至此，腓特烈一世、腓力二世、亨利二世，三大名王豪华三叉戟凑齐。结果，出征之前这个阵容又完成了进一步升级，亨利被替换下场，取代者是他的儿子理查一世，狮心王。

这是因为，亨利死了。

亨利是病死的，但严格地说，让他害病的正是他的宝贝儿子们，主要是理查。要理清这个显赫大家族纷乱如麻的恩怨纠结史，又不得不提起那位"作女"埃莉诺。当年埃莉诺甩掉路易跟上亨利，吐故纳新，其乐也融融，这种感情事业双赢的大好局面维持20年。可惜，流光容易把人抛，无法弥合的是年龄差距。当1173年亨利40岁正值壮盛的时候，埃莉诺已经年过半百，再怎么精心保养，终究也难以尽掩老态。年龄上的代沟，变成了心灵上的鸿沟。截至此时，他们的婚姻已经走过了21年，一个七年之痒熬过去了，两个也熬过去了，再一再二不能再三，这回亨利真的熬不住了。这一年，亨利结识了16岁的绝色美少女罗莎蒙德，就和他当年遇见埃莉诺时一样，两人很快就好得如胶似漆。

西欧帝王没有三宫六院的配备，亨利也只能与罗莎蒙德暗通款曲。但纸里包不住火，埃莉诺很快察觉到夫君的异常动向，她不动声色地暗中查访，锁定了罗莎蒙德。亨利此时家业已经很大，经常要往返于英吉利海峡两岸，当他又一次离开英格兰时，早就磨刀霍霍的埃莉诺立刻率人打进罗莎蒙德所在的伍德斯托克城，扔给她一把刀子和一包毒药。

可怜一代佳丽，宛转蛾眉马前死。痛悉噩耗的亨利惊怒交加，赶回去和埃莉诺大吵了几架，但毕竟自己外遇在先，占不住理，最终也无可奈何。不过这么一闹，他们的婚姻和感情也完全破裂，埃莉诺搬出伦敦的威斯敏斯特王宫，回了娘家地盘，法国的普瓦捷。

回到法国的埃莉诺不甘心受冷遇，就去鼓动三个儿子起兵造反。小亨利、理查、杰弗里三兄弟一合计，真的拉起队伍讨伐老爹。当时路易七世还在位，也帮着煽风点火，借机报复老仇人。

自此亨利的家庭再无宁日。虽然他先后三次打败了犯上作乱的儿子们，但这些败家孩子一打输就求饶，获释之后接着再闹。亨利得胜后，虽然把幕后黑手埃莉诺关进伦敦塔，但对亲生儿子们终究不舍得"永绝后患"，于是只能陷入没完没了的折腾。幸与不幸的是，小亨利和杰弗里都先于亨利死了，但剩下的理查破坏力更强，在法王（先是路易后是腓力）的挑唆下，缠着老爸穷追猛打。理查之所以如此革命彻底，一方面是因为他自幼在姥姥家阿基坦长大，与母亲埃莉诺感情弥笃；另一方面，也是他好斗的本性使然。

理查其人，根据丘吉尔《英语民族史》中的描述，是如下一副形象：

> 他个子高大，身材匀称，肌肉强健，手臂灵活。他喜欢亲自格斗，并且毫无恶意地认为，他的对手是他得到荣誉的必要媒介。他喜欢战争，但是像其他人酷爱科学或诗歌那样，并不是为了沽名钓誉或达到政治目的，而是为了战斗的快乐和胜利的荣誉。这一爱好决定了这位军事指挥官的性情，他的优点和对战争的酷爱激发了他身心所具有的一切力量。

理查曾数度败于亨利，但最终能够克敌制胜，除了老爸手下留情，更主要的还是依靠这股好勇斗狠的天性。他不是亚历山大大帝那样天纵英明的军事奇才，起兵之初他的战略战术素养尚不及乃父远矣，但理查屡败屡战，在战争中学习战争，不但打老爸，和哥哥弟弟也都过了几招，反复不断的PK之下，经验值日积月累，终于青出于蓝，正所谓"知之者不如好之者"。1188年，亨利与腓力接受了教廷的调停，理查虽然也承诺参加东征，但行前又和亨利支持的法国图卢兹伯爵打了起来。一年后，这对父子冤家又一次沙场相逢，这也是最后一次了。这一年，亨利的主力部队在法国的勒芒被理查击败，亨利抱病出逃，全凭手下猛将威廉·马歇尔出死力杀退穷追不舍的理查，才得以逃到诺曼底的小镇希农暂作喘息。

诺曼底正是亨利二世最初的发迹之地，不想此刻又在这等情势下，回到了原点。僵卧孤村，亨利回味着自己治国有道却齐家无方的一生，不觉百感交集。三个不孝子已经让他心力交瘁，而最新的情报显示，他最最心肝宝贝的四儿子约翰，也与谋逆的理查有勾结。已是黄昏独自愁，更著风和雨。这个打击让老国王万念俱灰，一病不起，1189年7月16日，他在乡间陋室里一命呜呼。亨利在伦敦之时曾命人画了一幅四只小鹰啄死一只老鹰的油画，最终，画上的场景成了现实。

9月3日，理查在伦敦威斯敏斯特教堂加冕，正式嗣位为王。斗倒老爸抢班夺权之后，他的嗜斗成性更加名闻欧洲，以至于当时的吟游诗人以他为主角创作了大量传奇文学，比如说他曾把手伸进狮子嘴里，掏出了狮子的心，这个纯属虚构的故事，就是他那个显赫的绰号"狮心王"的来历。

这个外号的由来虽不靠谱，倒也十分贴切，理查胸腔里跳动着的，确实是一颗雄狮般好战的心。老父故去之后，遗体被运回伦敦，理查只按照既定程序在棺椁前跪诵了一段祷文，就忙着处理他作为新国王的公务去了。当然，亨利留下的庞大王国中的其他事务都得排到一边去，狮心王要在第一顺位料理的头等大事，是他最最钟爱的战争游戏——东征耶路撒冷。

出师未捷身先死

德皇红胡子腓特烈一世、法王腓力二世、英王狮心王理查一世，这就是领衔第三次十字军东征的三大名王最终定稿名单。

与英法两国的青壮年君主不同，德皇腓特烈已经年近古稀，红胡子上已显出了几缕斑白。老牛自知夕阳短，明白东征大计时不我待的老德皇无须扬鞭自奋蹄。1189年初，当腓力还在借故拖延，理查还在等着老爸咽气时，腓特烈的大军已经完成集结，整装待发。

腓特烈的人马有10万之众，这是整个十字军历史上规模最大的一支军队。不同于此前几次东征良莠不齐的队伍，德皇这次设置了严格的准入制度，对人员素质的要求达到了空前的高度。每个入伍者需要交纳3个银币作为保证金。东征首先是一次投资，既然如此，那参与者自然也该自备一点本钱，不能所有的成本都由皇室一家承担。腓特烈这一做法不但降低了薪饷开销，也把那些乌合之众排除在了队伍之外。

1189年3月，德皇带着他的高素质十字军上路了。这趟远征对红胡子来说算是朝花夕拾，而在途经各国看来，则是噩梦重温。早在1146年，东方各国就领教过德国十字军过境的恐怖，四十三年，望中犹记。因此，德军所到之处，当地人无不缩首潜形，唯恐触了霉头。大军行进一路顺畅，三个月之后，腓特烈已经穿越中欧，再次踏上了拜占庭的土地。

近一个世纪已无数次与十字军亲密接触的拜占庭更紧张，此时科穆宁王朝已经终结，取而代之的是安格鲁斯王朝，现任皇帝是三十出头的伊萨克二世，他在皇帝岗位上已有5年工龄。在他上台之前，帝国经历了一系列暴政、阴谋、叛乱、兵变。在大乱之中，伊萨克凭着和蔼稳健的表现，最终赢得了教会和平民阶层的拥戴，黄袍加身。他的任内，拜占庭内部的乱局稍有好转，但边患仍然严重，北边的保加利亚和东边的安纳托利亚都烽火遍地。在这样四处挨打的局面下，伊萨克坚定奉行"能和平就和平"的外交策略，恪守先人与萨拉丁签订的互不侵犯条约，并于1185年将该条约升级为同盟协定，在各自的主要城市设立了供对方使用的宗教场所。伊萨克的外交努力改善了拜占庭的境况，但在西欧人看来，这是吃里爬外的表现，尤其在萨拉丁夺取耶路撒冷之后，伊萨克还曾遣使致贺，更是通敌的铁证。腓特烈不但能打，政治方面的眼光和手腕也颇为了得，他知道这种舆论环境可资利用，出兵之前就派人到君士坦丁堡递上国书，软硬兼施地向伊萨克施压，让他为德军过境提供便利。

拜占庭皇帝此时的处境如风箱里的老鼠两头受气，与萨拉丁的同盟是帝国东部和平的保障，如果遵从腓特烈的要求，放德军入境并为他们提供粮秣、向导、渡海船只，势必得罪强邻；而要是不许德国人进来，那杀人不眨眼的红胡子又岂是他能惹得起的？德皇使者走后不久，获知了十字军动向的萨拉丁也派人来重申誓约。最终，进退维谷的伊萨克只能祭出拜占庭的拿手绝活：阳奉阴违，虚与委蛇，见人说人话，见鬼说鬼话。

伊萨克答应德军过境，并以低价向他们出售粮食，但与此同时，他尽量拖延德军的前进速度，并拒绝了他们经由君士坦丁堡附近的博斯普鲁斯海峡进入亚洲的要求。当腓特烈再次派人前来交涉时，伊萨克将使者扣下，又调集手下破坏十字军沿途的道路。这下红胡子真的火了，他屯兵阿德里安堡——这里正是他的日耳曼祖先东哥特人痛殴罗马帝国的古战场，炫耀武力向伊萨克示威，又写信命留守老家的儿子亨利从海路增援，大有一举端了拜占庭之势。伊萨克自知顶不住，只好又和腓特烈展开和议。马拉松式的谈判一直拖了小半年，直到1190年初才最终谈拢，腓特烈满意地率军离去。德国人一走，伊萨克马上写信向萨拉丁辩白，表明自己实在是迫于无奈才放十字军过来的，老萨一向好说话，也就没再追究。走钢丝的伊萨克至此总算过关，回过头去对付尾随着德军闯进国境的保加利亚人，此处按下不表。

1190年3月，腓特烈的大军在拜占庭海军的协助下，渡过赫勒斯滂，登陆小亚细亚。红胡子恶名名震欧洲，小亚的塞尔柱苏丹基利吉二世也怵他，主动示好，让路放行，结果德军行进途中还是和塞尔柱人发生了冲突，双方动起手来。5月，腓特烈一通猛攻，仅用一天就拿下了塞尔柱人的都城科尼亚，基利吉弃城出逃，但德军也伤亡不少。

这一来，老德皇更加踌躇满志，整个伊斯兰世界的紧张情绪也达到了顶点，腓特烈在近东令人闻之色变，连萨拉丁闻讯后，都已做了最坏的打算。其时他的主力还在伊拉克平定叛乱，萨拉丁一面命令叙利亚北部的前沿阵地收缩防守，坚壁清野，一面准备大军回师，亲自会一会这个凶神恶煞。

但萨拉丁与红胡子的巅峰对决，最终还是没能上演，因为在萨拉丁赶回来之前，腓特烈就死了。

戎马一生的老德皇并不是战死疆场的，最终要他老命的，是一条名叫萨列法的河。

大破塞尔柱人之后，德军高歌猛进，于1190年6月翻越托罗斯山脉，即将走出小亚细亚进入叙利亚，就在这时，萨列法河出现在了腓特烈的马前。萨列法水深仅及人腰，严格地说只算得上是一条溪涧，但命运偏偏让见惯大风大浪的腓特烈在这小小河里翻了船。关于他的具体死法，一直流传着多种版本：a.骑马渡河时落水溺毙；b.骑马渡河时心脏病突发；c.在河中沐浴染上风寒，不治而亡；d.其他。

不论哪一种死法，都足够有戏剧性了，以至于战争双方都认为这是冥冥之中的天意。穆斯林欢呼真主显灵，阿拉伯编年史家伊本·阿西尔感叹道："如果不是安拉用其仁慈之手，消灭了即将进入叙利亚的德意志国王，那么人们便只能这样记录了：叙利亚和埃及，曾经信仰伊斯兰教。"——足见这位萨拉丁的崇拜者也不看好他与红胡子交手的前景。

欧洲人则扼腕叹息，尤其是德国人，接受不了这个事实。他们坚持认为腓特烈"老兵不死，只是悄然隐退"，一定会在某个时候再到世上称雄。这个红胡子崇拜群体中，就包括了后来的希特勒，他称自己的"第三帝国"就是承接了腓特烈的衣钵，并且将1941年入侵苏联的行动计划命名为"巴巴罗萨"。还有的史籍大概是想增强神秘效果，将腓特烈身死的河流写成希德努斯河，当年东征波斯帝国的亚历山大大帝曾在那条河中野浴着凉，躺了好久，这种说法故意将腓特烈与先辈名王联系在了一起。不过在意大利，余怒未消的人们并不会为红胡子洒泪，后世的马基雅维利在《佛罗伦萨史》中感叹：就这样，这条河使穆斯林得到的好处比教皇一再革除他（腓特烈）的教籍带给基督徒的好处还大得多，因为后者只不过遏制了他的傲慢，前者则直接一笔勾销了他的一生。

其实，腓特烈的意外身死，受益者不仅是穆斯林，也包括欧洲人。腓特烈时代德意志君权强化，不但对外与教廷分庭抗礼，对内部诸邦国的控制力也有所加强（比如腓特烈能轻易放逐颇具实力的"狮子亨利"），东征之前，腓特烈已经绕过选举，直接让24岁的儿子亨利当了德意志国王。要知道，君王立储在东方虽属理所当然，但在奉行选帝侯制度的德意志，这还没有先例。一旦腓特烈东征凯旋，他必凭此功绩进一步加强集权，扶儿子坐稳宝座，那样的话，甚至欧洲政治制度史的走向都可能因之改变。

不管怎么说，腓特烈究竟是死了，英名也好，恶名也罢，全都随着萨列法河，付诸流水。他死后，德国十字军散其大半，他随军从征的儿子士瓦本公爵小腓特烈将老父遗体做了简单的防腐处理，带着残兵继续朝南，向安条克方向艰难前行。

红胡子出师未捷身先死，包括萨拉丁在内的穆斯林都长出一口气，但压力并没就此消失。腓特烈是这一波东征浪潮的第一个波峰，前浪死在沙滩上，接下来的两团后浪，也已经朝着近东的海岸线，缓缓涌来。

狮吞地中海

和上一次东征时一样，作为先锋部队的德国十字军没走出小亚细亚就七零八落了，而此时理查和腓力率领的英法两军，还远远落在后边。这倒不完全是由于他们的路途更远，更主要的原因是打架成瘾的理查，在到达目的地之前就找到了过瘾的机会。

为了去近东打架，顺便解放圣地，理查这一次下了血本。他登基之前和老爸亨利二世打了十几年，已经让英国财政不堪重负，但这位新国王的新政不是与民休养生息，而是贯彻教廷精神在民间狠抽"萨拉丁什一税"，善于经商又名声不佳的犹太人，更是拷掠的重点对象，一番搜刮下来，几乎整个英国都钱包见底。接着他把手里一切值钱的东西拿去抵押贷款，把城堡庄园都当了个精光，又拍卖爵位和官职。最大宗的交易要数将"免贡免朝"等权利打包卖给了曾被亨利打败擒获的苏格兰王"雄狮"威廉，这事实上相当于转卖了自治权，被欺负惯了的苏格兰王终于有了扬眉吐气的机会。卖了苏格兰，理查还是觉得钱不太够，甚至动过念头想把伦敦城也卖了，最终因为找不到付得起钱的买家才作罢。敛足银子，理查带兵出发，英国的事务交给他最信任的老妈埃莉诺和教廷的代表伊利主教郎香的威廉打理，其时已是1190年暮春时节。

另一边腓力也启程了，不同于腓特烈的兴师动众，英法两军都是轻装上阵。腓力的兵力刚刚过万，理查更只带了8000名精兵（另有一小股后援的英军部队由坎特伯雷大主教率领走陆路）。此时，理查和腓力虽然彼此都不太看得起对方，但毕竟刚在一个战壕里斗过老亨利，鲜血凝成的战斗友谊也久经考验了，加上腓力当初为了拉拢理查，把自己的妹妹艾丽丝许配给了他，虽然还没过门，但理查也算是他的同志加内弟了，因此他们两人是天然的同盟。这次东征，两家也是商量着一起进兵，各自经过一段跋涉后，他们依照约定，于当年9月在西西里岛会师。

按照计划，英法两军将在岛上休整过冬，来年春天一同乘船直接在巴勒斯坦前线登陆。然而，刚登上西西里岛，两位国王就发现，这个越冬温室比他们预期的热得多，简直像座随时可能喷发的火山。当时西西里诺曼王朝的国王威廉二世故去已有半年，但各派势力争执不下，王位依旧空悬，明争暗斗如火如荼。

主要的竞争者有两派，一是腓特烈之子亨利，此时已经正式继任德意志国王，称亨利六世。他的妻子康斯坦丝是威廉二世的堂妹，是王位的合法继承人。亨利知道了父亲的死讯后，第一反应就是以威廉妹夫的身份要求继承西西里王位，同时整兵南下，准备交涉不成就强行接收。意大利北部的实力派城邦热那亚和比萨，已经站在了他一边。然而，西西里岛上的诺曼贵族不甘心接受德国人统治，纷纷鼓噪不服。罗马教廷也不愿看到曾给他们留下严重心理阴影的霍亨斯陶芬王族在南方得志，那将意味着教皇属地陷入德国人的南北合围。于是教皇与诺曼贵族们联手，推出了威廉二世的堂弟、鲁杰罗二世的私生子坦克雷德作为领袖，参与王位角逐。

本来西西里已是一团乱麻，说好在这歇歇脚过了冬就走的理查突然想到，自己的妹妹琼正是威廉二世的遗孀，便宣布为了捍卫妹妹的权益，他要自领西西里的国王。随后，理查借口他的士兵在墨西拿和一个面包商人鸡毛蒜皮的口角，发兵攻下了这座西西里千年古城，纵兵抢掠。

这下不光西西里人，连腓力都傻了，理查横生枝节闹起来，耽误行程倒是小事，重要的是，腓力外交政策的核心就是削弱金雀花王朝，解除其对法国的包围态势，一旦理查真的吞并了西西里，势力扩展到地中海，绝非法兰西之福。腓力赶去劝理查不要无事生非，坦克雷德等人也调兵遣将，准备把横行霸道的英国佬赶出岛去。剑拔弩张之际，时间已到了1190年11月，北边的亨利六世大军已经逼近意大利南部的港口那不勒斯。诺曼人不敢两边开战，腓力居中说项，理查和坦克雷德终于达成和解，狮心王放弃异想天开的王位主张，带着妹妹一起离岛，诺曼人则奉送2万盎司约567千克黄金给他们当路费。

诺曼人破财消灾，局面总算缓和下来，不过英法两军方面又闹出新的矛盾。按照出征前的协议，东征的一切收益要两国平分，但理查觉得诺曼人的黄金是自己一手敲来的，不愿分给腓力，最终只给了他三分之一。理查对西西里的野心让腓力心生惊惧，这次分赃不均更导致英法两王矛盾急剧激化，而接下来又发生的理查悔婚事件，直接让他们关系降到了冰点。理查在西西里结识了西班牙纳瓦拉王国的公主贝伦加丽娅，一见钟情之下，理查打算甩掉未婚妻艾丽丝，于是大造舆论，说艾丽丝生活作风有问题，与之解除了婚约。此事影响极为恶劣，饶是以腓力的城府都不免怒形于色。1191年3月30日，他没有按照约定再与英军同行，而是率着本部人马扬帆东进，把理查自己扔在了岛上。

4月20日，法军在阿克附近登陆。当时，一支多国部队正在围城苦战，其中的主力是跟随小腓特烈到此的德军残部，不过腓力赶到时，这位德国王子已经死于伤寒，现在指挥德军的是他的堂兄弟、奥地利公爵利奥波德五世。战斗异常激烈，有一次利奥波德也挂了彩，他带血的手在雪白的战袍上一抹，留下两道猩红的指印，这两红夹一白的图案就成了日后奥地利国旗的原型。此外，联军之中还有一位熟面孔，他就是原耶路撒冷国王，发誓不再与萨拉丁为敌却转眼就不认账的居伊。1188年他被萨拉丁释放后，争夺提尔统治权未果，就跑到安条克做了个祷告，声明向萨拉丁发誓属于假投诚，说了不算，还找来神父作见证，搞得煞有介事。此后，他带着两大骑士团的余部百十号人，在巴勒斯坦沿海地带打劫，没有根据地，只能流窜作案。1190年，居伊的夫人西比拉去世了，形单影只的居伊更加落魄。此前他听说德国法国的十字军就要来了，便派人接洽，遇见小腓特烈率领的德国残兵，就引着他们来打阿克。

截至此时，阿克之围已经持续了1年10个月，城里萨拉丁的守军拼死防御，双方难分高下，腓力加入战团也没让局势有所改观。

随后又有来自欧洲的各路人马赶来，围城大军不计其数，他们甚至在阿克城对面的海边又筑起了一座城堡，与之相持。但头号明星总要最后出场，十字军方面最能打的理查此时还没露面，原因是，他又在路上惹出了新的麻烦。

在西西里与腓力闹僵之后，理查也不愿再跟他搭伴，他特意多停留了10天，待法军的船走远了再启航。结果理查躲过了腓力，却等来了风暴，他的船队在地中海东部被大风吹散，几艘船漂到了塞浦路斯岛，搁浅了。

和西西里一样，此时的塞浦路斯也处在混乱状态，不同之处在于，这里不是没有政府，而是政府根本就是一伙强盗。强盗头目是出身前拜占庭皇室科穆宁家族的伊萨克·杜卡斯·科穆宁，他于1183年持伪造文书自领塞浦路斯总督，次年宣布独立，当时正经历改朝换代的拜占庭无力干预，只能听之任之。窃国之后，伊萨克残暴统治，引得民怨沸腾。史学家形容"这个岛在他的蹂躏下呻吟着，塞浦路斯人对他的愤恨已经达到忍无可忍的地步，他们时刻准备迎接只要是能结束这种暴政的任何事情"（斯塔夫罗斯《新编塞浦路斯史》，转引自《中东国家通史　塞浦路斯卷》）。

1191年5月，一阵狂风吹来了改变的契机。理查船队中的三艘船被吹到塞浦路斯岸边，其中一艘船上，有他的新女友贝伦加丽娅和刚从西西里接出来的琼。伊萨克闻讯赶去迎接英国贵人，贝伦加丽娅却觉得此人不是善类，不肯离船登岸，只请求伊萨克给点饮食，自感没面子的伊萨克拂袖而去，不许岛民为她们提供给养。不久之后理查坐船寻踪而至，得知未婚妻和妹妹受了冷遇，狮心王狮颜震怒，伊萨克怕了，恭迎英军上岛，赔了一大笔钱，又答应派军队参加理查的东征，还答应让自己的独生爱女到英军中做人质（这一条后来没有实施）。理查这才狮心大悦，索性就在岛上利马索尔城的圣乔治教堂跟贝伦加丽娅拜堂成亲了。截至今天，英国国王在海外完婚，也只有这空前绝后的一次。

大概是高兴过了头，理查随后就对伊萨克动了手，半个月间就将全岛从他手中抢过来。伊萨克兵败被俘，请求理查不要给他上铁镣，理查倒大方，叫手下取来一副黄金手铐给他戴上。伊萨克政权倒台，塞浦路斯人期盼已久的改变终于来了，可惜是越变越糟。理查对这个岛的搜刮尤甚于前任，还搞起移风易俗，强令岛民不许蓄须。

人逢喜事精神爽，娶了老婆又得地盘的理查满意地离岛，继续东征去了。6月8日，压轴的英国远征军出现在阿克城下，一路上吃遍基督教友的理查，这回终于看见了真正的"异教徒"。见猎心喜，狮心王纵声长啸，他要让整个近东都在他的狮吼声中战栗。

王者与霸者

阿克城下的联军虽然不满理查的姗姗来迟，但他们自己攻城略地的水平确实有限，没办法，只好都接受了英王的指挥。

理查把从西西里搞到的三船燧石装上抛石机，燃烧弹昼夜猛轰，还雇用大马士革降卒研究火药，可惜没能成功，反倒炸掉了自己几座兵营。待城头守军被己方的火力压制，理查传令冲击城墙。狮心王果然不是浪得虚名，打起仗来不但自己玩命，也激励手下舍生忘死，理查宣布，能从阿克城墙上撬下一块墙砖者，将获得同等重量的黄金。命令一出，早已疲惫不堪的十字军又充满了动力。重赏之下，勇夫成堆，大家抖擞精神，蚁附登城。城里的守军拼了快2年，也已到了极限，眼见敌军忽然像打了兴奋剂一样猛冲猛打，再抵挡不住了。7月12日，阿克守军终于开城投降。

理查仅用1个月的时间，就解决了其他人2年都没能解决的问题，自然豪情万丈。因此，当他在阿克城头阔步巡视，发现德军统帅利奥波德竟敢先于自己升起军旗时，立即勃然大怒，不由分说冲上前去，将德国人的旗帜扯下，扔进护城河。

理查的霸道让包括腓力在内的联军诸将都为之侧目，受辱的利奥波德也敢怒不敢言，不久后收拾人马回国去了。不过，德军中的一些士兵、教士和随军商人留在了阿克，他们建立了一个医疗互助组织，7年后该组织发展为三大骑士团中的后起之秀——条顿骑士团。

此时，萨拉丁仍在后方脱不开身，阿克失守后，他派使者和十字军联系，商量赎买俘虏。理查狮子大开口，要萨拉丁释放全部的基督徒战俘，归还真十字架，再倒贴20万金币，以换取2700名穆斯林战俘。萨拉丁手边一时拿不出这笔钱，就先交了4万定金，理查要他在40天内付讫余款，晚一天，2700名战俘全要人头落地。

当时萨拉丁外有敌军，内有叛乱，四处用钱，尽管他努力地东拼西凑，还是没能在协议期内付清，理查也真说一不二，2700人全部斩首。当时还有说法称，理查把他们的内脏都剖了出来，留作药用。（纳忠《阿拉伯通史》）

这期间，或许是受到攻克坚城的鼓舞，在阿克休整的联军诸将信心爆棚，又开始预支胜利成果，为了还没见影儿的耶路撒冷王位归属吵了起来。主要竞争者有两个：一个是居伊，另一个是哈丁战役后驰援提尔、力拒萨拉丁大军的蒙费拉侯爵康拉德五世。他们几年前就曾争夺过提尔控制权，当时康拉德获胜，二人间已颇有积怨。经过提尔保卫战，康拉德的威望早就远胜亡国之君居伊，况且现在西比拉已死，居伊和耶路撒冷王族没什么关系了，倒是康拉德娶了二婚的耶路撒冷公主伊莎贝拉，他对耶城王位的要求变得名正言顺，因此康拉德一派占了上风。腓力与康拉德沾亲带故，也支持他上位，而不愿看见法国人在耶路撒冷发挥影响的理查则力挺居伊，他的狮吼功一出，便把支持康拉德的声音压了下去。腓力自知争不过理查，好汉不吃眼前亏，索性称病不出，随后命香槟伯爵亨利率所部留下，代表他继续作战，他自己则带着另一半人马先行回法国去了。

腓力和理查，一个有智一个有勇，都是当时欧洲第一流的人物。如果通力合作，他们本当成为第三次十字军中的奥德修斯和阿喀琉斯，可惜英国人的傲慢与偏见刺激到了心怀鬼胎的法国人。随着两人关系的破裂，这次远征的前景也转为暗淡。腓力走后，原本的三大名王只剩理查一人，接下来的战争也变成了他和萨拉丁的单挑。

1191年8月，理查率军离开阿克准备南下耶路撒冷，此时萨拉丁也料理完了起火的后院，赶来与理查掰一掰手腕。9月14日，两军相遇于阿尔苏夫。

此处是一片开阔地带，双方各自排开阵势。十字军方面，弓弩手组成散兵线，排在前列；两翼是重装骑士，圣殿骑士居右，医院骑士居左；中军部分是理查亲率的欧洲精锐部队。士卒操戈露刃，战马跳尾扬鬃，白底红十字的圣乔治大旗下，狮心王手擎大斧，匹马当先。萨拉丁一边，也是精锐尽出，他亲自指挥，手下有马木留克骑兵、阿拉伯兵、塞尔柱兵，弓上弦，刀出鞘，严阵以待。东西两大族群的全面战争就此打响。

萨拉丁看见对方人数处于劣势，且按照国家或派别分成多个分队，凭着对十字军的惯有了解，他认为他们打起仗来会和以往一样各自为战。于是，他命部下主动出击，骑射手在外围放箭扰乱敌军队列，再由司职近战的骑兵沿各个方阵的间隙楔入，将之分割围歼。

正是经验主义害死人。阵形是死的，人却是活的。理查早对穆斯林军队的战法做了研究，也有了相应对策。敌军冲过来时，理查没有被其骇人的声势吓住，他命令弩手乱箭退敌。欧洲人使用的十字弩射程远胜穆斯林骑射手的弓箭，加上在平稳的地面瞄准，命中率自然高于在颠簸的马背上弯弓搭箭的对手。在十字弩的呼啸声中，萨拉丁的轻骑兵纷纷落马，理查的阵势则屹然不动。

萨拉丁搅乱敌阵的打算落空，只好遣出重骑兵硬攻。此时，早有准备的十字军弩手们已经按照部署，退回阵中，骑兵也主动向内收拢，原本居于内线的步兵们转到外围，竖起长矛，摆开刺猬阵，阻止敌方骑兵的冲锋，萨拉丁的第二波攻击又没能奏效。而他派出向理查阵后包抄迂回的骑兵队，同样没有得手。

一鼓作气，再而衰，三而竭。萨拉丁连番出手都被理查一一化解，攻守之势很快逆转过来了。理查见敌军力道已老，命令一直在保存实力的骑兵出击，他自己也催动坐骑，冲在第一线。此时，欧洲重装骑士护具方面的优势再次体现出来，穆斯林的弓箭射之不穿，片刻之间啼声轰鸣，铁甲骑兵已冲到近前。理查大斧舞得风车轮一般，不问士兵将官，一斧一个排头儿砍将去。这等杀气令萨拉丁身边诸位埃米尔心胆俱裂，纷纷要求退避，老萨虽有韬略，但个人武艺比较稀松，自知万万挡不住狮心王，也拨马而走。总算他手下还有一批马木留克高手，这些人冲上去以命相搏，才阻住势如狂狮的理查，萨拉丁等人得以安全撤下阵地。

阿尔苏夫一战，理查大获全胜，威名传遍巴勒斯坦。据说此后当地居民都以他的名字吓唬夜啼的小儿，而如果看见某人神色慌张举止失当，就会说："你见理查了不成？"意思与"你见鬼了？"庶几相近。经此一役，十字军也在哈丁惨败之后再度找回信心，越战越勇，萨拉丁则不敢再在旷野上与之争雄，只能退回去深沟高垒，以守为攻。

但战术上输掉的，萨拉丁要用战略手段赢回来。理查携大胜余威继续南进，萨拉丁命途中要塞坚守不战，同时焚毁粮食，填塞水井，坚壁清野，焦土抗战，又派出小股轻骑尾随，敌驻我扰，敌疲我打。果然，给养匮乏和近东恶劣的气候成了十字军新的敌人，大军步履艰难，阿尔苏夫大捷之后高涨的士气，不久后又转向低落。

十字军在艰难跋涉中度过了一个一无所获的冬天，总算到达了耶稣的诞生之地伯利恒。此时，他们离亟待"解放"的圣城只有20千米的路程了，稍一驱驰就可兵抵城下，但这跬步之距，竟终究无法跨越。

此刻已是1192年1月，地中海周边正处在降水频繁的季节。雨一直下，气氛也不算融洽，胜利带来的心理刺激已经消磨得所剩无几，军中对理查蛮横作风的不满以及各派势力之间的矛盾，重新浮现了出来。理查在军事会议上提出挺进圣城，但应者寥寥，各路将领都见过利奥波德的下场，知道理查不会与人共富贵，谁也不愿给他当炮灰。理查对其他各国的兵将毕竟没有绝对的指挥权，况且他也明白现在上下离心，士气低迷，不足以攻克耶路撒冷。几经权衡，他终于决定放弃。这一天，理查独自登上山坡，眺望耶路撒冷。圣地近在眼前，却又远在天边，其时潇潇雨歇，酸风刺眸，壮志难酬的狮心王悲从中来，禁不住三叹流涕顿足捶胸，怒指耶城泪不收。

不久后，萨拉丁也率兵增援耶路撒冷。吃一堑长一智，老萨这回坚守不出，只等着理查沉不住气来攻。但理查知道双方实力消长之后自己更是没戏，也就不逞匹夫之勇，转而进攻亚实基伦。萨拉丁收缩防守，沿海地带的防御几乎放弃，命令亚实基伦守军将城堡付之一炬，然后全城军民退走埃及，理查只得到了一片焦土。双方相持一段时间均无建树。到了1192年2月，理查拔营，撤回阿克休养。

从圣城门口无功而返之后，十字军内部矛盾激化，尤其居伊和康拉德关于耶路撒冷国王空头衔的争夺，愈演愈烈。理查见居伊实在难孚众望，转而支持康拉德，至于居伊，理查把塞浦路斯以10万英镑的价格挥泪甩卖出让给他。理查一手做了安排，康拉德为耶路撒冷国王，居伊为塞浦路斯国王，皆大欢喜。康拉德却不领情，他受够了理查的颐指气使，偷偷联系萨拉丁，愿意与他联手赶走英国人。

萨拉丁故意将消息透给理查，用以进一步分化瓦解对手，理查果然急了。此后，隐匿形迹很久的杀手之王"山中老人"忽然出手，派手下刺杀了康拉德。此事究竟是谁主使，已成悬案，但理查无疑是最大受益者，因此他被许多人目为买凶者，承受的舆论压力极大。康拉德死后，理查等人又安排法国的香槟伯爵亨利娶了二度守寡的伊莎贝拉，并担任耶路撒冷国王，称亨利一世。这位国王有名无实，只能在阿克组建流亡政府。倒是一向治国无方的居伊，被理查打发到塞浦路斯后，终于找到了当国王的感觉。他施仁政，减赋税，禁滥杀，把这个久罹祸乱的岛国拉上正轨。后来居伊于1194年去世，但他在塞浦路斯开创的吕西尼昂王朝，香火绵延了近200年。

再说萨拉丁。十字军内部吵吵嚷嚷的时候，他并没有一味地消极防御，在用天时地利和挑拨离间消磨敌人锐气的同时，他也在考虑反击事宜。十字军为了防止补给线被断，一直尽量贴着海岸线行动，但他们要想进攻耶路撒冷，就不得不转向内陆。萨拉丁密切关注着敌人的动向，耗了小半年后，萨拉丁判断，理查在阿克进退失据，兵势已疲，决定伺机反击。1192年7月，他调集人马包围了耶路撒冷西边的港口城市雅法，准备收复该城，将十字军分割包围在阿克与亚实基伦两座沿海的孤城之中。

理查等人都知道雅法意味着什么，他们获悉萨拉丁正在攻打该处，立即放下分歧，统一思想认识，尽遣精锐出阿克，水陆并进，急速驰援。在雅法港口，狮心王和萨拉丁再较高下。由海上来援的理查看见敌方攻打甚紧，便从战船上纵身跳入齐腰深的海水，一面手抡大斧劈波斩浪，一面呼喝手下跟进，"堕后者斩"。敌军气为之夺，纷纷逃散。理查从水里杀回陆上，又是一阵猛冲猛打，万军之中匹马纵横，战斧落处血肉横飞，如丘吉尔描述，"哪里最危险他就出现在哪里，打死最凶悍的敌人"。

但千枪万刃丛中，理查个人武功再强，也不能保证毫发不损。由于冲得太猛，他的战马受伤倒毙，理查只好徒步作战。下马之后，理查依旧力战不屈，但战斗力大减，形势危殆。或许是狮心王的勇猛让萨拉丁都为之折服，他命手下送了两匹好马给正在徒步拼杀的理查，说"英勇的战士不该没有马"。

这是王者风范还是妇人之仁，只能见仁见智了，但此举的结果是理查杀出重围，萨拉丁的人马也拼到力竭不能再战，只好收兵回营。次日再战，理查在300名弩手的掩护下，率领17名骑士，打退了萨拉丁千人队的数次冲锋，然后理查驰马出阵，呼喝索战，萨拉丁三军肃肃，无人敢膺其锋。吉本《罗马帝国衰亡史》称，此事见于穆斯林史家的记载。战不倒狮心王，萨拉丁只好撤回内陆，雅法之围遂解，十字军保住了海上补给线。

萨拉丁打不下雅法，巴勒斯坦沿海地带仍被十字军控制。但理查不敢再离开海岸线，收复耶路撒冷也就无从谈起。至此，理查与萨拉丁的较量也基本告一段落，双方再没有大规模的会战。从阿尔苏夫到雅法，甚至包括阿克和亚实基伦，理查对萨拉丁每战必胜，从军事能力上讲，他确实高过对手一筹，甚至在当时的整个西方世界，或许也无人能出理查之右。但千年以后，人们对狮心王的评价，不过是横行霸道之勇夫，崇尚暴力之莽汉，虽然也不乏侠士风度，但总的来说，人格方面不能与萨拉丁相比。

理查代表的是霸道，萨拉丁代表的则是王道。且不论萨拉丁在战场之外的治国等方面远胜理查，单看他在和理查的几次较量中表现出的王者风范，就高过对手。他不是迂腐更不是作秀，而是发自内心地奉行与皈依高尚行为准则。某种意义上说，是萨拉丁，而不是基督徒在身体力行耶稣"要爱你的敌人"的训谕，而这背后是常人难以理解的坚定信念和恢宏心胸。正因为有着这样的王者之风，即便在欧洲，萨拉丁也被后人当作骑士精神的典范，世代传颂，其千秋令名，更胜过数次打败他的狮心王。所以说，用大历史的视角来审视衡量，仁者无敌，诚非虚言。

以和为贵

时间已到了1192年8月，雅法战役之后，各条战线都僵持无果。正如吉本评价，互有胜负和祸福无常让两位君王觉得，上天在他们的争斗中是保持中立的。由于看不到取胜的希望，双方都有了罢斗求和的念头。

此时，陷于苦斗的理查忽然接到了一个十万火急的消息：留守英国的弟弟约翰与提前回国的法王腓力合谋，起兵造反了。自己在外面拼死拼活，家里人却在背后捅刀子！理查气得要吐血。另一边，萨拉丁的日子也不比他好过。他推行伊克塔制度后，军队已不是君王直属，而是分属下面的若干埃米尔。由于久战无功，空耗粮饷，这些大小军阀都无心恋战，而在一些统治薄弱地区，更有人准备乱中取利，图谋不轨。

现在双方都急需结束已无意义的消耗战。于是，两位君王的中军帐里信使往来，和谈开始了。

理查自以为在战场上英雄无敌，便在和谈价码上狮子大开口，他给萨拉丁的第一封信是这样写的：

> 地方糜烂，生灵涂炭，穆斯林与西方人都深受其害。现在事实真相已经大白，战争的症结无非是——耶路撒冷、真十字架、领土。耶城是我们的圣地，即便只剩一兵一卒，我们也不会放弃；至于"领土"，我们愿以约旦河为界；真十字架在你们看来不过是一块木头，没有任何意义，对我们来说则是伟大的圣迹，请归还我们。让我们从这长期的痛苦中得到休息吧！

萨拉丁看到这封信，大概要气笑了。这哪是求和，分明是言辞稍微客气一点的投降通牒。耶路撒冷，是三大宗教的圣地。且不论究竟对谁来说更神圣不可或缺，就当时的局势而言，穆斯林牢牢控制该城，以双方兵力对比和理查数次进逼耶城却连城墙都没摸到的表现来看，就算他没有后院起火这档子事，也断无破城的可能，而他现在一句"不能放弃"就要萨拉丁拱手让出，就算漫天要价，也没这个要法吧？至于领土，也是同样的道理。叙利亚历史上数易其主，波斯、马其顿、罗马、拜占庭都占过这块地盘，谁能说得清究竟谁是合法业主？阿拉伯人在7世纪时从拜占庭手中夺取此地，要是拜占庭人来讨，也还勉强说得过去，但这里有英国人什么事？耶路撒冷王国鼎盛时期确实占领过约旦河一带，但也是抢来的，又有什么理由要求人家归还呢？再说十字军虽在沿海地带数战逞快，但在内陆方向上并无尺寸之功，耶路撒冷还没拿下来，就打量起更靠东的约旦河，开口就要"以约旦河为界"。至于真十字架，确如理查所说，对穆斯林而言没什么意义，但十字军动不动就抬出它来，又是显灵又是圣战，有多少人被基督徒以它的名义杀戮！而且这是哈丁血战缴获的战利品，不论有用没用，总不能仅凭你轻描淡写的一句话，就双手奉还吧？

总之，理查不是把萨拉丁当傻子了，就是他自己有点太傻太天真，但既然要和谈，萨拉丁也总得给他个回信儿。

> 耶路撒冷归我们比归你们更重要，因为它是我们先知登霄的圣地，又是众天使集合的地方，我们决不能放弃。至于"领土"，那本来就是我们的，你们乘穆斯林衰微之际夺取之。说到真十字架，毁灭它是我们的至善功德，我们断不能忽视……（理查与萨拉丁的通信，见纳忠《阿拉伯通史》下卷）

试探性的接触结束，双方都验证了对手不会轻易被忽悠，于是更像样的条件开始摆上谈判桌。

理查又拿出一个异想天开的方案，提议把从西西里带来的守寡妹妹琼许配给担任和谈代表的萨拉丁之弟阿迪勒（已婚），还主动册封了阿迪勒的儿子卡米勒为骑士。当然，这项和亲政策也是有条件的，理查要萨拉丁将耶路撒冷城作为新婚贺礼，送给新郎新娘。

英雄竟折腰的第三次十字军东征，若能以这样一个婚礼来收尾，倒是能使其传奇色彩一以贯之。可惜在当时，信仰问题压倒一切，如果琼和阿迪勒联姻，两人之中必有一人要改宗，这不但当事人不能接受，理查和萨拉丁两个阵营的宗教势力也群起反对，终于不了了之。不过此事之后，双方的谈判也变得顺畅起来。理查国内局势愈发堪忧，萨拉丁也已积劳成疾，病体日益沉重。现在的选择，和则两利，战则俱亡。时间紧迫，双方都放弃了不切实际的诉求，缩回了远远迈过对方底线的脚，也都顶住了各自背后的顽固势力（罗马教皇和巴格达哈里发）反对和议的压力。终于，经过反复的试探和痛苦的妥协，他们找到了满足各自利益最大化的平衡点。

1192年9月2日，和平降临了。理查和萨拉丁的全权代表阿迪勒签署了协议，约定：

1. 耶路撒冷仍归穆斯林，但萨拉丁须对基督教朝圣者开放耶城和圣墓，不得向其收税或滋扰；

2. 十字军方面保有夺得的雅法到提尔之间的沿海地带，已被摧毁的亚实基伦则归还萨拉丁；

3. 穆斯林归还从耶路撒冷教堂夺取的教产，包括真十字架；

4. 该协议对安条克公国和的黎波里伯国同时生效；

5. 和议有效期三年三个月。

双方首要人物共同具名，和议生效。两军将士早就厌倦了无谓的争斗，都欢呼不止。昨日的对手此刻放下刀枪，赛马较技，歌舞欢宴。至此，第三次十字军东征结束。这场由腓特烈、腓力、理查三大名王，加上萨拉丁联袂主演的传奇战争，其实对双方来说都是得不偿失。十字军方面劳师远征，并没能实现收复耶路撒冷的首要战略目标，最大的收获只是塞浦路斯岛，这还是从基督徒自己人手里抢来的；而萨拉丁顶着欧洲人的轮番轰炸，损兵折将，耗资巨万，最终也只是保住了耶城，还丧失了重要港口雅法。在这种情况下，和局对双方来说，都是最好的结果。

联欢会后，阿迪勒以萨拉丁的名义向理查赠送了名贵的阿拉伯骏马，理查则回赠了挪威猎鹰。狮心王想请萨拉丁来自己营中一会，当面见见这位可敬的对手，可惜萨拉丁的伤寒病已经十分严重，不欲以病容示人，借口语言不通，婉拒了邀请。他也邀理查到耶路撒冷观光，但心高气傲的狮心王不愿像他的一些手下那样，放下武器进城朝圣，他表示要进城，只会以征服者的身份进，对此，萨拉丁一笑置之。

于是，这两位惺惺相惜的对手，最终缘悭一面，没能近距离地站在一起，萨拉丁曾在战场上望见狮心王所向披靡的英姿，而狮心王对他就只能遥寄神思了。后世的画家创作了许多他们在一起的画作，比如14世纪的宗教书籍《勒特雷尔圣诗集》的一幅插图上，理查举枪刺中了萨拉丁，而在20世纪阿拉伯画家笔下呈现的，则是理查在萨拉丁的营帐中向他鞠躬。当然，这都是后人站在各自立场上，一厢情愿的想象了。

1192年9月29日，理查先送家眷登船回国，10天之后，他自己也收拾好军马，扬帆而去。临行前，他托人带话给萨拉丁，豪言3年之后，必将回来再决高下。可惜，无常的命运让理查的誓言最终落了空，他没能再回东方，狮心王与萨拉丁的对决也就此落幕，只留下一段令后人思之神驰的传奇。

真正的传奇，不需要续集。

按

关于理查与萨拉丁停战协议的有效期，另有五年和三年九个月两种说法。关于归还真十字架一款，最终则没能履行，有研究者认为当时真十字架早已损毁，萨拉丁已无法将之交还。

一页风云散

1193年3月4日，距离和约缔结，堪堪过去半年。

虽然没有确切的资料记载这一天大马士革的天气，但可以肯定的是，在这个乍暖还寒最难将息的日子里，许多大马士革人的心，都被笼罩在愁云惨雾之中。因为就在这天，已经缠绵病榻多日的萨拉丁，在他的都城闭上了眼睛，溘然长逝，享年55岁。

萨拉丁死于伤寒，但确切地说，导致他沉疴难起的，还是无休止的奔波与战斗。从26岁那年跟随叔父出征之日起，本来属意经卷文墨的萨拉丁就再没能换下戎装，剿法蒂玛王朝余党、降努尔丁宗室死忠、围山中老人、斗鲍德温四世、破圣殿骑士团、抗狮心王理查……一年三百六十日，多是横戈马上行。尤其是与理查的几次过招，更让他殚精竭虑，伤寒病就是在这期间染上的，接下来他又拖着病体在中东四处奔走平叛，终至不治。如果说萨拉丁初期夺取埃及兼并叙利亚还只是为了自己的霸业鞠躬尽瘁，那么后期哈丁大捷、收复圣城、力抗十字军，则可以视作为整个伊斯兰世界死而已。阿拔斯王朝衰颓之后，是他让埃及和叙利亚实现了几个世纪以来所未有的统一，而夺回耶路撒冷，更是让被十字军压制了近百年的穆斯林扬眉吐气。因为这些功绩，萨拉丁和努尔丁被阿拉伯人并称为两个"当代欧麦尔"（开疆拓土的阿拉伯第二任哈里发）。

但萨拉丁不只是一个征服者，更是一个建设者。埃及和叙利亚至今还保留着许多他的营建，其中既有惠及民生的公路、运河、堤防、卫生设施，也有巩固国防的要塞、堡垒，更有推进宗教事业的清真寺、礼拜堂、宗教学校。与此同时，他并没有兴建供自己享用的殿宇苑囿（如今大马士革的萨拉丁陵墓是后人修建），他曾慷慨地以一座城市、一个行省来奖励功臣，却自奉甚薄。在埃及自任苏丹之后，萨拉丁仍然恪守伊斯兰教规，滴酒不沾，躬行节俭；在推翻法蒂玛王朝自立时，他将取自前朝内帑的全部财宝分与手下，自己一介不取；在拿下大马士革之后，他将努尔丁的财产封存起来，后来全数移交给努尔丁的后人。伏尔泰的《风俗论》中写道，当萨拉丁停止呼吸，他的仆人拿着裹尸布传视诸人："看吧，这就是东方的胜利者萨拉丁带走的全部战利品。"这不是刻意的煽情，许多文献中都明白记载萨拉丁的遗产清单：47个银币和1个金币。

至于其他的财富，萨拉丁弥留之际已经传令，将平均分给大马士革的所有穷人——不论他是穆斯林、犹太人，或是基督徒。萨拉丁通过此举向手下们诠释他的理念："所有的人都是兄弟，救济他们，不该问他们信仰什么，只该问他们有什么疾苦。"从他在埃及、叙利亚，特别是在耶路撒冷的作为来看，这确是他一生奉行不渝的信条。

这种宽容精神，正是萨拉丁留给后世的最大遗产，尤其是在他所身处的12世纪，几乎整个东半球都陷于灾难和杀戮。东方的中国经历了靖康之变、宋室南渡的天下崩离，西方从英国到德国再到拜占庭，也都在血火之中见证了王朝改易的干戈扰攘。在弥漫旧大陆的一片淋漓鲜血惨淡人生之中，萨拉丁表现出的人性光辉更显弥足珍贵，它让当时的平民看见，悲惨世界原来还有一分期待，也让后世的枭雄们知晓，名垂千古原来还有一种方式，那就是——宽容。

萨拉丁无愧于他名字的含义：世界的正义与真理。

萨拉丁身故，他与理查的三年之约自然无从实现，但即便他不死，狮心王那一边也已无力履约了，因为他此时的遭遇对他来说或许比死还难堪——他做了囚徒。

几个月前离开巴勒斯坦，理查的船队沿着来时路驶向意大利南部，行至亚得里亚海时，他们又一次与风暴不期而遇。上次遭遇风暴，理查因祸得福夺取了塞浦路斯，这一次他的运气就没那么好了，他的船只和人员都损失惨重，只能在意大利北部弃船登岸，从陆路返回他在法国的属地。

途中要经过的，是满怀敌意的德意志。理查清楚地记得自己是怎么对待德国人的，人在矮檐下，狮心王也只好放下骄矜，乔装改扮，秘密潜行。可惜，冤家路窄，他回国的必经之路，正是遭他折辱最重的奥地利公爵利奥波德的地盘。得知理查上岸后，正愁没有报仇雪耻机会的奥地利公爵大喜过望，命人布下天罗地网，搜寻理查的踪迹，终于将他逮个正着。

现在狮落平阳，也只能任人欺负。所幸利奥波德的法治观念还比较强，逮住了这样的重要人物，也不敢擅自杀了泄愤。关了理查一段时间后，利奥波德将他移交给堂兄德皇亨利六世，亨利向英国索取赎金，开价15万银马克。

此时，叛乱的理查之弟约翰已经控制了英格兰北部以及威尔士，但以伦敦为核心的东南部仍忠于理查（侠盗罗宾汉的传说正是以这段历史为背景）。坐镇伦敦的太后埃莉诺决定下血本营救爱子，但德国人的要价相当于英国两年的岁入，理查东征之前已经把英格兰的地皮刮去了不止一尺，现在埃莉诺也手头紧凑，只好和德国人商量着按揭付款。与此同时，约翰和腓力也向德方报价，出8万银马克让亨利六世引渡理查，这个价码显然满足不了德皇的胃口。腓力知道理查获释是早晚的事了，于是给约翰递了条短信："小心，魔鬼就要放出来了。"

到了1194年2月，埃莉诺和支持理查的宗教界人士又拍卖又募捐，使尽浑身解数还是凑不齐钱。亨利六世眼见真的榨不出更多油水了，加上理查被囚之事渐已传开，欧洲各界指责他关押十字军英雄的舆论压力越来越重，德皇终于决定先放人，日后再催收余款。

获释的狮心王一路小心翼翼地躲开腓力的眼线，穿过法国。3月16日，伦敦，王者归来。虽然理查横征暴敛，但他的英雄气概和东征的功绩，还是使他在英国享有很高的民众支持率。约翰虽然拼死顽抗，但理查的平叛战役仍然势如破竹，作乱者很快被从其据守的城堡中赶出，逃到法国去了。

理查十分清楚弟弟造反的幕后黑手是腓力，在德国人监牢里憋闷了一年之后，他急着要出这口恶气，于是平定英格兰后，又马不停蹄赶过海峡，找法国人算账。几年之中，理查与腓力这对冤家互有攻守，打打停停，一直缠斗到1197年。怒狮般的理查在吉索尔战役中大败腓力，从此占了上风，法国国王只能带着残兵败将在自己的国土上四处逃亡。

此时约翰已经向理查投降，并获得了哥哥的宽宥，元凶只剩腓力一人了。不过，胜利在望的理查也无力再进一步，连年征战早已掏空了英国的国库，而他拒绝与腓力讲和，也让自己和整个英国都在战争泥沼中越陷越深。此后的两年中，理查仿佛推着石球的西西弗斯，总做着重复而徒劳的努力。每当他击败腓力，准备乘勇追穷寇的时候，军费问题就如扣在他脚上的镣铐一般把他拖住。直到有一天，理查听到了一个传说：他的手下发现了一笔价值连城的巨额财宝。

传说是这样的：有人在法国的沙露堡附近挖出了4个真人大小的黄金人像，分别是国王、王后、王子、公主，一家人围坐在一张黄金桌子前。关于财富的传说是所有传说中最能打动人的，尤其理查此刻正穷得发疯，这笔财宝正好可以填充他已经见底的荷包。于是，狮心王想也不想就率领人马赶赴沙露堡，向手下索要"黄金全家福"。

其实只要稍加思索，就能发现这个传说完全是无稽之谈，而且十有八九是腓力散布的谣言，借以诱骗理查和自己的手下翻脸，而当局者迷的理查，完全按照腓力设计的剧本，去扮演上当受骗者的角色。他赶到沙露堡，城里的人当然交不出他想要的东西，愤怒的狮心王不愿财宝的传说就此破灭，他要打进城去，亲自搜查。针对自己人的攻城战开始了，本来沙露这样的小城对理查来说一鼓可下，但城里的人情急拼命，一支弩箭飞射出来，正中理查左肩贴近脖子处，蛮劲发作的理查依旧猛攻不止，待得终于杀进城去之后，再行医治，却已迟了，他的伤口感染了坏疽。

此时狮心王终于意识到自己大限已至，他召集了包括母亲埃莉诺在内的重要人物，宣布死后传位给弟弟约翰，要所有的人宣誓对约翰效忠。随后，他召见了射伤他的那个弓箭手，不但赦免他，还给了他一些钱。最后，已经7年没有忏悔的理查招来神父，向他告解。在教士的诵经声中，狮心王永远斗志勃发的面孔，终于归于平静。

可惜的是，理查去世之后他的遗愿几乎全部落空，那个本已蒙他宽宥的弓箭手，又被抓回来处以剥皮酷刑；而更令理查遗憾的大概是约翰的无能，他接任了英国国王兼诺曼底公爵，安茹和布列塔尼等地则由他已故的三哥杰弗里之子亚瑟控制。亨利二世建立的"安茹帝国"再次回到分裂时代。被理查追得喘不过气的腓力，也终于迎来了转机。接下来他将摆脱狮心王配角的身份，开创由自己主演的新传奇，这幕大戏的高潮部分将在下个世纪的1214年上映，届时，无能的约翰将把英国人在法国的大片属地都输给他。

终于到了为理查盖棺论定的时候。丘吉尔评价理查时，把他比作传说中的亚瑟王和骑士罗兰，而在这里，我们不妨将理查与我们熟悉的中国帝王做一类比。从所作所为上看，他像是西楚霸王项羽，同样是纵横一生，几无敌手；从人生轨迹上看，他类似后唐的李存勖，少小习兵，勇冠三军，最终却死于竖子之手；从内心性格上看，他更接近明武宗正德皇帝朱厚照，天生好动好斗，沉溺于兵戈战阵，乐此不疲，也同样自以为春秋鼎盛，来日方长，结果连个子嗣都没来得及留下就把自己玩得"突然死亡"了。他和这几位帝王还有一个更大的共同点：不懂如何治理国家，也无心去弄懂。他在位10年，仅到过英格兰两次，总共逗留了几个月，其余的时间，他不是在打仗，就是在去打仗的路上。

理查的穷兵黩武，需要他的属民买单。在他统治期间，金雀花王朝的臣民们背负着沉重的赋税压力，理查带着他的大军在欧洲版图上打了一个圈，但没能为他的帝国，甚至没能为他本人带来实惠，恰如丘吉尔所说，"他的人生有如检阅，过后只留下一片荒野"。在他的治下，英国人的生活质量较之亨利二世时代急转直下。

然而，理查作为在这个时代无出其右的武士，他的传奇色彩和英雄魅力又是那些"有道明君"们无法比拟的。到了19世纪的维多利亚时代，在那些没亲身经历过他的压榨的英国后人眼里，所有的弊政暴行都被选择性遗忘了。狮心王已被洗白为一个单纯的英雄形象，人们在英国国会大厦前为他竖起雕像，这样的殊荣没有几个人能与他分享。后世学者在评价他时，避过夺目的光环照耀仍保持着冷静："他更像一个盗贼，永远四处巡游，四处探查，四处搜寻，看看有没有哪个不设防的地方，可以让他偷点东西。因此，英国国会前立着的，不只是一个伟大的战士，也是一个天才的、坚持不懈的收税官。"（本内特、霍利斯特《欧洲中世纪史》）

随着狮心王理查传奇一生的落幕，12世纪，这个充满传奇的世纪，也到了尽头——这一天是1199年4月6日。

40

NO COUNTRY FOR OLD MEN

That is no country for old men. (那不是老年人的国度。)

20 世纪爱尔兰诗人威廉·叶芝的诗作《驶向拜占庭》(*Sailing to Byzantium*) 以此句开头，肃杀之气扑面而来。叶芝这首诗，并非仅为抒发怀古幽情而作，诗中的 old men 也算不上反面形象，但他字里行间的描画，正是 12 世纪末那个西风残照中的君士坦丁堡的写照：

> 一个衰颓的老人只是个废物，
> 是件破外衣支在一根木棍上，
> 除非灵魂拍手作歌，
> 为了它的皮囊的每个裂绽唱得更响亮；
> 可是没有教唱的学校，
> 而只有研究纪念物上记载的它的辉煌，
> 因此我就远渡重洋而来到
> 拜占庭的神圣的城堡。

（叶芝《驶向拜占庭》，查良铮译）

年华老去，仿佛只是转瞬间事。自 1071 年的曼齐刻尔特战役以来，拜占庭就一直在下降通道中稳步前行，但这个帝国伟大的先人们已打下了足够的基础，以至于直到 12 世纪后期的曼努埃尔一世时代，昏睡百年的拜占庭，各项经济指标仍能在欧洲稳居首位。君士坦丁堡被时人称为"世界上最美丽的城市，拥有天下财富的三分之一"。甚至 1176 年密列奥塞法隆战役的大败，也只是让拜占庭皇帝"没完成其野心，但至少也没失去什么"（特里高德《拜占庭简史》）。这时的拜占庭，虽然已是高龄近800岁的老者，但仍有眼明身健之幸，茶甘饭软之乐，保有令人尊敬的老派贵族风范。

天崩地裂的大灾变开始于1180年曼努埃尔一世去世后，11岁的遗孤阿莱克修斯二世坐上皇帝宝座。这个小孩是其父51岁那年的意外之喜，自幼娇纵无度，顽劣不堪，没能磨炼出鲍德温四世或腓力二世那样的才干。继位之后，他的母亲安条克的玛丽母以子贵，成了君士坦丁堡的实权人物。可是这位太后也没有垂帘听政的本事，先王过世后她本来宣称要当修女为之守节，但随后就反悔，半公开地与情人勾搭在一起。除了私生活不检点，她的执政能力同样乏善可陈，处理塞尔维亚人、匈牙利人、塞尔柱人的问题时，没有一样不搞砸，她的糟糕表现让君士坦丁堡人怨声载道。

1182年，为政者一塌糊涂的成绩为觊觎者提供了清君侧的机会。已经64岁的宗室宿将、阿莱克修斯的族叔安德罗尼库斯·科穆宁发起兵变，攻占了君士坦丁堡，把民愤极大的玛丽遣回修道院看押，其情夫被处死，安德罗尼库斯自立为摄政王。安德罗尼库斯此前为人和善，处事公允，素有贤名，但事实证明，这都只是"王莽谦恭未篡时"。掌握了政权之后，这个老头的残忍本性暴露无遗。他以小皇帝的名义剪除异己，残害忠良，甚至让阿莱克修斯二世签字，以"勾结匈牙利人入侵"的罪名处死了太后玛丽。1183年，觉得时机成熟的安德罗尼库斯又暗杀了小皇帝，自领皇位。此后，他镇压反对者更无顾忌，动辄夷族，自己挥霍无度，却又以反腐败之名抢掠贵族家产，终至君士坦丁堡暴力横行，几近失控。

在拜占庭的大乱命中，又发生了遗患无穷的"清洗拉丁人"运动。自第一次十字军时代起，大批西欧人涌入拜占庭，原住民感到生存空间受了外来户们的挤压，双方摩擦不断。1182年安德罗尼库斯上台后，秩序全面败坏，压抑已久的君士坦丁堡民众趁乱捣毁了西欧人的聚居区，商店民宅乃至教堂都被焚毁，罗马教廷的代表红衣主教约翰也被乱民杀死，他的头被割下来拴在狗尾巴上游街示众。类似的暴乱场面也出现在帝国的其他地区，而西欧人闻知消息后，自然对拜占庭愤恨不已，敌意和仇恨在彼此心中不断沉积。

安德罗尼库斯的统治仅维持到1185年，这一年诺曼人入寇，占领了帝国第二大城市塞萨洛尼基。外患当前，安德罗尼库斯仍在首都大搞清洗活动，清洗对象中还包括他的女婿——一个名叫伊萨克·安格鲁斯的贵族。已对安德罗尼库斯忍无可忍的民众和教士们推戴伊萨克为王，起事反抗暴君。大起义很快席卷全城，最终伊萨克带着起义者冲进王宫，杀尽安德罗尼库斯全家，老暴君本人被斩手剜眼，用沸水活活烫死，拜占庭的科穆宁王朝以这种惨烈的方式绝嗣。伊萨克被君士坦丁堡大主教加冕为帝，这就是已在前文出场过的开创了安格鲁斯王朝的伊萨克二世。

伊萨克二世统治时期，帝国从改朝换代的大动乱中恢复了些许元气，伊萨克明智地奉行左右逢源、得过且过的治国思路，成功地化解了第三次十字军东征中与腓特烈和萨拉丁的两次外交危机。此外，他虽然懒于政务，却任命了一些有治国之才的官员，通过他们的努力，民生改善，府库充盈，帝国竟有了一丝中兴的味道。

但伊萨克并不知道这一切只是回光返照，他急于享受盛世的成果，财政增收都被用于扩建皇宫、招揽优伶、购置奢侈品，他的宦官仆从激增到2万人，每天的用度高达白银4000磅（约1814千克），他甚至在马尔马拉海上修筑人工岛，以供休闲娱乐之用。（陈志强《拜占庭帝国史》）上有所好，下必甚焉。皇宫中的奢靡风气很快传遍帝国高层，贵族世家竞相追求享乐，以骄奢淫逸为荣，以艰苦朴素为耻。刚刚见了一点起色的国势，自然经不起权贵们这样挥霍，加之此时拜占庭正处在严重的外患中，疆域已经萎缩到了历史新低，国内保加利亚、塞尔维亚等异族属民的叛乱，也有星火燎原之势。对此伊萨克视而不见，埋首于醉生梦死的享乐之中。

终于，伊萨克上台伊始那种主昏于上、政清于下的有限乐观局面难以支撑了。1195年，当西欧的理查与约翰打得热火朝天时，东方的拜占庭也上演了兄弟相残的一幕。这一年，巴尔干半岛西部塞尔维亚人的叛乱愈演愈烈，伊萨克二世派他最信任的弟弟阿莱克修斯前去镇压，而阿莱克修斯却在前线哗变，随后率兵打回都城君士坦丁堡，废黜了伊萨克二世。报应不爽，挖了安德罗尼库斯双眼的伊萨克也被弟弟废了招子(拜占庭的政变者经常这么对待被废黜的帝王)，囚禁在一座塔楼上。获得了君士坦丁堡贵族支持的阿莱克修斯随后自立为帝，称阿莱克修斯三世。至此，安格鲁斯王朝泯灭人伦的权力斗争，达到了更高点。

阿莱克修斯三世还改姓科穆宁，希望借重前朝百余年间攒下的人气，但姓甚名谁并不重要，治国之才才重要，这种才干恰恰是阿莱克修斯三世缺乏的。

吉本评价他"比他哥哥更无耻",美国人特里高德的《拜占庭简史》中则称他是"一个令人讨厌、毫无远见又贪婪的人",全靠着权谋术数来维系统治。而他屠兄自立,为全国人民做了一个极坏的示范,从他上任之日起,国内反对他的叛乱就没有停息过,各边疆地区的独立态势更加一发不可收拾。对此阿莱克修斯三世只能力求控制住君士坦丁堡以及周边小部分地区,对于远处的帝国疆土,他鞭长莫及,索性听之任之,只要对方不来攻打首都赶他下台,那就睁一眼闭一眼,大家相安无事好了。

最要命的是,伊萨克执政时曾经答应偿还威尼斯人一笔欠款,已经还了大部分,但阿莱克修斯上台后宣布断供,此举惹恼了地中海的航海霸主威尼斯,日后阿莱克修斯会因此追悔莫及。

1200年,新世纪的太阳升起来了,拜占庭却笼罩在夕阳西下的末世晚照之中。从北部的色雷斯到南部的希腊,烽火遍地的帝国,已陷入事实上的分裂,经济和民生状况更是糟到无以复加。仅仅四分之一个世纪以前的曼努埃尔时代,拜占庭还稳居欧洲之翘楚,而现在,这个经历数代经营的老帝国,虽然仍有着西欧人做梦也想象不出的雄伟的城堡、开阔的码头、珠光宝气的教堂、来往喧嚣的集市,但这些地方,看不到带有希望的生气。这座城市和他的居民只能如叶芝诗歌中描写的老人那样,缅怀着昔日的荣光,哀叹韶华不再。

在这个新世纪的第一年,还发生了一件事,将垂垂老矣的拜占庭推向绝路——伊萨克二世的儿子小阿莱克修斯逃跑了。1195年政变时,这个小皇子年仅12岁,阿莱克修斯三世夺权之后没有斩草除根,只是将这个同名的侄子看押起来,还经常带在身边。1200年,君士坦丁堡发生了一起骚乱,阿莱克修斯三世亲自指挥镇压,忙乱之下顾不上看管这个侄子。混乱中,已经长到17岁的小阿莱克修斯甩掉了看押他的卫兵,跑到码头,跳海遁逃。

阿莱克修斯三世闻报暗叫不妙,他能猜到侄子的去向。伊萨克二世还有一个女儿伊琳尼,嫁给了德皇亨利六世之弟士瓦本公爵菲利普,而这个菲利普在亨利病故后被选为德意志国王。小阿莱克修斯必是去向这位实力派姐夫求助了。

不出他所料,小阿莱克修斯跳海之后逃上了一条意大利商船,并随船辗转前往西欧,去投靠姐姐和菲利普,以及一切可能的支持。君士坦丁堡的丧钟,就从这一刻起敲响了。

41

威尼斯阴谋

亚得里亚海的西北角，有一座城市与拜占庭国土隔海相望，这就是威尼斯。

公元5世纪，匈人王阿提拉挥起他的上帝之鞭，直欲南下，踏平西罗马帝国，铁蹄过处，意大利北部尽成齑粉。尽管那次虎头蛇尾的远征最终没能达到预期的战果，却造就了一个意外的产物：一群家园被毁的难民，逃到了亚平宁半岛和巴尔干半岛夹角处，一座被海水和沼泽环绕的荒芜小岛上。后来，战乱结束了，但寻求避难的人们也没有离开这个庇护所，而是在这片无耕地、无淡水、被认为人类不可能存活的生命禁区，硬是建起了一座城市，这就是威尼斯。

尽管从果腹的粮食到建房的土木，岛上一律欠奉，但对坐守大海宝库的威尼斯先民来说，这都不算什么。在立国理念上，威尼斯人堪称日本人的导师，不能自给自足的，就用贸易来解决。威尼斯人从当地特产海盐做起，赚到钱后，一面购置生活必需品，一面拓展业务，搞多种经营，买卖的商品很快拓展到香料、丝绸等东方奢侈品，还有木材、铁矿石之类的战略物资。贸易网络也越铺越广，地中海、黑海甚至红海沿岸，都能看见威尼斯商船的踪迹，他们是那个年代的"海上马车夫"。威尼斯人赤裸裸地追求利润最大化，即使是贩卖奴隶也在所不惜；对贸易对象也不挑剔，不管是基督徒还是穆斯林，货款面前人人平等，真正做到了超越信仰一视同仁。

凭着这种"利之所在，无所不到"的精神与勇气，威尼斯这座举世无双的水城经历了几个世纪，终于成长为地中海富甲一方的商人共和国。到11世纪时，威尼斯的年贸易额几乎堪比拜占庭帝国的岁入。同时，为了保住辛苦赚取的财富，威尼斯人大力发展海军，有出众的造船工艺和航海技术作为支撑，威尼斯的海军力量从9—10世纪以来，一直是地中海的执牛耳者。因此，历次东征的十字军都曾寻求他们的帮助，而威尼斯人也通过为他们提供运输服务，获得了巴勒斯坦一些城市的特权。

在威尼斯的众多贸易伙伴国中，与他们关系最微妙的，当属拜占庭。在 11 世纪初拜占庭强大的君主巴西尔二世在位时，威尼斯人依附于他的权威；在阿莱克修斯一世时代，他们两家曾联手对抗西西里岛的诺曼人王朝；直至曼努埃尔时代前期，他们还保持着某种程度的盟约。但曼努埃尔与诺曼人媾和之后，不再需要借重威尼斯人的制衡，为防止威尼斯势力在拜占庭做大，曼努埃尔转而拉拢他们的主要商业竞争对手热那亚人，玩起了以夷制夷。再后来，国力回升的拜占庭向西拓展势力，直接触碰了威尼斯人在亚得里亚海的专属航运利益。经过这一系列变故之后，双方关系变得愈发紧张。安德罗尼库斯时代拜占庭人的排外运动，又将矛头直指旅居君士坦丁堡、享受奢华生活的威尼斯富商们。两国邦交恶化到了极点。此后，从伊萨克二世到阿莱克修斯三世，拜占庭对威尼斯的政策摇摆不定，时而用小恩小惠加以笼络，时而又翻脸不认账。威尼斯人厌倦了帝国的朝令夕改，虽然他们是商人，但碗里的奶酪总是被乱动，商人也会拼命，威尼斯商人们开始酝酿一个惊人的计划：占领君士坦丁堡。

1201 年 2 月，六位来客造访威尼斯的圣马可宫，接待他们的是 93 岁高龄的威尼斯总督恩里科·丹多洛。

访客们是最新一批的十字军代表，为首的是香槟伯爵特奥巴尔德手下的元帅若弗鲁瓦·德·维尔阿杜安。原来，1198 年罗马教廷的新任教皇英诺森三世上台之后，准备再一次招募人手，完成理查等人半途而废的东征计划。他手下的"宣传委员"是教士富尔克，此人虽然号称有能让强盗洗手、妓女从良的口才，但从实际效果上看，他的煽动能力远不如当年的隐士彼得和圣伯尔纳。他动员腓力二世未果，跑去理查那里游说，更遭到了他的抢白。历尽周折，富尔克终于在 1199 年 11 月的布鲁日骑士比武大会上拉到了香槟伯爵特奥巴尔德入伙。这位年仅 22 岁、少不更事的伯爵答应出兵，他当时在场的几位好友布卢瓦伯爵路易、佛兰德尔伯爵鲍德温、骑士西蒙等人也起而响应，最终凑了六七位二线贵族，组成第四次十字军的班底。

特奥巴尔德等人制订了一个不同以往的作战计划：进攻埃及。应该说这个计划体现了一定的战略眼光。以往直取耶路撒冷的十字军，总会遭到敌人从埃及和叙利亚南北两方的夹击，疲于应付；而其中埃及是阿尤布王朝的兵库粮仓，根本之地，如能夺取，失去一翼的穆斯林势力就难再控制耶路撒冷。但欧洲到埃及有地中海阻隔，特奥巴尔德等人都知道，要渡海征战非依靠威尼斯人出船运载不可，于是选派了若弗鲁瓦等六人作为代表，到威尼斯寻求帮助。

听若弗鲁瓦等人陈述了来意，老丹多洛失明的双眼都闪出了神采，一本万利的运兵买卖又送上门来，不但可以借机大敲竹杠，甚至还可以因势利导，把这股冲动的破坏力量引向眼中钉拜占庭。

丹多洛不愧是威尼斯商人的首领，深谙抬价之道。他开出了极为苛刻的条件：为十字军运送4500名骑士、9000名骑士扈从、2万名步兵，外加4500匹战马，再提供9个月的粮食，总价格85 025银马克；此外，威尼斯出50艘战船助战，东征的一切收益，十字军要与威尼斯方面平分。这样的运费价格已经足够离谱，"平分战利品"更是十足的霸王条款，不过当前急于东征的若弗鲁瓦一口应承了下来。此时，丹多洛尽显老谋深算。虽然已经占足了便宜，却还是表现得十分为难，说要将议案交由全体威尼斯公民们表决。

于是，这六位十字军派来的财神，在圣马可官前的广场上与1万名威尼斯市民见了面。丹多洛将待批的合约条款告知众人，然后若弗鲁瓦把从富尔克那里听来的说辞复述给威尼斯人，传达了教皇收复耶路撒冷的最高指示，又声泪俱下地描述了他们想象中圣地惨遭异教徒践踏的景象，最后他率领代表团拜伏于地，向听众们恳请道：

> 各位卓越的威尼斯市民！我们奉伟大和强势的法兰西贵族派遣，恳求海洋的主人协助我们拯救耶路撒冷。他们命令我们这几位代表匍匐在各位脚下，这份盟约是为了基督徒所受的伤害进行报复，要是你们不批准，我们就绝不从地上起来！（吉本《罗马帝国衰亡史》）

丹多洛拟定的肥约已经足以让威尼斯人心动，而若弗鲁瓦这样勇于挨宰的姿态，更让听众们心中暗喜。大家当场举手批准了合同，双方就地立约，说好1202年6月十字军到达威尼斯，由主人负责提供给养，并装船运走，若弗鲁瓦还付了5000银马克定金。签约已毕，觉得不辱使命的若弗鲁瓦等人满意地告辞，与丹多洛分别之际几步一回首，连称"谢谢啊"。

接下来，签获大额订单的威尼斯人欢天喜地打造兵船，筹集粮食，修建供十字军使用的营房。另一边，若弗鲁瓦也把立约的消息带给各路诸侯，大家分头招兵买马，准备东征。1201年很快就在热火朝天的气氛中过去了。

转眼就到了1202年，约定的出师之日越来越近，没承想，此时又生出了始料不及的变故。首倡东征之举的香槟伯爵特奥巴尔德在1201年底染病去世了，教皇英诺森指定意大利的蒙费拉侯爵博尼法斯接任主帅，此人是那位当过两天耶路撒冷挂名国王的康拉德的弟弟。接手之后博尼法斯发现，此前特奥巴尔德等人对兵力的估算实在离谱，他们和威尼斯人签订了运载3.35万人的运输合同，但现在凑起来的人手只有1.1万，再也招募不到一兵一卒。博尼法斯只好带着这些人前往威尼斯，希望能说服对方，看在东征大业的份上，酌情减免一部分运费。

果然，博尼法斯与威尼斯人的谈判没能取得任何进展。商人重利，什么神圣事业根本不在其考虑之列，威尼斯人咬死了按合同办事，就算只渡一人，也要按照3.35万人的合同定额收足钱款，一个子儿都不能少。博尼法斯等将领只好自掏腰包补足差价，但仍差3万银马克凑不上。十字军在水城逗留了4个多月，威尼斯人为他们预备的粮食也耗去了不少，眼看就要坐吃山空，威尼斯人宣布再不打足余款，就要掐掉供给，让十字军断炊。

眼看这次东征还没走出家门口就要以这种窝囊的方式偃旗息鼓，就在此时，排纷解难者出现了，他就是流亡的拜占庭皇子小阿莱克修斯。

两年前逃出君士坦丁堡之后，小阿莱克修斯果然去投奔了姐姐伊琳尼，并通过她请求姐夫德王菲利普襄助复国。事关娘家，伊琳尼枕边风劲吹，但当时菲利普继位未久，正忙着与另一位王位竞争者奥托四世死掐，一时间腾不出精力来顾及遥远的东方。后来菲利普听说十字军准备第四次东征，就给阿莱克修斯出主意，借助他们的力量，图谋恢复之计。菲利普先后帮助小舅子搭上了教皇英诺森和十字军这两条线，小阿莱克修斯曾数度到罗马觐见教皇，哭诉家国之变，请求援助，但老谋深算的英诺森三世不愿担上"发动基督徒内战"的恶名，对阿莱克修斯所请一直不置可否，暗示他去联系十字军。

终于摸透了教皇心思的小阿莱克修斯决定去找十字军，当博尼法斯等人在威尼斯陷入僵局的时候，阿莱克修斯在菲利普特使的陪同下抵达水城，邀集双方，展开了谈判。

一场事关拜占庭帝国命运的秘密交易开始了。急于上演王子复仇记的小阿莱克修斯顾不得许多，他极力鼓动帝国的宿敌威尼斯人去进攻君士坦丁堡，更不惜许以重赂，表示如果十字军和威尼斯人能帮助他夺回皇帝宝座，将以十字军欠款6倍的金额，也就是18万银马克作为酬劳。此外，还答应派兵参加十字军进攻埃及的军事行动、以拜占庭全国的教会归顺罗马教廷等条件。

困于信仰，饱受骑士教育的十字军将领们对攻打同气连枝的拜占庭心存芥蒂，但对君士坦丁堡素有野心的威尼斯商人们则第一时间算清了这笔买卖的赚头。老丹多洛力劝十字军答应阿莱克修斯，并举起十字架高呼"我将引导你们"，威尼斯的全体市民也都高喊"同去！同去！"见博尼法斯等将领还犹豫不决，丹多洛提出，先打亚得里亚海的港口城市、匈牙利属地萨拉，当作热身。这座城市200多年前曾是威尼斯地盘，丹多洛许诺十字军如能帮他们"收复失地"，则积欠的3万多银马克账款就此一笔勾销。此时，谈判的消息已经传开，对财富的热切渴望也随之传到十字军这一边，赋闲了小半年的将士们跟着沸腾起来，都要求立刻赶赴战场，发战争财。

群情激奋，众意难违，博尼法斯等人终于与阿莱克修斯和威尼斯人签下三方协议，兵发萨拉港。

失火的天堂

1202年11月，亚得里亚海上千帆竞渡。庞大的舰队从威尼斯的港口倾泻而出，乘风破浪，驶向海东岸的萨拉港。萨拉是亚得里亚海航线上的重要港口，商业价值显著，附近又盛产造船的木材，对于此地威尼斯人早就志在必得。于是此番出征，萨拉港便成了他们的第一个征服目标。

此时，十字军准备对拜占庭动手一事，已经昭然天下。教皇没有明确支持，不过至少也是默许，一些表面文章还是要做。罗马方面派出快船，在装载着十字军的威尼斯舰队抵达萨拉前追上了他们，宣读了英诺森三世的谕旨："禁止攻打基督徒！"不过，此刻已是箭在弦上，丹多洛反正失明，也就不用看教皇的面子，他敦促十字军信守合约，赶快发动进攻。

战利品就在眼前，气氛已近狂热，十字军们也顾不上教皇谕令了，大家冲上海岸，鼓噪攻城。萨拉在今天的克罗地亚境内，当时是匈牙利王国领土，但远离匈牙利的核心地带，势单力孤。5天之后，萨拉城终于顶不住，开城投降。威尼斯人接收了地盘，十字军则在城里大肆抢掠，双方各取所需。随后教皇又做出姿态，发表了一份谴责声明，威胁开除博尼法斯等将领的教籍，十字军方面也心领神会，上书谢罪并孝敬了英诺森一笔战利品，双方于是相安无事。至于威尼斯人，对教皇的谴责和威胁根本就不予理睬。

有道是从恶如崩，萨拉事件之后教廷对十字军的作为睁一眼闭一眼，博尼法斯等人也愈发不受宗教和道德准则的束缚。攻克萨拉之后，小阿莱克修斯对十字军的战斗力相当满意，部队在此休整过冬期间，他与十字军和威尼斯人进一步谈判，三方签署了《萨拉协议》。小阿莱克修斯将许给对方的酬劳增到20万银马克，外加给威尼斯人的若干贸易特权和给十字军方面的军援。经此一役，博尼法斯等人也觉得萨拉只是牛刀小试，接下来与其按原计划进攻埃及，不如进图更大的目标，自然就是富甲欧洲的君士坦丁堡。

1203年4月1日，船队再次启航，此时的拜占庭虽已濒临分崩，衰弱不堪，但毕竟百足之虫死而不僵，他们的陆上实力仍然碾压这支十字军。因此，博尼法斯和丹多洛商量，以己之长克敌之短，不理拜占庭的陆军，而是行船绕过整个巴尔干半岛，渡过爱琴海，直插君士坦丁堡。

这趟航程果然顺利，威尼斯的船队多达480艘，一路浩浩荡荡，几乎未遇阻碍。他们于5月进抵中转站科孚岛，6月绕过伯罗奔尼撒半岛。6月24日，船队穿过幽长的博斯普鲁斯海峡，在金角湾北岸的加拉塔地区登陆，海湾对岸，就是巍峨壮丽的君士坦丁堡。

这批十字军已不是当年追随隐士彼得的那伙没见过世面的乡巴佬，但当君士坦丁堡这座宏伟的帝都映入眼帘时，他们惊为天国的震撼与艳羡，仍然溢于言表。若弗鲁瓦记录下了当时的心情：

> 此时你可以想象，那些从没见过君士坦丁堡的人两眼直勾勾地望着它，他们看着那高大的城墙，环绕城墙的那些雄伟的塔楼、华丽的宫殿和巨大的教堂，简直不能相信世上竟有如此富有的城市。城中教堂数量之多，若不是亲眼所见，没人能够相信。城中建筑之高和占地之广超越所有其他君主的都城，你也能够想象得到，我们中没有一个人有足够的勇气不浑身颤抖，因为上帝创造世界以来，还没有人创造过如此伟大的事业。（瓦西列夫《拜占庭帝国史》，转引自陈志强《拜占庭帝国史》）

千里作战为求财，目睹了君士坦丁堡的豪富，高山仰止的崇拜之情很快转变成据为己有的占领欲望。

十字军也算是师出有名，他们请出随军的小阿莱克修斯，向君士坦丁堡人展开宣传攻势，说这小伙子就是你们的命世之主，同时向城里的阿莱克修斯三世发出最后通牒，要他速速还政于伊萨克二世，打开城门，卷甲来降。阿莱克修斯三世准备顽抗，但威尼斯人在船上架起攻城器械，对着君士坦丁堡临海的城墙猛轰，城防很快支持不住，城中军民也不满阿莱克修斯三世的贪暴久矣，没人肯为他出力死战。自知大势已去的阿莱克修斯三世以惊人的效率将国库财宝搜刮一空，从暗道出城，逃往小亚细亚。他前脚出逃，后脚君士坦丁堡人就打开牢狱，将瞎眼的伊萨克二世放出来，迎立复位。随后城里的人又打开城门欢迎真命天子小阿莱克修斯，以及吊民伐罪的友邦军队。伊萨克父子终于又回到了朝思暮想的皇宫内苑。

至此，小阿莱克修斯主演的夺宫之变圆满落幕，但对为他出力的十字军和威尼斯人来说，还差一个最重要的环节：许给他们的合同收益还没有兑现。而这时小阿莱克修斯才发现，他抢回来的国库是空的。

小阿莱克修斯赶忙向博尼法斯和丹多洛等人解释，请求宽限付款日期，对方倒也好说话，让伊萨克以拜占庭皇帝的名义，把儿子答应他们的条款都写成欠条。伊萨克听闻条约内容后，深知拜占庭无力负担，但人家的军队已经到了都城门口，老皇帝也说不出别的，只能一个劲地保证，量希腊之物力，结与国之欢心。

随后伊萨克二世正式复辟，由于眼盲不能理政，他又立小阿莱克修斯为共治皇帝，称阿莱克修斯四世。随后这爷俩开始着手筹集付给十字军的欠款，他们在这边砸锅卖铁，那一边屯驻君士坦丁堡城外的十字军和威尼斯人则时常进城游荡，滋事扰民，如同公牛闯进瓷器店。他们看见清真寺和犹太教礼拜堂，上去就连烧带抢。8月间，十字军纵火焚烧清真寺，结果火势失控，一连烧了8天8夜，君士坦丁堡半城皆焚，几座皇宫和教堂也毁于大火。美轮美奂的天国都城，举目皆是焦土与瓦砾。民众对西方人愤恨不已，要求皇帝驱逐他们，可是这些人是阿莱克修斯四世请回来的救星，小皇帝对他们根本没奈何，只能充耳不闻，视而不见。老皇帝伊萨克倒更省了麻烦——反正他本就失明，真个是眼不见心不烦。

堪堪挨到1203年冬天，拜占庭人对伊萨克父子搜刮民财以支付外国雇佣军的行为忍无可忍，而威尼斯人也不断逼债，6名西方代表驰马仗剑，直入宫中，指着阿莱克修斯宣布，再不尽快偿清欠款，将不再把他当作皇帝和朋友看待。夹在中间的阿莱克修斯里外不是人，已到了崩溃的边缘。12月27日，停泊在君士坦丁堡港口的威尼斯战船忽然向与他们发生争执的拜占庭商船开火，击沉击伤数艘，拜占庭海军也出动还击，但准头太差，几乎没能对威尼斯人造成伤害。

这一事件随后平息，但它让拜占庭民众反伊萨克父子的情绪达到顶点。这父子二人辛苦夺回的皇座已变成了一座火山口，让他们无法安坐。在民间，民众已经推立了一个下级军官尼古拉斯·卡纳沃斯为领袖，准备推翻伊萨克父子。两个皇帝躲在守备森严的布雷契耐宫不敢露面，全靠城外的西方军队作为威慑力量。终于，一触即发的乱局之中又一个阿莱克修斯出场了。

65岁的阿莱克修斯·杜卡斯亲王是拜占庭反西方派的领袖人物，由于生就一副堂吉诃德的模样，终日愁眉不展，因此得了个外号"哭丧脸"。他本是阿莱克修斯三世的女婿（二人年龄其实差不多），阿莱克修斯四世复位之后仍对他信任有加，不过皇帝父子的卖国立场和作为已经让老阿莱克修斯完全失去了信心，这位老贵族认定，只有除去这两个西方的代言人，才能拯救拜占庭。1204年2月的一个夜里，布雷契耐宫阿莱克修斯四世的寝殿外忽然喊杀声大作，全副披挂的老亲王匆匆赶来觐见，告诉阿莱克修斯说卫队发生了哗变，请皇帝速离险地。深夜之中，人声嘈杂，火光摇曳，加上老阿莱克修斯标志性的满脸愁容，这一切让惊变的消息更显真实。深信不疑的小阿莱克修斯连忙起床，跟着老阿莱克修斯从暗道出逃，没想到刚出隧道口，老阿马上翻脸，喝令将小皇帝拿下。

　　次日，小皇帝被押到人群聚集的广场上，这里变成了一个公审法庭。老阿莱克修斯当众历数了他的罪状，愤怒的群众高呼打倒卖国贼，阿莱克修斯四世被拉下去，用一根铁链绞死，终年20岁。他年少时遭遇叔父的篡位，此后复仇夺权成了他人生的全部意义，而千辛万苦终于成功之后，才得知夺回来的只是一个帝国的空壳，最终还为此搭上了性命。这样的人生，或许是帝王之家特有的悲剧命运。皇宫之中，年迈体衰的老皇帝伊萨克闻变，惊痛交加，不久之后也病死了。发动政变的老阿莱克修斯·杜卡斯随后又杀死了起义领袖尼古拉斯·卡纳沃斯，自立为帝，称阿莱克修斯五世。

　　对君士坦丁堡的大变局，十字军和威尼斯人本来抱持观望态度，对搞钱不力的阿莱克修斯四世，他们没有太多留恋。但当他们试图与新政权接触时，却发现阿莱克修斯五世是空前强硬的反西方者，他拒绝承认伊萨克父子与西方人的协议，宣布不会再付给十字军和威尼斯人一分钱。

　　这一下，精明的商人要考虑如何兑现自己的投资收益了。

┌─ **按**
　　伊萨克二世复辟之后，改称伊萨克三世，本文中为表述一致避免混淆，仍称他为二世。　　　　　　　　　　　　　　　　　　┘

哀希腊

严词拒绝了索要钱财的西方人后，阿莱克修斯五世着手整饬士卒，加固城防，亲自持矛登城巡视，一副决一死战的架势。

此时局势已经明朗，新成立的拜占庭政府是敌非友，城外的十字军和威尼斯人要么见好就收，及早撤退，要么孤注一掷，先发制人。十字军的将领中有人犹豫起来，但对威尼斯人来说，这根本不算一个问题。"To be or not to be？"那是哈姆雷特的台词，威尼斯商人的思路要简单明了得多：君士坦丁堡的城墙后面是无尽的财富，现在兵驻城下，师出有名，此时不抢，更待何时？当利润达到300%，就会不惜践踏人间一切法律，马克思所说的资本天性，正适用于欧洲资本家鼻祖威尼斯人。况且拿下君士坦丁堡，利润何止300%？这样的想法渐渐被博尼法斯等将领和贵族接受。而军中的僧侣教士们也站到威尼斯人一边，提供理论支持，他们称拜占庭现政权杀害了他们的盟友、合法的皇帝阿莱克修斯四世，十字军路见不平，必须拔刀相助，清算阿莱克修斯五世的罪行。教士们还动员十字军战士："告诉你们，（进攻君士坦丁堡的）战争是正义无罪的，而且如果你们有占领土地并将之归于罗马管辖的善心，你们将获得教皇所许诺的赎罪。"（扎波罗夫《十字军东征》）最后一点精神层面的顾虑也打消了，从理论到武器万事俱备，在财富的感召之下，所有人再次组成联合阵线。富贵险中求，恶向胆边生。为了君士坦丁堡的财富，十字军和威尼斯人都决定，拼了！

历次十字军都曾因为分赃不均发生过内讧，为了不蹈前人覆辙，双方在攻城之前就先行准备好了战利品的分配方案。大家商定：1.攻占君士坦丁堡后，未来皇帝一职由十字军方面出任，具体人选须由双方各出6名代表组成的选举委员会议定；2.未来皇帝享有君士坦丁堡的皇宫和境内领土的四分之一，余下部分则由十字军和威尼斯人平分；3.大主教职位以及圣索菲亚大教堂归威尼斯人；4.所有十字军战士，将按功劳品级，在拜占庭内地获得大小不等的封地，威尼斯人获得沿海，所有新领主须向皇帝宣誓效忠，丹多洛除外；5.战利品中所有的动产，威尼斯人分得四分之三。

不难看出，商人算盘就是打得精。十字军又得皇位又得土地，看似获利不少，其实要在满怀敌意的东方经营这些财富实非易事；而威尼斯人让出一个皇帝的虚衔，换来了现金、教产和贸易航线控制权，实现了利益最大化。

议毕，十字军和威尼斯人就要动手去将账面收益变现了。1204年4月6日，第一波攻势开始。威尼斯战船自加拉塔港起锚，列舰于金角湾，从海面上将君士坦丁堡围住，弩炮和抛石机齐发，对着城墙一通狂轰滥炸。城中守军也早有准备，不但抛石放箭还以颜色，还使出了拜占庭帝国的终极武器：希腊火。

这是火药传入以前，西方战场上最具威力的传奇武器。具体说来，希腊火是一种液态燃料，密度低于水，因此可在海面上漂浮，而且一经点燃，无法用水扑灭，燃烧之际还伴有爆炸，浓烟滚滚声如雷震，能对敌人的心理产生极大的震慑。希腊火的具体成分现已失传，但从古人对其特性的描述来看，大概是原油混合硫、磷等物制成。拜占庭人有一种特制的战船，船首装有虹吸管，用来喷射希腊火，在海战之中敌舰只要被这种神火沾到，就难逃船毁人亡的命运。当年阿拉伯倭马亚王朝开国君主穆阿维叶亲征君士坦丁堡的舰队，就在希腊火中灰飞烟灭，现在拜占庭又到了危亡关头，只好再次动用向来不轻易示人的救命神火。

希腊火果然不同凡响，初次见识其威力的十字军被烧得焦头烂额。事后他们回忆道："每当敌人用希腊火攻击我们，我们所能做的事只有屈膝下跪，祈求上天的拯救。"拜占庭人突然使出大规模杀伤性武器，加之当日博斯普鲁斯海峡浪急风高，舰船不易控制，十字军眼见讨不到便宜，就撤下阵来。第一次攻击以失败告终。

经此一战，威尼斯人并没有知难而退，恰恰相反，他们很快从对希腊火的惊惧之中定下神来，发现了敌人的致命弱点。希腊火威力虽强，射程却有限，这一次风浪颠簸，威尼斯人猝不及防才被拜占庭海军的快艇靠上近前来喷火。而如果能稳定住坐船，凭借威尼斯水手的操帆掌舵之能，完全可以在敌方接近之前就用远程武器将之击溃。

休整了5天之后，4月12日，威尼斯舰队再次扑向君士坦丁堡，这一回他们使用了连环计，战船两两一组以锁链连接，抗风浪能力果然大增。从《三国演义》里描写的赤壁之战中我们可以了解，这种连环战船正是火攻的好靶子，但在赤壁的案例中另一个重要因素是风向，威尼斯人选择这一天出击，就是因为当天刮的是强劲的北风，拜占庭人的火船顶风作战，寸步难行，被牢牢压制在军港里。

拜占庭人对希腊火的使用本就不够纯熟，现在更乏应变之策，这项武器等于失效。其实这正是由于拜占庭人过于珍视这个法宝，不但对其配方秘而不宣，而且为了防止泄密，平常也不让士兵练习其使用方法。这样几个世纪下来，秘密是保住了，但拜占庭人自己对这个终极武器的使用方法也已不甚了然。上一回合他们赢在先声夺人，但当威尼斯人发现了他们的命门，拜占庭人的护国神火，也只能黯然熄灭了。

海面之上矢石横飞，威尼斯战船乘风而进，他们在数量和质量上皆处优势，又占了天时，很快突进到临海的城墙下，他们放下舢板，十字军武士抢滩登陆。拜占庭的滩头部队多是英国和丹麦的雇佣军，还有未经训练的新兵，前者无心恋战，后者武艺稀松，被十字军杀上来，旋即走死逃亡，后续的十字军将攻城的重武器也都运上岸来。在提供外线掩护的战船上，抛石机集中火力一阵连珠炮，轰碎了拜占庭城头的一座箭楼。城上的守军军心大散，十字军乘势冲击城门，将领们身先士卒，教士们高声呼唤"攻城即赎罪，死了上天堂"，十字军瞬间士气如虹，云梯、攻城锤各显神通，片刻间三座城门被撞开，四座箭楼被攀缘而上的十字军夺取。此时，城中的威尼斯、比萨侨民又纵火接应，内外交攻之下，城防处处失陷，守军的心理防线终于土崩瓦解。

君士坦丁堡，这座号称"欧洲之盾"的坚城，这座历时千年、富甲西方的巨都，曾经挡住了匈人的长鞭、波斯人的利箭、保加尔人的铁骑、阿拉伯人的坚船，这一次，终于在西欧的"基督教友兄弟"面前轰然坍塌。

1204年4月13日，十字军和威尼斯人以征服者的姿态昂首入城。19世纪的法国画家，以《自由引导人民》闻名的欧仁·德拉克洛瓦，曾在另一幅画作《十字军进入君士坦丁堡》中表现了这个场景：古希腊风格的科林斯式廊柱前，西欧人骑着高头大马，旗幡招展，趾高气扬，拜占庭的旗帜被战马踩在铁蹄之下，几个衣衫不整的拜占庭女子跪倒马前，穿着僧袍的白须老教士试图保护她们，正在卑躬屈膝地与征服者交涉，似是在辩解或乞怜，远处作为背景的城市上空正腾起一片浓烟。

　　这个场景与史书上的描述大抵相符，为了报偿攻城的辛劳，威尼斯人和十字军们奖励自己3天时间——任意抢掠。拜占庭府库已近空虚，但城中鳞次栉比的教堂、富丽堂皇的殿宇、琳琅满目的商铺，在十字军眼里都是丰盛的自助餐，可以自己动手，按需分配。城中的丝绸、皮草、珠宝、香料等东方奢侈品，在西欧即便是王公贵族也未必有福享用，现在则陈列在十字军面前，俯拾皆是，以至于一些精制的丝绸、亚麻质地的长袍和头饰，被十字军用来装饰自己的战马。抢劫狂潮中，神圣的教堂亦不能幸免，包括圣索菲亚大教堂在内的宗教场所，都被列为重点抢掠对象。十字军破门而入，撬下贵重饰品，掠走圣物，搬不动的圣坛就砸成碎片，就地分赃。随军的神职人员也不甘落后，脱下法袍，赤膊上阵，与乱兵们一道大抢特抢。亵渎神圣场所，往往能带来格外的犯罪快感。劫掠者抢得盆满钵盈之后，在教堂里纵酒狂欢，还招来随军的营妓，让她们登上平日东正教大牧师们正襟危坐的宝座，大唱淫词艳曲，以此嘲笑羞辱被征服者，而红袖添香之下，十字军们的掠夺破坏也更加疯狂。抢掠活人之余，十字军也没放过死人，拜占庭的历代皇陵都被侵扰，许多显赫一时的君主，包括查士丁尼大帝的遗骨，都被从陵寝之中掘出来暴尸于野，与子孙们一道见证血泪交流的末世景象。

　　"摩西十诫"中，"不得抢掠""不得杀戮""不得奸淫"写在一起，作为掳掠行为如影随形的天然伴生品，杀戮、纵火和奸淫，一切恶行统统出笼。攻进城后，十字军纵起大火，"几个小时内烧掉的面积相当于法国三个最大的城市"（吉本《罗马帝国衰亡史》）。需要强调的是，威尼斯人的主旨是求财，并不太热衷杀人；十字军方面，各将领出于宗教上的顾虑，也比较严格地约束部下，不许实施奸杀暴行，佛兰德尔伯爵鲍德温甚至还为此处死自己违犯纪律的部下。但君士坦丁堡原有的西欧侨民却在此时趁火打劫，组织起来报复仇家，死于他们手中的希腊人约2000人。至于遭受凌辱的妇女，更是不可胜数，无论是绛贵的命妇还是圣洁的修女，都不能幸免于难。

　　地狱般的3天总算过去了，入侵者的战利品堆满了3座教堂。分赃大会开始了，分配原则是步兵1份，骑兵和骑士扈从2份，骑士4份，有爵位的贵族分得更多。最终，十字军方面偿清了积欠威尼斯人的钱款之后，尚有余资40万银马克，这笔钱相当于同时代英国7年的岁入。若弗鲁瓦惊叹地写道："自创世以来，在任何城市里都不能得到这么多的战利品。"

金钱的损失尚可计算，文化的毁灭则无法估量。君士坦丁堡的陷落，是自5世纪汪达尔人洗劫罗马城以来，西方世界所经历的最为惨痛的文化浩劫。君士坦丁堡的国家图书馆中，珍藏着拜占庭皇室几个世纪以来收集的古代文稿，内容涵盖科学、哲学、宗教神学、历史文献，其中不乏珍本古籍，据说还包括若干古希腊时代流传下来的羊皮卷，堪称当时欧洲最大的知识宝库。但在普遍是文盲的十字军眼里，这些都是无用之物，而且是自恃能读会写的希腊人故弄玄虚的东西。十字军战士们满怀着无知的豪壮感，将之付之一炬，无价的古代智慧遗产，在浓烟烈火中化为灰烬，随风飞散。这三日的君士坦丁堡，天街踏尽公卿骨，文章烧作锦绣灰。

比起书籍文稿，艺术品引起了抢掠者们更多的关注。拜占庭历代收藏的雕像和圣物都被洗劫一空。圣物主要是基督教圣徒的遗物遗骸，十字军对这些他们眼里的神异之物还算珍视，好歹原样运走，而古代的"异教徒"雕像们就没有这等待遇。十字军对艺术没有概念，他们看到的只是一堆金属，可以熔铸为钱币的金属。当时拜占庭元老院的议员奈西塔斯·阿克米内塔斯开列了一张清单，记载下这些价值连城的珍品名录，他悲愤地写道："要记下这批背信之徒的一切恶行，我真不知该从哪里写起，更不知要写到哪里为止。"吉本的《罗马帝国衰亡史》参考这份清单，并从中选取了格外珍贵的十二件列举出来，其中有的取自古希腊圣地奥林匹亚，有的更是古埃及时代巧匠的杰作。在十字军的大炼铜板运动中，盖世英雄赫拉克勒斯、绝代美女海伦、罗马雄主哈德良，以及狮身人面的司芬克斯、哺育罗马城创始人罗慕洛兄弟的母狼，统统被丢进了熔炉。至于石质的雕像，则多被随意砸碎，一些散落的残片，在今天是欧洲各大博物馆中的珍品，后人只能从这些一鳞半爪之间，管窥那已永远失落的绝代风华。被掠的艺术珍品还包括君士坦丁堡大赛马场标志性的四匹铜马雕像，这些骏马出自亚历山大大帝时代的名匠留西波斯之手。不幸中的万幸是，它们落入了威尼斯人手中，丹多洛虽然眼盲，却比大多数的十字军识货，他命令威尼斯人将之整体拆下运走。直至今日，这四匹历经两千年风霜的铜马仍在威尼斯的圣马可宫屋檐下，作为水城的标志景观，但观光的游人中不知有几个晓得，它们的故乡本在远方。

等待瓜分的还有君士坦丁堡乃至整个拜占庭帝国的疆土与政权。阿莱克修斯五世在城陷之时已被擒获，用"抛掷刑"（从高处抛下）处死，占领军要选出新的政府首脑。根据协议，皇帝从十字军方面产生，十字军统帅博尼法斯原本是最顺理成章的人选，但威尼斯人觉得他在十字军诸将中实力超出同侪，如果再让他吞下拜占庭，很可能对威尼斯在地中海的商业利益构成威胁。于是威尼斯人全力搅局，最终实力较弱、老家又远离拜占庭的佛兰德尔伯爵鲍德温被推立为帝。5月3日，他在圣索菲亚大教堂加冕登基，称鲍德温一世，拜占庭就此开始了为期55年的拉丁王朝。至于博尼法斯，他的收获也不小，选举委员会把拜占庭第二大城市塞萨洛尼基给他作为安慰奖。其他各路将领也分别论功行赏，在拜占庭境内建立了大小封国。

获得最大实利的，自然还是精明的威尼斯人。他们不但据有包括圣索菲亚大教堂在内的君士坦丁堡八分之三的地盘，还得到了从亚得里亚海经爱琴海到黑海入口的若干重要港口和岛屿，稳操东地中海的制海权。威尼斯人的这一片东方殖民地被史学家称为"爱琴海公国"，自成体系，不受拜占庭皇帝节制。此外，威尼斯教士托马斯·莫罗西尼还当上了君士坦丁堡大主教，管辖拜占庭的22个大主教教区和58个主教教区。

而征服君士坦丁堡的真正决策者丹多洛，鲍德温本想授予他一个冠于同侪的爵号，但盲眼的老头心里比谁都精明，他知道那样就意味着"威尼斯总督"成了"拜占庭皇帝"的封臣。于是，他婉言回绝，以此来保持合伙人小股东的体面身份。即便如此，丹多洛通过掠夺君士坦丁堡获得的财富也足堪敌国。当今《亚洲华尔街日报》评选的人类近1000年来最富有的50人名单上，丹多洛榜上有名，同样上榜的是成吉思汗、亨利八世等一代雄主，洛克菲勒、比尔·盖茨等产经寡头，以及刘瑾、和珅等绝世巨贪。次年（1205年）6月21日，老丹多洛以97岁高龄在君士坦丁堡寿终正寝，被葬在圣索菲亚大教堂的陵园中。后世奥斯曼帝国灭亡拜占庭，变君士坦丁堡为伊斯坦布尔，但苏丹"征服者"穆罕默德二世敬重丹多洛这位"前辈"，将他的遗骸礼送其后人，迁回威尼斯安葬，并在圣索菲亚大教堂保留了他的墓碑。丹多洛死后，他的儿子拉尼尔·丹多洛虽在威尼斯广有人望，但为了城邦的共和传统，避免出现父死子继的局面，固辞提名。随后他举家离开威尼斯，置办起一支贸易船队出没于爱琴海。十余年间海阔天空，做得好大买卖，俨然是个烟水逍遥的西方版陶朱公，可惜后来卷入威尼斯与热那亚的冲突，最终死于非命。

第四次十字军东征名义上由教皇英诺森三世发起，但到目前为止，罗马教廷方面还没从十字军对拜占庭的征伐中分得一杯羹。身为权谋高手的英诺森自然不能容忍别人白白使用他的金字招牌发财，教皇起草了一封措辞严厉的信函，递交鲍德温一世，对他们擅自"违背主的意志，攻打基督徒，抢光他们的教堂和圣物"一事表达了强烈谴责和愤慨，威胁要开除全体十字军和参与此事的威尼斯人的教籍。

鲍德温自然听得出教皇他老人家的弦外之音，他谦称卑辞，上表称臣，向教皇发誓要竭尽所能使东方教会"归顺使徒宝座"。果然，接到这封信后英诺森三世圣心大悦。他名为 Innocent（天真），为人却十分务实，巨利当前，立刻转变了口径，对十字军攻陷君士坦丁堡大表嘉许，称赞他们"使上帝之名得到颂扬和光耀，使教宗的宝座得到荣誉和利益，使君士坦丁堡教会恢复对教廷忠实的尊敬，使希腊帝国臣属圣座"（陈志强《拜占庭帝国史》）。至于君士坦丁堡的遭遇，教皇大度地表示，那是"上帝的奇迹"，希腊人的帝国"由于上帝公平的裁判而转归拉丁人所有"（扎波罗夫《十字军东征》）。虽然没有证据表明十字军将抢自君士坦丁堡的物质财产献与教皇分享，但从英诺森的前后转变中可以看出，教廷已将渴盼已久的"收编东部教会"视为可期的收益。马克思读史至此评价道："（教廷）虽然为了体面而表示愤怒，可是终于宽宥了'朝圣者'的兽行与丑事。"

教廷态度的180度大转弯，标志着十字军攻占君士坦丁堡的合法性获得了认可，这也意味着，从乌尔班二世开始强调的基督徒之间实现"神圣停战"以一致对付异教徒的理念成了空谈，它向当时和后世昭示，驱使十字军走向战场的动力中，财富的排名远在宗教之前。形而上的宗教理想终于屈从于形而下的逐利欲望，十字军运动原生态的精神内核和道德规范，已被明火执仗地弃之如遗，十字军的历史虽然没有就此终结，但其神圣性再无从谈起，十字军从天国回到了地面。

除了个别因为没能在拜占庭取得尺寸之地而不得不继续率部向东的倒霉蛋（比如首倡东征的骑士之一"蒙福尔的西蒙"），现在已经没有谁还惦记着被异教徒占据的圣地了。耶路撒冷也好，埃及也罢，占领了拜占庭的新贵们都无心问津，他们要经营自己的东方新领地了。

不过他们没能安享太平，君士坦丁堡沦陷之前，还有一些前朝的宗室成员逃了出去，他们在小亚细亚的特拉布宗、尼西亚，以及巴尔干半岛西北的伊庇鲁斯各自据地称王，与君士坦丁堡的拉丁王朝分庭抗礼，干戈不断。此外，保加利亚等拜占庭宿敌也趁乱进攻，鲍德温一世当上皇帝之后不到一年，就在抵抗保加利亚人的战役中兵败就擒，他被砍去四肢喂了野兽，博尼法斯也在这一战中阵亡。

到了1261年，伊萨克女婿的后人统治的尼西亚帝国击败拉丁王朝，收复君士坦丁堡，建立了巴列奥略王朝。拜占庭结束了半个多世纪的沦陷史，再一次回到希腊人手中。不过，这次光复之后，拜占庭迎来的不是中兴，而是日复一日地疆域萎缩，国力倾颓。到15世纪灭亡前夕，已只剩下君士坦丁堡一座孤城了。

这正是因为，第四次十字军的浩劫已经让拜占庭的经脉断绝，气血衰竭，失去了重新振作的物质和精神基础。此后的近两百年历史，不过是苟延残喘。而拜占庭继承自古希腊世界的光荣，也就此深埋于沉沉的暮气之中。

19世纪，英国大诗人拜伦作诗哀叹希腊之衰朽，"不闻烈士歌，勇气散如云"，"威名尽堕地，举族共奴畜"，拜伦激动地呼喊，"我为希人羞，我为希腊哭"。后来他投笔从戎加入了希腊反抗奥斯曼帝国的独立运动，并最终积劳成疾，光荣捐躯。但不知大诗人可曾想到过，希腊世界之凋落，不始于土耳其人的征服，而恰恰始于这同室操戈的第四次十字军之祸。

恶魔吹着笛子来

　　1204年，第四次十字军东征以令人始料不及的黑色幽默收场，参与者夺得了前所未有的战利品，但圣城依然在异教徒手中。安条克公爵博希蒙德四世（三世之子）和有名无实的耶路撒冷国王阿马尔里克二世（居伊之弟）眼见援兵无望，也只好和穆斯林续签了和约，事实上默认了对方对耶路撒冷的统治。

　　东征尚未成功，教友仍需努力。教皇英诺森三世为十字军"打偏了"而失望的同时，也在筹措着新的计划，"光复圣地"的呼声仍在欧洲上空盘旋，未来还将有更多的西方人扛起十字架，踏上征程。在讲述这些武装旅鼠们的命运前，我们先按动时间的快进键，提前去看一起80年后发生在德国的灵异事件。

　　1284年，德国中北部的名城汉诺威附近的一座小镇哈默林正在闹耗子，老鼠昼出，成群结队，不避路人，猖獗已极，不胜其烦的哈默林人已经准备全镇搬迁，以避鼠患。这时，镇长的公署里来了一位怪客，此人造型不凡：

> 从头到脚穿一套长外衣，半身红来半身黄，个头老高又精瘦，敏锐的蓝眼睛像两只针尖头，头发疏落落，皮肤黑黝黝，颊边下巴上，都没胡子留，笑容却时隐时现在嘴唇口。

　　奇装异服的老嬉皮士告诉镇长，自己四海漂泊，身怀绝技，江湖人称"花衣吹笛人"，能用一支笛子驱动生物，扫除一切害人虫，老鼠、蜘蛛、蝾螈、蝰蛇都不在话下。他自告奋勇，愿为哈默林人驱逐老鼠。当然，这不是一次义工，哈默林人需要付出一笔不菲的报酬。镇长答应了吹笛人，吹笛人果然施展神通，笛声响起后，哈默林的老鼠们闻声而出，和着乐曲的节奏一起往河边走，最终全都跳进河里淹死了，顺水漂走。吹笛人的神技令哈默林人惊叹，"似乎有魔法睡在他的笛孔里"，但这种赞叹之情还是没能阻止他们做一件蠢事——哈默林人过河拆桥，赖掉了许给吹笛人的酬劳，并将他逐走。

这种神异人士是得罪不得的。一天夜里，被激怒的花衣吹笛人悄悄潜回，再次奏响了催命的旋律。这一次不再是老鼠，而是全镇的孩子。他们循声而至，如同梦游一般，跟着笛声走向远方，再也没有回来。

这就是欧洲广为流传的童话《吹笛人的故事》。19世纪的英国诗人罗伯特·布朗宁通过民间采风，以此为蓝本写成了童话长诗《哈默林的花衣吹笛人》，惊悸吊诡的日耳曼传奇遂传遍世界。

童话和寓言，大都不是作者闭门造车的产物，其背后通常隐含着一个时代的记忆。《哈默林的花衣吹笛人》这个故事，或许也正是某段历史事件的文学化写照。有人认为它反映的是14世纪肆虐欧洲的黑死病，也有研究者认为，这则令人毛骨悚然的黑色童话指的是危害虽不及鼠疫，悲惨却尤有过之的一次人祸：儿童十字军。

插叙结束，现在再把时间切回13世纪初，当时正是第四次十字军抢掠君士坦丁堡之后不久。一百多年间，前后四度东征，第一次的成功已所剩无几，第二次损兵折将，第三次徒劳无功，第四次更是中途改道，打起自己人。在这样的背景下，最初的十字军宣传口径已显得不合时宜，一些新的理论也应运而生，其中包括一个说法：成年人有罪，不足以成事，唯有纯洁无瑕的儿童，方能以其虔诚感动上帝，收复圣地，拯救基督教世界。

这样的高论，其始作俑者究竟为谁，已无从考证。该论调起初只是诸多为教廷挽回颜面的说辞之一，但一经提出，便广为流行。

背后的原因是这样的：经历了近一个世纪的城市化运动，欧洲的经济水平比之乌尔班二世时代已大有进步，同时，两极分化也日趋严重。对社会顶层来说，物质上的优越已使他们对"东征大业"愈发意兴阑珊，而对社会底层而言，由于土地被兼并，不少人失了生计，有的成为佃农雇工，有的则流离失所，其中既包括成年人，也包括儿童。

穷则思变，这些衣食无着的人为了改变生存状况，做出各种尝试，有的皈依了刚刚兴起的阿尔比教派。这个基督教分支又称清洁派，是教廷眼中的异端。就如他们的名字一样，这个教派倡导清心寡欲，安守贫困，反对腐化堕落，骄奢淫逸，这样的观念简直是要那些锦衣玉食的教廷要员的命。教廷发动了讨伐阿尔比派的"内部十字军"，但总是野火烧不尽，教廷方面也认识到，消灭这个教派的生存土壤，才是有效的根治手段。不难看出，阿尔比派"谁受穷谁光荣"的教义，主要的受众只能来自社会底层，因此，破产失地的农民们成了教廷与阿尔比派争夺的对象。教廷方面忽然意识到这些穷人是宝贵财富，如果能用圣战的宣传将其拉到自己旗下，既能釜底抽薪地瓦解阿尔比派的群众基础，又能让这些潜在不稳定因素到东方去打异教徒——搞不好还可能打赢，何乐而不为。

就这样，针对底层的宣传纷纷出炉，其中就包括"儿童圣洁说"。原本这只是一个抛砖引玉的理论，真正用意在于以儿童为突破口，唤起成年人对东征的热情，进而使其团结在教廷周围，自觉抵制阿尔比派的异端邪说。但宣扬该理论的人们或许没想到，欧洲的孩子们竟真的对此说辞如醉如痴。那个年代，欧洲的未成年人普遍没有接受先进文化的熏陶，认识不到十字军前辈们在东方烧杀淫掠的行径"很黄很暴力"。他们自幼接触的都是要继承先辈遗志，时刻准备着为东征事业献身，解放耶路撒冷三分之二劳苦大众之类的宣传，这样的思想已经根深蒂固。因此，当"儿童方能拯救圣地"的说法流传开来时，很多流落乡间和街头的欧洲野孩子忽然有了"维护世界和平就靠我了"的使命感，一些敢为天下先的革命小将就此闯了出来。

在这场运动中，主要的"少年英雄"有两位。第一个名叫斯蒂芬，他本是放羊娃，家住法国东北部的圣埃蒂安。1212年，12岁的斯蒂芬忽然跑到巴黎求见圣日内修道院的院长，自称是上帝钦点的"先知""圣地解放者"，要在法国发动少年，去东征耶路撒冷。他还说带了一封上帝的动员令，要面呈法国国王腓力二世。在修道院方面的安排下，小斯蒂芬真的获得了腓力的接见，并毫不怯场地向法王陈述了上帝的意旨。但腓力自己就是神童出身，也亲身经历过东征，对其扯淡的本质有深刻的认识。他告诉小斯蒂芬，不要再发白日梦了，回去好好做羊倌儿这份很有前途的职业。

腓力没有想到的是，小斯蒂芬竟是人小志气高。这孩子认准了自己背负天命，非要领导东征不可，对国王的话来了个君命有所不受。被腓力打发走之后，他像隐士彼得等前辈那样，开始在法国乡间游行布道。作为当时的阿尔比派异端重灾区，法国的教会系统对"少年东征"的宣传攻势也做得格外足，无论穷家还是富户，许多青春期前后的孩子都对此满怀向往。这时忽然真的出现了一个小孩以身作则，孩子们懵懂的热情一下子被点燃了，大批无家可归的流浪儿聚拢到斯蒂芬周围。还有一些居家少年，甚至贵族子弟，也都想方设法逃离父母，前来追随斯蒂芬，其中还包括了不少女扮男装的欧洲版花木兰。

在斯蒂芬的宣传鼓动和各地教会的推波助澜下，不出半年，这支儿童十字军就聚集了2万多人。大家浩浩荡荡，开赴法国东南部的港口马赛。成了少男少女们的偶像和领袖的小放羊娃斯蒂芬，坐在战车上意兴飞扬，大家都对他唯命是从。大概是听过《旧约》里摩西带领犹太人出埃及，在红海边上显圣让海水变陆地的故事，被捧得头脑发热的斯蒂芬也向粉丝团宣称，到了马赛，他将施展法力，让地中海的海水分开，大家可以沿着海床直通巴勒斯坦。

转眼间，马赛到了。斯蒂芬到底年纪尚小，没有修炼成摩西的本领，地中海的海水并不肯为他让路。目睹偶像牛皮吹破，一多半的小孩深感失望，弃他而去，但仍有几千名意志坚定的，还留在领袖身边。这时，港口上的一伙奸商凑了上来，表示愿意免费运送孩子们去巴勒斯坦。

遇上好心的叔叔，孩子们欢呼雀跃，不假思索地登船驶离马赛港，一路上唱着赞美诗，他们不知道悲惨的命运就要开始了。这支船队共有7艘船，途经撒丁岛的时候遭遇风暴沉了2艘，剩下的5艘继续向东南航行。大海之中，小孩子们哪里辨得清方向，当他们经过一路风浪颠簸，再次踏上陆地时才知道，他们抵达的不是一心向往的圣地耶路撒冷，而是异教徒的国度：埃及。免费运送他们的商人此刻露出本来面目，他们将几千儿童全部卖给埃及人，做了奴隶。

据说，这些流落异乡的少年在此后的岁月中仍然"坚定地捍卫自己的信仰"(安德烈亚斯·布施《〈十字军东征图集〉序言》)，但这可能只是后人一厢情愿的猜测，他们沦为奴隶之后的生活，我们已经无从知晓。唯一值得称快的是，那几个丧尽天良的诱拐者，后来被德皇腓特烈二世抓住，全部绞死。

儿童十字军的疯狂思潮，吞噬的不只是法国少年，德国儿童也经历了这场灾难，而且惨状有过之而无不及。在德国科隆，一位和斯蒂芬一时瑜亮的男孩尼古拉斯，也煽动起了一大批同龄人去东征，他的队伍招纳了足有3万名少年。和法国的儿童十字军一样，尼古拉斯的"战士们"也手无寸铁，拥有的只是木制的十字架。

大家抬着这个圣物，沿着莱茵河南下，来到了白雪皑皑的阿尔卑斯山脚下。阿尔卑斯是高加索以西的欧洲屋脊，当年的迦太基名将汉尼拔率领训练有素的职业军队翻越此山，尚且丢下了1万多条人命，现在这些孩子们不可能有更幸运的际遇。饥寒交迫之下，大多数人倒毙在山路上，有的还被山间出没的野兽当作了腹中餐，待得幸存的孩子们走出山区来到意大利，早已形容枯槁，不成人样。1212年8月，历尽辛苦到达热那亚港口的孩子们没有得到少年英模的礼遇，反而被嘲笑异想天开。热那亚人与威尼斯人一样，无利不起早，谁也不肯免费运载这些一文不名的小孩去巴勒斯坦。他们只好继续南下，准备到罗马朝见教皇。

罗马总算给了倒霉孩子们最后的安慰，英诺森三世亲切接见了远道而来的十字军小将们，对他们的虔诚和热忱大加褒奖。但教皇深知，所谓儿童解放圣地不过是无稽之谈，再看看现在的情况，他觉得法德两国孩子们的行动已足堪重新唤起成年人对东征的热情，可以发动成年人去讨伐无论穆斯林还是阿尔比派的异教徒。教廷的战略目的已经达到，在这种情况下，没必要让孩子们再到东方去送死了。英诺森温言劝勉孩子们，还是先回家，好好锻炼长身体，待得发育好了再加入光荣的十字军不迟。同时，教皇还明令各地教会，要求禁止儿童再组队东行。

德国儿童十字军就这样被教皇遣散了。但此时这支"大军"已所剩无几，要回乡，还得再爬一遍阿尔卑斯山，谁也不愿重复上次的死亡之旅了。幸存的少年多数留在了罗马或热那亚，在这些大城市的社会底层艰辛讨生活。至此，煽动少年自杀的儿童十字军运动总算刹住闸。

如果说第四次十字军东征是一场闹剧，那么儿童十字军则是一出惨剧。由于并非真正的军事行动，儿童十字军不被计算在正规的十字军序列之中，但这一幕堪称两百年十字军运动中最惨痛的一章。尤为可悲的是，这些被教唆着走上绝路的孩子死后，又被教廷拿来用作宣传材料，发动新的东征。他们的血在当时非但没能引起警醒和反思，反而被用来浇灌新的恶之花——把孩子当成肥料，施在滋生仇恨的土壤里。

通过这出惨剧，人们最应当看到的是，成年人用迷信、偏执、狂热、仇恨的毒汁喂大的孩子，会干出何等愚昧荒唐又可悲的事，而成年人为了一己之利对儿童进行的灌输与煽动，又会对他们造成何等严重且不可挽回的伤害。吹着笛子把孩子们整批整批引向死亡的，不是某个怪力乱神，而恰恰是仇恨教育的洗脑和鼓噪。

在那个"吹笛人"的故事里，有的修订版本还加入了一个光明的结尾，说后来哈默林人悔悟，付清了欠款，花衣吹笛人便将孩子们毫发无伤地还给了他们的父母。与此对比，悲惨的现实是无可修订的：在儿童十字军的风潮中，4万—6万名被卷入的未成年人，九成以上死于非命，他们永远无法回到父母身边了。

按

　　关于罗马教廷在儿童十字军事件中的作用和立场，历来众说纷纭。有文献证明，当斯蒂芬在法国组织儿童十字军时，教廷方面曾下发谕令予以制止，但从法德两国都组织起了相当规模的儿童十字军这一事实，以及英诺森三世接见儿童十字军前后对他们做出的正面评价来看，教廷对儿童十字军的态度即便不是推动，起码也是默许。此外，第四次十字军之后，教廷尝试组织新的东征，久久不能成功，而儿童十字军之后，教廷很快如愿发起了第五次十字军，因此也可以说教廷是儿童十字军的事实受益者。

尼罗河上的惨案

1215年,儿童十字军的惨剧已经结束,但对教廷来说,惨死的孩子们的遗骸,仍然可资利用。英诺森三世用儿童十字军的"光荣事迹"继续向欧洲人号召东征,"孩子们苏醒了,而我们仍然在昏睡"。这一年,教廷的努力终于收到了巨大的成效,英诺森在其住地梵蒂冈拉特兰宫召开了一次盛况空前的宗教大会。400名主教、800名修道院院长齐聚一堂,英诺森力捧的政治新秀,神圣罗马帝国"名义皇帝"兼西西里国王腓特烈二世也来捧场,这个规格已经超过了当年乌尔班二世的克莱蒙大会。

拉特兰会议重申了罗马教廷的最高权威,解决了教义教规上的若干分歧,另一项重要成果就是,与会各方达成协议:1217年6月1日会师西西里岛,出师东征;英诺森三世号召属下的各教区主管捐资助饷,还答应届时亲临西西里,为扬帆起航的战士们送上祝福。

人算不如天算,1216年5月,还没有到约定的出兵日期,雄心勃勃的英诺森三世就蒙主宠召升天,提前退出了。教皇中道崩殂,对尚在筹备中的东征计划造成了重大的影响。本已答应参加十字军的腓特烈二世为东征开出了更高的价码,与继任教皇洪诺留三世讨价还价,一时难以谈拢,而其他各路诸侯也对东征兴致大减,加上忙于互殴的英法两国早就拒绝出兵,这次的十字军阵容已变得星光暗淡。最终,参与其中的国王级别人物只有一位,来自非主流国家的匈牙利王安德鲁二世。

转眼间到了1217年夏天,按照前约,各路人马该动身了。此时东方传来急报,流亡塞浦路斯的"耶路撒冷国王"约翰遣使告急,说穆斯林军队正准备攻打他的属地阿克。军情如火,洪诺留顾不上再和腓特烈二世扯皮,他号召现已到位的各路诸侯先行出兵。

由于占据西西里的腓特烈临时撤股，来自德国、意大利方面的十字军只好改走达尔马提亚的斯普利特港，从该处乘船东行。而来自欧洲西北荷兰等地的人马，则要乘船绕过半个欧洲，从直布罗陀进入地中海再转道向东。匈牙利国王安德鲁由于离得近，直接走陆路过去。

到底占了地利之便，安德鲁先到。他抵达阿克时，穆斯林的先遣队已经准备攻城，安德鲁率领匈牙利的生力军一通猛冲，敌人猝不及防，被放倒一片，剩下的都逃回要塞去了。安德鲁挥军追击，但追到半路，忽然想起后边还有几路盟军未到，自己现在孤军奋战，要是拼得太狠，伤了元气，最后岂不让别人捡了现成便宜。想清楚了这层利害，匈牙利国王传令收兵，退回阿克休整待援。随后，德意志诸侯的人马也到了阿克，与匈牙利军会师，但双方向叙利亚方向的进军浅尝辄止，稍遇抵抗就掉头折回阿克。此期间，安德鲁的逡巡不前受到耶路撒冷流亡政府的斥责，安德鲁一怒索性摔耙子，收拾人马回匈牙利去了，耶路撒冷主教则扬言要革除他的教籍。

到了1218年4月，各路十字军能来的都来了，有名无实的国王约翰也从流亡地塞浦路斯返回阿克，将领们开会商议下一步行动方案。约翰力主按照第四次十字军的作战计划，进攻埃及，端掉阿尤布王朝的老窝，再图光复耶路撒冷。这个提议得到了集体响应，攻打埃及的意义和好处自然毋庸赘言，而且约翰还告诉大家，此时正是进攻埃及的最佳时机——埃及苏丹已经不久于人世。

这个苏丹就是萨法丁·阿迪勒，萨拉丁的弟弟，当年拿下耶路撒冷之后免费释放奴隶的那位。1193年萨拉丁逝世之后，他的帝国也按照中世纪穆斯林王朝的既定程序，陷入了分裂。萨拉丁有17个儿子，但幸亏他奉行了晚育政策，去世时候成年的只有3个：老大阿夫达尔在大马士革和耶路撒冷自领国王称号，留守埃及的老二阿齐兹·奥斯曼则在老家另立山头，还有老三扎希尔在北边的阿勒颇割据一方。此外，也门和伊拉克北部也冒出无数分裂分子，彼此攻讦不休。最终，正是阿迪勒扫平群雄，重新统一了萨拉丁开创的阿尤布王朝。阿迪勒为人宽厚，有乃兄之风，侄子们兵败就擒之后，又都被他封官赐爵。

阿迪勒的名字"萨法丁"，意思是"宗教的宝剑"，但他生性其实并不好斗。在阿尤布王朝内乱之际，耶路撒冷王国的残余在条顿骑士团的配合下，又夺了巴勒斯坦沿海不少地盘。阿迪勒担任苏丹之后，不想再起战端，他采取息事宁人的态度，放弃了被占领土，与十字军国家议和停战。同时，他还与威尼斯、热那亚等欧洲商业城邦签订贸易协议，实施改革开放，准许欧洲商船进入尼罗河流域经商。此举不但大力促进了埃及GDP的持续稳定增长，还将潜在敌人转变为贸易伙伴，改善了埃及的国际生存环境，做到了以软实力保卫国家安全。

不过，晚年的阿迪勒体虚多病，对国家渐已失去掌控能力，耶路撒冷流亡政府对此十分清楚。约翰认为此时埃及各派势力都惦记着在阿迪勒死后谋求权位，都将避战自保，谁也不会拼尽全力，正可逐个击破，一鼓而下。十字军方面非常认同他的分析，决议依计而行。1218年5月，以约翰为首的十字军从托勒密伊斯起航，杀奔位于尼罗河三角洲的埃及重要港口，达米埃塔。

埃及方面，确如约翰所言，年迈的阿迪勒对危机已失去了嗅觉，十字军兵临城下他还茫然未知，直到达米埃塔被围的告急边报传来，才骤然惊觉。阿迪勒本就疾病缠身，惊怒之下病情加重，到了8月，就在开罗亡故了。

阿迪勒死后，埃及的局势也不出约翰预料。阿迪勒之子卡米勒（当年被狮心王理查授予骑士封号的那位）受命嗣位，他率兵出援被困的达米埃塔，但刚走出开罗没多远，后院就起了火。一群以往与他不睦的将领拥立了他的弟弟萨利赫·伊斯玛仪。卡米勒闻变，只得放下达米埃塔，折回去平叛。

身陷重围援兵无望，达米埃塔军民只好勉力支撑。城外的十字军已稳占上风，但军中流行起了瘟疫，患者身上会出现可怕的黑斑，无药可治——此时他们还不知道，这就是未来将使欧洲千里尸横的黑死病。

僵持到1219年10月，围城已历时一年半，城内城外都苦不堪言。此时，平定了叛乱的卡米勒派人前来和谈，提出愿意让出耶路撒冷城，换取十字军解围。十字军方面觉得破城在即，不予理会。卡米勒又把开价提高到"让出1187年哈丁战役以来夺取的全部土地，外加释放俘虏、归还真十字架（不一定是真货）"。这已经算是以一国换一城，十字军方面已占足便宜，但罗马教廷方面派来督军的红衣主教贝拉基不为所动，义正词严地命令"决不和异教徒做任何交易与妥协"，他还给大家打气，说德皇腓特烈二世已经答应出兵助阵，不日即至，届时足可席卷埃及，杀他个干干净净。

于是，十字军拒绝和议，继续硬来。不到一个月后，达米埃塔再也支撑不住，开城投降，十字军欢欣鼓舞，将之视为征服埃及的良好开端。随后，成分复杂的十字军再次为瓜分利益产生内讧，约翰也心灰意懒地回了阿克。更令人焦躁的是，传说中的腓特烈久候不至，累人苦等。在给养匮乏的达米埃塔干耗了快两年，其间军事方面并无进展，但一位意大利教士圣弗朗西斯去造访了卡米勒，劝他改宗，皈依基督教。为了证明基督信仰的优越性，他还主动申请为卡米勒表演自焚，以示虔诚，苏丹不准其请，但给了他极高规格的礼遇。

到了1221年7月，连贝拉基都不指望腓特烈了。7月12日，他亲率6万大军南下，挺进开罗。

可惜，这位红衣主教虽然立场坚定，斗志顽强，对军事却一窍不通，他选择了一条死路。根据纳忠先生的《阿拉伯通史》的分析，十字军从达米埃塔直接南进的路线违背了以往的惯例。此前波斯、马其顿、阿拉伯人入侵埃及内地，都是沿着尼罗河干流行进；而十字军选择的路线，必须横穿密如蛛网的尼罗河支流与沟渠，行动不便且容易陷入沼泽之中。

贝拉基不懂地理，更不通晓天文，比之进军路线，他选择的出兵时机更加致命。每年七八月间，天狼星闪耀的时节，正是著名的尼罗河汛期。当他的大军一路踏着泥泞，好不容易蹭到开罗附近时，早有准备的卡米勒下令拆毁了上游堤防。汹涌的尼罗河水咆哮而出，下游的十字军还浑然未觉，忽听得涛声动地，如万马争奔，紧接着，"四面八方，大水骤至，七军乱窜，随波逐浪者，不计其数"。不一刻，十字军的营地已成泽国，人或为鱼鳖。

法老时代的古埃及人每年狂欢庆祝泛滥节，感谢尼罗河卷携的肥沃泥土为他们带来丰收，而此时这条大河赐予卡米勒的，是一场价值更高的胜利。被大水冲垮的十字军残部退到曼苏尔地区，被洪水和敌兵团团围住。风水轮流转，此时轮到最坚决的主战派贝拉基低声下气了，红衣主教向卡米勒求和，而现在他能争得的仅仅是这批残兵败将的性命而已。此时，卡米勒终于能挺直腰杆说话了，他告诉十字军使者，以前提出的条件统统不算数，现在十字军想活命，必须乖乖交出达米埃塔城，无条件退回欧洲，还得签一份和平协议，有效期8年。

贝拉基已没了谈判的本钱，只好全盘接受。9月8日，十字军各路残兵退出埃及。至此，第五次十字军又以失败告终，一度唾手可得的胜利和希望都被尼罗河的滚滚洪流荡涤得干干净净。其实，贝拉基设想的"一举清除阿尤布王朝"虽不太现实，但这次东征已经算是十字军半个多世纪以来最接近成功的一次了。包围达米埃塔期间，他们差点达成了基督教世界"光复耶路撒冷"的终极愿望，结果因为短视和贪功，把送上门来的机会拒之门外。难怪腓力二世在法国听说贝拉基拒绝了如此优渥的条件时，怒骂他"呆子蠢货"。

不过在当时，大多数的欧洲人没有腓力的眼光，他们寻找第五次十字军的败因时，都把目光锁定在一个人的身上，那就是出尔反尔的腓特烈二世。终于，千夫所指之下的青年德皇，也要认真考虑他的东征之旅了。

46

和谐圣战

1215年就向英诺森三世承诺过将参加十字军的腓特烈二世，直到1221年第五次十字军在尼罗河上折戟沉沙，还是没有实际动作。甚至直到1227年，英诺森的继任者、一直催促他出征的洪诺留三世也去世了，他还在找各种借口一拖再拖，千呼万唤不出来。

腓特烈二世为何如此大牌？因为他确实有大牌的实力。在已近尾声的十字军故事中，腓特烈是仅剩的三位值得着墨的人物之一，要说他的与众不同之处，还得先从家庭出身讲起。

他的父亲是德皇亨利六世，祖父是红胡子腓特烈一世，他的外公则是将拜占庭折腾得焦头烂额的西西里诺曼王朝的鲁杰罗二世，而他母亲康斯坦丝的故事就更离奇。据14世纪的八卦大王薄伽丘讲，康斯坦丝年轻时曾有个占卜师给她算过一卦，说她的婚姻将给西西里带来灾难。当时的西西里国王是她堂兄威廉二世，他和大多数诺曼人一样，文化水平低，比较迷信，对占卜师的话深信不疑，于是强迫堂妹出家当了修女。在冷冷清清的修道院里挨到1185年，已经31岁的康斯坦丝才被威廉二世准许还俗，但韶华已逝，在当时很难婚嫁。幸好有红胡子慧眼识人，派人上门来为19岁的儿子亨利，也就是后来的亨利六世提亲。威廉当时没有子嗣，已立了妹妹为王位继承人，由于与红胡子有着同样的反教皇立场，他也乐得结下这门亲事，希望能为自己死后的西西里提供奥援。于是，亨利和康斯坦丝在1185年当年完婚。但他们的结合纯系政治婚姻，直到1194年，这对即将步入锡婚的老妻少夫才诞下了唯一的儿子，就是小腓特烈。当时康斯坦丝已经40岁，在中世纪绝对算是罕见的高龄产妇，所以风言风语不绝于耳，说腓特烈不是她亲生的，而是从一个屠户家里抱养的。据说康斯坦丝听到流言，还曾专门抱着小腓特烈到闹市当街哺乳，以正视听。

在红胡子和威廉过世后，亨利继承了德意志和西西里，但在两处他都要面临觊觎者的挑战，疲于应付。直到小腓特烈降生的1194年，他才凭借英国支付的理查的赎金招兵买马，击斩了与他争夺西西里的康斯坦丝庶兄坦克雷德。当年的圣诞节，亨利在巴勒莫大教堂加冕为国王。1196年，亨利六世试图效仿父亲红胡子，不通过选举就指定小腓特烈为未来的德意志国王，但德意志诸侯拼死抵制，亨利终究没有老爸的手腕，只好暂时搁置计划。没想到，1197年，31岁的亨利染上了霍乱，英年早逝，遗下了康斯坦丝和腓特烈孤儿寡母。此后，德意志诸侯分别推戴了两位新国王：亨利之弟菲利普（前面提到过的拜占庭女婿）和韦尔夫家族的奥托四世。双方争斗不休。

乱局之中，康斯坦丝明智地采取了不站队的等距外交，主动宣布小腓特烈放弃王位继承权，从德意志的纷争中抽身，全力在西西里经营自己的统治根基。仅过了一年，康斯坦丝也去世了，4岁的腓特烈彻底成了孤儿。临终前，康斯坦丝使儿子加冕为西西里国王，并向当时的罗马教皇英诺森三世托孤。对教皇来说，这是名正言顺地介入西西里事务的良机，于是英诺森答应做腓特烈的监护人，小腓特烈也因此被称为"神父哺育的国王"。但由于他爷爷红胡子的缘故，教廷对霍亨斯陶芬家族一向持敌视态度，英诺森在德意志王位之争中支持奥托四世，对腓特烈也丝毫没有尽心。

小腓特烈在巴勒莫孤独地长大，不但享受不到帝王的待遇和教育，甚至起码的生活保障都没有，有时要靠忠于王室的富户周济才能果腹。很难想象以国王之尊竟会惨到这个份上，但祸福自来相依，正是这种艰苦环境，不但给了腓特烈各种磨炼，还让他有了难得的自由成长环境和独立思考的可能。西西里岛仅在一个半世纪前还是伊斯兰世界的地盘，而在更早先的罗马乃至希腊时代，这里是各种文明的交汇点。诺曼人征服西西里以来虽然确立了基督教的主流地位，但并没有根除其他文化的遗迹，因此腓特烈得以接触基督教、伊斯兰教、犹太教，日耳曼乃至希腊、罗马的各种文明成果，遍览百家，博采众长，通过自己的思考和判断去芜存菁。小腓特烈如饥似渴地学习，终于，他没有被塑造成千篇一律、眼界狭小的国王，而是成长为有思想、有文化的知识型领导。在统治者普遍是文盲的中世纪欧洲，腓特烈已堪称学富五车，文史哲政经法数理化（确切地说，没有他懂化学的记载，不过他在生物学上的造诣可以作为填补）都有涉猎，仅外语就精通七八种，包括阿拉伯语。他还是当时为数不多的能提笔写作的人，留有不少诗歌，还写过一本专著《玩鹰指南》（正式名称《论用鹰隼狩猎的艺术》），在此后几世纪中被奉为生物学权威典籍。

小腓特烈在西西里厚积薄发的时候，他的老家德意志仍然一片纷乱，不过局势在朝着有利于他的方向发展。1209年，腓特烈15岁时，英诺森三世终于与他一贯力捧并曾为之加冕的德国皇位角逐者奥托四世闹翻。奥托四世在加冕后，以南征西西里讨伐腓特烈之名，准备进军亚平宁半岛。教皇当然知道他的真正用意是控制意大利，急令其止步，但奥托四世此时已不准备看教皇的脸色，他拒绝奉命，于是两家决裂。英诺森开除了奥托的教籍，不得已转头寻求宿敌霍亨斯陶芬家族的支持。此时，腓特烈的叔叔菲利普已经遇刺身亡，他就成了霍亨斯陶芬家族的头号人物，英诺森为他加冕使他成为合法的德意志国王，将他推上前台，以抗衡奥托四世。

实力悬殊，小腓特烈本来不抱什么希望，甚至已安排了逃往非洲的计划。但到了1211年，英诺森三世以及法王腓力二世通过外交努力，争取了一些德意志领主站在腓特烈一边，小国王这才有了和奥托四世掰一掰手腕的底气。次年，18岁的腓特烈冒险回到德国，召集人马讨伐奥托。深入敌境，九死一生，但腓特烈运气好，顶住了数次暗杀与围剿，终于支撑到1214年，时来运转。就在这一年，他的盟友法王腓力二世大显神威，在布永战役中以一敌二，力挫奥托四世与英国无地王约翰的联军。腓力一战功成，腓特烈也坐收渔利，此后奥托一蹶不振，在德意志的角逐中已被腓特烈后来居上，抢到了主动权。

1218年，大局已定的腓特烈在亚琛接受洪诺留三世的加冕，正式就任神圣罗马帝国皇帝，称腓特烈二世。至于奥托四世，不久后他在众叛亲离中寂寞地死去了。掌握西西里，定鼎德意志，腓特烈终于实现了父祖两代的理想。但接下来，在这个过程中为他提供了强力支持的赞助商罗马教廷，要向他收取酬劳了，他们的要求就是，腓特烈参加十字军。

早在1215年的拉特兰宫大会上，腓特烈就曾扛起十字架宣誓东征，但其实那只是一种不得已而为之的政治表态，用意完全在于维系与教廷的联盟关系，以换取教皇在德国皇位争夺战中的支持。腓特烈本人对东征并没有太大兴趣，如前所述，得益于西西里宽松的人文环境，除了基督教，腓特烈也深入研究过伊斯兰教和犹太教。举一反三，触类旁通，几大宗教本质上的大同小异让他有所感悟，以至于他曾说过一句离经叛道、惊世骇俗的千古牛言，"古往今来有三大骗子——摩西、耶稣、穆罕默德"。从这样的态度中可以看出，腓特烈绝不是教廷期待的那种护教弘法、持剑卫道的君主。1216年英诺森三世病故之后，他以此为由拖延时间，避开了原定于1217年发起的第五次十字军。3年后，贝拉基等人在达米埃塔望眼欲穿时，腓特烈又找足借口，百般推托，不是说战船没到位，就是说军中闹瘟疫。直到第五次东征失败，他还寸步未离西西里。

后来，洪诺留又召集新的东征，腓特烈是他的头号游说对象。对"圣战"之类的口号，腓特烈自然不当回事，但对东征的收益，他不会无动于衷。他知道，为了自己在欧洲的威望，这趟东方之旅终究是躲不过去的。1225年，他迎娶了耶路撒冷流亡国王约翰的女儿伊莎贝拉为续弦妻子，并借此获得耶路撒冷王位继承权，为东征打下了基础。婚后他也再次重申要收复圣地，但在此之前，他还有一项重要工作，那就是收编条顿骑士团。

在耶路撒冷王国短暂的历史中，以教皇名义设立的几大骑士团体现出了巨大的能量，常以教廷之名，充当王权的制衡甚至掣肘角色，教皇也乐于通过他们对东方施加影响。腓特烈很懂以史为鉴，知道若不能把骑士团收为己助，那么东征的辛苦拼杀，很可能最终是为别人奔忙。此时，医院、圣殿在近东都已式微，以德国同胞为骨干的条顿骑士团自然成为他拉拢的首选对象。通过一番台前幕后的努力，1226年，腓特烈的心腹赫尔曼·冯·萨尔察当上了骑士团大团长。作为回报，腓特烈把易北河以东的波罗的海沿岸的新兴城市吕贝克赐予条顿骑士团作为封地，并允许他们自行征服周边的东欧土地。这项决议对欧洲版图的影响一直延续至今：今天的德国首都柏林就在这片区域。

处理这件事的过程中，德国又与伦巴底发生冲突，东征只能再次搁置。在洪诺留的一再催促中，时间已经到了1227年。腓特烈磨磨蹭蹭、阳奉阴违的态度终于气得教皇一病不起，结果腓特烈更有了理由：他说惦念教皇病体，片刻不敢远离。这下更气得洪诺留直翻白眼，几次要开除腓特烈的教籍。

就在这一年，洪诺留三世去世了。他喊得虽凶，终究没能狠下心来对腓特烈处以绝罚。但他的后继者就没这么优柔寡断了，80多岁的新任教皇格列高利九世一上来就疾言厉色地敦促腓特烈，再不出兵，开除没商量。

腓特烈觉得准备已经充足，吊教廷的胃口也吊得差不多了，8月，延后了10年的东征大军总算上路了。这一次腓特烈征召了6万人马，应该说对东征还是有诚意的，可惜他的船队驶离西西里不久，就闹起了瘟疫，腓特烈本人也染病，只得掉头返回意大利。格列高利九世怒了，他认定了腓特烈是在故意耍他，这位脾气火暴的教皇毫不含糊地宣布，革除腓特烈教籍，传檄德意志，要各路诸侯都起来造反，发兵者有功无罪。

在那场瘟疫中，腓特烈的王后伊莎贝拉也去世了，她的父亲约翰恼恨女婿，与教皇联手反对腓特烈。格列高利组织的讨伐军被腓特烈很轻易地打发了，但此时他在欧洲虽未身败，却已接近名裂。腓特烈毕竟不像他爷爷红胡子那么蛮横，敢公然与教皇为敌，他还是打算尽量挽回影响，具体的方法没有别的，只能是东征，而且只许胜，不许败。

此时的局势已发生了戏剧性的逆转，原本牵着不走打着倒退的腓特烈忽然高调宣布："谁也别拦我，这回真要出征了！"而等待这一天等了多少年的教廷，口径也180度转弯。教皇宣布，腓特烈招集的十字军未经授权认证，手续不合法，大家不得参与。有教廷拆台，许多原本准备参加的领主又退出。尽管如此，自称耶路撒冷王位继承人的腓特烈还是坚定地表示："要到自己的土地上去走一走。"1228年6月，他仅带着为数不多的私人卫队出发，开始了简装版的第六次十字军东征。

腓特烈并不是想扮演单枪匹马的孤胆英雄。他虽兵微将寡，却是成竹在胸，因为他知道，当他来到耶路撒冷城下时，对方会大开城门，恭迎他的大驾——他有这样的特许证，签发人是卡米勒，阿尤布王朝的统治者。

原来这年春天，阿尤布王朝又发生了内乱。卡米勒的弟弟、在他继位之初曾给他大力支持的穆阿扎姆造反了，他在叙利亚自立为王，秣马厉兵，准备进而吞并埃及。卡米勒慌了手脚，忽然想起他还有个笔友，就是腓特烈。腓特烈的西西里是埃及的重要贸易伙伴，两人也因此打过交道。他们都不是很看重宗教意识形态的人，腓特烈在西西里保护穆斯林，修缮清真寺，卡米勒也在埃及优待基督徒，在埃及基督徒眼中他的仁慈宽大犹在萨拉丁之上。卡米勒涉猎宽泛，知识广博，腓特烈更是谈吐风雅，学问渊深，几次书信往来，高谈阔论，聊得甚是投缘，还互赠过礼物。穆阿扎姆叛乱，卡米勒知道隔岸观火的欧洲人必会趁机捡便宜，既然如此，不如先把他们拉拢过来。他致书腓特烈，邀他东来，表示愿将耶路撒冷及一些滨海城市相赠，条件是结盟对付穆阿扎姆。

腓特烈敢孤军东行，很大程度上依仗的就是卡米勒的邀约，他相信这个出自萨拉丁家族的朋友一定会言而有信。9月，十字军进抵阿克，腓特烈写信知会卡米勒，商量交割耶城事宜。岂料，计划没有变化快，就在腓特烈到达前一个月，穆阿扎姆死了，卡米勒的警报解除，他觉得没必要再用耶路撒冷换取欧洲人的支持了，于是回函一封，想取消合同。

这回腓特烈傻眼了，他已得罪教廷，挽回影响就指望着"收复圣城"的功劳了，为此出发前他已造足舆论，夸下海口，要是就这么灰溜溜无功而返，他本就被妖魔化的公众形象将彻底无法挽回。腓特烈知道凭他带的这点兵力，要想硬打那是以卵击石，事已至此，只能来软的，对卡米勒动之以情。腓特烈再次提笔，痛陈他现在进退维谷的境况，说自己背负全欧洲的期望而来，若得不到圣城便无颜再见江东父老，非但教皇那里交代不过去，在欧洲也将再无立锥之地，请求卡米勒大发慈悲，把耶路撒冷让给他。

一旅偏师深陷敌境，竟然一羽未发就让对方让出城池——而且还是耶路撒冷这样的重地。古今中外，咄咄怪事有甚于此乎？答：有。

比腓特烈更匪夷所思的就是卡米勒。这位苏丹看了腓特烈情真意切的陈述，居然感动得不能自已。当然，更深层次的原因是，他也认识到耶路撒冷对西方的宗教狂热者有磁石般的吸引力，现在消灭缺兵少将的腓特烈或许不是难事，但后面必将跟来源源不断的入侵者，而且不会有一个人像腓特烈这般理性好说话。如何应对那样的局面？像他伯父萨拉丁那样统一伊斯兰世界，然后领袖群伦，奋起抗敌？卡米勒自量没这个本事。看着一拨一拨的叛乱，阿尤布王朝的统一局面已难维系太久，伊斯兰世界山头林立的故态已然复萌，亲兄弟难免兵戎相向。攘外安内，疲于奔命，他实在厌倦了。与其继续握着耶路撒冷这颗烫手山芋两面受敌，不如把这座除了一些虚无缥缈的宗教情怀并不能带来其他实利的圣城让给开明友善的盟友腓特烈。不过，这里面还有一些技术性的难题需要解决。于是他回信深表歉疚，也跟腓特烈说了自己的难处，耶路撒冷是先人萨拉丁百战得来，要是平白无故就拱手让人，那他不但在哈里发面前没法交代，在整个伊斯兰世界也没法混了。

双方各有苦衷，始终不能达成一致。最后，卡米勒手下的驻西西里前任使节法赫雷丁出面暗示腓特烈，既然开口讨地盘，那总得露上两手，也好让卡米勒有个交代。腓特烈心领神会，马上整队杀出阿克，一路大造声势，说要攻取耶路撒冷。另一边，已与他颇有默契的卡米勒也在国内宣传，敌军势大难以与抗，为今之计只有谈判，以土地换和平。

一个虚张声势，一个佯装不敌，双方就如演习一般跑来跑去，根本没真打，真正在角逐博弈的是忙着讨价还价的双方谈判官员，这是200年十字军运动史上最奇妙的一幕。1229年2月18日，这场过家家战争终于结束，和议签署。卡米勒遵照前约，把耶路撒冷和沿海地带割让给腓特烈，腓特烈则保证穆斯林在耶城的一切权利不受侵犯，阿克萨清真寺和岩石圆顶殿等重要宗教场所仍归穆斯林所有。双方签署和平协议，有效期10年。

　　如果此前的历次十字军都能采取这种有话好好说的态度，或许那么多惨烈的战争与无谓的流血都可以避免了。

　　一个月后，腓特烈以新国王身份进入耶路撒冷，但早就得到教皇谕令的耶城宗教界人士对这位解放者避之犹恐不及。腓特烈在圣墓教堂举行的加冕仪式上没有一位教士出席，便自己拿过王冠戴在头上。

　　比之狮心王与萨拉丁，腓特烈和卡米勒的交情显然更深。进入耶城之后，腓特烈恪守承诺，对清真寺严加保护，他不但亲自依照全套伊斯兰教礼仪朝拜，还严令耶城的基督教士未经许可不得擅入，"违者挖眼"。而从他终其一生对待异教的宽容态度上来看，这绝非刻意为之的作秀之举，这样的心胸气度，足堪与萨拉丁前后辉映。卡米勒对腓特烈就更厚道，后来有不满腓特烈的圣殿骑士将他的行踪密报卡米勒，建议他趁腓特烈无备派人去刺杀，卡米勒则将此事转告腓特烈，还提醒他多加小心。

　　不但成功"收复"了耶路撒冷，还为其争得了良好的周边环境，第六次十字军东征应该算是功德圆满了。尤其这成绩还是在兵不血刃的情况下取得的，简直堪称奇迹，但更令人意想不到的是，腓特烈的麻烦也正源于此。

　　按照《孙子兵法》的理念，不战而屈人之兵，这是上而上之的境界，但在十字军时代的欧洲，时人有着不同的见解。他们崇尚的是"拔出来就得见血"，腓特烈这样"要文斗不要武斗"的和谐圣战，在教廷看来非但不是荣耀，简直几近耻辱——"不流血的十字军东征是对基督教事业的背叛"（沈敏华、程栋《十字军东征》）。

　　腓特烈在巴勒斯坦期间，教皇组织群众对其展开深入揭批，他与异教徒的谈判被斥为投机行为，他保护清真寺的言行更是在本质上犯了路线错误，他此前大逆不道的"三大骗子论"，自然也被提出来批判。教皇继续鼓动德意志贵族造反，还亲自上阵组织军队，准备南下西西里，端掉腓特烈的老巢。

腓特烈已无法在东方安坐，他得赶回去收拾起火的后院。1229年6月，腓特烈于清晨悄悄启程离开阿克，在教廷卓有成效的宣传之下，他东方的臣民们也用垃圾秽物表达了欢送。

至此，第六次十字军彻底结束，圣城回到手中，基督徒其实已经获得完胜。但或许是遗憾于动作场面的欠奉，欧洲人对这种胜利的模式并不满意。无缘无故丢掉耶城的穆斯林就更不用说，虽然没遭受1099年那样的大屠杀，但耶城的再度易主仍令伊斯兰世界哭声一片，卡米勒承受的指责更甚于腓特烈。

这样不稳定的平衡注定不会持续太久，而争端再起之时，卡米勒与腓特烈一个已然作古，一个忙于与教廷的争斗。他们创造性的和谐圣战模式再也无法复制，十字军运动又将回到血雨腥风的传统轨道上。

按

由于腓特烈二世组织的十字军事实上并没有作战，因此有的书籍上在计算十字军东征届次时，将这一次排除在外，这也是十字军东征有七次说、八次说、九次说等多种算法的原因之一。

47

最后的圣者

十年的停战期转瞬即逝。对久罹兵祸的耶路撒冷来说，这段难能可贵的和平是如此短暂，但对和平的缔造者之一苏丹卡米勒，这十年却无比难熬。虽然享受着刀枪入库之福，可是穆斯林更多体会到的还是丢失圣城之痛和不战而降之耻，他们将这些归咎于卡米勒。这位以一人名节换来地区和平的苏丹，在上至哈里发下至老百姓的谴责中度日如年，深悔一招棋错。所以，当1239年与腓特烈的和平协议期限一满，已经年高病重的卡米勒立刻着手弥补。2月18日，和约到期当天他就发兵占领了猝不及防的耶路撒冷。

一年之后，卡米勒带着几许欣慰去世了，但这次他一人的遂愿换来的是整个近东地区的动乱。令人厌倦的单调轮回又开始了，英法西班牙的一些地方领主又组织起几次小规模的十字军，杀向耶路撒冷。他们和穆斯林军队交战数场，互有胜负，耶城也在两派之间几度易手。随后，被蒙古成吉思汗西征军击溃的中亚花剌子模人也赶来近东，加入战团，再加上埃及和叙利亚、医院骑士团和圣殿骑士团之间争权夺利的内讧，巴勒斯坦再次乱成一片。

1244年，1万名花剌子模骑兵攻陷耶路撒冷，烧杀抢掠，屠戮了5000多名基督教军民。这是耶城自1099年以来最惨重的一次浩劫，无数的屈鬼冤魂飘荡千里，纠结不散，终于在欧洲彼端的法兰西，化成了一个噩梦。

做这个梦的人，正是法国国王，时年30岁的路易九世，也就是后世称颂的"圣路易"。

路易九世生于1214年4月25日，他出生后不久，他的爷爷腓力二世打赢了布永战役，迎来了他本人和整个法国卡佩王朝的辉煌顶点。1223年腓力逝世，"雄狮"路易八世继位，3年后英年早逝，年仅12岁的路易九世在兰斯大教堂戴上国王的冠冕。此时，他的母后布兰卡充当了悉心又尽职的辅弼者，这位太后是西班牙卡斯蒂国王阿方索八世之女，她还有个著名的外婆，就是那位先后当过法英两国王后的风流名媛埃莉诺，布兰卡的婚事正是老外婆80岁时一手操办的。不过，与那位素来不靠谱的外祖母不同，布兰卡生性持重，办事稳妥，因此路易八世临终前指定她作为摄政。1227年她支撑危局，运用腓力时代组建的遍及法国的官吏系统，镇压了趁着幼主登基起而作乱的一干贵族。

此后，在她的教辅下，天资聪颖不逊乃祖的路易九世成长为一代少年英主。对内，他改革司法，革除了教会凭借宗教法权敛取民财的积弊；购置王室土地，使国库可以仰赖王家产业的收入而不必过分抽取苛捐杂税；铸造全国通用的货币，以利经贸发展；带头提倡节俭，约束不法权贵，使民心拥戴；降服了阿尔比派最有力的支持者图卢兹伯爵雷蒙七世，使王室势力及于法国中南部。对外，他两次挫败英王亨利三世（无地王约翰之子）的入侵，打得英国人心服口服；而在欧洲最为激烈的腓特烈二世与教廷之争中，他审慎地采取中立态度，与双方都保持着良好的关系。这些成就都是在他30岁之前取得的，伏尔泰在《风俗论》中惋叹，如果他一直等在自己的祖国，那将成就何等事业！

就在1244年，一切始于一场梦。12月，路易已经感染了两年的疟疾忽然加重，发起高烧，昏睡不醒，御医用尽浑身解数也无济于事。国王病体日益沉重，眼看就有不治之虞，母亲、妻子、医官、宫人围守在病榻边上，焦急万分，甚至已经提前安排了后事。忽然一天，昏迷中的路易睁眼起身，周围的人们正为他的康复惊喜，却听见国王说，他在睡梦中听到一个声音命令他，扛起十字架，去消灭异教徒。

历来君王的梦，总会变成臣民灾难性的现实。一千多年前波斯国王薛西斯的西征之梦如此，五十多年前金朝海陵王完颜亮的南征之梦也是如此。布兰卡和法国众臣虽未必听过这些典故，但他们了解数次徒劳无功的东征带给法国的是什么。众人纷纷谏阻，甚至巴黎主教纪尧姆也表示反对。

但路易的虔诚与倔强是众所周知的。他自幼在法国王室特有的浓郁宗教气氛中成长，耳濡目染下，宗教的思维与情怀已融入血液。历史学家茹安维尔为他撰写的起居注中记载，路易每天都要朝夕祈祷，晨昏诵经，《圣母经》一天要念上50遍。而且路易不仅是皓首穷经的研读者，更是身体力行的实践者。尽管他把司法权从宗教系统中剥离出来，收归世俗法官，但他奉献给宗教的则更多。作为国王，他的统治处处带有基督教痕迹，他每日临朝仪式上的祝词是"基督征服，基督统治，基督君临天下"，连发行的钱币上都铸有以上字句；作为个人，他广修教堂，礼敬僧侣，搜集圣物，更效仿耶稣，周济穷人，为鳏寡老人濯足，甚至为麻风病人喂饭。路易本来相貌英俊，喜爱玩闹，但成年之后恪守宗教的神贫原则，弃绝了早年的一切奢华享受，终日衣衫褴褛，粗茶淡饭，不再驰马放鹰。他把业余时间全部用于讲经布道，有时还依照当时流行的苦修方式，用小铁链鞭挞自己，在遍体鳞伤中体验耶稣当年经受的苦楚。自虐式的修行使得路易不到30岁就已身形佝偻，容颜憔悴，一头原本亮丽的金发也已脱落成地中海的轮廓。而一旦涉及与他虔诚的基督教信仰相悖拗的地方，路易春天般的温暖就会立即变得如同严冬一样残酷无情，对犹太人、阿尔比派以及其他异端派别，他都采取断然的镇压态度。格列高利九世开设在法国的宗教裁判所，获得了他的热情支持，有些异教徒和异端分子的火刑处决令，就是他亲自签署的。这种爱憎分明的虔诚表现，使路易的声望犹胜乃祖腓力二世，时人送给他一个雅号：完美的怪物。这是一个带着敬畏之情的褒义词。

同是少年成名的一代雄主，路易与腓特烈二世的最大差别就在于此：后者仅把宗教当作手段，而对前者来说，宗教几乎就是生命的终极目的和全部意义。富勒在《西洋世界军事史》中评价腓特烈是"第一个近代欧洲人"，这指的就是他代表世俗政权与教廷操持的神权进行的抗争。而如果这样算来，路易九世则可以称为最后一个维护教廷主导的秩序的君王和最后一个维护十字军东征理念的基督教圣战主义者。

路易大病初愈，此时已分不清梦境和现实，他坚持要去履行上帝交付的使命——东征耶路撒冷，法国上下无人劝阻得了。身体状况刚一好转，路易就开始全身心投入东征事宜。经过4年的悉心筹备，他的热情都不曾冷却。1248年8月底，一切终于安排妥当。路易将国内事务交给母后布兰卡，然后亲率3000名骑士从马赛起航，另有几路人马或驶出艾格莫尔特等法国南部的其他港口，或取道意大利，一共1800艘大帆船，5万名战士，乘风破浪，浩浩荡荡地驶向东方。第七次十字军东征，正式拉开帷幕。

路易的作战计划，是完成第五次十字军的未竟事业，征服埃及。但他的船队向埃及进发途中遭遇了风暴，路易本人所在的船队损失高达四分之三。不得已，法王下令移驾塞浦路斯，在那里，其他各路的法国舰船陆续赶来会师。塞浦路斯国王也被路易的虔诚感动，愿意出兵助战。路易接受他的邀请，在岛上休整过冬，其间大陆上阿克等处的基督徒赶来献策，建议他效仿腓特烈，利用穆斯林领主间的矛盾与之谈判，逼他们献出耶路撒冷。但坚决与异教徒划清界限的路易对此不屑一顾，他表示要光明正大地以武力解放圣城。

1249年6月，路易三军休整已毕，舰队驶离塞浦路斯的利马索尔港，开赴埃及。第一站就是当年第五次十字军鏖战了一年多的尼罗河三角洲上的重镇，达米埃塔。此时，埃及的苏丹是卡米勒的侄子，萨利赫·奈吉木丁。萨利赫的能力不及卡米勒，此时又身患重病，达米埃塔的防务十分虚弱，说是空城都不为过。路易大军杀到，一鼓而下。

萨利赫只能派人去谈判，提出以耶路撒冷换回达米埃塔的建议。当年，颟顸的教皇特使贝拉基拒绝了这样优厚的条件，腓力二世斥其为蠢材，而这段往事似乎没给他的孙子路易带来什么启示。现在同样的机会摆在了路易面前，他也被胜利冲昏了头脑，认为埃及唾手可得，足可灭此朝食。

不过，路易总算吸取了贝拉基具体战术上的教训，他命军队在达米埃塔休息，避过尼罗河的泛滥期。十字军在城中逗留了足足5个月，尼罗河的洪峰是避过去了，但一些无可避免的麻烦又缠了上来，比如给养匮乏，疫病滋生。路易本人也染上了流行病，而更严重的是斗志的消磨和风纪的败坏，以及各山头矛盾加剧这一十字军绕不开的滥觞。11月20日，路易觉得有必要用胜利提升士气，他命弟弟阿图瓦伯爵罗贝尔为先锋，南下攻击萨利赫所在的据点曼苏拉。

另一边，听说和议被拒后，萨利赫陷入忧虑，小半年来担惊受怕，十字军逼近的消息令他急火攻心病情加重，随即就去世了。庸碌之君的死，也为有能力扶危济世的人腾出了空位，王后沙贾尔·杜尔密不发表，同时依靠与自己过从甚密的马木留克军团首领伊兹丁·艾伯克，调兵遣将积极部署防务。艾伯克遣出麾下大将拜巴尔，整饬军旅北上，与十字军对峙。

次年2月，十字军经过一冬天的血战终于攻陷了曼苏拉，沙贾尔·杜尔和艾伯克等人南逃开罗。不过得胜后的罗贝尔轻骑追敌，中伏战死，让路易折了左膀右臂。此时，第七次十字军东征的成绩已达到顶点，路易也坚定了征服埃及的信心。不过他并没有意识到，自己的处境其实与当年的贝拉基如出一辙。曼苏拉战役最后的攻坚战打了8个星期，杀得尸骸盈野。由于没有及时处理死尸，十字军中很快疫病蔓延，难以再进，而更严重的问题是他们的后路已被埃及人截断。此前驻兵北方迪亚贝克城的王子图兰沙阿已经获悉了父亲萨利赫的死讯，急忙赶回来。本来他的主要目的是争夺苏丹之位，但他的舰队在尼罗河中发现了路易的补给船，当然不客气地发起突袭，一举夺取了32艘敌船。

粮道被断，十字军陷入恐慌。此时，先前退走的拜巴尔又卷土重来，与图兰沙阿一起合围了十字军。3月底和4月初，路易两度率众突围都被打退，更损失了水军主力，水旱两路都已无路遁逃。4月7日，埃及人开始收网，马木留克军团发起总攻，路易率主力向北退走，结果在法尔斯库尔村被追上。已疲弱不堪的十字军再也无力抵挡，包括路易在内的大队人马都被马木留克军团生擒，只有路易的王后玛格利特率领一小部分人逃出生天，撤到了达米埃塔。

埃及人终于反败为胜。萨拉丁的后继者们没有他的雅量，他们逼令被俘的基督徒改宗伊斯兰教，大多数人都因拒绝降服而被马木留克虐杀。但对于路易这样有身份的俘虏，埃及人悉心照料，不但给了极高规格的礼待，还组织医疗队治好了他的病，包括茹安维尔在内的路易侍从，也获得了优待。这是因为埃及人知道，这些人意味着不菲的赎金。

果然，逃脱的王后玛格利特派人来谈判，要赎回国王。此时已自立为苏丹的图兰沙阿狮子大开口，索要100万拜占庭金币。尽管这是一笔天价，但救人心切又不擅长讨价还价的玛格利特还是一口应承下来，这反倒弄得图兰沙阿都有些不好意思了，主动给她打了八折。

最终双方的和议条款还包括：十字军无条件归还达米埃塔，撤离非洲；签署为期10年的和平协议。埃及人收钱放人，不过此时收钱的已不是图兰沙阿。1250年5月6日，十字军偃旗息鼓，撤出达米埃塔。第五次十字军的遭遇在第七次身上重演，这座城市又一次成为不知足者的教训。

东征已经失败，但路易向往圣地，历经苦难痴心不改。百死余生的他没有急着返回法国，而是扬帆东进，驶向了梦萦魂牵的巴勒斯坦海岸线。

奴隶要翻身

第七次十字军征服埃及的计划虽告破产，但这一场战争给埃及内部造成了深远的影响。立国不足百年的阿尤布王朝已经无以为继，改朝换代的嬗变，正在酝酿。

即将走上前台取而代之的，是马木留克王朝。谈到马木留克的缘起，又是很长的故事。和突厥人一样，马木留克也是伊斯兰世界的外来户，不同之处在于，"马木留克"指的不是一个民族，而是一个集团，一个阶级。

"马木留克"是阿拉伯语，其本意为"奴仆""被拥有者"，这个词道出了他们的出身。最早的马木留克泛指阿拉伯人手中来自中亚的各族奴隶，后来这些人皈依了伊斯兰教，地位略有提高，就业方向也实现了多元化，不但充任仆役，也被编入行伍。其中突厥系诸族奴隶进了军队如鱼得水，很快凭借其强壮勇悍的天性屡立军功，成为阿拉伯帝国的重要军事力量。在阿拔斯王朝时期，统治者既不能依仗阿拉伯人，又不敢重用波斯人，这为马木留克势力的膨胀提供了空间。著名哈里发马蒙在位时，他向奴隶贩子订购了来自伊拉克北部和中亚的数千名优质青少年奴隶（其中以突厥人为主），编为马木留克禁卫军，用严酷训练、洗脑教育和奢侈享受，将他们打造成忠于王室的战争机器。他们骁勇无比，武艺精良，弓马娴熟，尤其善用马刀，可以在疾驰的马背上一刀劈开悬挂的浆果。

833年马蒙去世，其子穆塔西姆继任哈里发。此时，巴格达的马木留克禁卫军势力已经庞大得不受控制，不但在民间横行不法，也不把哈里发放在眼里了。穆塔西姆及其政府班子被他们裹挟着迁往巴格达以北，在马木留克兵营的基础上新建城市萨迈拉。此后，阿拉伯帝国的政务枢机就出自"突厥奴隶"把持的兵营，哈里发成了被架空的傀儡。

其实不幸的家庭很多时候也是相似的。被名义上的奴仆摆布不只是穆塔西姆一人的烦恼，几乎与他同一时代，亚欧大陆另一边大唐帝国的首都长安城里，孤独的文宗皇帝李昂也在向手下哀叹自己"受制于家奴"，还不如"受制于诸侯"的周赧王、汉献帝。

后来马木留克出身的突厥人先后建立了突伦、伊赫希德等名义上隶属阿拔斯王朝的政权，直到塞尔柱人掌控巴格达，他们的势力才逐渐消泯。随着萨拉丁的崛起，伊斯兰世界的中心由巴格达转移到埃及。为了对抗十字军，从赞吉、努尔丁到萨拉丁的历代穆斯林领袖都效仿阿拉伯人，培养武力强悍的马木留克军团。此时马木留克集团的民族成分已发生改变，以身高力大的高加索人为主。马木留克在萨拉丁的征战中立下汗马功劳，但其专权之祸也追随而至。在萨拉丁时代，他们尚不成气候，但随后的几次乱局中，他们凭借战功获得了越来越大的发言权。经过阿迪勒、卡米勒、阿迪勒二世几朝，马木留克对国家事务插手越来越多，到萨利赫·奈吉木丁时代达到顶点。这位苏丹一次性购进了1.2万名中亚、高加索奴隶，编入马木留克军，并将他们安置在尼罗河的一处沙洲之上，遍选精锐称为"拜赫里耶"，阿拉伯语的含义为"尼罗河之海"。萨利赫扩编马木留克，本打算利用他们对付十字军和不服管束的叙利亚领主，结果此举却是为自己的王朝掘墓。

抵抗第七次十字军之战中，居首功者当属马木留克军团，具体到个人，就要算与王后沙贾尔·杜尔一道统揽全局的军团大首领伊兹丁·艾伯克。这二人之所以能精诚合作团结抗战，不唯是家国情怀大局观念使然，更出于他们彼此间的"超友谊关系"——奸情。艾伯克虽已年逾不惑，但武人出身，体魄强健，个性张扬，在王后眼中要比孱弱的丈夫萨利赫有魅力得多。大敌当前之时，埃及朝野都靠他们二人支撑局面，因此生活作风问题被搁置一旁。但当路易被困、胜利在望时，埃及内部也为萨利赫的继承权展开了角逐，针对王后和艾伯克的斗争开始了。率先发难的是图兰沙阿。刚打败了路易，图兰沙阿人气正旺，他指责继母沙贾尔·杜尔隐瞒萨利赫死讯，图谋不轨；同时他削夺了马木留克军官的权力，带着本部人马高调前往开罗。但这位骄横王子太缺乏斗争经验，竟似不知马木留克在军中的势力已经根深蒂固，他同时向宫廷和军方开战，只能使他们的同盟更加紧密。很快图兰沙阿被艾伯克派人暗杀，此事发生在与路易的和约生效前夕，埃及内部的纷乱也是路易得以迅速获释的原因之一。

现在阿尤布王朝已没有拿得出手的继承人，独揽大权的艾伯克把亲密战友沙贾尔·杜尔扶上宝座当"埃及女王"，她上台后更加倚重马木留克，在各机要处广为安插。未几，叙利亚方面的阿尤布宗室搬出宗教律法，称女主当朝不合祖制，要求沙贾尔·杜尔退位。就连远在巴格达的哈里发也提出异议，甚至表示要派特使到埃及考察，"是否他们已经没有值得册封的男子汉了"。最终，女王也不敢冒天下之大不韪，只好退居二线，从叙利亚挑选了年仅6岁的萨拉丁之孙艾什赖弗·穆萨作为傀儡苏丹，她自己与艾伯克一起在幕后操纵。当了两年提线木偶之后，1252年，小穆萨被已经准备充分的艾伯克废黜，后者走上台前当了苏丹，这次篡夺得到了巴格达哈里发的认可。至此，立国83年的阿尤布王朝走到了尽头，马木留克王朝取而代之。昔日的奴隶翻身做了主人，"马木留克"这个曾经的贬义词，现在也成了光荣的称号。

沙贾尔·杜尔和艾伯克都有政治才干，又得到了路易的大笔赎金作为支持，把埃及治理得井井有条，在民间也享有盛誉。可惜，事关权力，二人的蜜月期也很快终结。1257年，沙贾尔·杜尔获悉艾伯克准备抛下她另觅新欢，迎娶摩苏尔领主之女，中年妇女的嫉妒心发作，派人趁艾伯克前往叙利亚时将之暗杀。随后，当沙贾尔·杜尔准备再以女王身份主政时，却死于人手——艾伯克前妻所生的儿子，年仅11岁的曼苏尔·阿里与马木留克大将穆扎法尔·赛福丁·古突兹合谋将她毒死。沙贾尔·杜尔的名字，意思是"珍珠树"，伊兹丁的名号"艾伯克"，则是"月亮王子"之意，二人的名字组合起来，颇具"玉树流光照后庭"的美感。可惜卷入了政治倾轧，一切诗情画意都只能粉身碎骨，两人前后脚死在阴谋算计中，结束了爱恨纠结的一生。

接下来幼主阿里继位，古突兹实掌大权。两年后，他废黜阿里，自任苏丹。次年（1260年），古突兹统兵北上叙利亚，在阿音札鲁特战役中击退了蒙古西征大军。此时，巴格达哈里发一系已被蒙古人杀光，中亚和西亚的穆斯林政权已被扫荡殆尽，古突兹的胜利阻止了蒙古人的前进，保住了穆斯林的火种，对伊斯兰世界来说实有擎天之功，他也达到了个人事业的顶峰。然而，就在凯旋途中，古突兹被手下刺杀了。

杀他的人就是在抗击第七次十字军中表现活跃的马木留克大将，拜巴尔。和那个时代的大多数马木留克一样，拜巴尔出身于高加索地区，可能还有钦察血统，十几岁时被卖到近东，编入军旅。起初他在叙利亚北部哈马的弩炮队服役，后来调职开罗，加入萨利赫的新拜赫里耶军团，此后因功逐级擢升。拜巴尔是马木留克军的常胜将军，他本与古突兹不睦，国难当前，才放下前嫌，携手抗敌。他在阿音札鲁特战役中功勋卓著，结果分配战利品时，曾向他许以高官厚禄的古突兹只赏了几名女奴打发他。拜巴尔愤恨难平，回师途中寻了个狩猎的机会，趁古突兹不备，手刃了悭吝的上司。

拜巴尔素有威望于军中，他的哗变没有引发更大的动乱，随后他统兵回到开罗，自立为苏丹。和几位前任一样，拜巴尔也是篡逆者，但他的政治军事水平要远超前辈。拜巴尔从劫后余生的巴格达哈里发后裔中选出血统最疏远、声望最薄弱的继承人，迎回开罗拜为哈里发，以此解决了马木留克王朝和他本人的合法性问题。此后，他兴办大学，修筑公路，发展商贸，建立邮政系统，将埃及整治一新。在他的手中，马木留克王朝才算真正奠基，完成了由一个军事集团向一个王朝政府的转型。

不过，戎马一生的拜巴尔最主要的成就还是在军事方面。他生逢乱世，伊斯兰世界面临西面的十字军和东面的蒙古人两线夹击，他不得不东挡西杀，而凭借出色的军事才略，他竟在腹背受敌的不利境地中，在两线都取得了不俗的战绩。尤其是在对抗十字军的过程中，拜巴尔一路势如破竹：1263年，他占领了当年萨拉丁数度围攻未果的坚城卡拉克；1265年，他夷平巴勒斯坦北部的凯撒里亚；1266年，他攻克圣殿骑士团要塞萨法德；1268年，拜巴尔赢得了具有里程碑意义的胜利，这一年5月21日，他一举拿下近东基督徒手中最大最富的城市——安条克。存在了171年的十字军安条克公国，至此覆亡。安条克公爵博希蒙德六世流亡的黎波里，城中1.6万名投降的十字军尽遭屠杀，平民被卖为奴隶，教堂、城堡被烧成白地。希提在《阿拉伯通史》中叹息道，经受这次打击之后，这座城市再也没有恢复元气。

此外，拜巴尔还向西边的利比亚和南边的苏丹用兵，扩张了马木留克王朝在非洲的版图。

拜巴尔被伊斯兰史学家誉为继努尔丁和萨拉丁之后，第三位抵抗十字军的穆斯林领袖，他兼具前两者的智勇与虔诚，但缺乏的是萨拉丁宽和仁义的风范。拜巴尔性情刚毅，也很会耍弄阴谋诡计，丝毫不讲信用。在萨法德战役中，他答应圣殿骑士"投降免死"，却在后者缴械之后，将2000名降人全部杀掉，还洋洋自得地将此"功绩"铭刻于萨法德城墙之上。而他每攻掠一地，必将基督教的僧舍、学校、教堂尽数毁掉，耶稣家乡拿撒勒的古老教堂就被他付之一炬。至于屠杀安条克，就更令人发指，拜巴尔还致书博希蒙德六世，告诉他，自己将他的家人眷属全部卖为奴隶，"每人只值一个第纳尔"。

充满乖张变态气质的马木留克王朝，此后200多年间都是埃及乃至整个近东的主宰，拜巴尔式的暴君，取代了萨拉丁式的仁君。经过与十字军近200年的周旋，太多的暴力、偏执、狂热因子感染了曾经温文尔雅的穆斯林，将他们禁锢在中世纪思维之中。

随着马木留克王朝的强势崛起，基督徒们近200年来在东方辛苦挣得的一点地盘，已经难以保全，而消耗了太多力量的欧洲也无力再做反应，跨越三个世纪的十字军运动，即将接近尾声。

按

马木留克王朝与蒙古人的战争事迹，以及拜巴尔等人物，后文《大陆苍黄》中将有续述。

49

何人此路得生还

话说回头。1250年路易九世获释后去了巴勒斯坦，在阿克登陆。此时的阿克已成了基督徒在近东的核心城市，商旅来往，冠盖云集。而阿克城中的十字军各路人马眼见路易已经失势，对这位原本颇为期待的拯救者变得热情缺缺，医院和圣殿两大骑士团正为争地盘打得不可开交，路易也无力调停。

路易在近东盘桓了整整4年，在阿克城的祈祷室里，在拿撒勒的礼拜堂前，他终于感受了寤寐思服的圣地气息，看到了耳目一新的东方风情。可惜，江山虽好，圣城却陷于敌手，路易思之神伤，他请当地人带自己去看一眼耶路撒冷，后者懒得理会，就搪塞他说，当年狮心王理查说过，只会以征服者的身份进入耶城。一句话竟说得路易热血沸腾，在哪里跌倒就从哪里爬起来，这位圣徒国王霎时间爆发出基督徒百折不回的坚贞精神。有生之年一定要再发动一次圣战，这样的念头已在国王心中酝酿。

当路易滞留东方壁冥思时，他在埃及兵败就擒的消息传回了法国。在当时的通信条件下，法国国民们尚不知此时他已获释，大家情绪激愤，准备营救素有盛德的国王。1251年，佛兰德尔地区的穷人们组织起来向巴黎进发，他们自称"牧羊人十字军"（并非都是牧民），沿途发动群众，声称要去埃及解救路易。这伙人的领袖是一个被称为"匈牙利大师"的神秘教士，五六十岁年纪，没有确切姓名流传，但此人极具煽动性，在他"勤王圣战"的号召中，牧羊人的队伍滚雪球般不断壮大。没有教会方面的认证，这伙牧羊人其实算不得十字军，但他们抵达巴黎时，声势已十分浩大，官方也不敢小觑，加上摄政的老太后布兰卡忧心儿子蒙难，对牧羊人十字军表示支持。

随后，牧羊人们向法国南部的港口进军，一路上不断有人归附，人数涨到10万。不过，这伙人缺乏组织纪律和军事素养，很快变得横行无忌，沿途杀掠犹太人，杀得性起时，连基督教宗教学院的学生也不放过。法国各地的领主这才意识到必须镇压这群武装流民。在大家联手绞杀下，牧羊人十字军很快瓦解，这场自相残杀的浩劫中又有无数法国人死于非命。至于那位匈牙利大师，他的庐山真面目始终无人知晓，有一种传言说他就是当年发动儿童十字军的那个小牧童斯蒂芬。

从隐士彼得的时代开始，法国在历次十字军运动中几乎都是最大宗的参与者，虽然取得了不错的战绩，先后建立埃德萨、耶路撒冷、的黎波里三个十字军国家，并参与瓜分拜占庭，但与他们付出的代价相比，这些成就便显得有些入不敷出。十字军运动造成的伤害已经系统地作用于整个法国社会，十字架的呼唤现在已对越来越多的法国人失去效力，但还有一个人没有放弃，那就是全法国最虔诚的人，国王路易九世。

1254年，望眼欲穿的老太后布兰卡没能看到儿子归来就撒手人寰了。丧报传来，路易终于依依不舍地离别巴勒斯坦，回到阔别6年的祖国法兰西。国民像对待凯旋的英雄一样，欢迎损兵折将铩羽而归的国王，被俘不但没有成为路易的污点，反而被视为光荣的履历，整个欧洲基督教世界无不敬仰。路易也再次拿出了治国的才干，扩大王国领地，建设司法体系，后来路易治下的法国逐渐恢复元气，他的威信也达到空前的高度。此时，德皇腓特烈二世已然谢世（1250年），欧洲再没有能与路易相提并论的君主。他的手下败将英王亨利三世请他担任英国事务的仲裁人。在腓特烈二世之子康拉丁（康拉德四世）猝死后，他的弟弟安茹伯爵查理也于1254年凭借其兄之名望而被教廷指定为西西里国王。伏尔泰评价道，路易在法国的十几年，已经弥补了他远离邦国造成的损失。

然而，路易在享受这些政绩和荣耀时，胸中殊无王者归来的快意，东征失利的阴影仍然郁积在他的心头，路易变得更加虔诚，他自虐式苦修的尺度再次升级，折磨得自己形销骨立，不成人形。路易的统治风格也表现出了越来越明显的分裂，在严于克己、广施仁政的同时，加在犹太人等异教属民身上的迫害也变本加厉。塞西尔·罗斯的《简明犹太民族史》中称，路易下令烧毁犹太人的圣书《塔木德》；在裁决犹太人与基督教教士的纷争时，他的主张是"用剑刺入他们（犹太人）的身体，越深越好"；路易还命令犹太人在身上佩戴醒目的红色标志，后来希特勒正是师法于他。可见，对不同的受众来说，圣徒和恶魔其实只是一块硬币的两面。

矢志不移有时并不是好事。法国境况的好转，励精图治的成就和声望，也一点点变成了再举刀枪的冲动与信心。1266年，已经52岁的路易自觉光阴荏苒，时不我待，他秘密致信罗马教廷，表达了希望再度东征的想法。此时，英国、德国都在内乱，教皇克雷芒四世正愁组织不起人手，风景独好的法国主动请缨，教皇当然求之不得。他对路易的坚贞大加褒奖，还特地批准路易向法国的教会征税3年，作为军费。

得到教廷支持的路易心气更足了，次年他把自己的打算告诉了几位教俗要员。又一年后，1268年，安条克覆灭的消息传来，法王昭告天下，要再举十字架，重走东征路。此言一出，举国大哗，绝大多数理智的人都记得上次东征带来了什么结果，偏偏聪明圣断的路易身在局中，众人皆醒我独醉。路易的史官茹安维尔劝谏他，"想执行上帝的意旨就应当留在国内"，但主意已定的路易充耳不闻，只管一心筹备出兵事宜。1270年3月14日，路易郑重地从圣德尼教堂中请出了法兰西王室的旗帜，调动王室军队。两天后，他又赤脚徒步前往巴黎的圣母院，祈求胜利。此时的法国，又弥漫起了圣战的气氛。

尽管有国王的感召，奈何经历过多次失败，法国贵族和民众都已对东征兴味索然，路易只好广施金银财帛。最终，重赏之下又有6万名勇夫，看在上帝与财神的双重面子上，赶来投效，人数与上一回大致相当。英国方面，亨利三世也派来王储爱德华助阵，不过路途遥远，一时不及赶到。1270年5月，除了英军，其他人马都已到位，路易的第二次、整个历史上的第八次十字军东征，正式开始。

其实，路易具体的征伐目标直到此刻还没准谱儿，他既想去埃及洗雪前耻，又想直捣黄龙攻下圣城，一时犹豫不决。船队驶离法国途经撒丁岛时，路易的弟弟、已当上西西里国王的查理赶来与他会合，并提出了一个全新的作战方案：进攻突尼斯。

查理为何献上此计？伏尔泰《风俗论》中指责，这是他的野心、残酷和自私使然。突尼斯地近西西里，查理想借用哥哥的势力与虔诚，帮自己夺取突尼斯。而路易为何会接受，这就更发人深思。或许是出于对一切异教势力的敌视，为了圣战而圣战；或许是真的缺乏地理知识，以为突尼斯离埃及很近，可作为攻打埃及的跳板；又或许是知道突尼斯王国实力较弱，易于攻取，从而急着获取一场对穆斯林的胜利。但不论哪种解释成立，背后都折射出路易和整个十字军运动晚期那种透着绝望的焦虑与盲目。

7月17日，路易的大军在北非登陆，与埃及、叙利亚、小亚细亚等地身经百战的穆斯林战士相比，突尼斯军果然弱得多，半个月间他们就丢掉了北部的迦太基地区，逃往内陆，败象已显。但突尼斯人还有最后一样绝地反击的法宝，那就是当地的气候。

突尼斯地处北非沙漠，七八月间气候燥热，欧洲来的军旅水土不服，经过一个多月的拼杀，不少人染病倒下。不久有人病死，接着瘟疫就蔓延开来，驻屯迦太基的法国兵营中躺卧一片。

一生多次感染重症的路易，此时已有56岁，常年的艰苦修行更使得他体质羸弱，众多病号之中，绝对少不了他。到了8月中下旬，路易病情已经十分严重，他的一个儿子先于他不治而亡。此时，探知法军动向的突尼斯人重整旗鼓，赶回来在迦太基外围游弋，形势倒转。第八次十字军高开低走的轨迹与上一回几无二致。

军情堪忧又加重了路易的心疾，诸事不顺，身心俱疲，病来如山倒。到了8月25日这天，路易病入膏肓，他命手下把自己抬到一堆灰炭之上。路易清楚自己大限已至，弥留之际，他招来文武官员，还有随军的王储，25岁的"秃头"腓力。国王拉着儿子的手，谆谆教诲，把自己的信念和抱负托付与他，要他继位之后务必牢记先人遗志，将圣战进行到底。

儿子能否子承父业，克绍箕裘？看着腓力游移不定的眼神，路易颇感怀疑，而更令他找不到答案的，是始终难以遂愿的东征大业。从他的曾祖路易七世算起，法国已为十字军事业倾尽所有，出钱出人，而通向光明与圣洁的东征之路，其终点似乎竟是地狱。踏上这条征途的幸存者寥寥，仅是路易的两次东征，牺牲者就接近10万人，而如果把统计范围扩大到整个12—13世纪的欧洲，则死难者人数已无虑百万，连国王之尊，也不能幸免。

别人也就罢了，尤其令路易百思不解的是，自己朝政清平，兵强马壮，忠心于主，一虔至斯，却为何举倾国之力尤不能克复圣地，驱逐仇寇？路易几乎要像约伯一样诘问上帝。可惜，满目苍凉的迦太基废墟愀然无语，风中飘着的不是他寻找的答案，而是沙漠里酷热的瘴疠之气。

有人把狮心王理查的一生比作一次检阅，同样也有人给予路易九世类似的评价：他的全部人生就是一次祷告。现在，告解即将结束，但终其一生都在念诵的祷文，似乎仍未能给路易带来内心的宁静。他躺在灰堆上，目光流散，气若游丝，闭上眼睛之前，干涩皲裂的双唇仍在一张一阖，用力地挤出话语，细如蚊鸣，几不可辨，那是圣徒国王在尘世难以释怀的终极牵挂。据当时并没在场的茹安维尔说，那是——

"耶路撒冷，耶路撒冷……"

梦醒时分

几乎是在路易咽气的下一秒，秃头腓力就召集军中要员，定下了撤兵的计划。10月，路易之弟查理击败了突尼斯军队和前来赴援的马木留克军团，逼得突尼斯国王上表称臣，这总算为路易悲凉的最后一战画上了一个差强人意的句号。查理没有其兄长光复耶路撒冷的雄心壮志，他返回西西里安享胜利果实，而在法国，秃头腓力于1271年在兰斯大教堂加冕，称腓力三世。他和他的继承人们致力于国内，东征的话题再也无人提起。更有甚者，"秃头"的儿子"美男子"腓力四世即位后，在法国取缔圣殿骑士团，拷掠其大团长，屠戮其部众，使得十字军原本的中坚力量在其故土销声匿迹。乃祖在天之灵，不知作何感想。只有教廷，在路易死后27年，用"圣徒"的封号告慰了他落寞的灵魂。

路易晏驾之时，如约前来会师的英国王储爱德华正在路上，闻变之后他直接转路向东，去了阿克，于1271年大败马木留克王朝的军队（有的书中将这次军事行动称为第九次十字军东征）。随后英王亨利三世辞世，爱德华闻讯只好放弃战果，回国继位。最后一次有利局面又半途而废，或许是命中注定基督徒在东方的统治将告一段落。至于爱德华，他的建功立业之地也注定不在巴勒斯坦，而在苏格兰——他就是因梅尔·吉布森的电影《勇敢的心》而广为人知的"长脚王"爱德华一世。

1274年，教皇格列高利十世在法国号召新的十字军，许多国王领主被他悲壮的言辞打动，宣誓出兵。但不久后格列高利十世病故，这一轮东征遂胎死腹中。

1289年，马木留克王朝拜巴尔的后继者嘉拉温借口的黎波里伯国与蒙古人勾结，撕毁和议出兵来攻，守军闻风丧胆纷纷遁逃。的黎波里陷落，一城被屠，的黎波里伯国灭亡。

1290年夏天，嘉拉温攻打十字军在东方的最后据点阿克。11月，嘉拉温病死军中。1291年5月，嘉拉温之子阿什拉夫·哈利勒攻陷阿克，尽屠城中圣殿骑士。至此，十字军在近东大陆上再无尺寸之地，欧洲人在耶路撒冷一带的统治宣告终结。前后历时196年，十字军两个世纪的征战之功尽化乌有。在欧洲，支撑这股武装移民时代大潮的宗教激情也已燃尽，医院骑士团退走塞浦路斯、马耳他，条顿骑士团转战东欧，后来圣殿骑士团又在法国本土遭禁绝，再没有规模可与前八次比拟的十字军前往巴勒斯坦。此后，耶路撒冷一直被牢牢控制在穆斯林手中，直到20世纪中叶，"二战"结束后犹太人建立以色列共和国。

截至13世纪末，这片土地上已没有多少基督徒移民生活过的明显印迹，曾经的文韬武略、恩怨情仇都已消磨干净。两个世纪间的一切，事如春梦了无痕。

对梦境的回味，总是一鳞半爪支离破碎，所以后来古今中外的研究者们对这场世纪大梦的追忆感悟，也大不相同。

肯定者有之，布克哈特说："不论对基督徒还是回教徒，十字军的痛苦和牺牲都绝非徒劳无益。"嘉许者有之，安德烈亚斯·布施说："（运动）是对基督无条件的投身，是对一个崇高世界的奉献，是为一个崇高目标所激励的思想和感情……是尘世人民对天国的出自信仰的追寻。"思考者有之，布罗代尔说："十字军东征是一次激烈的考验，使人们能够测出欧洲尤其是其心脏地带的经济和文明水平。"讥诮者有之，查尔斯·麦基说："一群吵吵嚷嚷的骑士占据了巴勒斯坦一百多年，欧洲为此耗费了无数的财富和两百多万人的生命，为这点所谓权利付出如此高的代价，实在是不值得。"斥责者有之，纳忠说："任何卑污的罪行，他们都毫不犹豫地心安理得地去干。"揭批者有之，扎波罗夫说："十字军运动给人们一个可作教训的例子：西方统治阶级的最反动阶层，怎样借教会之助利用宗教以谋私利。"

从利益角度研讨得失，从道德角度评判善恶，各方都有论之有据的一套说辞，但其中最中肯的意见，大概还要算是时人德国修士埃克哈特的概括："这种刺激对一个衰老乃至垂死的世界很重要。"

"力会改变物体的运动状态"，牛顿的物理学惯性定律同样适用于社会领域。十字军历次东征对欧洲内部的反作用力，也正是社会变革的重要契机。

欧洲和亚洲、东方和西方之间，绵延近两百年的战争带给欧洲许多改变，物质层面有丝绸、香料、蔗糖，以及各种东方果蔬；精神层面有天文、数学、农学、园艺、建筑等知识；文明成果方面有指南针、玻璃、风车。此外，还促使欧洲内部萌发了金融体系、物流体系的雏形，繁荣了威尼斯、热那亚、比萨等一干商业城邦，兴盛了骑士文学，诞生了"侠盗罗宾汉"等后世脍炙人口的文学形象。上述这些可以归结为"立"的影响，但都比不上"破"来得深远。

十字军运动是欧洲教权膨胀到一定程度的结果。自11世纪以来，教廷的影响力已经超越世俗王权，冠绝欧洲，通过十字军运动，在12—13世纪中，教廷对世俗政权的影响达到巅峰。然而，一方面，他们极力鼓吹、担保必胜的十字军运动屡战屡败；另一方面，教会势力无限膨胀，攫取各种特权，大肆搜刮。这样的结果终于促使曾如绵羊般驯顺的教民产生了怀疑的意识。尤其当十字军在近东最终失败之后，狂热的宗教情绪冷却下来，在天国圣歌的催眠中已昏睡百年的欧洲渐醒。人们开始反思，而文艺复兴和宗教改革的种子，也正在反思中孕育。如韦尔斯在《世界史纲》中的评价，十字军由盛到衰的时代同时也是"知识萌发和幻想破灭的时代"。

另一方面，十字军运动对东方的影响同样深远。在抵御十字军历次侵袭的过程中，虽然伊斯兰世界实现了几次统一，但令人遗憾的是，这些统一是用仇恨来维系的。十字军之前，如果说这两个世界的关系是彼此敌视，那么十字军之后，敌视变成了仇视，尤其是1099年的耶路撒冷大屠杀，使两个世界和族群间的伤口至今也没有完全愈合。更耐人寻味的是，十字军东征之后两个世界的精神状态发生了倒置。十字军时代，对"异教徒"的暴行被欧洲基督徒视为壮举：

> 我只要你们一如既往，在这关键时刻同以前一样，发挥你们惯常的英雄气概，勿忘你们的荣耀、我的荣耀、上帝的荣耀。出发吧，狠狠打击不信上帝的异教徒，踩断他们的脊梁，保卫收复的圣城，你们不必等待彷徨，你们的眼神已经闪烁出胜利的光芒。

这是16世纪意大利桂冠诗人托尔夸托·塔索长诗名篇《耶路撒冷的解放》的部分篇章。驱使诗人去歌颂暴力的思想和情感是可怖的，而这些语句又与今天极端主义者的说辞何其相似，他们成了"十字军思维方式"的真正的继承者。

历史的黑色幽默之处，也正在于此。

Asia vs Europe

大陆苍黄
蒙古人西征记

天下土地广阔，河流众多，你们尽可以去创建自己的封国。

——成吉思汗

引子

苍狼白鹿

公元9世纪，不论印度的梵天、犹太的耶和华、北欧的奥丁，还是中国的女娲、日本的伊邪那兄妹，四海列国的各路神仙，创造人类的工作都早已宣告收工。即便按照达尔文的说法，我们的灵长类祖先也早已完成了离开树木、直立行走、使用工具、创造文明等一系列复杂的演化。然而，地球的某些角落，天地造化仍在展示着神异的演变。

在荒莽无垠的北亚细亚旷野之中有一匹来自北方的狼，凄厉的北风吹过，漫漫的黄沙掠过，狼咬着冷冷的牙，报以两声长啸。

这是一匹苍狼，名叫孛儿帖·赤那。他背负天命，艰苦跋涉，只为了传说中美丽的草原。旅途辛劳，好在狼不是独行，在他的身侧，有他的妻子豁埃·马阑勒，一头惨白色的鹿。

奇异的情侣组合，从额尔古纳河之滨一路奔波，渡过了浩瀚的呼伦湖，在一处依山傍水之地安顿下来。水是斡难河，黑龙江的支流，山是肯特山，也就是当年汉家大将霍去病登临封禅过的狼居胥。狼夫鹿妻终于寻获理想的家园，开始孕育后代。不知他们诞下的孩子是何等模样，但经过300余年间24代的繁衍，狼和鹿的血脉继承者已演化成了确凿无疑的人类。

这样的演化太过离奇，但苍狼白鹿的后代们就是如此郑重地将这一谱系记载于史籍。研究者们解释，所谓苍狼孛儿帖·赤那与白鹿豁埃·马阑勒，并不是真的一匹狼和一头鹿，而是一个名叫"苍狼"的草原男人（或一个以狼为图腾的草原部落），和一个名叫"白鹿"的林地女人（或一个以鹿为图腾的林地部落）。

这个煞风景的说法与我们今天的理解力合拍，这个奉狼和鹿为祖先的部族似乎真的拥有这两种动物的血统，那就是他们兼具了鹿的灵巧坚忍和狼的勇悍凶残——这一点尤其体现在苍狼白鹿的第24代传人身上。

这个传人，叫作铁木真。他的部族，叫作蒙古。

1

可汗大点兵

1218年的秋天，一个星月无光的黑夜，北亚细亚戈壁中的一座荒山之巅，一个方头阔面、身材健硕的中年男人正匍匐于地。他的长袍衣襟敞开着，腰带搭在后颈上，帽子也除下放在一旁。大漠里朔风起时，直可以"随风满地石乱走"，但这个跪拜者竟似不觉，这已是他跪在这里的第三天。和前两天一样，他口中只是不住地念诵道："长生天，请赐我复仇的力量！"

这个人，就是57岁的铁木真。事实上，铁木真这个名字近年来已不多用，代之以一个更为响亮煊赫的尊号：成吉思汗。

铁木真似乎是生来就注定要当"成吉思汗"。据后人说，甚至他母亲的便溺之中都透出这种天命所系的绛贵光泽（《蒙古源流》）；他出生时右手握着一块凝血，这是一个令人莫测高深的神秘征兆；他年少时，"眼中有火脸上有光"，引起仇敌的重点追杀，但屡次遇难呈祥。自他18岁起兵以来，二十几年间，塔塔尔、篾儿乞惕、泰亦赤兀惕、乃蛮、克烈、札达阑，一个个强大部落在他面前倒下。1206年的斡难河源忽里勒台大会上，在五色鸟的啼鸣声中，九条雪白马尾装点的大纛高高扬起，荡平群雄、一统草原的乞颜部孛尔只斤氏掌门人铁木真，成了蒙古人唯一的汗王——成吉思汗。

此后，他把征伐的首要目标锁定为昔日的宗主国，占据中国北方的女真王朝金，也敲打了党项人的政权西夏。十余年来六师屡出，斩获颇丰，到1218年时，铁木真已经堪称亚洲东北部首屈一指的强权人物。尽管还比不得中原皇帝千骑万乘的排场，但作为主宰草原的一代天骄，他的威仪亦非小可。然而他却在月黑风高之夜独自"驾幸"荒山，仿佛最卑微的蝼蚁之民那样五体投地，长跪求告。这样的离奇之举，自是事出有因。

驱使他这样做的，是难遣的愤怒和屈辱感，尤其是后者。事实上随着这些年来的风生水起，这种感觉久已被他遗忘。将久违的屈辱感加诸他的人，是花剌子模国的苏丹，阿拉乌丁·摩诃末。

花剌子模，《蒙古秘史》和中国的《元史》中称为"回回国"，信仰伊斯兰教。花剌子模是中亚新近崛起的大国，蒙古自成吉思汗统一诸部以来，领土向西扩张，与花剌子模之间只隔了已经衰弱不堪的西辽，而西辽以西也有国家向成吉思汗臣服，所以蒙古和花剌子模已可算是接壤。这样说来，摩诃末也算是成吉思汗的邻居，而且是一位他想与之和平相处的邻居。成吉思汗曾在致摩诃末的国书中表示，蒙古和花剌子模，人种与土地都截然不同，列国自有疆，蒙古人不会觊觎花剌子模的领土，只希望两国能亲睦友善互通商贸——看看此前的蒙古诸部的下场以及金朝西夏的处境就会知道，这种与邻为善的念头对成吉思汗来说是何等难得。

可惜，花剌子模苏丹辜负了蒙古大汗的美意。就在不久前，花剌子模的商旅团把蒙古人当作冤大头，漫天要价，被成吉思汗当面点破。在商人认错之后，成吉思汗仍按对方的要价购买了货物。他还对花剌子模人的信仰表示尊重，专门为他们定制了白色帐篷以供居住。然而，花剌子模政府以怨报德，用屠杀来回馈成吉思汗的大度。蒙古派去花剌子模进行贸易的庞大商队，在该国边境重镇讹答剌城（今哈萨克斯坦奇姆肯特市附近）被扣留，城中守将塔札丁随便给他们安了个间谍的罪名，450名商队成员全部就地处决（据拉施特《史集》，《蒙古秘史》称100人），500头骆驼驮运的黄金白银，以及中原的丝绸、西域的驼绒、北亚的皮草等大宗货物都落入塔札丁囊中。这些财货是成吉思汗亲自颁令蒙古诸宗王贵族高级将领们凑出的，而被杀的人中，包括他本人忠诚的仆从和全权经贸代表兀纳忽。听到消息之后，成吉思汗认定此事即便不是出于摩诃末的授意，起码也被他默许，因为肇事者塔札丁正是摩诃末的表兄弟。

生平杀人无数的铁木真，在国际关系问题上却格外看重契约精神，因此花剌子模人的所为同时损伤了他的财产、面子，还有价值观。作为一生都在杀伐征战的马背枭雄，他不能不做出反应，尽管此前他的战略核心地带是东北亚，对于中亚，他宁愿保持和平，但此时西征的计划不得不提前提上日程。这是个陌生的对手，成吉思汗完全不知底细，听说花剌子模带甲之士无虑40万，近年来在中亚和西亚的扩张势如破竹。面对这等强敌，成吉思汗也难免担忧，因此调兵遣将之余，他亲自祈求上苍的谅解与佑助。依照古老的习俗，铁木真在山顶绝食三日。天之骄子用苦行僧式的虔诚,向蒙古人信的长生天表达了他的屈辱与决心:我不是战争的祸首,请赐我复仇的力量。

吸风饮露的三天过去了。铁木真勉力站起,强打精神,驱使着酸痛的肢体挪下山去。一千多年前,哲人琐罗亚斯德从山上下来时,决定用他的余生来传播智慧,而此刻铁木真从山上下来,则决定用他的智慧去毁灭生命。此时,他激愤的眼泪已经风干,燥热的头脑已经冷静,西征计划的轮廓已在他胸中清晰浮现。

复仇之箭已在弦上,成吉思汗的大帐之中鸣号聚将,为他开疆拓土的蒙古雄杰们济济一堂:他的儿子术赤、察合台、窝阔台、拖雷,"四骏马"中的博尔术、木华黎、赤老温(中文史籍中多称"四杰",另一杰是博尔忽,已战死于西伯利亚),"四狼狗"中的哲别、速不台……这些人都是戎马经年的百战之士,军事问题很快议定:先扫清蒙古与花剌子模之间的缓冲地带西辽。该国本是统治从黑龙江到额尔齐斯河之间广大地区的契丹王朝辽的残余分支,80多年前辽被金打败,宗室大将耶律大石率部迁居西方,另立门户,是为西辽。立国之初也曾是中亚地区小霸主,但后来末代西辽帝耶律直鲁古招赘了被成吉思汗消灭的乃蛮王太阳汗之子屈出律为婿,反被这个狼子野心之徒篡位杀害。屈出律的盟友是成吉思汗另一大仇家篾儿乞惕残部首领脱黑脱阿,他们现在即将成为蒙古西征大军祭旗的第一批目标。

受命对付屈出律的是泰亦赤兀惕人"利箭"哲别,追剿篾儿乞惕人的任务则交给了速不台与驸马脱忽察儿。这两路人马组成的西征先遣队,都归大王子术赤节制。按照成吉思汗的规划,打开通道之后,就全力进攻花剌子模的核心区域——河中。所谓河中,指的是中亚两条注入咸海的大河阿姆河(中国史书称"乌浒水")与锡尔河(中国史书称"药杀水")之间的地带。此处虽只是花剌子模的东北一隅,但该国主要城市撒马尔罕、不花剌、玉龙杰赤等,都集中在这一地区,如能攻占河中,则整个花剌子模国几乎就是囊中之物了。

成吉思汗的具体战术是兵分四路。术赤部向西北迂回,察合台和窝阔台率部正面强攻讹答剌,另派将领阿剌黑等三人率一旅偏师,袭扰锡尔河上游的花剌子模东南部以为牵制,他本人则以幼子拖雷为先锋,攻击花剌子模新旧两都城之间的枢纽重镇不花剌,准备一举击断河中地区的大动脉。

筹划已毕,诸将只需各司其职,依令而行,但紧张的空气仍弥漫于大帐之中。多年征战，成吉思汗和部下之间彼此信任，但此刻自他本人以下，个个胸中都笼罩着一种不安，莫可名状，挥之不去，连铁木真自己都不能确定，大家担心的到底是什么。终于，帅帐中他的宠妃也遂打破了平静，道出他人不敢提及却又无从回避的尖锐问题——帝国的继承人。

在《蒙古秘史》中，也遂娘娘的谏言是一段类似今天的"梨花体"诗：

> 大汗您，
>
> 越高山，
>
> 渡大河，
>
> 长途远征，
>
> 只想平定诸国。
>
> 但有生之物皆无常，
>
> 一旦您大树般的身体忽然倾倒，
>
> 您那织麻般团结起来的百姓，
>
> 交给谁掌管？
>
> 一旦您柱石般的身体忽然倾倒，
>
> 您那雀群般的百姓，
>
> 交给谁掌管？
>
> 您所生的杰出的四子之中，
>
> 您托付给谁？
>
> 此事当让诸子诸弟百姓后妃们知道，谨奏告所思及之言，请大汗降旨。

（《蒙古秘史》第254节）

经她一语点醒，成吉思汗才明白自己的紧张究竟所为何由。后宫言立储事，本属于犯大忌，但草原民族此时权谋修为尚浅，还没有这么多禁忌，成吉思汗并没怪罪也遂，反而赞许她问题提得好，提得及时。接下来他问自己的儿子们意下如何，于是就爆发了那次著名的御前大吵骂。

成吉思汗先问长子术赤，而被问及者尚未回话，旁边的次子察合台抢先暴发，他当众指责术赤是篾儿乞惕的野种，何堪大任？受辱的术赤跳起来揪住察合台就要动手，两人的师傅木华黎和博尔术则分别上来劝架，帅帐中乱作一团。

原来术赤的母亲孛儿帖当年曾被篾儿乞惕人掠去，铁木真将她夺回之后不久她就生下了术赤。此子血统存疑，自然人人皆知，"术赤"这个名字，也是"客人"的意思。不过，当时的铁木真不以为忤，反而深为不能保护妻子而自责，对术赤视同己出，对孛儿帖更倍加优容，甚至当他晚年时孛儿帖与一位宫廷乐师传出绯闻，他也充耳不闻。因此，当这件毕生恨事被察合台当众提及，他也百感交集，不知该从何说起，颓然坐在宝座上陷入痛苦的回忆之中。

直到一位与察合台亲厚的老将阔阔搠思站出来，谴责察合台，颂扬孛儿帖，这才算压服了沸沸扬扬的争吵。成吉思汗宣布术赤等于是他的长子，但这话弦外之音也透出了，术赤确实出身可疑，接班人身份已无指望。经过这么一闹，察合台也冷静了下来，自知乱言闯祸，储君之位算是没戏了，为了不让已经公开交恶的术赤做大，他转而推荐三弟，素有宽和敦厚之誉的窝阔台。

正是鹬蚌相争渔翁得利。原本处在领先地位的两位兄长都已失了继位的可能，窝阔台遂成最佳人选。他表示愿意尽力继承父汗伟业，但唯恐自己的后人不肖，愧对祖先。随后幼子拖雷也宣誓效忠窝阔台，愿做他"应声的随从，策马的长鞭"。当此形势，成吉思汗也就正式任命窝阔台为未来的汗位继承人。

这段关于立储的争吵，从《蒙古秘史》到波斯高官拉施特的《史集》，再到法国学者格鲁塞的《蒙古帝国史》，甚至到小说家金庸的《射雕英雄传》，描写都大同小异。这件事的意义在于，新生的蒙古帝国在出师之前解决了棘手的继承权问题，得以度过"家天下"模式中最危险的第二代瓶颈期。不过，不和的种子此时已埋下，当然，那都是多年以后的事了。

接下来，术赤和哲别、速不台等人的先遣队领命出发，同时成吉思汗也为和平做了聊尽人事的尝试。他派出三名原籍花剌子模的使者去见摩诃末，就讹答剌屠杀事件做最后的交涉，询问此事究竟是边将擅为还是出于摩诃末本人的意思，并表示如果是前一种情况，交出肇事者就可免于干戈。不过，这次尝试又变成了自取其辱。摩诃末斩杀主使，剃光了两名副使的须发赶回来，以示对蒙古大汗的不屑一顾。

和平之门彻底关死，随之打开的是将吞噬亚欧大陆千百万生命的地狱之门。

按

"摩诃末"一名英文写作Mohaummet，是"穆罕默德（Mohamed）"的异体拼法，一些译本成文较早的史籍，如冯承钧译《多桑蒙古史》、何高济译志费尼著《世界征服者史》等，都作"摩诃末"。上述诸书是研习蒙古历史的重要参考资料，读者甚众，为与之保持一致，本文沿用旧译，其他若干人名地名，皆采此一原则。

另按

关于窝阔台被立为储君时与成吉思汗的对答，可能有后世著史者移花接木之嫌，具体参见余大钧在《蒙古秘史》注释中的分析。"术赤"亦作"尤赤"，读音为"zhú chì"。而关于他的血统，没有定论，多数史料上称其母是被篾儿乞惕人俘获而后受孕的，但也有书上说其母被俘前已经怀有身孕。两种说法都没有足够的证据。

再按

杀害蒙古使者的讹答剌城主，译名五花八门。《元史·太祖本纪》中作"哈只儿只兰秃"，该名又译哈尔汗、亦纳勒术以及相似译音。刘迎胜的《察合台汗国史研究》指出，这都是此人的官爵封号，他的名字是也罕·脱黑的，伊斯兰教名塔札丁。同时代稍后的波斯史家志费尼在《世界征服者史》中称，讹答剌杀使事件发生时摩诃末正在伊拉克征战，未加详查就批准了塔札丁杀人，但此说与其他史籍所载的摩诃末在伊拉克的时间对不上，故摩诃末在讹答剌事件中的作用与态度仍存疑。

世界征服者

　　裹挟着暴雨的乌云已在草原上空齐集，骤雨暴风将要袭击的地方，就是花刺子模。

　　作为地理名词，"花刺子模"一词在公元前5世纪古希腊历史之父希罗多德的笔下就曾出现。该词在波斯语中意为"低平之地"，在希罗多德的时代，花刺子模人是波斯帝国的属民。然而，十几个世纪以来这块土地人来人往，早已物是人非。此时的花刺子模统治者摩诃末乃是突厥血统，而他作为苏丹的法统，则可追溯到11世纪后期的塞尔柱帝国。

　　塞尔柱帝国的第三位也是最后一位统一的苏丹马利克沙身边有个奴隶，名叫阿努什的斤·加尔察，专司捧脸盆（据《世界征服者史》，《多桑蒙古史》说捧水瓶，总之是掌管洁具），大约是因为伺候周到，简在帝心，马利克沙后来将此人封为花刺子模总督。如此看来，这位马利克沙麾下真是人才济济，12世纪先后称雄近东的赞吉、萨拉丁，祖上皆是他的部属（详见前篇《刀剑如梦》），而中亚霸主花刺子模帝国也有着同样的缘起。不过，不同于前两者，阿努什的斤一系信仰的是伊斯兰教的什叶派。

　　马利克沙去世之后，塞尔柱帝国分裂，花刺子模地区由他的三子桑扎尔控制，此人重用阿努什的斤之子忽都不丁，使该家族势力愈发广布于中亚。到了忽都不丁的儿子阿即思一代，终于叛离故主，自立门户，花刺子模从塞尔柱残余帝国中独立。从他开始的几任苏丹不断讨伐故主，直至1200年，阿齐兹的曾孙摩诃末继位为苏丹时，该国已经占据整个呼罗珊地区，以及波斯东部的伊斯法罕。

　　摩诃末运气很好，不但继承了先人的丰厚家底，上台以来周边各势力的消长也完全有利于他的进一步扩张。花刺子模自摩诃末祖父一辈起，为了应对西边的挑战而向东边的西辽称臣纳贡，但摩诃末上台后于1206年（铁木真称成吉思汗的同年）起停止支付给西辽岁币，并斩杀前来索要的西辽使臣，国势衰败的西辽对此无可奈何。1211年，摩诃末攻占了西辽的藩属国，位于今乌兹别克斯坦境内的撒马尔罕（《元史》写作"寻思干"，《蒙古秘史》写作"薛迷思加卜"）。同年，他更串通屈出律，消灭了西辽王室耶律氏，篡夺政权。1213年，他的弟弟阿里在阿富汗西部的浩儿国（今赫拉特一带）被拥立为君，阿里向兄长报信请求册封，摩诃末则派人刺杀了弟弟，吞并整个浩儿国。后来，他又夺取了波斯湾东部波斯帝国的发祥地法尔斯地区，兼并里海南部的阿塞拜疆，成为中亚和西亚的头号霸主。

此时的摩诃末志得意满。他把首都从咸海东南岸的玉龙杰赤迁到河中地区富庶的撒马尔罕，在当地广为营建，极尽奢华。随着花剌子模商贸、文化的大发展，君主威仪也达到了顶点，野史中著名的"花剌子模信使"，就是这一时期的反映。传说花剌子模苏丹有一项规矩，凡是来报告好消息的信使都给予重赏，报告坏消息的则丢去喂老虎——当时中亚尚有里海虎、高加索虎存在。"花剌子模信使"因王小波先生的杂文而广为人知，类似的记载虽不见诸正史，但法国人马丁·莫内斯蒂埃所著《人类死刑大观》中说，古代中亚确有用老虎裁决量刑的习惯，称为"虎庭"。疑犯被投入老虎笼中，要是丧身虎口，便是罪名属实，而如果侥幸那天老虎不饿，则可以脱罪，这有些类似欧洲中世纪流行的"神裁法"。不论"花剌子模信使"之说是真是假，其中反映的统治者闭目塞听、夜郎自大、选择性失聪的心态，倒确与摩诃末十分吻合。

1218年，是摩诃末迎来事业巅峰的年份。上位以来，通过十几年的努力，他在周边地区已无敌手，于是决定效法当年的塞尔柱人，进兵巴格达。当时巴格达城中的逊尼派哈里发纳昔尔不想看到信奉什叶派的花剌子模坐大，曾唆使中亚豪强群起攻击。吞并浩儿国后，摩诃末从该国档案中查知此事，由是记恨，准备废掉纳昔尔另立哈里发，进而在整个伊斯兰世界挟天子以令诸侯。结果，摩诃末发起的伊拉克战争虽然没能打下巴格达，但征服了伊拉克东北部，摩诃末也甚感满意。他认为巴格达早晚是掌中之物，等征服了这个伊斯兰世界中心，就可进而建立他规划中的世界大帝国——叙利亚、埃及、小亚细亚，乃至中国，都在他的猎物名单上。摩诃末满怀信心，自己就是世界征服者。

1218年，同样是决定新生的花剌子模帝国命运的年份。就在这一年，成吉思汗的使者来到摩诃末面前。从伊拉克回师之后，苏丹在不花剌接见了来自东方的三位使节，可以说至少在这个时候，成吉思汗对和平是有诚意的。此前摩诃末与仇人之子屈出律合作，他没有计较；最近哈里发纳昔尔派使者来联络他共讨花剌子模，这个远交近攻的机会他也没有理会；甚至这次的三个使者，都是成吉思汗悉心挑选的穆斯林，其中为首者马合木更是原籍花剌子模。依照成吉思汗的意旨，他们宣读了前述满含友善的国书。可惜，在众多表达热情亲睦的字句中，铁木真说了过犹不及的一句：

　　我之视君，犹爱子也。

　　可能正是这句话触动了自命世界征服者的摩诃末敏感的神经末梢。时年57岁的铁木真大约并没有讨口头便宜的想法，但摩诃末一贯的高傲促使他这样去解读：这个蛮族酋长既然视我为子，想必也把我的国家看作他的附庸。花剌子模先后臣服于塞尔柱和西辽两个老大，尝过为人臣属的滋味，最近国力爆发式增长，穷人乍富，最受不了的就是以往的履历被人提及，而成吉思汗自以为善意的措辞恰恰勾起了摩诃末的痛苦回忆，令他郁闷万分。

　　成吉思汗国书中的另一段话引起了他的警觉：蒙古人自称已征服"桃花石"之地。所谓桃花石（Tamgadj），是当时中亚、西亚人对中国的称谓（尤指中国北部）。中国的农桑水利技术传入中亚，当地人赞叹"桃花石诸事皆巧"（格鲁塞《蒙古帝国史》），而且花剌子模人见识过全盛时期西辽的力量，而辽为金所灭，金又为蒙古所灭，那么蒙古的力量自然不可小觑。当然，此处是成吉思汗说了大话——他虽把金朝打得吐血，但至死也没能看到金朝真正覆灭。不过话说回来，在当时的通信条件下，摩诃末不可能知道这些。摩诃末款待了使节之后，单独召见马合木，向他咨询关于成吉思汗的详细情况，最终决定答应通商，维持和平——正是他这个初始的友好表态导致成吉思汗后来悲愤不已。

　　马合木等人被礼送回国，成吉思汗便满心欢喜地派出了那个庞大商队，但不知为何摩诃末此时似乎不再顾忌蒙古人"征服桃花石"的威力了，接着就有了上文所述的讹答剌屠杀商旅事件和成吉思汗西征的谋划。

　　事实上，即便到了这步田地，成吉思汗也还没有放弃和平解决的方式，一面派使节尝试危机公关，一面知会前线征剿篾儿乞惕人的速不台，要他把握分寸，不可提前与花剌子模人冲突，必要时甚至可以把战利品分给他们一半。

不过讹答剌事件之后，本就对蒙古心怀芥蒂的摩诃末，索性不再考虑任何挽回局面的可能。斩杀通牒使者后，他也亲率大军出发。和蒙古人一样，他的第一步也是扫除夹在两国间碍手碍脚的篾儿乞惕人（《多桑蒙古史》认为他是去支援篾儿乞惕人）。

花剌子模兵至，篾儿乞惕残部早被蒙古人摧枯拉朽，屠掠殆尽，摩诃末挥师追赶，在额尔齐斯河的两条支流哈亦里河与哈亦迷赤河之间与蒙古军遭遇。蒙古统帅（一说术赤，一说速不台）派人致意，称两国尚未开战，愿以友军相待，并主动拿出一半战利品分给摩诃末。

或许这是蒙古人自知人手不敌而使出的缓兵之计，但毕竟也算是和解的最后机会。不过，摩诃末在绝对优势的兵力环卫下，腰粗胆壮，豪气逼人，他答道："成吉思汗虽命汝辈勿击我，然真主命我击汝！我必灭汝偶像崇拜者，以答天麻也。"

一切再无缓和余地，双方兵戎相见。花剌子模军的左翼被蒙古人击溃，摩诃末亲自率领的中军也岌岌可危，幸好在右路有他的虎子札阑丁，他打败面前之敌后赶来增援。蒙古军见有被合围之虞，立刻撤走，双方斗了一天堪堪平手，隔河扎营各自休整。入夜，蒙古人自知寡不敌众，悄悄拔营而去。次日摩诃末闻报，更感得意，殊不知此时蒙古大军的主力已在路上。

金山西见烟尘飞

1219 年秋天，阿尔泰山南麓，额尔齐斯河与乌伦古河源头之处，蒙古西征大军集结完毕。

"匈奴草黄马正肥，金山西见烟尘飞。"岑参诗中所状之金山，即阿尔泰山。此处地势雄奇，壁立千仞，山巅白雪皑皑，烛照天穹，山腰林木丛生，郁乎苍苍，山下百草丰茂，花开盈野，格鲁塞评价该地"与这次人为风暴的积蓄酝酿是天作之合"。整个夏季，蒙古人就在这里休整避暑，养精蓄锐。

蒙古军由成吉思汗亲自统辖。此时他的兵力，据清末史家屠寄《蒙兀儿史记》称有 60 万，这无疑过于夸张。截至成吉思汗去世，蒙古军也仅有不足 13 万人马，而此番西征前成吉思汗还留下了一部分人手交与头号爱将木华黎，以维持东线对金朝的袭扰攻势，再扣除分驻漠南、漠北大本营看家的兵马，他现在手边应不超过 10 万人。虽然进入西域后，他的三个附庸——突厥哈拉鲁（葛逻禄）汗王阿尔斯兰、畏兀儿（维吾尔）王巴尔术、阿力麻里（今新疆霍城境内）国王速格纳黑——都发兵从征，但此三部都不甚强，因此格鲁塞和俄国蒙古史专家巴尔托德都估计蒙古军总数为 15 万—20 万。

蒙古人在阿尔泰山麓征粮喂马，修造器械。休整已毕，几路人马按照既定方略出发。此前，哲别早已扫平西辽，击斩屈出律于帕米尔高原，蒙古与花剌子模之间只剩通途。于是，成吉思汗继续委派他出任中军先锋，速不台、脱忽察儿各部继之，按部就班。而在各路人马动身前，成吉思汗还不失气派地遣使告知摩诃末，请准备应战。

另一面，花剌子模决策层也在商议应对之策。此时花剌子模虽威震中亚，但以战斗力论，较之蒙古仍逊一筹，"纪律之严，士卒之盲从其主，耐苦服劳战斗之习惯，皆不及蒙古军"（《多桑蒙古史》）。质量处劣势，那么唯一可以依仗的就只有数量。如前述，花剌子模兵力多达40万，起码两倍于蒙古，固然不可能将这40万人全部集结于一点，但组织优势兵力主动出击，发起主力决战，以众击寡，应当能够做到。事实上，在御前军事会议上，该国的头号高手王子札阑丁就是这么主张的，但这个显而易见的明智之见被摩诃末否决了。苏丹的想法是以静制动，以逸待劳。他把兵力分散部署在东北边境锡尔河一线，以各个要塞为依托，互成犄角，用"城市链"防守。坚城历来是游牧民族骑兵的克星，因此从理论上说，摩诃末放弃野战、以守为攻的计划也是行得通的。但问题在于，他要对付的蒙古骑兵，机动性是他们的最大优势，完全可以指哪打哪。面对这样的敌军，坐守一城一地，只会陷入被动，而且摩诃末分兵驻守，又使每个防区的局部兵力都少于对手，主动把人数优势也拱手让人。他患得患失哪里都想保，最终只能是哪里都保不住。而且摩诃末犯的另一个大错误是，他对游牧民族的惯常经验并不适用于蒙古人，对于攻城，蒙古人有一套独特的办法。

摩诃末知道讹答剌必将成为蒙古人的首要目标，特派将领哈剌察率兵1万前去增援，然后自己退往阿姆河上游、远离前线的巴里黑（今阿富汗境内，马扎里沙里夫附近），准备遥控指挥。摩诃末的后撤据说是因为听说以太后为首的一党正在后方谋划对他的不利之举，但不论怎么说，领袖临阵退缩，这让花剌子模军队士气未战先馁。

9月间，蒙古大军从中亚群山中杀出，进抵讹答剌城下。讹答剌城位于锡尔河东北岸，而花剌子模守军大多部署于西南岸，这里几乎是孤城，因此守将塔札丁面对大举来袭的敌军很是担忧。但成吉思汗知道此城一时难以攻下，如果全部主力被拖在城下，会给对手的后续部队留下集结来援的时间，自己的机动性优势也就无从发挥。就在这座城下，他的大军按计划分成四路，只留下察合台、窝阔台，以及助战的畏兀儿王巴尔术攻打讹答剌，自己则同拖雷率兵折向东南，寻防守薄弱处，渡锡尔河西进，两翼的术赤和阿剌黑也去分别进攻既定目标。不同于摩诃末的是，成吉思汗的战略构想主次分明，没有平均用力，他亲率的中军集中了10万人，是绝对主力，而交给阿剌黑等人的牵制部队，只有5000人。

再说讹答剌城下。几路人马分道扬镳之后，攻坚战就开始了。出乎花剌子模人预料的是，蒙古人此时已掌握了攻城器械，他们在阿尔泰山一带休养时置备了大量的抛石机。讹答剌城下轰鸣不断，加之察合台等人发挥骑兵的惯有优势，绕着城池四面进攻，割断了讹答剌与锡尔河对岸援军的联系。塔札丁几次开关出战，又都遭败绩，最终只能退回城中自守。

讹答剌城坚粮足，但在摩诃末的消极防守战略下，一城孤军没有后援，终有坐吃山空之日。到了1220年2月，围城已逾半年，哈剌察知道城陷在所难免，劝说塔札丁与蒙古人谈判投降。塔札丁就是杀使事件元凶，战争的直接导火索，他知道纵然投降也不免一死，就严词拒绝。哈剌察没同他分辩，心下却不以为然，他知道塔札丁的苦衷，但自己犯不着陪葬，弃城而走的主意已经打定。这一天，"太阳不为尘世所见，黑夜用衣裙遮住白昼"，夜色中哈剌察率领本部人马打开苏菲哈纳门，准备趁黑突围。城中的动向早被围城的察合台等人判明，所有可能突围的路线都有蒙古哨探不分昼夜地监视着，哈察尔刚一出城就被发现，蒙古骑兵迅雷般四下扑上去。哈剌察队伍走到一半就被围住，进退失据，只好仓促应战，结果不但全军覆没，连苏菲哈纳门也被蒙古兵趁机夺下。哈剌察被带到察合台与窝阔台跟前，两位蒙古王子申斥他怯懦不忠，下令处死。次日，天已大亮，志费尼用诗意的笔写道："东方的黑暗被灿烂晨曦射出的一缕笔直光线驱散。"然而，对讹答剌一城军民来说，灿烂朝阳昭示着的却是末日，踏着阳光，蒙古铁骑呼啸入城。

蒙古人在城中屠掠，塔札丁获知外城已破，连忙带领忠于自己的部下（《世界征服者史》称有2万人，似有夸张）退守内城的堡垒，继续战斗，誓死不屈。可惜此时他们已丧失回旋的空间，加之内无粮草外无救援，很快就无以为继。内城的墙垣终于经不住蒙古兵潮水般一波波的冲击，轰然坍塌。此时塔札丁身边忠心的部属们空有虎狼之志，也只能充当待宰羔羊，在蒙古人刀劈箭射之下尽数战死。而塔札丁本人，虽是招致这场灾难的直接祸首，但生死关头总算表现得颇有英雄气概。由于成吉思汗下令要活捉他，因此他的随从侍卫都倒在蒙古雕翎箭下，而他本人战斗到了最后一刻。塔札丁且战且退，拼斗不休，内城被破就退入宫殿，宫殿被围就退上房顶。在宫殿屋顶，已无箭矢的塔札丁接过妻妾们不断递上来的屋瓦，做最后的还击。但这样的壮烈之举事实上已无意义，终于他被攀缘上来的蒙古兵拿获，五花大绑扭送到两位王子面前。

中亚首次见识了蒙古人的凶暴。在这群游牧人眼中，城郭乃是无用之物，讹答剌被夷为平地，人民也被杀戮一空，仅有两三万妇女和工匠作为奴隶刀下余生。由于身份特殊，塔札丁比其他讹答剌人活得更长久一些。他是蒙古人眼中仅次于摩诃末的第二号战犯，察合台兄弟命人将他解送成吉思汗处，听候父亲亲自发落。后来在进攻撒马尔罕城的路上，塔札丁被押到成吉思汗面前。蒙古大汗虽恨此人入骨，但对他力战不屈的骨气也有几分欣赏，特赐他一种极度痛苦但不失体面的死刑：饮下死亡之杯，穿上永生之服。

所谓饮下死亡之杯，饮的可不是寻常毒药之类，而是熔化的银汁。成吉思汗命人将烧成液态的灼热金属灌进他的喉咙和耳孔，用以惩戒他的贪财忘义。塔札丁受的算是一种高规格死刑，一千多年前安息人处决俘获的罗马巨头克拉苏用的就是此法（不同之处在于当时用的是金汁）。而对蒙古人来说，这种酷刑也算是礼遇了，因为动刑处虽难免皮焦肉烂，但比之枭首，总算是"不流血"的死刑。因为蒙古人认为，不流血就意味着灵魂还留在体内，不会飞散。当年与成吉思汗大漠争锋的另一位枭雄扎木合，兵败被擒后就请求他的金兰之交铁木真赐他"不流血而死"，后者恩准，不过当时用的是另一种刑法——装进麻袋窒息而死。

首恶已经惩办，但成吉思汗既已出手，便不可能轻易罢休。讹答剌城的遭遇对中亚这场空前绝后的大浩劫来说，仅仅是开始，成吉思汗导演的恐怖巨作，接下来还将高潮迭起。

焚风

在察合台和窝阔台攻城之际，另外几路自然也没闲着。

西北，术赤沿锡尔河进兵，到昔格纳黑城下，遣使招降。昔城人斩使拒降，结果术赤破城后尽屠一城军民。接下来到了毡的，该处守将早已弃城而逃，城中居民紧闭城门，拒绝投降，却也并不反抗。大家站在城头，眼看着蒙古人搭起云梯攀缘而上，并无一矢一石之抗拒，很有非暴力不合作的味道。大概是这种不战不和的态度让术赤也觉得新奇有趣，他破例没有杀人拆墙，只把全部居民赶到郊外，纵兵在城里抢劫了足足7天，满载而去，临行留下成吉思汗的老牌家奴，同为穆斯林的阿里火者担任毡的城总督。随后，术赤继续挺进西北，连克锡尔河下游数座城市。由于摩诃末各处分兵的消极防守战略，他的锡尔河防线几乎形同虚设。

西南路，阿刺黑等三将所领兵马仅有5000人，不足以摧城拔寨，他们的作战以牵制袭扰为主，不久便来到了锡尔河上游的忽毡城。忽毡城就是后来晚清时候因为出了枭雄阿古柏而闻名的浩罕，该城位于锡尔河分叉之处，城前城后都有河水环卫，在这里，蒙古人碰上了此番西征的首位劲敌，号称"铁王"的突厥勇士帖木儿·灭里。灭里乘地形之便防守，又率领12艘涂满湿泥的特制战船游弋河中，向岸上的蒙古军射击，阿刺黑等人毫无对策。成吉思汗闻知他们战不能胜，从自己所部人马中拨出2万赶来合围，又调术赤去助战，仍然奈何不得灭里，直到忽毡城中粮绝，铁王才率部突围。此时，蒙古数路大军已蜂集城下，灭里兵少，冲阵之际部属大半阵亡，只他单骑得脱。据说当时一支蒙古骑兵小队紧追他，灭里边逃边反身放箭，后来追兵只剩三人，而灭里匣中也仅余三矢，其中尚有无头箭一支。灭里抽出断箭反身引弓，正中一名追兵眼眶，后者当场坠地。另两名蒙古兵赶上来，灭里手指箭筒道："还有两支箭，敢追上来就赏你们一人一支。"两个蒙古兵自知不敌，愣在原地不敢迫近，灭里扬长而去，寻摩诃末去了。

尽管拿不住灭里，蒙古军的两翼毕竟横扫了锡尔河防线，花剌子模国门洞开，而蒙古大军由成吉思汗亲率的主力，已推进至河中重镇不花剌城下。

成吉思汗的主力部队有10万之众，花剌子模分散用兵，导致任何一处要塞据点在蒙古大军面前都处于绝对劣势。成吉思汗虽以杀人为生平第一乐事，但深入敌境，毕竟要考虑政治影响，对降附者敲点钱财、拉点壮丁也就罢了，对抗拒者则斩尽杀绝。这种故意展示的残暴与"宽大"是有效的心理战，恐怖的气氛蔓延开来，投降主义情绪在花剌子模人之间如风传播，蒙古人的进军如大水崩沙，势不可当。

1220年2月，成吉思汗的首要攻略目标不花剌城（《元史·太祖本纪》写作"蒲华"，今乌兹别克斯坦布哈拉市），已在眼前。此处是花剌子模数一数二的经济中心城市，格鲁塞描述了该城的盛景：

> 不花剌分为城堡、内城、外城……内城建在市中心的一处台地，周围城墙环卫，有集市门、香料门、铁门等7处城门……一些著名的清真寺吸引着信徒们。大礼拜寺建于1121年，星期五清真寺也有100年的历史，还有一个叙利亚人清真寺。外城周围也有城墙，11处城门，市内主要街道都是石板铺路，这在伊斯兰世界并不多见。内城外城水渠四通八达，渠道名为"输金渠"，该名称在干旱地区是意味深长的。不花剌城的水渠网布局十分巧妙，有水闸、蓄水池，足以保证全市用水的分配供应。外城的灌溉网灌溉着无数公园，公园里亭台楼阁随处可见，充分显示出这个绿洲的富庶与繁荣。这种景象很大程度上要归功于发达的手工业，特别是著名的不花剌地毯，在星期五清真寺边上有一座巨大的纺织厂，织出的产品远销叙利亚、埃及和小亚细亚。不花剌的商品集市上，铜制品闻名遐迩，美观精致的灯具更是蜚声世界。（格鲁塞《成吉思汗》第61章）

但对于这样的明星城市，摩诃末同样没有足够重视，仅派了2万雇佣军防御。成吉思汗兵临城下，守军惊惧莫名，大家都是雇佣兵，犯不着拼命，几位将领合计一下，决定趁着蒙古大军尚未合围，弃城西逃。这天夜里，不花剌守军悄悄开城，黑暗中忽然鼓角齐鸣，冲向蒙古营帐，蒙古人猝不及防，还真被他们吓了一跳。但就在敌军陷入混乱的大好时机，不花剌军没有乘势冲杀扩大战果，而是坚定不移地执行逃跑计划，转身折向城西，往阿姆河方向遁去。成吉思汗和诸将很快整顿好部属，轻骑急追，在阿姆河畔赶上正准备渡河逃逸的不花剌军。逃命的主意既已打定，不花剌军即便背水，也没有了决死一战的勇气，他们四散奔逃，溃不成军，万余人被赶上来的蒙古人全歼。

守军自杀式的蠢行断送了不花剌最后的希望。城中的另一位指挥官，以前从成吉思汗手下叛逃花剌子模的阔克汗带领忠于他的一小部分士兵退入城堡，准备抗争到底，但居民已不敢把希望寄托在他们身上。2月16日中午，不花剌的宗教领袖们打开城门，携带重礼来到成吉思汗的大帐，请求投降。志费尼描述当时大地反射着阳光，犹如一个盛满鲜血的盘子。成吉思汗答应受降，并破例亲自进入不花剌城——由于草原游牧民族的习惯，他一向很少进入城市。

在教士和士绅们引领下，成吉思汗跃马入城，身后是弯弓露刃的精锐卫队。来到内城名胜星期五清真寺前，成吉思汗问，此处可是苏丹的宫殿？教长扎达答曰，非也，"此乃真主之宅邸"。但成吉思汗并不打算给真主面子，他命令就在清真寺开阔的大院里喂马，平常盛放《古兰经》的书橱被搬出来倒空，装上草料作为马槽，散落的经卷被人马随意践踏。一位教士觉得是可忍孰不可忍，准备上前理论，旁边的教长扎达连忙制止，沉痛地告诉他："别出声！这正是真主降下的愤怒之风，我们这些被风吹散的稻草，没有发言权！"

蒙古占领军在城中抢掠钱财妇女，又征来歌伶舞女，在神圣的清真寺中纵酒狎妓，不花剌人只能低头忍受。然而，这股愤怒之风竟似没有止息的迹象。成吉思汗猛攻城里阔克汗据守的城堡，久攻不下就纵火焚烧，堡垒的守军绝望地投矛射箭，但蒙古人架起的投石机从四面八方把燃烧弹抛向城堡，他们的掩体被烧成通红的炉子，最终阔克汗以下，全军焚死。而随着战事愈烈，火势蔓延开来，整个不花剌城都熊熊燃烧，城中的建筑除了几座清真寺，其他基本都是木质，在大火中全成焦炭。

次日，数万名不花剌遗民被赶出城——其实已经没有城了——在旷野上集合。成吉思汗对他们发表了这段著名的演讲：

大家应该知道，你们都已犯了大罪，而你们长官的罪责尤重。所以，在我面前颤抖吧！我凭什么这么说呢？因为我就是真主的长鞭，假设你们没有犯罪，真主怎么会降下我来惩罚你们呢？既然你们被击败被征服，就说明你们有罪，要甘心接受我的鞭笞，对我的惩罚要服服帖帖。

当年罗马城被西哥特王阿拉里克攻陷，基督教神学大师圣奥古斯丁就将此事解释为是"上帝之鞭"在警醒世人，而成吉思汗目不识丁，更没受过神学熏陶，竟也能做出同样的阐释，也算是有慧根了。他的逻辑可以概括为：我打了你，所以是你的错。这样的指导思想下，蒙古人自然认为一切暴行都是合理之举。成吉思汗命令不花剌人指认人群中的富有者，有280位富户被检举出来，成吉思汗命他们奉献财产，还强调他们必须拿出藏起来的财产，因为地上可见的不需他们招供，蒙古人会自行去取。大款们只好破财消灾，成吉思汗又命人指出他们的管家，询问主人财产状况，核对无误的可以免死。

无论什么时候，富人的命总是比穷人易于保全，不花剌的一干穷人就没这么幸运了。成吉思汗终于有机会释放自己在杀人方面的爱好，他命令将不花剌人中的康里种突厥人拉出队伍，凡身高长过马鞭的一律处死，被杀者足有3万。剩下的，年轻力壮者被抓为兵卒，编入专门做炮灰之用的"哈沙儿"队，年轻妇女和有一技之长的匠人被分给将领做奴隶，其他老弱病残的，蒙古人懒得再理，把他们扔在荒野自生自灭。

之后，成吉思汗率兵继续南下，准备攻打摩诃末所在的新都城——撒马尔罕。一路上所经之处，白骨为墟，上帝之鞭已不足以形容蒙古人的可怖，他们更像是阿鼻地狱里吹出的焚风。

不花剌的废墟被蒙古军队抛在身后，这座自古繁华的中亚大城就此荒废，尸骸蔽野，人民星散，城垣倒塌，野兽昼出，变成了一座鬼城。后来一位劫后余生者流落他乡，人们问起他不花剌城的命运，此人用恺撒式言简意赅的排比句作答：

他们到来，他们破坏，他们抢掠，他们焚烧，他们杀戮，他们离去。

大本营沦陷

接下来，轮到撒马尔罕了。

作为摩诃末着力营建的新都城，撒马尔罕的富庶比不花剌有过之而无不及。撒马尔罕坐落在沙漠边缘的一处绿洲之上，在阿姆河与锡尔河之间的河中地区，这样的自然条件算是得天独厚。因此，自古它就是丝绸之路上的贸易重镇，四方商贾云集，店铺鳞次栉比，更兼城中水渠密布，花团锦簇，俨然仙境一般。志费尼在《世界征服者史》援引前人诗句称颂此地："这个国家，石头是珍珠，泥土是麝香，雨水是烈酒。"他将撒马尔罕誉为伊甸园中的伊甸园。不光是他，连成吉思汗军中从征的谋士、诗人、占卜师耶律楚材也对河中风物颇为赞赏，作诗吟咏曰："谁知西域逢佳景，万顷青青麦浪平。""绿苑连延花万树，碧堤回曲水千重。"可见，无论按照西方人还是东方人的审美情趣，撒马尔罕都堪称天堂。

但蒙古征服者的到来，让天堂变成了炼狱。毁灭不花剌之后，成吉思汗扫清外围的战略构想已基本实现，现在花剌子模有重兵把守的据点只剩下撒马尔罕和玉龙杰赤两座彼此隔绝的都城，而且后者还在与摩诃末关系紧张的太后党控制之下，两处的隔阂正便于逐个击破。成吉思汗亲率大军朝撒马尔罕方向急行军，遇到抵抗就交给将领处理，自己的主力并不耽搁，同时还召唤察合台、窝阔台两部会师，决意一举端掉花剌子模首都。

撒马尔罕城中，是惊慌失措的苏丹摩诃末。此时，城里集结了他的主力部队。志费尼《世界征服者史》和拉施特《史集》中都称摩诃末的军队有10万—11万，《多桑蒙古史》中估得较少，但也认为至少有5万，此外民众至少也有20万之多。凭着这样的人力，依托坚城，本可一战。可惜作为帝国中枢的摩诃末本人，这位不到一年前还自我感觉极度良好、自命世界征服者的苏丹，却已丧胆。他刚从巴里黑赶回首都，听到蒙古人的凶残勇悍，已经六神无主，只觉得到处都不安全。《多桑蒙古史》记载，摩诃末在巡视城防时觉得护城河太浅，说"鞑靼（指蒙古人）兵众，投鞭足以填之"。此一妙笔，其灵感不知是否来自前秦皇帝苻坚投鞭断流的典故，但这样的描述庶几可以还原摩诃末当时的心态。在蒙古人的迅雷之击下，他彻底懵了，抵抗完全不在他的考虑之列，在他主持的御前军事会议上，核心议题是该向哪个方向逃。

摩诃末的畏敌情绪传染了他的手下们。众将有的提议西逃，躲到伊拉克北部，伊斯兰世界深处；有的主张南遁，径奔今阿富汗南部的加兹尼（哥疾宁），在那里组织防线，万一事有不济可以继续向南躲入印度。本来摩诃末倾向第二种方案，但他在伊拉克的儿子派来的勤王使者木勒克，舍不得留在伊拉克的财产眷属，力主西撤。摩诃末最终决定采纳他的建议。

当时在场的王子札阑丁是为数不多的反对者。他哪里也不想逃，而是建议父亲趁着手里尚有强兵，集结大军在阿姆河一线与蒙古人主力死拼，并请命，如果摩诃末一定要逃，他请求权领兵事。札阑丁劝谏父亲，如果此时逃走，将失去民心，再难翻身。

可惜，摩诃末一生最大的问题就是刚愎自用，不听人劝。虽然现在霉运缠身，焦头烂额，这副"王者风范"仍然不肯稍加收敛。他斥责札阑丁少不更事，过于冒进。他此刻坚信玄学家的论调，灾难到来自有定数，人力岂能与抗？不如暂退，待天象有利于我时再作打算。

"天下城池，岂更有坚固如都城者？且社稷宗庙百官万民之所在，舍此欲将何往？若能激劝将士，慰安民心，与之固守，岂有不可守之理。"一个世纪前北宋大臣李纲的分析虽谈不上放之四海而皆准，但对此时的花剌子模来说，却颇具参考价值。

此时大约是1220年4月上旬，蒙古人仅用半年时间就席卷花剌子模的半壁江山，守军的糟糕表现和敌人故意展示的恐怖手段，早已让花剌子模军民士气低迷。此时若是不能有一场鼓舞人心的大胜，业已蔓延开的失败主义情绪将无可挽回。尤其摩诃末的庞大帝国是在最近20年间才捏合起来的，基础尚未牢靠，人民对统治者的认同感远谈不上深入人心，在这种情况下，苏丹遇敌先逃置民众死活于不顾，臣民必然也将弃绝于他。当然，固守撒马尔罕也未必就能挽回败局，但坚固的城防、庞大的军队，以及骁勇的札阑丁，这是摩诃末目前仅剩的本钱，若不勉力一试，日后必将悔之无及。

不过，摩诃末逃跑主意已定，面对花剌子模最后的翻本机会，他主动弃权。这位苏丹宣布，要离开撒马尔罕，驾幸伊拉克东北部他儿子鲁克纳丁的封地阿只迷地区。古今中外帝王要面子的德行真的如出一辙，徽钦二帝被金兵俘虏到东北，史书上说他们"北狩"，咸丰皇帝被英法联军撵出北京城，美其名曰"木兰秋狝"，摩诃末也和他们差不多，他避祸伊拉克用的官方说法也是"狩猎"。岂不知此时他已经被成吉思汗的射雕之弓锁定，接下来的余生，只剩下不断的逃亡逃亡再逃亡。

摩诃末仓皇出逃，札阑丁以及众多近臣只得随行，尽管他们并没从撒马尔罕的守军中抽调走太多人，但一国之君的临阵脱逃还是让撒马尔罕陷入恐慌。几个星期之后，到了1220年5月，令他们恐惧的情景真的出现在了眼前。地平线上一眼望不到尽头的蒙古大军，蹄声隆隆，彻地而来。

奔到近前，撒马尔罕守军才看清，原来敌方的先锋部队不是蒙古人，而是被强征入伍的花剌子模以及中亚各国属民。他们每10人一队，只有军旗，装备甚为简陋，被身后真正的蒙古人抢鞭挥刀驱赶着，向撒马尔罕发起攻击。这就是成吉思汗创制的攻城专用炮灰队"哈沙儿"，该部队的用途，金庸小说中有准确地概括：

> 自成吉思汗以来，蒙古军攻城，总是驱赶敌国百姓先行，守兵只要手软罢射，蒙古兵随即跟上。此法既能屠戮敌国百姓，又可动摇敌兵军心，可说是一举两得，残暴毒辣，往往得收奇效。（《神雕侠侣》第二十一回《襄阳鏖兵》）

这群炮灰部队后面跟着的，正是成吉思汗本人。不过在撒马尔罕战役中，成吉思汗没有催令"哈沙儿"攻城，只是把他们作为疑兵，以显声势，用这些人吓阻守军使其不敢轻易出战，为赶来合围的几路人马赢得时间。两天后，察合台等部陆续到来，将撒马尔罕围得水泄不通。

对守军来说，敌人这种引而不发的态度更令人倍感压力，紧张欲狂。到了围城第三天，当蒙古人正要发动进攻时，城里的一队塔吉克步兵开关冲出，主动发起进攻。蒙古人故意后撤，引其深入，塔吉克人一鼓作气只顾猛冲，被引到远离城防之处，蒙古骑兵杀上来合围乱射，这支勇敢的小队尽数被歼。此后又有数队人马先后冲出，蒙古人如法炮制，杀伤不少，但守军情急拼命，也让蒙古军受创不轻，据志费尼说他们还抓了不少蒙古人俘虏擒回城中。

次日再战，撒马尔罕人不再采用分批冲阵的添油打法，而是主力大部队全线出击，还动用了城里的大规模杀伤性武器——大象。

撒马尔罕人把20头战象排成移动堡垒向蒙古军平推，对面的成吉思汗亲自指挥。对付骑兵讲究的是"射人先射马"，而与大象交手则需反其道而行之，要先干掉大象背上和身边操控指挥的驯象人，因为一旦消灭他们，大象很容易失去控制，不分敌我地乱冲，对它们身边的友军反而更危险。蒙古骑兵马匹矮小，骑术精湛，绕着笨重的象队乱跑乱射，如做布朗运动，驯象手们防不胜防，很多人中箭坠地，象阵也被搅乱。如志费尼所说，"大象受伤，并不比棋盘上的卒子管用"，它们狂嗥乱撞，果然杀伤了不少自己人。但直至这一日天黑，双方仍旧战得难分胜负，两下罢手，攻方回营守方返城，各自歇息。

此时围城已经四天。战斗打了两天，虽然撒马尔罕仍未失守，但城里军民普遍觉得，终究是守不住的，与其最终被攻下来遭受"三光"政策，城毁人亡，不如趁着还有点谈判的筹码，赶紧投降保命。第四天夜里，僧侣士绅们开始商议投降事宜。第五天，也就是1220年5月17日，两名高级教士出城请降，在成吉思汗答应保证此二人及其家属的人身安全后，撒马尔罕终于打开西北的大门"祈祷门"，向蒙古人献城投降。

撒马尔罕自以为会受到宽大处理，但他们不知道蒙古的政策是，稍加抵抗就要全城杀光。城里的十几万人被勒令出城集合，士兵和平民分开。3万名突厥守军率先"接受改造"，蒙古人看他们人数太众，不敢贸然杀戮，而是先稳住他们使其放松警惕。他们给突厥降卒剃发，剪成蒙古人的发式，以此表示将他们视作自己人，突厥兵们果然交出军械，不再防备。这时蒙古兵忽然翻脸，用刀枪箭矢攻击突厥降卒，3万人包括其头领无一幸免。这些突厥人原以为能够"留头不留发"，却没承想蒙古人什么也不打算给他们留。

此外，这回成吉思汗大概心情不错，没有再次"天降灾祸"。他从剩余的约11万投降的平民之中，抽选了3万名工匠分赏诸将，又挑出3万名精壮青年编为"哈沙儿"，剩下的5万余人则在总共缴纳了20万第纳尔的赎金后，被放回撒马尔罕，各回各家。当然，撒马尔罕的城墙被拆掉了。至于那两名率先投诚的教士，连同他们的戚友门生总共1000余人，成吉思汗下令秋毫不犯。还有几个幸存的驯象人，带着大象前来进献，请求颁发粮草，成吉思汗对这些耗费军粮的大家伙没什么兴趣，命令全部放掉，让它们到草原上自己觅食去。

至此，战事大局已定。撒马尔罕战役是整场战争中摩诃末消极抵抗战略的缩影，在还有机会奋起一搏的时候，他退缩了，抛弃了经营多年最可依仗的大本营，任其沦陷，于是命运再不会给他机会供他挥霍。逃亡途中的摩诃末，刚到巴里黑附近就得知撒马尔罕已竖降旗，又风闻他的随员中有人打算擒住他，向玉龙杰赤城中那位一直想废黜他另立苏丹的老太后请功。于是，他放弃了原定的"狩猎"计划，改向西北呼罗珊地区的尼沙普尔（今伊朗境内）遁去，继续没有希望的流亡之路。

按

耶律楚材在窝阔台时代成为蒙古国第一位中书令，是一代名臣，但在成吉思汗西征的军中，他并无显要官职，他的主要工作是占卜吉凶，具体见黎东方《细说元朝》。

6

苏丹的末日

无论摩诃末逃到哪里，成吉思汗都不会让他安生。由于摩诃末是此番西征的头号目标，成吉思汗在撒马尔罕城破之前就派出了哲别和速不台，各带1万名精锐骑兵（《世界征服者史》称两人共领兵3万）跟踪追击，务必生要见人死要见尸。

哲别其人，《元史》写作"只别"，看过金庸小说《射雕英雄传》者当对此人印象深刻。他本是泰亦赤兀惕人，原名只儿豁阿歹，当年曾是成吉思汗的敌人，阵上射杀过成吉思汗的坐骑白口名驹。后来他兵败被围，力战不屈，指名单挑博尔术，并得胜逃脱（此情节与《射雕英雄传》描写基本一致，只不过小说家添加了个小童郭靖厕身其间）。最终他时穷势竭，终于投诚，主动向成吉思汗承认曾毙其爱马。成吉思汗嘉许其勇其诚，为他赐名"哲别"，意为"利箭"。哲别最初被任命为十夫长，随后屡立战功数获擢升，已成独当一面之大将，征服西辽之役，哲别几乎凭一己之力收取一国。

速不台，蒙古兀良哈人，《元史》称其家族效力铁木真的"黄金家族"已历五世。速不台一出道就参加了成吉思汗伐金的战役，攻打恒州时他率先杀上城头。后来他请缨率百骑出征不肯归附的强敌灭里吉部，用诱敌之计以弱胜强，吞掉对方主力，追赶其酋长直至今俄罗斯南部的钦察草原，并大败当地人而还。

军功如此，哲别与速不台自然都是成吉思汗倚重的爱将，他们与者勒蔑、忽必来并称为"四大狼狗"——在蒙古语境中这并无贬义，只是赞其勇猛，意思略同于"五虎大将"之类称呼。成吉思汗的劲敌扎木合曾向乃蛮部太阳汗说起他们的凶名，"额如铜，牙如凿，舌如锥，心如铁，以露为饮，人肉为食"，这固然是夸张之辞，但也足见他们的勇悍。

由于这次的猎物摩诃末不同寻常，成吉思汗放出了两条"狼狗"来追逐，志在必得。他交代手下："彼逃至何地，朕追至何地。无论何乡何镇，若容彼落脚藏身，朕必摧毁之、踏平之，玉石俱焚。"（《多桑蒙古史》）而西征的格外顺畅也让成吉思汗对原本没什么觊觎之心的西亚土地与财富有了兴趣。行前他吩咐哲别二人，不但要猎杀摩诃末，还要征服途中的地区：顺从者发给保护文书，委派官吏管理；而稍加反抗者，一律消灭；碰上强敌则回来通知大部队。成吉思汗限令他们三年之内结束战斗并扫平沿途，还建议他们班师之时不必原路折回，可向北取道钦察草原，返回蒙古。

哲别和速不台领命出发，探知摩诃末正向巴里黑移动，二人催动人马从两路赶过来包抄。再说摩诃末。他弃守撒马尔罕之后，已完全陷入恐惧，所有的御敌之策，他只认准了三十六计最后一招。但即便是"走为上策"，究竟该走到何处仍然是个问题。摩诃末知道他的第一个落脚点巴里黑并不安全，在此稍作停留就又向更西边，今天伊朗境内的尼沙普尔逃去。至于到了那里能否甩掉蒙古追兵，他仍然心里没底，只有先逃了再说。

摩诃末刚逃出巴里黑，速不台的先头部队就赶到了。当时天色已晚，速不台命部下每人点起三支火把，黑暗中巴里黑人只见远处一条火龙蜿蜒游来，不知蒙古人究竟有多少人马。苏丹都已开溜，守军本就心无斗志，又见敌人这等骇人声势，当下二话不说，开城投降。哲别不但勇猛，还颇有政治头脑。前不久征服西辽时，他曾向当地穆斯林示好，果然赢得支持，事半功倍。此番既然巴里黑主动投降，他也就趁机加以安抚，非但没有屠杀，连例行的抢掠都免了，只索取了一些必要的行军给养，就匆匆上路继续追击。巴里黑人为逃过一劫暗自庆幸，可惜他们不知道这只是暂时的。

尼沙普尔位于波斯东北部的呼罗珊地区，距巴里黑有700千米之遥，而且地处高原，交通不便，富庶程度也远不如河中撒马尔罕等城。因此摩诃末存着一丝侥幸，希望蒙古人能放过这里。可惜，接下来的情报让他绝望，和在巴里黑一样，他刚一进入尼沙普尔就接到报告，蒙古兵寻踪追来，不日即至。摩诃末没有别的办法，继续跑吧。

原定的避难地是伊拉克，但摩诃末考虑到伊拉克地势平坦，容易被追上，而且中南部巴格达一带又是敌对的哈里发势力范围，回旋空间太小，于是临时改换目标，把下一处逃生的目的地选在比尼沙普尔更西边的可疾云城（今伊朗德黑兰西北加兹温）。逃亡路上，这位给国家引来灾难的统治者总算开始为臣民们考虑了，他每到一处都向当地居民示警，说蒙古恶魔即将杀到，让大家赶快各自逃命。在他的宣传下，恐怖气氛蔓延于花剌子模所剩不多的领土上。

哲别和速不台几天之后就驱驰千里，追到尼沙普尔城下。守城者已全无抵抗的念头，将城池拱手让出，蒙古二将满意于他们恭顺的态度，加以安抚。哲别向当地政府出示了成吉思汗的诏书：

> 檄告守将贵人、平民百姓等知之：上天以大地自东迄西付我一人矣。降者保其身家，抗者并妻女家属杀之。（《多桑蒙古史》）

尼沙普尔人不敢怠慢，槌牛醞酒，款待征服者。哲别和速不台将令在身，却不敢多作停留，他们在尼沙普尔分兵两路，各自带了当地向导，去追摩诃末。速不台往徒思，哲别往志费因，此地正是《世界征服者史》作者志费尼的家乡。接下来的行军途中，他们一面招降，一面杀戮抵抗者，软硬兼施，整个呼罗珊在他们铁蹄之下非死即降。

此时的摩诃末已在可疾云停留了一阵，其间招兵买马，已从伊拉克等地招募了3万名雇佣兵，但这些人并不足以让他感到安全。在这个临时避难所中，他紧张地打听着追逐者的消息，失地丧师的败报日复一日地送来，苏丹惶惶不可终日。终于，当听说两路追兵逼近剌夷城（今伊朗德黑兰附近）时，摩诃末又坐不住了。被追杀的日子久了，猎物也练出了对危险的敏锐嗅觉，他知道可疾云马上就要成为下一个目标。摩诃末急忙动员新招募的军队出城，就在此时又有消息传来，哲别和速不台会师剌夷并大肆屠戮，摩诃末吓得面如土色，急忙传令逃往西北的一座皇家要塞哈伦堡。他的懦弱表现顿时让军心瓦解，大军一哄而散。此时，摩诃末身边只剩一小队卫兵，真正成了孤家寡人。

逃亡哈伦堡的路上更是险象环生。途中他们遭遇了蒙古的斥候队，幸好这些人没有认出化过装的苏丹，摩诃末才得以苟延残喘。到了哈伦堡不久，花剌子模太后也从玉龙杰赤逃出，躲到此处，原本关系紧张的母子劫后重逢，还没来得及多做交流，穷追不舍的蒙古兵又赶到了。

离开可疾云时，摩诃末还带着他庞大的后宫妃嫔队伍，现在却是谁也顾不上了，他轻骑出奔，只有札阑丁等三个儿子以及少许护卫随行。他们先逃往萨尔察汗，再逃到给兰镇，第七次也是最后一次逃亡，摩诃末一行弃马登船，躲上了里海的一座小岛额别思宽。

哲别很快追到里海边上。蒙古人虽然凶悍，毕竟是来自内陆的旱鸭子，几次尝试下海都没能成功。哲别和速不台都不清楚里海的形状，他们以为摩诃末是想渡海再逃，于是沿着海岸线准备从陆上绕行。

额别思宽岛上的摩诃末这回总算可以喘一口气了，但这座孤岛并非长久的安身之地，岛上淡水稀少，其他各种供给更是一律欠奉，恶劣的条件让过惯锦衣玉食生活的苏丹很快病倒。随后他听说哈伦堡失陷，被他遗弃的一干后宫佳丽全做了蒙古人的俘虏，而他年幼的诸子们无一幸免，都成了刀下之鬼。严重的刺激令他精神错乱，病情加重，终于无可医治。

1220年12月，海风呜咽中，摩诃末大限已至。这位曾经富有中亚的"世界征服者"在孤岛上病吓交加，郁郁而终。这样的下场固然是其情可悯，但这场灾难很大程度上正是他自己招惹来的。刘迎胜在《察合台汗国史研究》中分析认为，蒙古在征服中原北部之后，已有了强大的农业经济规模和人口数量来支撑其扩张战争规模。而花剌子模的经济和军事依靠的分别是沙漠中彼此隔绝的绿洲经济和部族武装，力量很难聚集，故而在开战前他们的实力就已输给蒙古一筹。即便如此，如果没有讹答剌事件以及随后摩诃末轻率骄横地杀害使臣事件，蒙古和花剌子模的决裂会推迟很久。如果摩诃末能够头脑清醒，看出自己的国家是在短时间内拼凑起来的，一切尚不牢靠，并趁成吉思汗把主要精力放在东亚时，与之维持和平，借机积蓄国力夯实基础，延缓矛盾爆发的时间，那么最终，震惊世界的蒙古西征，可能就是另外一种情形。可惜，他的颟顸自大竟致亡国亡身，正如志费尼评价：谁种下枯苗，谁就将没有收获，而若是谁种下仇怨的苗，谁就将收获悔恨的果实。

而比起咎由自取的摩诃末，被无辜卷入浩劫的花剌子模平民就更加可怜。从讹答剌城杀害蒙古商人的屠刀落下那一刻起，摩诃末政府就"毁坏和荒废了整个世界，使全人类失去家园、财产和首领，为了他们（指蒙古商队）的每一滴血，将使鲜血流成整整一条乌浒水；为了偿付他们头上的每一根头发，每个十字路口都要有千万颗人头落地；而为每一个第纳尔，都要付出一千个京塔尔的代价"（《世界征服者史》）。

弥留之际，摩诃末总算做了一个正确的决定，他宣布废黜此前皇太后指定的储君斡思剌黑，改立身边的儿子札阑丁为王储。摩诃末挣扎着把身上的佩刀解下来系在札阑丁腰间，要残存的余部都向他宣誓效忠，把救亡图存的最后一点指望寄托在了他的身上。

随后，曾经梦想征服世界的苏丹就闭上了眼睛。入殓之时，侍从们试图为他找一件体面的寿衣而不得。或许是天意注定，他生前抛弃了君王的职责，死后也就无法享受君王的葬仪。

战罢玉龙

在将哲别这支复仇利箭射向摩诃末这个移动靶的同时，成吉思汗对花剌子模的那些固定靶也不打算放过，比如哲别、速不台匆匆扫过的呼罗珊，当然，也少不了河中地区的最后一座大城市，花剌子模旧都玉龙杰赤。

攻陷撒马尔罕之后，成吉思汗觉得此番西征已然胜券在握，接下来的扫尾工作用不着自己亲力亲为。于是，他带一队人马离开撒马尔罕南下，到渴石城避暑去了，剩下的这些目标就留给儿子们练手艺好了。呼罗珊交由拖雷扫荡，玉龙杰赤稍微有点难度，要术赤、察合台、窝阔台合力才行。1220年秋天，就在哲别和速不台追击摩诃末的同时，三位王子以及首席大将博尔术，奉命率领5万人马，杀向玉龙杰赤。

玉龙杰赤今称库尼亚－乌尔根奇，位于土库曼斯坦，该城位于阿姆河下游的三角洲地带，位置优越。该城又称为"花剌子模城"，算是花剌子模王朝的发祥之地，虽然近年来风头被撒马尔罕等新兴城市盖过，但数代经营之下，无论经济还是城防都颇具规模，不可小觑。

此城是摩诃末之母秃儿罕太后的居所（刘迎胜考证认为，秃儿罕不是人名，而是契丹语中"皇后"一词的别音，见《察合台汗国史研究》）。老太太与儿子素有嫌隙，连成吉思汗也有所闻，进兵撒马尔罕之前他曾派使者联络老太后，要她出兵对付摩诃末，答应事成之后把呼罗珊地区交给她统治。秃儿罕和儿子之间毕竟是内部矛盾，不可能与入侵者联手，但这老太太也和儿子一样胆怯又迟钝，她对蒙古使者的提议不置可否，而当摩诃末求助，约她从背后袭击围困撒马尔罕的蒙古主力部队时，她同样没有采取任何行动。她大概是想两不得罪，可是成吉思汗的外交哲学是，不是我的朋友就是我的敌人，没有所谓中立。秃儿罕鸵鸟般缩首沙中的姿态并不足以自救。当听说蒙古大军正向玉龙杰赤进发，老太太终于行动起来，她带着一干宠臣权贵后宫眷属，裹挟金银财宝，早早跑路了。她寄望敌人抢掠一番后就自行退走，所以把玉龙杰赤一城军民扔给了蒙古铁骑。此前花剌子模扩张时期，也曾灭国无数，亡国之君们就关押在玉龙杰赤，秃儿罕太后觉得他们可能成为后患，因此她出逃前的最后一项命令就是：将这些人全部扔进护城河溺毙。

成吉思汗派三个儿子去攻打玉龙杰赤，初衷或许是人多好办事，但这样的多头领导反而适得其反，尤其是术赤与察合台的对立，使得一向雷厉风行的蒙古军这一回表现得格外迟缓，直到1220年10月底才推进到玉龙杰赤城下。而当他们龃龉阋墙的时候，花剌子模的各路残兵败将已汇聚于此，人数多达9万，包括忽毡之战中杀出重围的勇将"铁王"帖木儿·灭里都率兵赶到，可以说防守方的力量已足以同蒙古军一战。

由于成吉思汗已经把玉龙杰赤以及周边地区作为奖励预支给了术赤，这位大王子自然不想自己的地盘过多地遭受战火摧折，他力主招降，并下令保护城市周围的公园牧场。但玉龙杰赤的军民自觉城坚足恃，斩使拒降，这不但让术赤如意算盘落空，还给了察合台指责他的理由。察合台命令所部发起猛攻，而且刻意多加毁坏，尽量不给术赤留下一砖一瓦。

对守军来说，一个重大的有利条件是玉龙杰赤地处沼泽、沙漠与果园的环抱之中，附近没有石头，蒙古人只能砍伐树木作为抛石机的炮弹，这自然威力大减，奈何不了坚固的城墙。攻城战持续到1221年1月，摩诃末已死于里海孤岛，受命继位的札阑丁辗转来到玉龙杰赤。此时是守军的最佳机会，他们兵力占优，蒙古人内部又钩心斗角，如能让札阑丁掌控全局，以他的将才，应该有退敌解围的机会。可惜，玉龙杰赤城同样处在内耗之中。长期控制此地的老太后十分厌恶札阑丁，她出逃前手下曾建议去投奔札阑丁，老太后顿时发怒，表示宁愿落入蒙古人之手也不去找这个孙子，足见矛盾之深。现在太后虽已出逃，但守军都是她的班底，他们鼠目寸光，生死关头还囿于派系斗争，对札阑丁大加排斥，拒不承认他的苏丹身份。国事已不可为，札阑丁心灰意冷，带着少数亲随和几个兄弟，离开玉龙杰赤，绕过敌军到南部去开辟游击根据地，帖木儿·灭里也引300名骑兵追随札阑丁而去。玉龙杰赤失去了两位最可依仗的将帅，但他们不以为意，随后推荐了太后的表弟忽马尔出任临时苏丹，指挥防务。

另一边，在后方的成吉思汗见玉龙杰赤久攻不下，十分不满，尤其当他听说战事不力的原因是术赤和察合台彼此敌视后，更是勃然大怒。他派使者到前线对三位王子痛加申斥，削夺了术赤与察合台的指挥权，命窝阔台做全权指挥。窝阔台平时就会做人，与两位兄长交情还不错，他安抚二人使矛盾暂时缓和，同时，鉴于老爸的愤怒态度，他们的攻城手段也必须更加强硬。

接下来，蒙古军使出了残酷的"哈沙儿"战术，大批的降兵降民被征调前来。他们几乎手无寸铁，在蒙古督战队皮鞭刀枪的威逼下，扑向玉龙杰赤的城墙，成批地倒在护城河中，其实这正是窝阔台的本意——用仆从军的尸体填平沟壑。

哈沙儿们和蒙古军踩着先死者的尸体推进到城墙下，有的架起云梯，蚁附登城，有的铲挖墙脚，开掘地道，后面的远程部队又动用了新武器——中亚的特产石油制成的燃烧弹，装有石油的坛坛罐罐被投石机抛上城头，蒙古军再发射火箭，城墙上一片火海，守军纷纷溃散。终于，连烧带挖之下，玉龙杰赤的城墙轰然坍塌。

蒙古军催兵杀入城去，却不知此刻战斗才刚开始。玉龙杰赤人自知难以幸免，依托城里的房屋展开巷战，做最后的挣扎。蒙古骑兵在旷野上纵横无敌，到了城市街巷之中，却无用武之地，先头部队都被歼灭，后队调来石油满城泼洒，见屋就烧，玉龙杰赤半城尽为火海。

玉龙杰赤城横跨阿姆河，半城失守，残存军民逃过桥去退守另一半。两个城区间只有一座大桥连接，蒙古前锋3000人追上来夺桥，但玉龙杰赤人情急拼命，死守不退，3000名蒙古骑士全部战死桥上。玉龙杰赤人据水固守，又打退了蒙古人数次进攻。术赤知道自己先前故意存私留力的行为已令成吉思汗十分不满，现在他掉转风头成了最坚决的进攻者。他向窝阔台献计，在阿姆河上游筑坝蓄水，以大水漫灌玉龙杰赤余下的半城。

1221年4月某日，负隅坚守的玉龙杰赤人忽然听见远方有巨响传来，惊恐万状间，呼啸声已由远而近，银山般的拍天巨浪迎面扑来，大水灌进城防，守军四散奔逃，顷刻崩溃。最后的防线被冲垮，蒙古人待大水稍退后，立刻涌进城来，四处浇油点火，玉龙杰赤水深火热。最后的抵抗又持续了7天，玉龙杰赤人手中只剩下三个城区，无奈只好请降。他们派出一位治安官到术赤马前求告，表示已领受了大王的怒火和威严，心悦诚服，乞求大王垂怜饶恕。术赤攻城损兵折将，又触怒了成吉思汗吃力不讨好，一腔怒火正无处发泄，见了这位姗姗来迟的使者，冷笑道，分明是我领受了你们的威力，何必过谦？他下令一个不饶。

最后，束手就擒的玉龙杰赤遗民被押到城外，蒙古三王子分兵屠戮，法国人德阿·托隆的《蒙古人远征记》记载，5万名蒙古兵每人的杀人指标是24人，被屠者总计足有120万人。这个数字的最初来源是波斯史官拉施特成书于14世纪的《史集》，拉施特还称，另有10万工匠妇孺被掠为奴隶。这些数字无疑过于夸张，但无论确凿人数究为几何，玉龙杰赤城破之后所遭荼毒，确乎惨烈空前。杀光居民后术赤还不解恨，又一次放水淹城，想将这座害他失却圣眷的城市彻底抹去。这一次的破坏如此严重彻底，以致时至今日，辉煌一时的玉龙杰赤也没能复兴。

然而，术赤的卖力表现仍没能缓解成吉思汗对他的不满。他们三兄弟回师告捷，但他们的各自为政让成吉思汗很是不悦，破城之后不经请示擅自分配战利品，更让他大为光火。成吉思汗让儿子们连吃三天闭门羹，后来在博尔术劝解下才予以召见，但父子会面的主题仍是批评教育，而术赤所受训斥尤重。此后术赤回到西北成吉思汗给他的封地，尽量避免再同父亲见面，两人的隔阂自此产生。

攻陷玉龙杰赤之后，花刺子模苏丹已死，王储流亡，新旧都城全部沦陷，核心地带河中地区尽入敌手，事实上已经灭亡。但蒙古人并没有就此收手，他们的征服和屠杀还将继续。

伏尸百万

呼罗珊，波斯语中意为"东方"，但准确地说，这片阿姆河西南岸狭长的绿洲地带，历来都是东方与西方之间的走廊。从公元前4世纪的亚历山大大帝时代，这里就见惯了东西方你来我往的征伐，波斯人、希腊人、印度人、嚈哒人、阿拉伯人、塞尔柱人……对呼罗珊这片见惯大场面的土地来说，蒙古消灭花剌子模似乎只是又一次城头变换大王旗而已。但不同于以往的是，这一次呼罗珊要经历的，不是征服，而是毁灭。

1221年春天，半年前哲别与速不台来去匆匆的扫荡，在许多呼罗珊人的记忆中已变得有些模糊。尤其在几座主要城市巴里黑、木鹿、尼沙普尔，人们觉得危机已经过去，对征服者的恭顺与臣服愈发流于表面。殊不知，真正的危机正向他们涌来。

首先是巴里黑。本来这座城市已向哲别投降，但1221年初成吉思汗向这里进发时，在附近的忒耳迷城遭到顽强抵抗，成吉思汗前后耗时11天才攻克。用一场屠杀泄愤之后，他觉得这一带的归附并不可靠。不久之后又有消息传来，说札阑丁逃出玉龙杰赤之后回到了他的封地加兹尼，正在招兵买马筹划复国。加兹尼离巴里黑不太远，成吉思汗更加担心巴里黑人倒向故主，于是决定先发制人将之毁灭，不让札阑丁有机会借重巴里黑的人力物力。

大约在这一年的3月，成吉思汗的大军来到巴里黑城下。城中的官员们还不知道灭顶之灾已经临头，他们打开城门，迎接新投效的主人，蒙古大汗却突然翻脸，指责他们的投诚并非真心，下令动手屠城。目瞪口呆的巴里黑居民们被驱赶到城外，还没从惊愕中反应过来，蒙古人已经钢刀加颈，转眼之间，巴里黑人尸横遍野。一些人逃进城内的城堡抵抗，这些城堡也被逐一攻陷，整座城市被夷为平地。这一切仅仅是因为成吉思汗的心中闪现的猜疑。

与此同时，成吉思汗的儿子也在展示着生杀予夺的统治权。1220年冬天，拖雷奉命沿着哲别和速不台的行军路线西行，"彻底征服"呼罗珊。1221年，这位蒙古小王子开始在呼罗珊建立自己的功勋。他途经的城市，有《一千零一夜》的诞生地木鹿、波斯史诗《列王纪》的作者菲尔杜西的家乡徒思、波斯大诗人莪默（金庸《倚天屠龙记》中曾提到此人）的故里尼沙普尔，但这些文化名城在拖雷眼中并没有什么特别的意义，只是有待他攻掠的目标而已。如果说之前的哲别像梳子，从这些城市一扫而过，那么拖雷则像剃刀，系统地一丝不苟地剔除所过之处的一切生命迹象。这些被毁灭的城市，有的是因为抵抗拒降，有的是因为招待简慢，还有的毫无理由，只是偏巧拖雷一时兴起。他在各处的作为，并没有详加记叙的必要，因为都是杀戮抢掠。总之，呼罗珊乃至整个中亚在蒙古人的铁蹄之下成了死亡之地。

兔子急了也会咬人。虽然蒙古人的征伐在多数时候都是单方面的屠杀，但被屠者不甘束手的抗争也让他们付出了一点代价。1220年12月攻打尼沙普尔时，城中军民拼命抵抗。指挥攻城的是成吉思汗的驸马脱忽察儿，他此前触犯军规，正准备戴罪立功，所以冲得格外卖力，结果城中一支流箭飞来，将他当场射死。蒙古兵失了主帅，只好退走。

1221年4月，拖雷亲自来为姐夫报仇。他调集了3000张床弩、300台抛石机、700辆火油喷射车、4000架云梯，这大概算是那个时代最强大的"机械化部队"了。尼沙普尔人无力抵抗，城池失陷。拖雷按照成吉思汗的旨意，把城市交给他的姐姐，也就是脱忽察儿的遗孀来处置。这位怀有身孕的蒙古公主决定用整座城市来为驸马殉葬，她亲率1万人的复仇队在城中冲杀4天，直到连一只猫狗都没剩下。随后她命人将死者的头全部斩下，按照男人、女人、儿童，堆成三座金字塔。接下来蒙古人用了半个月的时间，把尼沙普尔的城垣房屋全部拆除干净。

另一起类似事件发生在阿富汗。1221年夏天，成吉思汗来到了阿富汗中南部万重山间的巴米扬镇。这座城镇位于兴都库什、帕罗帕米苏斯、库赫-伊-巴巴几座大山环抱的查里戈尔戈高地上，城堡就坐落在高地毗邻断崖之处，俯瞰着巴米扬河谷。

在攻打巴米扬城之战中，成吉思汗最心爱的孙子、察合台之子篾忒干中箭身亡，年近花甲的成吉思汗痛怒交加，他不戴头盔亲自冲上攻城第一线。可汗震怒，蒙古人三军用命，巴米扬终于沦陷。成吉思汗下达了命令：

> 屠尽所有有生命者，不论人还是动物；不取任何俘虏，杀死所有人，包括母腹中的胎儿；不取任何战利品，一切都在摧毁之列；今后不许任何人在这个"该死的城市"居住！（格鲁塞《成吉思汗》）

巴米扬城化为最彻底的废墟，直至19世纪，这里还荒无人烟。废墟对面的一处峭壁上，就矗立着那两尊著名的巨型佛像"塞尔萨尔"和"沙玛玛"，他们见证了一座城市的毁灭。可惜，大佛对此也无能为力，只能从几十米的高处，向世间的干戈扰攘，投下悲天悯人的一瞥。此后，大佛的目光所及之处，再也没有一丝生气，查里戈尔戈高地沉入了长达7个世纪的死寂。废墟寥落，一如旧观，没有谁愿意到这个不祥之地居住，大佛随着巴米扬城一起，被世界遗忘在这个荒凉的角落。直到21世纪的首个年头，在塔利班火箭弹的呼啸声中，历尽千年沧桑的巴米扬大佛，才再次进入世人的视野。

蒙古人自成吉思汗以下，还为了一个人而心神不宁，那就是札阑丁王子。成吉思汗毁灭巴米扬时，札阑丁正在此地东南150千米处的加兹尼集结队伍，据说他已招募了7万雇佣军。加兹尼是成吉思汗从河中南下阿富汗的首要目标，当他的怒火发泄完毕之后，又继续向这个方向推进。

此时已是1221年夏天，拖雷差不多杀光了呼罗珊，术赤等三人也踏平了玉龙杰赤，蒙古各路大军都向札阑丁所在的加兹尼汇聚过来。一天，成吉思汗探知了札阑丁的动向，连忙派出一支先遣队前去袭击，但他显然把札阑丁当成了他父亲摩诃末那样的人物，并没亲自出马，而是仅派了一位二流将领失吉忽都忽。忽都忽是成吉思汗母亲的养子，以聪明正直著称，后来成了蒙古帝国著名的"大断事官"。但军务实非其所长，他的先头部队1000人被札阑丁全歼，随后忽都忽领3万人马赶到，两军在喀布尔以南的八鲁湾遭遇。札阑丁方面人数占优，他本人又作战凶猛，身先士卒，经过两天的激战，忽都忽的主力被击溃，他本人在亲随护卫下逃脱，但麾下的蒙古兵多数或死或俘，札阑丁将擒获者全部虐杀。

西征的尾声阶段，成吉思汗才算遇到了一个像样的对手，他亲自率主力来会札阑丁。

札阑丁的大胜，本来可以一扫花剌子模屡战屡败的颓势，但他只擅军事、不懂政治的致命伤此时又暴露了出来。在获胜后分配战利品时，他的岳父阿明硬要从土库曼雇佣兵首领阿黑喇黑手里抢一匹好马，后者不从，阿明仗着"上头有人"，当场拿鞭子抽打了阿黑喇黑。双方闹到札阑丁处，他没有秉公处置，而是偏袒岳父。阿黑喇黑一怒之下连夜带着土库曼士兵拔营而去，而他的遭遇也让其他几路佣兵首领心寒，他们纷纷效仿，不再为札阑丁效命。这场内讧让札阑丁的部队减员过半，王子悔之晚矣。此时听说成吉思汗亲率大军逼近，他知道现在的力量不足以与之决战，不得不掉头向加兹尼撤走。

蒙古人紧追不舍，札阑丁知道加兹尼万难坚守，一咬牙，只好走了摩诃末没来得及走的那一步棋——流亡印度。

成吉思汗一路追来，沿途杀人无数略过不提。到了加兹尼，百姓们出城投降，并告知札阑丁的去向，成吉思汗顾不得屠城，马不停蹄追去。1221年11月24日，终于在印度河（申河）边抢在札阑丁渡河之前追至，将其堵在河畔的一处丘陵之上。

成吉思汗的追兵足有6万，札阑丁的部队不到3万，决战断无胜机，只能拼死突围。成吉思汗以月牙阵出击，两翼逐渐收拢，准备将札阑丁残部围而歼之。当此绝境，札阑丁手舞马刀，左冲右突。他武艺高强，加上情急拼命，蒙古兵将当者披靡。观看围猎的成吉思汗见了他的勇武英姿，不由得感叹"犬父竟有虎子"，他下令不得放箭，务必生擒札阑丁。

有了成吉思汗这道命令，札阑丁更是纵横来去，无人能挡，战况直如现实版的《长坂坡》。但他手下兵将没有这样的优待，他们寡不敌众，越拼越少。札阑丁眼见再战下去难免全军覆没，他将所剩不多的部队聚拢到身边，向蒙古军的包围圈发起一次集中冲锋。蒙古人没想到他们还能组织起如此迅猛的攻势，纷纷勒马列阵，准备整队对冲。此举正中札阑丁下怀，他见蒙古人稍稍退开，一个急停转身，掉转马头冲向河岸，纵身一跃，连人带马跳下两丈高的河岸，投入印度河中凫水而走。

刚来了一出"赵子龙七进七出"，又演起了"刘玄德马跃檀溪"。成吉思汗没想到札阑丁会用这招脱身，心下也佩服，蒙古军中有人自告奋勇跳水追击，都被他制止。成吉思汗还指着札阑丁遁去的方向对身边几个儿子说，汝辈当效仿此人。

不过，成吉思汗的惺惺相惜之情仅限于札阑丁一人，后者被擒获的妻儿部属，成吉思汗下令处决时照样毫不手软。《元史》记载蒙古人此战擒获了勇将灭里，但《世界征服者史》中则提到这位"铁王"此后另有际遇。随后，成吉思汗派千户八剌渡过印度河追缉札阑丁，他自己则引军北返，准备迎接一位来自东方的神秘客人。

按

《元史·太祖本纪》记载成吉思汗追击札阑丁事语甚简略："十七年壬午……西域主札阑丁出奔，与灭里可汗合，忽都忽与战不利。帝自将击之，擒灭里可汗。札阑丁遁去，遣八剌追之，不获。"

9

绿野仙踪

截至1221年底札阑丁兵败逃亡，政治意义上的花剌子模国事实上已不复存在，在蒙古的打击下，这个盛极一时的大国短短三年内就如纸房子一般坍塌。将花剌子模整个吞下之后，蒙古的疆域扩大了一倍有余，在13世纪的亚欧大陆版图上，这个骤然兴起的巨国如霸王龙一般巍然耸立，俯瞰万邦。

此时的成吉思汗已从印度河畔班师，驻马于阿富汗中南部的兴都库什山中。此地奇峰崍峥，顶摩苍穹，山巅的皑皑白雪，从3000万年前的喜马拉雅造山运动时起就覆盖在那里与徘徊山间的白云连成一片，更显缥缈高远。置身于这样的环境之中，即便是纵横一生灭国无数的成吉思汗，也难免感到宇宙的浩瀚伟大和个人的渺小不足道。

我是谁？我从哪里来？我向何处去？这是哲学上的三大终极思考，成吉思汗或许一生都没考虑过前两个问题，但此刻，第三个问题正逐渐在他脑海中浮现，并愈发清晰，愈发不可回避。他已是60岁的老人了，出征前妃子已向他委婉地言及或许就在不远处的生命终点。"我向何处去？"成吉思汗空前迫切地希望知道这个答案，当然，他更希望这个答案是他期待的：永生。

要实现永生，成吉思汗知道他富甲天下的财富与权势丝毫帮不上忙，他只能求助于宗教的力量。几乎灭绝了中亚穆斯林的成吉思汗忽然张榜招贤，请人来给他讲解《古兰经》。有几位胆大的伊斯兰学者，抱着"殉教"的觉悟前来应征，耐心地向蒙古大汗阐释先知穆罕默德的训谕，成吉思汗也很耐心地听着。格鲁塞将此事解读为"成吉思汗表现出的潜在文化性"，这是法国人不了解东方成功人士"一朝南面坐天下，又想神仙下象棋"的惯有思维。其实成吉思汗面对宗教人士时的心态，就和菩提老祖课堂上的孙悟空一样，全部兴趣点只在于"似这般可得长生么"。很快他就发现，这种流传广泛、信徒众多的宗教强调的是"死后上天堂"，对他现世的长生之梦提供不了多少帮助。他委任那两位学者管理残存的城市，但对伊斯兰教的兴趣很快淡了下来。

不过成吉思汗并没因此灰心，因为他的求助对象除了伊斯兰教，还有另一种来自东方的更古老更神秘的道教。据说道教可以达到"三花聚顶""白日飞升"的神奇效果，这正是成吉思汗所向往的。两年前他就曾向这个宗教的佼佼者发出了诚挚的邀请，现在，他所盼望的神仙应该正在西来的路上，这位神仙的名字叫作丘处机。

丘处机，登州栖霞人，字通密，号长春子。他曾师从全真道创派祖师王重阳，于其座下"全真七子"中位列第四。后来他隐居关陇，潜心道业，苦修几十年，名声不胫而走，上达庙堂，下至江湖，处处称其道法精深。《射雕英雄传》中将他描写为一位武林高手，事实上时人眼中的丘处机不是仗剑江湖的侠士，而是羽化出尘的神仙。《射雕》中向成吉思汗说起这位神仙名头的人是主角郭靖，而历史上行此事者正是郭靖在书中的未来亲家耶律楚材。

那是1218年，大军出师伊始，耶律楚材曾向成吉思汗讲起过关于丘处机的种种惊人传说。耶律楚材精于卜筮，成吉思汗素知他的才学见识，所以耶律楚材对这位得道高士的推崇，让成吉思汗断定那就是他要求助的绝世高人。成吉思汗马上命人拟写了一道言辞恳切的诏书，寄给他心目中的神仙：

> 天厌中原骄华太极之性，朕居北野嗜欲莫生之情，反朴还淳，去奢从俭。每一衣一食，与牛竖马围共弊同飨。视民如赤子，养士若兄弟，谋素和，恩素畜。练万众以身人之先，临百阵无念我之后，七载之中成大业，六合之内为一统。非朕之行有德，盖金之政无恒，是以受天之佑，获承至尊。南连赵宋，北接回纥，东夏西夷，悉称臣佐。念我单于国千载百世以来，未之有也。然而任大守重，治平犹惧有阙。且夫刳舟剡楫，将欲济江河也。聘贤选佐，将以安天下也。朕践祚已来，勤心庶政，而三九之位，未见其人。访闻丘师先生，体真履规，博物洽闻，探赜穷理，道冲德著，怀古君子之肃风，抱真上人之雅操，久栖岩谷，藏身隐形。阐祖宗之遗化，坐致有道之士，云集仙径，莫可称数。自干戈而后，伏知先生犹隐山东旧境，朕心仰怀无已。岂不闻渭水同车，茅庐三顾之事？奈何山川悬阔，有失躬迎之礼。朕但避位侧身，斋戒沐浴，选差近侍官刘仲禄，备轻骑素车，

不远千里，谨邀先生暂屈仙步，不以沙漠悠远为念，或以忧民当世之务，或以恤朕保身之术。朕亲侍仙座，钦惟先生将咳唾之余，但授一言，斯可矣。今者，聊发朕之微意万一，明于诏章，诚望先生既著大道之端，要善无不应，亦岂违众生小愿哉？故兹诏示，惟宜知悉。

成吉思汗一向厌恶繁文缛节，曾杀过不止一个炫耀辞章的书记官，因此，这通文字铺张又极尽谦卑的书信，足以体现他的诚意。信函从西域的军营中寄出，飞越万里关山，递到山东栖霞山道观丘处机的手中。这位时年74岁的长春真人对世俗帝王向来不太买账，无论统治他居住地的事实君主金宣宗，还是与他同文同种的精神君主宋宁宗，丘道长硬是"天子呼来不上朝"，一概未予理睬，而这一回，他却不知怎么就被这位素昧平生的"蛮夷之主"打动了。丘处机对成吉思汗派来宣诏的汉人近臣刘仲禄说："我循天理而行，天使行处无敢违。"言罢带同18名弟子，启程西行。

一行人从山东莱州出发，经宣化（今河北宣德），越野狐岭，东北行至呼伦贝尔，来到蒙古本土。此时成吉思汗的大军已在中亚，只能继续向西。本来他们可以走河西走廊的捷径，但由于本已归附成吉思汗的西夏不肯出兵参加西征，与蒙古关系紧张，丘处机不得不从北绕道，途经蒙古高原、阿尔泰山、帕米尔高原，山川起伏，鞍马劳顿。真实的丘处机并没有金庸笔下的那副好身板，所受奔波之苦，着实不轻。1221年，好不容易到了撒马尔罕，成吉思汗偏巧又南下征讨阿富汗去了。丘处机想留下坐待他班师，但成吉思汗求"仙"若渴，下诏"真人来自日出之地，跋涉山川，勤劳至矣。今朕已回，亟欲问道，无倦迎我"。丘道长也只好"不堪白发垂垂老，又踏黄沙远远巡"。

1222年5月15日，在兴都库什山的行营中，成吉思汗与他仰慕无限的丘神仙终于谋面。为了长生不老的伟大梦想，他给予丘处机最高规格的礼待，并答允了他不跪拜等一切条件。彼此寒暄奉承已毕，这次跨越万里的会晤终于切入正题，成吉思汗问道："真人远来，有何长生之药以资朕乎？"

按说卖什么吆喝什么，丹鼎金石之术，那是道家本职工作，但丘处机从王重阳处学习的全真道思想讲究的是"人心常许依清静，便是修行真捷径"。换言之，是将"道"作为哲学而非方术，根本排斥炼丹这一套。而且丘处机博览群书，谙熟经史，秦始皇寻海外仙药，汉武帝铸承露金人，这些求仙之举的结果如何，那些最终让君王失望的方士下场又如何，他是再清楚不过，与其让人先寄望再绝望，不如一开始就了断他的奢望。于是，丘处机不顾拂逆君主之意，以唯物主义的态度直言对答："有卫生之道，而无长生之药。"

此言一出，成吉思汗满怀期待的目光顿时暗淡下来，笑容凝结在脸上，失望之情形之于色——只有卫生之道，这算什么？他大老远把丘处机请来，想听的可不是这些。

不过，成吉思汗究竟有其过人之处，他没有像摩诃末一样把带给他坏消息的人丢去喂老虎，反而"嘉其诚实"。他又与丘处机探讨了关于道家学说的若干问题，并不打折扣地按照神仙规格，给了他极为隆重崇高的厚待。丘处机先后给成吉思汗上了三堂思想文化课，讲的分别是《老子》《列子·黄帝篇》，以及《庄子》中的《齐物论》和《逍遥游》。幼年历经坎坷的丘处机一路目睹蒙古兵攻掠屠戮之惨烈，早就心有所感，途中曾作七律哀叹：

> 天苍苍兮临下土，胡为不救万灵苦。
>
> 万灵日夜相凌迟，饮气吞声死无语。
>
> 仰天大叫天不应，一物细琐枉劳形。
>
> 安得大千复混沌，免教造物生精灵。

金庸评价此诗"虽不甚工，可是一股悲天悯人之心，跃然而出"。尤其尾联，更透出一种难以名状的悲怆与绝望。在与成吉思汗的交流中，丘处机不遗余力地向之传递道家之无为和儒家之爱仁，核心思想三条：清心寡欲、敬天爱民、好生止杀。

这些博爱主义原则，与成吉思汗一生奉行的"三光"政策实在颇多抵牾，但出于对丘处机的礼敬，他起码思考了这些观点。丘处机的讲解虽不足以让他立即改弦更张，但成吉思汗发现，这也是烧杀抢掠快意恩仇之外的另一种选择。后来他对丘处机说："神仙所言，正合朕心。"

这正是丘处机万里奉诏的最大意义，后人对他"一言止杀"的称颂固然有些过誉，但丘处机在野蛮的蒙古帝国迈向文明的转型期，确实施加了一记推手。成吉思汗赐他"虎符，副以玺书"。丘处机和他的门人回归汉地后，曾凭此殊遇救助了不少罹于兵祸的无辜民众。这样看来，丘处机的形象并不是金庸笔下那个罗宾汉式的"侠道"，而是更接近于辛德勒。

丘处机告辞东归，成吉思汗也终于认识到了长生之说终是虚妄，既然如此，那还是要在有生之年，回归东方的故土。成吉思汗归心即起，蒙古大军暴风骤雨般的第一次西征也就即将暂告段落。

按

本章中成吉思汗与丘处机的对话，以及丘处机的西行路线，都出自其门人李志常所撰《长春真人西游记》。

10

东归

1222年，丘处机师徒一行走后不久，成吉思汗的东归事宜便提上日程。但令他如芒在背的札阑丁据说已逃至印度德里一带，八剌的追缉未有所获，这位流亡的王子随时可能"我退彼进"。而且成吉思汗也不可能对大河彼岸的广袤土地失去兴趣。

但毕竟出征已久，成吉思汗也知道战士们远离故土，人心思归，加上印度高温多雨的湿热气候令他心存顾虑。正犹豫间，发生了一件奇事。有侍卫报告，发现了一头独角怪兽，"形如鹿而马尾，其色绿"，更离奇的是这怪兽还会说人话，它对侍卫们说："汝主宜早还。"成吉思汗忙找来耶律楚材，向这位博物学家咨询怪兽的信息。耶律楚材回答，这就是古籍中记载的异兽"角端"，会说多国语言，性格好生恶杀，此物的出现，是上天提醒大汗及早班师。想尽早回家的耶律楚材还借机大敲边鼓："陛下天之元子，天下之人，皆陛下之子，愿承天心，以全民命。"(《元史·列传四十一》)

从对该怪兽"角端"的描述来看，这多半是一头栖息在印度西北部的亚洲犀牛，对居于北亚草原的蒙古人来说，确属稀罕物事，至于口吐人言云云，则是厌战盼归者的借题发挥。成吉思汗虽不是无神论者，但"天降瑞兽"之说还是糊弄不了他，不过通过此事，他明白军中斗志已怠惰，强进恐怕无益。况且他真正的大敌金和西夏还在东方，这趟摧城拔寨、屠戮万里的西征，也该适可而止了。

于是，《元史》中写道，"帝即日班师"。一千多年前亚历山大大帝从地中海之滨发起的万里东征止步于印度河，此时，13世纪蒙古人席卷整个亚欧大陆的征服风暴再次停在印度河畔。成吉思汗跃马南亚次大陆的梦想就此封存，留待300余年后他的挂名子孙、莫卧儿帝国的开创者老虎巴布尔来拾取。

1223年春天，蒙古大军自撒马尔罕启程，向北渡过锡尔河，踏上返乡之路。行至昔日边境时，成吉思汗命已沦为俾仆的一干前花剌子模贵妇辞别故土，包括摩诃末之母秃儿罕太后在内的亡国命妇们伏地恸哭。400多年前的安史之乱中，吐蕃人趁火打劫袭取了唐朝的河湟地区，掳掠无数汉民，行将离开汉地走上高原时，吐蕃人也曾命被掳者哭别父母之邦。如今这一幕又再次重演，不同的是花剌子模人连遥寄神思的父母之邦都没有了，声震四野的哀号，不只是自艾自怜，更是献给故国的挽歌。

成吉思汗曾与部下们探讨人生的乐趣，他手下的博尔术等人不过以"臂名鹰，控骏骑，衣华服，暮春时节旷野出猎"为乐，而大汗本人则说："人生乐事，莫如战胜仇敌，驱仇敌于马前，尽掠其财物，悉夺其骏马，目睹其亲人以泪洗面，揽其妻女伴吾寝室。"西征花剌子模之役，完全以他最喜欢的方式进行，但成吉思汗并没满足，在他生命所剩不多的几年中，以征服掳掠为主题的战争仍然占有相当比重。而且这种审美取向也影响着他的后人，花剌子模的遭遇，将在13世纪东半球几乎所有文明和民族身上重演。

1223年，惬意的东归大军一路优哉游哉，在巴尔喀什湖南岸的忽兰八失草原上一边行猎一边赶路。留在不花剌的察合台和窝阔台赶来与父亲团聚，在咸海西北封地的术赤送来大批活物，供成吉思汗射猎，但对父亲的召唤，他称病不来，这令成吉思汗心中泛起一丝不快。

稍后，行至叶密立，留守蒙古本部的宗室派人迎接，其中有他的两个孙子，8岁的忽必烈和6岁的旭烈兀，两人皆是成吉思汗最喜爱的幼子拖雷之子。成吉思汗带他们一同狩猎，忽必烈射中一兔，旭烈兀更厉害，猎取一鹿。看见孙子们的手段，成吉思汗大喜，依照草原猎手的风俗，亲自将猎物的油脂涂在两个孩子的手指上，以示嘉许和祝福。这两个孩童，日后将分别成为亚洲东西部雄霸一方的开国之主。

1225年，成吉思汗终于回到了阔别已久的大本营和林。这一次西征历时六年，拓地万里，灭国无数，可谓志得意满。但令成吉思汗感到一层隐忧的是术赤，攻打玉龙杰赤之战已让父子间心怀芥蒂，归途中数次召唤不至，更让成吉思汗颇费猜忌。他隐隐听到一种传闻，说术赤已经陶醉于城市生活，对蒙古的传统生活方式和战争模式愈发不满，背地里抱怨成吉思汗杀戮太重，是个疯子。

术赤是一个代表，成吉思汗的后裔们多多少少都表现出对传统游牧生活方式的背弃，而成吉思汗将传统看得极重，他也隐约感觉到，蒙古人必将被所征服之地的先进文化同化，迷失自我。他曾预言他的子孙必会"身居庙堂，穿金着紫，钟鸣鼎食，却不知这一切从何而来"。但毕竟他不希望这样的情况在他在世之日就提前出现，因此关于术赤的传闻令他十分不安，每每派人传唤，术赤总是"有疾"，如是，猜忌愈烈。

1227年，一个来自术赤领地的小官员到蒙古公干。成吉思汗招他入见，询问术赤情况，这人回答，术赤身体非常健康，此次出行前他还曾看见术赤率众狩猎。这一下所有的猜测都坐实了，术赤果然是诈病违命，其居心叵测，昭然若揭。成吉思汗勃然大怒，骂术赤"叛逆、疯人"。

震怒之下，成吉思汗召集大军，要亲统人马再度西征，讨伐术赤。向来与术赤不睦的察合台干劲十足，主动出任前锋，窝阔台也率部偕行。成吉思汗准备待大军集结完毕，就率主力西进。正当此时，西边有使者飞马来报，术赤缠绵病榻已久，已于当年2月病故于咸海西北的属地。

一时间成吉思汗既痛且愧，这才知道原来儿子确实一直有病，下马来伏地痛哭。他想惩治那个谎报消息者，但该人已逃得不知所踪。术赤去世时，虽然只有40岁上下，但由于妻妾众多，此时已有子女40余人，嫡长子名叫拔都。成吉思汗让术赤的儿子继承其封地，并允许他们自行拓土开疆，所得领地直接归他们这一系所有。

拔都，继成吉思汗之后又一位蒙古征服者，即将走上前台。

按

术赤的具体死因，目前尚无确切说法，各种说法或语焉不详，或骇人听闻。有一种说法称，成吉思汗预感到他将不受控制，于是派人将之暗杀。

11

发现欧罗巴

再说成吉思汗派往西方的两员大将哲别和速不台。当蒙古主力满载而归时，他们仍在尽职地征伐攻杀。战场，是乌拉尔山以西，此前东亚人从没有确切概念的土地——欧罗巴。

先回到1220年的冬天。摩诃末在里海小岛上惨淡离世，这个消息很快被哲别和速不台获知，二将深为没能抓获成吉思汗钦点的头号要犯而惭愧，不能空手而归，只好就近抢掠。当时，哲别和速不台正沿着里海的南岸向西，本来准备绕行，不过既打定主意坐地生财，二人便侵入了阿塞拜疆（阿哲儿拜占）。

阿塞拜疆此前曾向摩诃末称臣，算是依附花剌子模的半独立王国，疆域涵盖里海西南岸、高加索山以南的一片不小的土地，以大不里士绿洲为核心，十分富庶丰腴。当时的大不里士长官斡思别见宗主国花剌子模在蒙古人面前不堪一击，知道自己的力量不足以抗，于是主动向蒙古投降，献上大量白银、战马、衣物。哲别二人果然拿钱走人，退到阿塞拜疆境外的木干草原，歇马过冬。

到了1221年春天，蒙古人马休息已毕，继续北上，这次的猎物是阿塞拜疆北边的格鲁吉亚（谷儿只）。这里已是基督教世界的东南边界，在国王格奥尔基三世治下，格鲁吉亚国力正强盛，于是与蒙古人针锋相对，展开对战。格鲁吉亚的骑士们与他们的欧洲教友一样，披挂重甲，列队严整，向蒙古军发起密集冲锋。蒙古人则依仗精湛的骑术，发挥小、快、灵特长，诈败诱敌，待装备沉重的对手体力耗尽，再包抄反击，聚而歼之。如此几个回合下来，格鲁吉亚军惨败，乡间的农舍教堂尽数被毁，只拼尽全力保住了首都第比利斯。随后蒙古人又退回阿塞拜疆，向业已投降的城镇再度索取赎金，篾剌合等几城不堪忍受起而反抗，最终城毁人亡。8月，哲别、速不台洗劫了伊拉克北部的哈马丹，然后又在阿塞拜疆、格鲁吉亚两地打了几个来回，杀来抢去，就在这一点地方转圈，他们二人都有点审美疲劳了。于是，两位将领制订了一个前所未有的计划：到高加索山的另一面，去看看山那头的世界。

高加索山，横亘于黑海和里海之间，平均海拔超过3000米，分割亚欧大陆。在古代欧洲人眼中，这里是世界的尽头。传说当年为人类盗取火种的普罗米修斯，就曾被锁在这山上受刑。而对住得更远的蒙古人来说，对这条山脉的了解就更微乎其微，几乎仅限于一个中文名称"太和岭"，山岭的后面，则是一片完全未知的土地。

1221年秋天，哲别和速不台穿过已成焦土的格鲁吉亚东部，进入达吉斯坦附近的打耳班山口。从这片峡谷中走出，蒙古人眼前一亮，豁然开朗，只见目之所及，尽是一望无垠的平原和草场，蓝蓝的天上白云飘，白云下面马儿跑，这熟悉的场景让他们感觉仿佛回到了久别的故乡。

但这辽阔的草原并非无主之地，此处生活着一个和蒙古人类似的游牧民族，钦察人。钦察人是里海与黑海之间说突厥语的游牧民族的泛称，东边诸部称为康里人，即花剌子模国突厥雇佣军的主力，西部的被拜占庭人叫作康曼人，俄语中则称为坡罗夫奇人。他们组织松散，文化经济落后，如同统一之前的蒙古，还保留着原始的宗教和习俗，习惯剃光头顶的头发，两侧留两条辫子。钦察人作为彪悍的草原民族，战斗力极强，西边的欧洲人对他们心存惧意，蒙古人忽然出现在他们的家门口，钦察人不服，准备和他们一较高下。为此，他们邀请高加索地区的几个山地民族助阵，分别是勒斯基人、切尔克斯人、阿兰人。

1222年，东亚和西亚的游牧民族两军对垒，哲别和速不台的人手远少于钦察联军，但他们毕竟是百战之将，大半辈子的仗打下来，心思细密远非钦察人可比。商议之后，蒙古人决定对敌军采取分化瓦解策略，哲别派使者去见钦察酋长尤里·科尔察科维奇（此人是东正教基督徒，此为他的教名），对他说："你们是突厥人，我们也是突厥人，突厥人不打突厥人，不如你们解散联盟，我们消灭阿兰人等族，与你们共享战利品。"

尤里头脑简单，完全不懂蒙古人的釜底抽薪之计，还觉得这买卖划算，可以坐收战利品，就答应了哲别的提议。随后两军开战，本是事主的钦察人果然作壁上观，眼看着蒙古人将目瞪口呆的阿兰等三部尽数消灭。随后蒙古人果然把战利品分给钦察人，尤里等诸部首领大喜，乐颠颠地回家去，丝毫没加防备。

尤里哪里知道，蒙古人这是"将欲夺之，必固予之"。志得意满的钦察人正走在归途上，背后蒙古骑兵忽然赶上来，不由分说发起猛攻。错愕万分的钦察人被杀得大败，尤里也被手下出卖，被擒住献给速不台。

侥幸逃生的钦察人向南逃去，哲别和速不台紧随其后，在伏尔加河下游的名城阿斯特拉罕再与钦察人大战一场，又获全胜，阿城被摧毁。然后蒙古二将又兵分两路，一路北上追赶钦察余部，一路南下克里米亚半岛，洗劫了热那亚商人的贸易据点苏达克。至此，蒙古人的凶名也传入欧洲的拉丁世界。后来在中亚的术赤得到速不台的报捷，又派了手下人马前来支援，蒙古得了生力军之助，更加势不可当。逃走的钦察人此时不得不向他们西边原本敌对的邻居乞援，这就是基辅罗斯。

基辅城，就是今天的乌克兰首都基辅，号称罗斯民族的"万城之母"。早在7世纪，这里就是斯拉夫人的居住中心。到了9世纪，北欧的诺曼酋长们应斯拉夫人之邀东进，建立王国。武士头领留里克以北方的诺夫哥罗德为中心，征服了东北欧和波罗的海沿岸的大片土地，开创了罗斯人历史上的第一个王朝留里克王朝。据说，在芬兰语中"罗斯"一词是武士之意，起初即指追随留里克东来的诺曼武士。后来随着他们在东欧落地生根，该词逐渐被用于泛指斯拉夫人，这也就是"俄罗斯"国家与民族名称的来历。

留里克去世后，他的助手奥列格将都城从诺夫哥罗德迁到第聂伯河之滨的基辅，至此，基辅罗斯大公国的历史正式开始。10世纪末，基辅大公弗拉基米尔从拜占庭人那里接受了东正教信仰。11世纪，基辅罗斯国力达到鼎盛，但在此期间"父死子继"和"兄终弟及"两套王位继承制度并行，造成了权力分配的混乱，加上分封制的滥用，为这个创建未久的国家埋下了离心的隐患。在一系列有作为的君主治理下，基辅罗斯的上升势头在11世纪得以维持，但到了1125年大公莫诺马赫逝世后，继承权引起的矛盾集中爆发，基辅罗斯开始分裂为若干各自为政的小邦。1204年，第四次十字军攻陷君士坦丁堡，西方拉丁世界通往东方的商路可以直接通行拜占庭，不必再绕道北方的基辅罗斯。这条商路本是罗斯人世世代代的生命线，现在忽然凋敝，更引发了经济大萧条，虽然此事距离蒙古人的到来还有近20年，但基辅罗斯各城邦已衰落不堪。

基辅罗斯的诸城邦分则力弱，深受东南方草原的钦察人滋扰，有的城邦统治者便和钦察人建立邦交以缓和关系，比如加利奇（哈力赤）公爵"勇敢的密赤提思"（姆斯季斯拉夫），就做了钦察酋长忽滩的女婿。当岳父向他求援时，这位公爵想到唇亡齿寒，决定施以援手。他还出面游说统治基辅罗斯各城的诸位亲戚一起出兵，最终，名义上的宗主基辅大公姆斯季斯拉夫·罗曼诺维奇同意出兵，诺夫哥罗德、切尔尼科夫、斯摩棱斯克等地领主也纷纷襄赞，组成了反蒙古联盟。

蒙古人又想故技重施，派了10名使者去觐见罗斯诸王公，向他们陈述，钦察本为罗斯大敌，诸公久受其害，不如联手诛灭之，平分其地。当时忽滩酋长也在场，通过上一次与蒙古人的合作，他现在已充分理解了什么叫与虎谋皮，他马上跳起来向罗斯王公们现身说法。于是，他的女婿密赤提思下令将蒙古使者尽数斩首。密赤提思做了摩诃末做过的事，罗斯与蒙古之间也再无缓和余地，双方只能兵戎相见。

1222年5月31日，欧洲和亚洲的较量开始了。8万罗斯-钦察联军挺进迦勒迦河（阿里吉河），与兵力远逊的蒙古人隔水对峙。罗斯一方占有数量上的绝对优势，又是本土作战，如果稳扎稳打，胜算不小。但或许正是由于优势太过明显，统领联军北路的密赤提思信心爆棚，不等后续部队落位，就一马当先攻过河去，准备夺取首功。这位公爵有勇士之称，可惜有勇无谋，蒙古人见他渡河，正是求之不得。哲别和速不台诈败诱敌，密赤提思完全配合，猛向蒙古人圈套里冲锋，直到追出很远与后方完全脱节，埋伏着的蒙古兵才鼓角齐鸣，冲杀出来。密赤提思发现中计，他这一部中还包括岳父忽滩手下的钦察人，这些人数败于蒙古，早成惊弓之鸟，此时夺路奔逃，密赤提思一军士气瓦解，被蒙古人杀死无数，密赤提思本人也仓皇逃回迦勒迦河西岸。

罗斯联军阵线拉得太开阔，彼此间通信又极差，南路军竟不知密赤提思的北路军已经溃败。蒙古人追过河后直扑南路军大营，军中的基辅大公、切尔尼科夫公爵等人仓促应战。由于先机尽失，一场血战下来，罗斯联军几乎全军覆没，据记载，蒙古人共击斩罗斯"六王七十侯"，士兵更被杀得十不余一，具体算来，大约超过3万。

随后蒙古人穷追密赤提思，他被堵在草原的营寨中，自知突围无望，便向蒙古人投降，开出的条件是"获得体面的待遇"。哲别和速不台答应受降，罗斯残兵缴械，但随后速不台命令将密赤提思等一干贵人绑缚于地，在他们身上压上木板，摆放桌案，他和哲别等将领就坐在木板上饮酒欢宴。被当成人肉坐垫的滋味当然难受，尤其案板上的速不台体重惊人，密赤提思等人所受重压可想而知。他们被压了足足两天，最终骨断筋折，辗转而死。俄罗斯史籍中言及此事，深以为耻，并痛恨蒙古人言而无信。其实按照速不台的理解，他的行为并非失信，这是东西方人关于"体面"的不同理解。罗斯人想要的"体面投降"，是放下武器，降下军旗，平安回家，蒙古人理解的"体面"则是处死的方式要与众不同，这种碾压之刑，属于"不流血而死"。如前所述，这对蒙古人来说已算是优待俘虏了。

在迦勒迦河战役中，弗拉基米尔大公尤里由于动身晚，错过了战事，得知联军大败之后他连忙返回封国，闭门备战。此时，蒙古人横扫钦察、大破罗斯的消息已经震惊欧洲，正和近东穆斯林斗得焦头烂额的基督教世界惶恐不堪，觉得末日已到眼前，东欧首当其冲的罗斯诸城邦更是惶惶不可终日。然而，令他们不解的是，世界末日并没发生，蒙古人没有乘胜追击，而是反身退回了东方亚欧大陆幽深的腹地。

蒙古人走得就像他们的到来一样突兀，欧洲人大惑不解。黎东方在《细说元朝》中解释，这是因为当年哲别和速不台领命西征时，成吉思汗曾交代他们三年内回师，现在已是1223年，三年之期已到，二将还朝复命去也。确定蒙古人走远后，欧洲人长出一口气，他们此时还并不知道，这股灾祸只是暂时放过他们。

归途中，成吉思汗已知爱将们在西方的征伐，深感嘉许，《元史》载其对速不台的褒奖："速不台枕戈血战，为我宣劳，朕甚嘉之。"但也有一事令成吉思汗颇为感伤，那就是回师途中，哲别染病亡故。蔡东藩的《元史演义》中有一诗单道哲别之死："百战归来力已疲，叙功未及竟长辞；男儿裹革虽常事，死后酬庸总不知！"

此前，成吉思汗长子术赤已先他而去，现在爱将又阴阳永隔，成吉思汗本人也将步入生命的最后岁月。

1227年8月25日（农历七月己丑），成吉思汗去世了。

这位一生都在战斗的蒙古大汗，生命的终点也在军旅之中。1225年西征归来之后，他休息了不到一年就再度兴兵，去教训曾违抗他命令的属国西夏。大军于1226年3月攻入西夏，取得绝对优势，但面对情急拼命的西夏人，没能如预期的那样速胜。其间，成吉思汗坠马受伤，导致健康状况恶化，最终他没能亲眼看见仇敌的覆灭，就病死在六盘山下的行营之中。他的最后一道命令是攻陷西夏都城兴庆府之后杀光其军民，并在他死后每天向他祭告："唐兀惕人（即西夏人）已被殄灭无遗种矣。"

用全体西夏人为自己殉葬，这很符合成吉思汗一生的行事风格，而兴庆最终沦陷之后，这条遗命也得到了一丝不苟的贯彻落实，西夏就此灭亡。随后，蒙古人全军恸哭，哀声之中，灵柩启程，载着成吉思汗的遗骸，返回大漠深处。

传说他的墓穴之中放置了无数价值连城的陪葬品。为了不使盗墓者打扰他的安眠，下葬致祭之后，蒙古人将他的坟茔万马踏平，军队卫戍一年，这期间无意中路经此地的人，都被杀死，以防泄密。待来年坟上生满青草无从辨认，守墓军才离去。得益于他们尽职的保密工作，直到今天成吉思汗仍旧对历代考古者和盗墓者关门谢客，惬意地长眠。成吉思汗逝世之后，按照他生前的安排，窝阔台是没有争议的汗位继承人，但从手续上说，新可汗的上位需要在全体宗王参加的忽里勒台大会上加以确认。在此之前，依照游牧民族的幼子守产制度，由成吉思汗四子拖雷监国。

拖雷的才干和功绩都不在乃兄之下。当时他手握重兵，成吉思汗遗留下的12.9万人马中有10.1万归他调遣，势力远胜窝阔台，而且作为少壮派代表人物，比起终日滥饮、挥霍无度的窝阔台，他的形象更为阳光，因此在蒙古宗室之中颇多拥戴。很多人希望是他而不是窝阔台继承成吉思汗的事业，这使他与三哥窝阔台以及支持窝阔台的二哥察合台一系关系变得微妙。

由于当时蒙古帝国地盘已甚广大，直到1229年，成吉思汗去世两年后，忽里勒台大会才得以召开。会上又有宗王提议由拖雷继位，窝阔台本人处境十分尴尬，一度提出让位于拖雷。好在拖雷本人知道以大局为重，在大会上与察合台一道带头参拜窝阔台，力挺兄长。最终大会开到第41天，窝阔台确定弟弟并无异志，这才半推半就地继任大汗之位，蒙古帝国的继承人危机暂时化解。

窝阔台上台之后，在军事方面的首要举措是派大将绰儿马罕再赴中亚，剿除蒙古人东归之后卷土重来的札阑丁。这位流亡王子于1225年离开印度，重返故土花剌子模，鼓动当地人反抗蒙古统治者，很快就有了成效。经过札阑丁的努力，到了1228年，一个势力范围遍及呼罗珊和高加索南部的"花剌子模第二帝国"已经搭建起来。

可惜的是，札阑丁在政治方面的才干与他战场上的智勇实在太不匹配。他处事完全随性，全无一定之规，不知体恤士卒，比蒙古人还严苛地盘剥辖地民众，很快人心尽失。外部环境同样堪忧。在西方，本该成为札阑丁坚实后盾的伊斯兰世界也普遍仇视他，巴格达的哈里发和小亚细亚等地的塞尔柱苏丹甚至缔结了反对札阑丁的协议。这一方面说明了他们的短视，看不见札阑丁为整个伊斯兰世界抵御蒙古威胁所起到的屏障作用，另一方面，也不难看出，这位花剌子模王子确实是令人头痛的恶邻。

1230年，绰儿马罕带着各路宗王凑份子组成的10万大军杀到，上下离心、失道寡助的札阑丁根本无力抵抗，只能再次出逃躲在伊朗高原的群山中打游击。但这一回他的好运气也用完了，1231年，他在今天土耳其东南的迪亚巴克尔山间，被一个叫作库尔德的部落杀死，花剌子模回光返照式的"复国"也就此终结。

比起西线，东方才是窝阔台一代更看重的核心利益区。成吉思汗没能实现灭金的愿望，这个抱负留给了他的儿子们，主要是拖雷。窝阔台继位之后，连续几年征讨金朝的战役中，拖雷屡立奇功。1232年2月，他在决定性的三峰山战役中击败金的主力，为实现成吉思汗灭金遗志立下头功。飞鸟尽，良弓藏，外敌将除，窝里斗也提上日程。是年5月，伐金战场大局已定，窝阔台和拖雷北返蒙古，由古北口出长城之后，窝阔台忽然"患病，口不能言"。手下请拖雷来大汗帐中探视，拖雷未加防备，轻骑简从来到窝阔台居处，刚一进帐，巫师便过来说，天神要召见大汗，须有一身份贵重之人以身相代，饮下神水，替大汗升天。说罢将一个盛有符水的木瓶递到拖雷面前。窝阔台在病榻上，一言不发。

孤身在窝阔台帐中，拖雷知道今日事所难免，如果翻脸，非但未必能逃生，还会背上背主之名，恐怕家人部属也难逃脱，不如全始全终，以自己一身，保全一系。他捧过木瓶，跪地祝祷，请求长生天让窝阔台痊愈。他的祷词十分耐人寻味：我的罪过远比我兄长重，因为我所攻掠之地、所杀戮之人、所掳掠之妇孺都远比他多。如果天神要一个年轻能干、相貌英俊的仆从，还是要我好了。（拉施特《史集》）拖雷言罢，举起木瓶一饮而尽。《蒙古秘史》记载，拖雷饮下药水后，请窝阔台照拂自己的孤儿寡妇，然后辞别回营，出帐即死。这个说法应该更可信，因为窝阔台既然决心除去拖雷，自然会使用急性的毒药，以防他回去后解毒脱险，更生事端。而据《元史·睿宗传》（拖雷后被忽必烈追尊为睿宗）所载，拖雷饮药后，窝阔台痊愈，两人继续北返，又走了一段拖雷才"遇疾而薨"，这是真的把政治谋杀当成超自然事件来记录了。志费尼《世界征服者史》上则没有这段记载，只说拖雷死于纵酒过度，这大概是因为在信息闭塞的时代西亚史家无法详查东方事迹。

窝阔台杀拖雷，与后世希特勒杀隆美尔颇为相似，被杀者既然识相自行了断，君主也就保全其颜面和家人，并给了他极高规格的葬仪。后来窝阔台试图让拖雷的遗孀唆鲁禾帖尼改嫁自己的儿子，借机兼并拖雷系势力，但拖雷之妻誓死不从，声称要全力抚养拖雷的遗孤，窝阔台只好作罢。后来这个女人尽心地将四个儿子培养成人，他们是蒙哥、忽必烈、旭烈兀、阿里不哥。（拖雷共有十一子，另外七人系其他妃嫔所出。）

蒙古人的征服战，并未因拖雷之死而停顿。1234年2月，蒙宋联军围攻金的最后据点蔡州城。领衔的将领是蒙古四杰之一博尔忽之孙塔查儿和南宋名将孟珙，身陷重围的金朝末代皇帝哀宗完颜守绪在绝望中自缢，金朝灭亡。至此，除了偏安江表的南宋小朝廷，蒙古在东亚再无对手。

随着与其他文明地区的战争交往，蒙古人，尤其是统治阶层，此时正经历着由游牧民族逐渐向定居者演变的转型期。在成吉思汗设在和林的大斡耳朵的基础上，窝阔台兴建了一座有黑石城墙环卫的城市，称为喀剌和林，意为"黑色的和林"，作为蒙古帝国的都城。他耗资巨万营造极尽奢华的宫舍，宫殿里常年备有大象，为他驮运整缸的美酒。在蒙古大汗的生活方式逐渐改变的同时，蒙古民族的经济结构停滞不前，蒙古人照旧不事耕种，也不搞贸易（商队的作用仅限于为王公们提供奇珍异宝），饲养成群的马匹不用于出售，而是作为战马，四处抢掠。而随着上层的奢靡腐化，传统的游牧经济和刚刚开始的税收制度难以支撑帝国运转，蒙古人必须将攻杀抢掠作为主要的财政来源。

1235年，窝阔台在新都喀剌和林再度召开忽里勒台大会，会议主题是下一步的征伐目标。当时与蒙古接壤的文明地区包括伊斯兰世界、印度，还有南宋。印度太热，伊斯兰世界在上次西征中损毁得过于严重，已剩不下太多东西可抢，加上札阑丁死后中亚一带已经完全臣服，似乎也没有必要再打。这样一来，"三秋桂子十里荷花"的繁华南宋成了首选目标，尤其南宋与蒙古联盟灭金时，其军队表现出的差劲战斗力更让蒙古悍将们信心十足。而且宋军擅自把军队开过事先划定的停火线，占领了归德、汴梁、洛阳三地，攻打他们也算师出有名。

窝阔台力主伐宋，但出席会议的众人中，有一位提出了前人所未发的建议：组织一次针对西方极远处的未知世界欧罗巴的远征。此人正是速不台。当年对欧洲的入侵，速不台与哲别只在其东部边缘地带罗斯诸城邦小打小闹了一番就匆匆东归，但通过那一次的接触，速不台深信在罗斯以西，有一个和南宋、伊斯兰诸国，或者印度一样的富饶世界，有无尽的财富等待着蒙古人去掠夺。而且迦勒迦河战役痛歼罗斯联军的辉煌战绩，更令他相信那些西方人不堪一击，抢掠他们的财富如拾草芥。速不台是成吉思汗起兵时即追随左右的宿将，仗打了一辈子，如今年过六旬，他不想再重复与穆斯林或者中国人的战争，而是想打开一片从未去过的神秘之地。在忽里勒台大会上，这位老将不断向窝阔台及与会诸人陈述欧洲的富庶和孱弱，保证如果按照他的意见，必将征服那个未知的世界。

窝阔台有他自己的算盘。他虽是蒙古人名义上的共主，但直属的领土在蒙古本部以及刚从金手里夺取的中国北部，与欧洲相隔甚远，西向拓土不太容易转变成他自己的直接利益，反而会壮大封地在西方的术赤后裔一系，因此对西征计划不太热心。但速不台口才很好，他的言辞让会上很多人怦然心动，大家都要求兵进钦察，西征欧洲。当时的蒙古统治阶层尚保留着游牧社会的原始民主风气，窝阔台也不好压制众意独行其是，最终，大会做出了一个折中决定：同时进攻南宋和欧洲。

虽然如此，窝阔台还是要尽力掌控西方的战争。伏尔加河下游是术赤的封地，该地现在的统治者是术赤的嫡长子拔都。他领地广阔又远离蒙古统治中枢，因此窝阔台对这个侄子十分忌惮，深恐他会在自己身后被选为大汗。这次西征如果成功，拔都必将是最直接的受益者，这是窝阔台最不愿看到的。为此他想了个办法，让成吉思汗四子世系各出代表，分兵西征，防止拔都做大。

窝阔台要求各系的长子一律从征，除了术赤系的拔都及其三个弟弟，这份出征名单上还有察合台的儿子拜达儿、孙子不里，窝阔台自己的儿子贵由、合丹，拖雷的儿子蒙哥、旭烈兀、拨绰，以及成吉思汗庶子阔列坚，名单囊括了黄金家族第三代近半数的精英。此外，各王公、那颜们也被要求提供军队。西征的首倡者速不台，作为总参谋长，领有事实上的军事指挥权。

蒙古人的第二次西征就要开始了，由于这次西征的几位主要将领都是宗室长子，故而又被称为"长子西征"。

1236年，各路蒙古兵将军旗猎猎，打马西行，欧罗巴将在东方的马蹄声中战栗。

按

格鲁塞的《草原帝国》《成吉思汗》等书中，都将成吉思汗去世的日期写为8月18日，此当系错误理解东方古籍之故。《元史·太祖本纪》载："二十二年丁亥（1227年）春，帝留兵攻夏王城，自率师渡河攻积石州……秋七月壬午，不豫。己丑，崩于萨里川哈老徒之行宫。"其中，"七月壬午"为1227年8月18日，己丑日则为8月25日。格鲁塞大概是将古汉语中君主患病的讳称"不豫"理解为死亡，故而弄错了成吉思汗的确切死亡日期。

拔都西征被称作"长子西征"，但严格地说，主要将领也并不能完全算是各系的长子。比如，拔都是术赤的嫡长子，但他有一个庶出的哥哥斡儿达；拜达儿在察合台所有儿子中排行第五，但他的哥哥不是已去世，就是庶出；贵由的情况类似，在当时健在的窝阔台诸子中他年纪最长，他的兄长合失早逝，而合失的儿子就是后来与忽必烈几度争雄的海都汗。

13

鸣镝罗斯

1236年的早春时节，高纬度的亚洲西北部尚未沐浴春风，冰雪覆盖着伏尔加河，河畔蹄声隆隆，敲碎了冰河的寂寞。上次西征之后，里海北岸伏尔加河下游已成为术赤的领地，蒙古新一轮的西征大军出发后，一路未遇阻碍地进抵此处。速不台计划将这里作为征服欧洲的基地，蒙古人随军携带的大批牛羊牲畜及作战物资都囤放于此。

但这里和速不台准备征服的"城市化"欧洲之间，还隔着一条游牧民族生活的地带，主要有两大族群，分别是上次西征的手下败将钦察人，以及伏尔加河上游的保加尔人。

保加尔人，占据巴尔干半岛东北色雷斯的保加利亚人就是他们的一支，但伏尔加河才是他们的大本营。他们的都城大保加尔城（不里阿耳）正位于卡马河与伏尔加河的汇合处，位置显要。为了夺取这个战略要地，兼并保加尔人的牧场和部众，1236年速不台亲统一军围攻，保加尔人几度降而复反，终究力不能抗，向速不台投降。

对付西南钦察人的是蒙哥，他和弟弟拨绰沿着伏尔加河下游，一路扫荡残存的钦察抵抗力量。许多人对十几年前的恐怖景象还记忆犹新，一听说蒙古人又来了，早就闻风而逃，只有一位名叫八赤蛮的酋长不肯屈服，率部在伏尔加河下游的丛林里打游击，很让蒙古人吃了些苦头。据说八赤蛮的事迹甚至惊动了远在东方的窝阔台（《元史·速不台列传》）。1237年，蒙哥将他锁定为重点打击对象。在蒙古人的拉网搜捕下，八赤蛮活动空间越来越小，后来他的妻子被俘，供出了丈夫躲在里海一处小岛上，蒙哥趁着退潮之机登上小岛，擒获了八赤蛮。这位败军酋长表现得十分硬气，蒙古人要他下跪，他昂然答道："我为一国主，岂苟求生？"接着又说了很有趣的后半句："再说我又不是骆驼，为什么在人前下跪？"（"且身非驼，何以跪人为？"见《元史·宪宗本纪》）兵败就擒，八赤蛮只有一个要求，要蒙哥亲手杀了他。蒙哥没有如他所请，但也算给了面子，让弟弟拨绰代为动手，后者操刀，将八赤蛮拦腰铡成两段。钦察人的抵抗旗帜既倒，其他诸部或降或逃，上一次联合罗斯军抵抗蒙古的忽滩酋长远远地逃到了匈牙利。

　　1237年的秋天，高加索以北、伏尔加河流域都已被蒙古人扫荡一空，罗斯乃至其背后的整个欧洲，都赤裸裸地暴露于刀锋之下。上一次为了应对蒙古人的入侵，罗斯诸城邦曾短暂地联合起来，但蒙古人撤走之后，他们似乎觉得危机已经彻底解除，立刻故态复萌各自为政，彼此钩心斗角，根本没做备战抗敌的准备。

　　罗斯人现在开始紧张，尤其是蒙古大军西进路上首当其冲的梁赞城（亦称也烈赞、里也赞）。1237年冬天，此次西征的最高统帅拔都亲自向那里挺进，征服了路上的小国摩尔多瓦，一步步逼近梁赞。梁赞大公乔治与其弟罗曼拒绝缴纳全城十分之一的财产来买命，但他们知道仅凭自己的力量决计无法守土抗敌，于是求救于弗拉基米尔大公（也叫乔治），但后者不敢赴援。这正是蒙古人用兵的高明之处，他们在保证主攻方向有足够兵员的前提下，常常派出多个分遣队在敌人可能增援的方向上游弋，虚张声势以为疑兵，让敌方的友军时刻处在可能遭袭的恐惧中，自顾不暇，不敢出援。

　　外援无望，梁赞人只能靠自己。但此时乔治犯了一个致命的错误，他的兵力本就处于绝对劣势，却仍派弟弟罗曼带一部分人离开梁赞，去驻守另一座城市科罗姆纳，梁赞城的防守更加捉襟见肘。1237年12月14日，拔都的大军兵临城下，梁赞守军在城楼上惊恐地看着"数也数不尽，像蝗虫一样多"的敌人。拔都没有急着扑向厚实的城墙，而是派兵去摧毁城市周围的村镇。士兵们拆毁房屋，砍伐树木，把大量木材运到城下，并命掳掠来的当地人用这些材料围着梁赞城修筑一道木头篱笆。新征发来的"哈沙儿"们冒着守军的箭矢和监工的皮鞭奋力干活，而城里的人则惊恐地看着一圈高高的木头墙在他们的城外逐渐合围，每竖起一根木头，他们的逃生之路就窄了一分，直至木墙严丝合缝。

　　经过加班加点的抢修，仅用了两天围墙就已修竣，而这种心理折磨也让梁赞人没了置之死地而后生的勇气，他们惊恐万状地等着即将揭晓的可怕命运。

　　12月16日这天，木墙后边忽然响起巨声，直如冬雷阵阵，梁赞人正诧异，但见围墙后边，四面八方一串串火球直飞过来，在城头上炸开一片。与以往的火攻之器不同，这些火弹不但触物即燃，浓烟滚滚，异味刺鼻，而且还伴有猛烈的爆炸。一阵不停息的猛轰，梁赞城墙被震得颤抖，从没见过这等声势的守军更是五脏翻涌，耳鼓欲裂。

这就是来自东方的最新秘密武器——火药。火药发明于唐朝，南宋初年应用于军事领域，蒙古灭金之后缴获了大量火药武器，又经中国、波斯等地匠人的开发改进，研制出了多种应用火药的新式武器，并被蒙古军携带西征。虽然这些早期火器尚不完善，威力有限，但用热兵器对抗冷兵器，这是跨越时代的优势，欧洲人第一次见识这种声势惊人的武器时所受的心理震慑可想而知。蒙古人的大小抛石机将巨石和火药罐源源不断地砸向梁赞城墙，轰鸣声中守军意志尽丧。经过5天不间断的轰击，12月21日，梁赞城墙终于被炸开缺口，木墙后面等候多时的蒙古军冲入城中，惨烈的屠城景象再度上演，梁赞大公乔治一家也未能幸免：

> 他们摧毁了上帝的教堂，他们在圣坛里倒了大量的鲜血，全城无人幸免于难，所有人都一样地死去，同饮一杯死亡的酒浆。无人呻吟，无人痛哭，无论是父母对子女，还是子女对父母，无论兄弟对兄弟，还是亲戚对亲戚。所有人都死了，所有这些都是因为我们的罪孽才发生的。（《拔都毁灭梁赞纪实》）

接下来拔都去扫荡驻守科罗姆纳的罗曼。罗曼开城迎战，一军尽墨，但也算死得痛快。随后科罗姆纳城被屠，弗拉基米尔大公派来增援的部队也被击溃，大公之子被俘。

1238年，拔都继续西进。一年之内屠戮了罗斯人的14座城市，其中包括一座当时寂寂无闻的小城，莫斯科。2月2日，拔都兵困弗拉基米尔。8日，破城，尽杀全城，大公乔治逃脱，大公之妻躲入教会，剃光头发等死，蒙古人围攻教堂纵火，避难者皆焚死。3月4日，蒙古军在莫洛加河支流锡塔河畔截获准备逃往基辅的乔治，杀之。

至此，罗斯东部半壁江山悉数沦陷。值得注意的是，这发生在冬季。时至今日，俄罗斯在冬天被入侵之敌打败，也只有这么空前绝后的一次。此后无论拿破仑，还是希特勒的头号战将曼施坦因，都未能做到这一点。

作为罗斯最繁华的城市之一，北边的诺夫哥罗德也是蒙古人的重点洗劫目标。城中居民正惊恐万状，但不知为何，1238年3月蒙古人推进到该城以南100余千米处时，忽然掉头去攻打西南的切尔尼科夫、斯摩棱斯克等城。后世研究者普遍认为，这是由于当时积雪融化，道路泥泞难行，诺夫哥罗德人幸运地逃过一劫。此时诺夫哥罗德人大概能提前感受到后辈的"幸福"。后来他们主动联系蒙古人投降，因态度良好，最终免遭屠城。

基辅是蒙古人征服罗斯诸城的最后一个目标。1239年，蒙古人的主攻方向转向高加索一带的阿兰人，蒙哥和贵由都率所部移往这个方向，欧洲战场只剩了拔都、拜达儿、速不台等人领衔，基辅等残存城市的压力稍有减轻。1240年秋天，蒙古人已经荡平阿兰，可以全力向西推进了。此前由于与拔都闹翻，贵由提前东归，窝阔台得知后，为防止术赤、拖雷两系在欧洲战场上势力过大，将蒙哥也一并召回。除了这两部分人，其他驻在钦察和罗斯各地的诸路人马都向罗斯人的"万城之母"汇聚而来。年底，拔都先到，其他各部随后赶来会师城下。拔都派人入城招降，城中的基辅大公与在此避难的罗斯王公们早已弃城，西逃匈牙利，而奉命驻守的将军德米特罗坚决不降，斩杀了使者。

德米特罗率一城军民奋勇抵抗，可惜这一次基辅要面对的是蒙古西征军几乎全部的兵力。当时的编年史家写道，蒙古人的兵车声、牛马骆驼的嘶叫声、野蛮人的喊杀声，众声喧沸，以致城内的人听不见彼此说话。德米特罗终究寡不敌众，12月6日这天，基辅城墙被拔都的重型抛石机击倒，蒙古兵破城屠掠，而一向下手不留情的拔都这次居然赞赏德米特罗的顽强，免他一死。

基辅失守，罗斯全境沦陷，十室九空。后来的罗马教皇特使兼旅行作家卡皮尼描写过基辅的劫后惨状：当我们途经那片土地时，我们看到的只是无数暴露在外面的头颅与白骨；曾几何时，这个城市曾经面积广阔居民众多，而现在一切皆化为乌有，仅剩下200间房屋，以及苟活在最残酷的奴隶制下的遗民。（梁赞诺夫斯基、斯坦伯格《俄罗斯史》）

但命运不济的，远不止罗斯一家。罗斯以西的欧洲人，很快也有机会切身感受卡皮尼笔下地狱式的场景。

14

莱格尼察

　　1240年拔都攻克基辅，第聂伯河西岸坦荡如砥的东欧大平原尽收眼底。蒙古兵退回南俄草原休养越冬，但拔都和速不台等人并没闲着，他们已经将欧洲视为囊中之物，正在加紧谋划接下来的作战方略。通过细作与降人，他们已经十分清楚彼岸的虚实，径直向西推进，将遇到的主要对手是波兰、波希米亚、匈牙利等国，北南两翼分别是半开化的立陶宛人和散居巴尔干半岛北部的保加利亚、罗马尼亚诸部落，他们背后则是速不台最初的假想敌，神圣罗马帝国，以及条顿骑士团。

　　此时贵由、蒙哥已经先行回国，带走了一小部分人手，再扣除留驻罗斯和钦察的兵力，欧洲战场上的蒙古军大约剩下12万人。欧洲诸国，无论哪一国的兵力，单独与蒙古军比较都处于绝对劣势，但他们的总数叠加就远在蒙古之上。这样的战略态势与成吉思汗西征花剌子模时非常相似，速不台也制订了类似的作战方略：用机动性抵消敌人的数量优势。他将部队分成数量不等的三路，主力中宫直进，捣毁敌军结合部，使之首尾不能相顾，同时在侧翼实施袭扰，以牵制敌人潜在的援军。具体方案是，主攻方向定在位于欧洲心脏的匈牙利，它地处多瑙河中游，周边土地平坦，水草丰美，从匈奴时代起就是游牧民族的理想侵略目标。再加上匈牙利王贝拉四世几年前收容了蒙古的手下败将钦察酋长忽滩，攻打他们更是师出有名。这一路兵力7万，由拔都和速不台亲自统领。北路由拜达儿率察合台系3万人马袭击波兰北部，牵制住波兰的主力，使之不能大规模在南线集结，同时以偏师压制立陶宛。南线对手较弱，由接替贵由指挥窝阔台系的合丹领1万余人就足以应付。这一路从摩尔多瓦出发，沿巴尔干半岛北部入侵罗马尼亚境内的特兰西瓦尼亚，然后迂回向北，配合主力包抄匈牙利南部，同时威慑南边的保加利亚、塞尔维亚以及拜占庭，防止其出兵增援。

1241年2月，又是一个早春时节，几路蒙古兵将按照既定方略相继开拔，铁蹄铮铮，铿锵而进。此时，对欧洲人来说，蒙古人不只是可怕的传说，更是切实的致命威胁。虽然面对蒙古人派来劝降的使者，他们无一例外地选择了说不，但具体的应敌之策，除了向邻居求援、向上帝祈祷，大家都再想不出其他的办法。

根据速不台先清扫外围的战略构想，蒙古的第一击瞄准了波兰。波兰人是西斯拉夫人，与东斯拉夫的罗斯人、南斯拉夫的塞尔维亚人沾亲带故。当时波兰格局同罗斯世界非常相似，该国有一位名义上的共主，即以感情专一著称的"贞义王"博列斯拉夫四世，但事实上国土分为四个公国。国王仅领有首都克拉科夫、桑多梅日等城，其他三块领地分别归他的三个叔伯康拉德、亨利、密斯提斯拉夫掌管。其中以西里西亚公爵亨利最为强大，三人各自为政，不服王化久矣，而他们各自的公国里，又逐级分封了若干臣属，关起门来都是独立王国。这样的组织结构决定了他们绝难集合力量抵抗外敌。

博列斯拉夫四世的辖地在1240年冬天就遭到过蒙古人的袭扰，1241年，一度退走的蒙古铁骑卷土重来，攻克桑多梅日城，大肆屠掠，接着进兵克拉科夫，直打到距城11千米处被波兰将军弗拉迪米尔伏击才退去。随后拜达儿率蒙古北路军主力又来，3月18日在赫梅尔尼克打败波兰王派出的主力，博列斯拉夫四世闻讯逃出克拉科夫，向西渡过奥德河，躲入叔父亨利的领地西里西亚。国王出奔，克拉科夫城人心大乱，居民纷纷弃家而走。当蒙古人兵临城下时，波兰首都已剩了一座空城。

蒙古人的恐怖传说，随着逃亡的波兰人传遍奥德河西岸。亨利不敢据守首府弗洛斯拉夫，该城被随后渡河追至的拜达儿烧成白地。亨利带着能调集的全部兵力，退到北边的莱格尼察，向各位宗亲以及波希米亚王国和条顿骑士团求助。此时波兰的各路残余人马都向莱格尼察汇聚，条顿骑士团和若干德国法国的领主也赶来，大约已凑了3万余人。亨利的姐夫波希米亚王温塞斯拉也宣布将亲率5万大军前来助阵，这让亨利多少感到有了一点底气。

4月，拜达儿全军进入西里西亚。他已探明亨利和温塞斯拉的动向，知道自己兵力不足，唯一的机会是赶在敌人会师前将之逐个击破。拜达儿一面派人沿途邀击波希米亚人，延缓其行军，一面在莱格尼察周边烧杀，以恐怖行动威吓亨利的神经。

在莱格尼察城中，亨利引颈而盼的姐夫迟迟不见动静，而关于蒙古人暴行的可怕消息，每日都围绕着他，挥之不去。这样焦灼的等待足以让人发疯，亨利终于被蒙古人的心理战拖垮，他日渐丧失判断力，只觉得莱格尼察不安全，一心想要赶在蒙古人攻城之前突围，逃离这个死地。他决定率主力南下，迎接温塞斯拉和他的5万兵马，现在只有这样庞大的数字，才能给他安全感。

4月9日，亨利率领莱格尼察城中的诸位领主、教士，举行了盛大的弥撒，祈求上帝保佑，然后尽起倾城之兵力，开出莱格尼察。3万人马分为5路：第一路是新招募的日耳曼雇佣兵以及金矿工人临时组织的民兵，由莫利维亚侯爵之子博列斯拉夫（不是同名的波兰王）率领；第二路由克拉科夫等地的波兰败军组成，领队者是克拉科夫军官苏里斯拉夫；第三路是亨利的妻弟密斯提斯拉夫率领的拉迪博尔军（波兰四大公国之一）；第四路是条顿骑士团，由其大团长鲍勃·冯·奥施特恩（Poppo Von Osterna，冯承钧译《多桑蒙古史》将此人名字译为"婆婆"）统领；第五路就是亨利亲率的西里西亚精锐部队，以步兵为主。亨利整顿各队人马，准备进攻在城南奈斯河平原上挡住去路的蒙古拜达儿兵团。

两军接近，亨利终于有机会近距离看清蒙古兵的造型，这令原本惶恐不安的他忽然找到了信心。只见对面的东方品种，无论人马都十分矮小，形貌粗犷，表情木讷，装备更是寒酸，多数的骑手只穿着皮质衣甲，有的镶有简单的金属甲片，武器只有弓箭和马刀、战斧，而且他们的阵型看上去也零零散散，杂乱无章。这样的敌人，怎么看也不像传说中的那么可怕，亨利相信，用欧洲人惯常的重骑兵冲锋，足以碾碎对面的敌人。

不光是亨利，目睹蒙古军真容的波兰联军都觉得敌人似乎也没什么可怕。尤其是第一军的新兵们，这些火线入伍的矿工农夫们虽然装备很差，多数都是步兵，盔甲也不完整，不少人甚至赤着上身，但他们有着初生牛犊的勇敢劲头，一个个跃跃欲试。指挥官博列斯拉夫向亨利请缨出战，亨利也正想利用这些杂牌军来试试蒙古人究竟斤两几何，于是嘉许其勇气，命博列斯拉夫打先锋。

博列斯拉夫率领骑兵方阵一马当先，转眼间冲入敌阵。蒙古兵面对人高马大、身披重甲的欧洲骑士决不缠斗，而是四散逃开，躲避之际发射弓箭还击。虽然蒙古人的箭对全副披挂的骑士并没多大杀伤力，但波兰人的冲击仿佛打在了海绵上，空有一股巨力却无从施展，这样的局面让人恼火。第一军撵着四散奔逃的蒙古兵紧追不舍，后面那些矿工步兵队也跟着他们一并掩杀上来。

第二军和第三军见前锋部队形势大好，也赶了上来。后面压阵的亨利都看在眼里，游牧民族撤退时回身射出的箭雨，欧洲人早在古罗马时代就从安息人那里领教过，他们将这称为"帕提亚战术"。亨利对此并不陌生，但这一次他注意到，蒙古指挥官拜达儿的大旗也在张皇退走，这说明蒙古人应该不是诈败诱敌，而是真的挡不住欧洲铁骑的冲击。亨利觉得胜券在握，但还是做了一手防范。他和奥施特恩商议，将己方阵型拉宽，像一堵墙那样横推过去，既能压制敌人，又可以保护侧翼不被包抄。打定主意，他们两部也跟上，波兰联军全线出动追击蒙古的败退之敌。

越是危险的陷阱，表面看去越是安全。虽然亨利做了有针对性的准备，但只要他们迈出追赶蒙古人的那一步，就注定要跌入万劫不复的陷阱。作为一个东方将领，亨利的对手拜达儿拥有亚洲兵法家的智慧与狡狯，他十分注重战场的天时地利，在什么样的隐蔽之所伏兵能使敌人难以察觉，用什么样的路线逃跑诱敌能最大限度消耗敌人的体力，这些都在他的筹谋中，他的轻骑兵也一丝不苟地执行着主帅的意图。波兰人却毫无察觉，他们认定敌军败退，紧追不舍。波兰人的队伍是步骑混编，这样协同作战的配置本来优于蒙古的单一兵种，但他们追得太猛，步兵的两条人腿跑不过骑兵的四条马腿，队伍之间逐渐脱节，等于主动地让敌人实施分割包围。

波兰骑士连人带马都配有铠甲，马匹负载沉重，狂追之下，体能很快就跟不上了，而这正是他们的对手占有绝对优势的环节。蒙古马的速度和爆发力都不如欧洲马，但耐力远有过之，加上蒙古人轻装上阵，马匹吃力远小于欧洲马，体力自然更加持久。当一路穷追的波兰人已经人困马乏时，蒙古人七拐八拐，终于将他们带到了目的地：早就预备好的包围圈。转过一座山包，1万名蒙古重骑兵忽然出现，横在博列斯拉夫面前，迎头撞上来的波兰人当时就傻了眼。

博列斯拉夫等人只好奋起骑士精神，与敌人针锋相对，短兵相接。波兰人虽然拥有更好的装备，甚至更好的个人武艺，但此时人与马的体力都已经透支，人数又少得多，很快落了下风。刚才诱敌的蒙古轻骑则在重骑兵的掩护下退到阵后，换乘早就准备好的备用战马，然后从本阵的侧后方绕行，向波兰人方阵的两肋迂回，放箭攻敌。蒙古人的正面进攻刀枪并举，侧面则箭如飞蝗，波兰人苦不堪言。蒙古射手发现他们的箭镞难以穿透对方的铁甲，于是纷纷瞄准波兰人的坐骑。射人先射马，一匹匹战马中箭扑地，将主人掀翻下来，落地的骑士身穿重甲，移动不便，成了蒙古骑兵枪刺马踏的固定靶。很快，博列斯拉夫以下，第一军的骑兵队伍全军覆没，接着那些撞进来的矿工步兵们更如砍瓜切菜一般被斩尽杀绝。这种迂回诱敌包抄围歼的战术，就是蒙古人赖以纵横亚欧大陆的"曼古歹"。

后面接应的第二军和第三军远远望见友军的遭遇，想来救援，但他们也落入了拜达儿为其量身定制的埋伏圈，这正是拜达儿分割围歼逐个击破的战略构想。据后来的西里西亚史家描述，蒙古人释放出了带有浓烈臭味的烟火，当时欧洲人称之为巫术，冯承钧在《多桑蒙古史》的注解中认为这是战败者为挽回颜面故作托词，但从场面描写来看，倒像是火药的效果。总之，波兰第二梯队被浓烟阻隔，友踪敌踪尽皆不辨，烟雾中又听见有人高喊"败了快撤！"一时间军心大乱，大家四散逃命，溃不成军。蒙古人从浓烟里杀出，从背后将他们放倒，波兰人被杀得尸骸枕藉。

坠在后面的亨利和奥施特恩见势不妙，想转身走避，但为时已晚。换过马的蒙古轻骑兵已经杀到，四面包抄。亨利的西里西亚军和奥施特恩的条顿骑士团只好硬着头皮接战，但此时他们无论兵力还是心理都已尽落下风，战斗已接近单方面屠杀。条顿骑士们总算训练有素，身手不凡，大家出死力护着奥施特恩杀出重围，但实施掩护的骑士团成员大多阵亡，奥施特恩本人也身负重伤，几个月后不治身亡。

亨利的兵多是步卒，陷入重围几乎没有生还的可能。他本人在4名禁卫的保护下突围，但不依不饶的蒙古人追拉上来，乱箭齐发，亨利战马中箭将他甩下，他刚拔出佩刀准备垂死挣扎，便被冲上来的蒙古兵长矛攒刺，捅倒在地，一刀割了首级。

至此，莱格尼察战役结束。由于这一战的战场上后来建起了一座村子，名为瓦勒斯塔特，故而这一战又被称为瓦勒斯塔特战役，其实"瓦勒斯塔特"在斯拉夫语中就是"战场"的意思。是役，波兰日耳曼联军全军覆没，除了奥施特恩，联军各主要将领无一幸免。战后，蒙古人清点歼敌数量，为便于统计，他们从敌人尸体上割下右耳，足足装了九个巨大的口袋。这是触目惊心的战利品，金庸小说《神雕侠侣》中描写过类似场景，其灵感大概就来源于此——虽然根据文内的情节设定，被割耳朵的恰恰是侵宋的蒙古军。

此时，波希米亚王的人马已在左近，但他听说亨利兵败身死，立刻掉头回国。战役过后一周，4月15日，拜达儿命人用长矛挑着亨利的首级，去招降莱格尼察城。城中居民拒绝投降，躲入城内的堡垒，拜达儿轻松拿下无人防守的外城，焚掠而去。大概是觉得躲在城堡里的人已不构成威胁，他也就没有费力攻打，放了这些人一条生路。

所幸，这一阵风暴来得快，去得也快。莱格尼察是拜达儿在欧洲西北方向上推进的极致，完成了摧毁波兰的既定任务后，他转头南下去和匈牙利方面的拔都、速不台的主力会合，一路蹂躏了波希米亚、摩拉维亚等地。但这一次进军途中，这位骁勇善战的王子却意外丧生。他在斡勒木志城下与守军大将思泰伦贝尔周旋，后者坚守不出，久攻无果的拜达儿陷入急躁，思维也不再缜密。拜达儿的松懈被思泰伦贝尔抓住，6月24日这天夜里，守军开城夜袭蒙古大寨，拜达儿死于乱军中，蒙古兵杀戮俘虏泄愤后解围南去。

拜达儿用波兰人的血将自己的名字写进了波兰历史，而最终他也把自己的血肉留在了波兰。斡勒木志城战役是欧洲人对抗蒙古西征为数不多的胜利，也是欧洲史籍上着墨最多的一场战役。这样的记录弥足珍贵，这样的胜利难以复制。在拜达儿血洗莱格尼察的同时，另外几路蒙古军也在给欧洲其他各地放血，蒙古人用血冲刷了半个欧洲。

15

红色多瑙河

波兰的遭遇令整个欧洲惊悸不已，尤其是匈牙利，因为他们知道，自己就是蒙古人的下一个目标。

匈牙利人的祖先马扎尔人，当年也是以豪勇彪悍的蛮族姿态一路打进欧洲的，他们征服了东欧大草原、多瑙河流域，直到亚得里亚海。但那都已是很久以前的事了，当年征服者的子孙们早就离开马背，并已习惯定居者的生活与文明。当时的匈牙利国王贝拉四世（波兰王博列斯拉夫四世的岳父）是一位典型的欧洲中世纪君主。他是虔诚的基督教徒，而且有别于同时代那些动不动就要"圣战"的教友们（比如他那位参加过第五次十字军东征的老爸安德鲁二世），贝拉喜欢用更文明的手段传播上帝的福音。1237年，被蒙古人逐出老家的钦察人酋长忽滩率领4万部众逃到匈牙利，请求收容。毕竟祖上都是说突厥语的游牧民族，虽然世事变迁，三分香火之情尚在。面对落难的钦察人，刚刚上台一年多的贝拉很愿意雪中送炭，他答应容留忽滩一族避难，条件是钦察人必须皈依基督教。钦察人在宗教方面并不看重，况且此时的忽滩已经山穷水尽，谁给条活路谁就是救世主，当下就答应了贝拉。整个部落4万人全部受洗，成了基督徒。

一下子度化4万蛮族，如此功绩差不多够在教会里封圣了，贝拉这份成就感就不用说了，况且他还有更进一步的战略考虑：这4万人感念自己的再造之恩，必会死心听命，可以用来对付国内那些不听国王招呼的各级贵族。

贝拉的如意算盘打得不错，却没有想到收容钦察人成了他和匈牙利灾难的开始。1239年，拔都的使者来访，责问贝拉何以竟敢侵吞蒙古人的财产，要他速速归还，并纳款称臣，做蒙古的属国。根据蒙古人的观念，流亡匈牙利的忽滩及其族人是他们尚未收服的奴隶，贝拉收留他们，就是动了蒙古人的奶酪。

这样的思维方式是贝拉不能理解的，不过他总算比摩诃末以及诸位罗斯君主文明一点，没杀使者，但对其提出的条款全部拒绝。于是，本就在蒙古人征服名单上的匈牙利，更被锁定为头号打击目标。

蒙古使者走后，匈牙利在平静中度过了1240年，蒙古人在罗斯诸城邦的征伐似乎离他们很遥远，贝拉也没有切实地备战，只是让少量士兵在边界隘口砍伐树木，设置路障，大概是希望蒙古人知难而退。

1241年，风云突变，边报不断传来，蒙古大军已经兵叩国门。贝拉召集国内大小贵族，商议御敌之策，但贝拉与他的臣属们很难做到上下一心。因为贝拉上台后加强王权，没收了一些贵族的世袭土地财产，触犯了整个贵族阶级的利益。而他继位之前，有一部分贵族谋划将匈牙利王权献给当时欧洲最强有力的君主德皇腓特烈二世，虽然此事最终未果，但贝拉一直耿耿于怀。此外，贝拉收容的钦察人普遍缺乏教养，时有作奸犯科，这更让匈牙利臣民归怨于国王。种种矛盾淤积之下，君臣之间芥蒂颇深。当贝拉与众人探讨防务问题时，贵族们却要求先归还以往没收的田产再说，贝拉不能在这种情况下就范，他不快地表示："你们应该知道，此战是为了你们自己和你们的子女。"这话倒是没错，但贵族们听不进去——所谓人人有责，其实也就是人人无责，不能保证个人的合法财产权益，只一味责之以保家卫国之"大义"，效果通常都是这样。

3月2日，形势越发严峻，边境要塞逐一失陷，绝大多数守军阵亡。军情如火，贝拉叫停了议而不决的扯皮会议，命令大小贵族各回封地召集人马，发兵勤王。同时，他派使者赶赴德意志、意大利诸邦，出示最紧急的求援信物——带血的宝剑，请整个基督教世界襄助，抗击共同的敌人。贵族此时总算也明白了问题的严重性，各自回去准备。

再说蒙古方面。为了尽量和两翼保持相同频率，速不台和拔都的中路主力放慢了前进的速度。如前所述，北路拜达儿军此时已扫荡了波兰奥德河东岸，兵进西里西亚，南路合丹的主攻目标是特兰西瓦尼亚，该地最著名的人物"吸血鬼德古拉伯爵"还要200来年才诞生，合丹很快攻陷该地。获知了两翼的进展和计划中一样顺利，蒙古中军这才向着匈牙利的腹地挺进。

匈牙利的首都布达佩斯在当时是两座城市，布达在西，佩斯在东，一条蓝色的多瑙河从两城之间蜿蜒而过。今天这两处已被众多桥梁连成一体，但在13世纪，两座城市还是泾渭分明。布达是真正的首都，而由于蒙古人自东而来，多瑙河右岸的佩斯就担负起了拱卫都城的堡垒之职。贝拉亲自统率的王家直属军队，就驻守在这里。

3月15日，蒙古军的斥候兵出现在佩斯城下。他们呼喝索战，但贝拉知道这是圈套，不为所动，他的计划是凭借佩斯的坚城固守不出，挫敌锐气。万一守不住，还可以渡河西撤，再依仗宽阔的多瑙河抵挡一阵，继续消耗敌人兵力。与此同时，汇集国内外各路援兵，待人数达到绝对优势，再实施反击，将蒙古人一举聚歼。

总的来说，贝拉这个战略构想还算对路，可惜，问题不像他想象的那样简单。如前所述，贝拉对手下的控制力十分有限，他能提供想法，却保证不了执行。蒙古人此时虽有不少攻城器械，但他们最希望的还是把对手从坚固的城墙后面引出来，用最擅长的野战将之消灭。为了诱敌，蒙古人依照惯例，故意在城市周边大肆杀戮，试图以恐怖手段激怒守军出战。而且他们十分敏锐地发现对手虔诚的宗教感情可资利用，于是着力破坏教堂，亵渎匈牙利人眼中的各种神圣器物。

不出所料，经过三天的烧杀破坏，佩斯人坐不住了。当蒙古人再次肆虐时，城里的乌古兰大主教不顾国王的禁令，率领一支人马杀出城来。蒙古轻骑使出百试不爽的曼古歹战术，诈败退走，而主教大人觉得自己神威凛然，敌人邪不压正，便率部乘胜猛追。由于主教所部人数不多，蒙古人大概为免暴露主力所在，没有将他们诱到大军包围圈处，而是引着他们来到一片沼泽。佩斯人正追得起劲，没留神道路，忽然觉得马足一沉，陷入了泥潭，动弹不得。早就探清沼泽路径的蒙古人反身杀回，乱箭齐发，匈牙利人连人带马都被射成刺猬。至于大主教本人，这次真的是上帝保佑，他逃出了沼泽，摆脱了蒙古人的追击，回到城里。一起脱险的，算上他只有4人。

从接下来的事态发展来看，主教大人还真不如死在沼泽地里算了。这次损失本来不算太重，但他捡回命来，又造成了额外的损失。回到佩斯，主教气急败坏地宣称，是钦察人与蒙古人勾结导致了他的失败。其实这也未必是他凭空捏造，当时已有不少钦察、阿兰等被征服民族成为蒙古的仆从军，主教可能确实在敌军阵营里看见了钦察人的面孔，但他举一反三，认定贝拉收容的忽滩等钦察人都是蒙古奸细。他这一闹，匈牙利人针对钦察人积压已久的不满顿时集体爆发，沸反盈天，贝拉也无力弹压，乱军乱民发起暴动，一举袭杀了奉贝拉之命来佩斯助战的忽滩。大战在即，匈牙利一方闹起内乱。忽滩被杀后，匈牙利全境掀起了钦察人与当地各族的大仇杀，更有不少忽滩余部跑去投奔了拔都。

局势的混乱让一些原本打算出援的匈牙利贵族选择了观望。贝拉的既定部署全被打乱，现在局面已不受他控制，匈牙利王能做的最好的选择就是，趁着佩斯城的守军还没有人心涣散，主动出击，寻找蒙古人的主力，来一场孤注一掷的生死决战。

此时佩斯聚集了大约7万名兵将，他们来自匈牙利各地，以及德国、法国、波希米亚。虽然达不到贝拉预期的规模，但比起拔都和速不台所部的蒙古军，已经数量占优。4月，做足一切准备的贝拉带领6万人马，开关出击。佩斯城下担任袭扰诱敌任务的蒙古轻骑立刻退走，同时将匈牙利人的动向报知拔都和速不台的司令部。敌人的倾巢出动，让蒙古统帅多少有些始料不及，拔都和速不台知道，如此庞大的敌军是不能轻松吃掉的，他们要将对手引到为他们准备好的墓地——佩斯城东北160千米处，萨约河畔（《元史》中写作溧宁河）的莫伊平原。

蒙古人全速拔营退走，贝拉挥军直追，但双方机动能力上的差距再次体现出来。当匈牙利人终于追到萨约河西岸时，蒙古人已经撤到河东岸安营，并控制了两岸唯一的通道：河上的一座石桥。

蒙古人在桥上部署了少量防守部队，贝拉的部队一路追来士气正盛，立刻强攻夺桥，守桥部队抵抗了一阵，逃回河东，将阵地扔给匈牙利军，30名蒙古兵阵亡。匈牙利人开局占得先机，但贝拉没有乘势追过河去，他看见对岸树林里影影绰绰，似有埋伏；同时觉得自己这一侧地势不错，他又打起了据水为固的念头，准备凭借有利地形防守，消耗蒙古人。贝拉确信这座桥是敌人的必争之地，他安排重兵把守，一边命工兵抢修坚固的桥头堡，提供火力支持，一边开始安营扎寨。匈牙利的军营很有特色，外圈用辎重马车排成几大圈，首尾相连，以此作为掩体，称为车城。这正是当年匈人王阿提拉的手法，他在沙隆会战中就曾排出此阵，虽然匈牙利人和匈人并没什么亲缘关系，但战术方面传承了前人。车城布置妥当，这下攻守态势又调换了过来，贝拉自觉固若金汤，只待着蒙古人来攻。

河对岸的蒙古营中，拔都和速不台也在制订作战计划。蒙古人没有死守石桥，也没有在对岸背水取势，目的只有一个：攻敌之不备。蒙古人历来惯用大迂回战术，速不台决定将之发挥到这个更大的战场上。他决定兵分两路：一路用火药弹、抛石机等大规模杀伤性武器攻击石桥，吸引敌人注意；另一路绕到远端，从萨约河下游渡过，直插匈牙利车城的侧肋。第一路正面强攻，由拔都亲率，另一路侧面迂回奇袭的，由速不台亲统。

主意既定，拔都和速不台分头准备，后者带走了一支精兵向萨约河下游绕行。这是拔都进入欧洲以来面临的最大规模的会战，此时蒙古人马总共约5万，少于匈牙利军，分兵之后人数更处劣势。拔都也难免紧张，开战之前，他像当年祖父成吉思汗那样，登高拜天，祈求佑助，祈祷了整整一天一夜。

速不台走后，拔都按照既定计划对石桥发动了几次试探性的夜袭，而匈牙利人知道这座桥的控制权将影响整个战局，通宵严防死守，蒙古人每次都无功而返。虽然吃了点小亏，但拔都的目的已经达到。他既把敌方的全部注意力吸引到石桥一线，又用几场送出的胜利使匈牙利人兵气骄矜，他自己则利用这个机会，打造器械，调配人手，准备发起致命一击。

4月15日，黎明破晓时分，蒙古人筹备的总攻突然打响。夜里刚刚驱退敌兵的匈牙利人此时正在休息，执勤的哨兵也接近疲劳的极致，来不及反应。只听见对岸忽然雷鸣阵阵，随着隆隆巨响，一排石弹飞过河来。不同于他们以前见识过的抛石机，这些巨石飞行的弧线并不明显，而是劈头盖脸径直砸向他们的营垒。这是热兵器在中欧战场上惊艳的初次亮相，虽然炮弹还是石头，但这前所未见的武器已足够震慑匈牙利人。蒙古人又接着用抛石机发射鞭炮和点燃的狼粪，虽然这两样东西都没太大的实质杀伤力，但前者噼啪作响，后者浓烟滚滚，造成了大片的混乱与恐慌。从没见过烟火的战马受惊乱窜，人喊马嘶，匈牙利人的大营炸开了锅。

拔都架起7门炮，配以抛石机和箭弩，对桥头守军展开狂轰滥炸。守桥的大主教和国王之弟卡罗曼眼见抵挡不住，只好放弃桥头阵地，勒兵后撤，退到蒙古人的射程之外，列队待敌。扫清了滩头，拔都跟着挥兵冲过石桥，但桥面毕竟路窄，利用蒙古人过河的时间，匈牙利人已重新整好队形，双方面对面的白刃战终于开始。蒙古虽然先声夺人，但毕竟人数少于对方，而且绕行下游的速不台没想到河水湍急，潜渡的难度远远超出预料，准备木筏耽搁了不少工夫，没能第一时间赶来合围，于是以寡敌众的拔都陷入了苦战，部将八哈秃战死。

胶着的战事持续到清晨。匈牙利人和拔都正拼得难解难分，过了萨约河的速不台部终于从侧翼杀到。匈牙利人的侧肋忽然遭到袭击，敌人的生力军仿佛平地里冒出来，一冲之下他们顿时慌了手脚。蒙古兵两下合击，主教和卡罗曼抵挡不住，逃向贝拉坐镇的车城大本营，匈牙利一军败退，跑得慢的都被蒙古人从背后赶上来杀死。

接下来拔都和速不台紧追败敌，围住了车城，点烟放箭，发起猛攻。匈牙利的车城排得密密层层，一时难以攻破，于是速不台故意在西北角松开包围，车城里原本困兽犹斗的匈牙利人忽见眼前闪出逃生之路，顿时军心溃散，人人夺路而逃。这些欧洲人都没学过东方的兵法，不懂得围三缺一的道理，他们溃散后被蒙古骑兵追上来逐一杀死。两次战场逃生的大主教这一回失去了上帝眷顾，死于乱军之中，来助战的法国圣殿骑士团也全军覆没。匈牙利王贝拉则和弟弟卡罗曼一道幸运地逃脱，逃向卡罗曼位于克罗地亚沿海的封地，不过卡罗曼身受重伤，两个月后不治而亡。后来蒙古的南路军合丹赶往克罗地亚追杀贝拉，匈牙利王再逃到亚得里亚海的达尔马提亚群岛，才算躲过一劫。

大多数的匈牙利人败退之后，选择向佩斯城方向逃跑，只想着躲回坚实的城墙背后，但蒙古人的战略意图是尽歼敌军野战力量之后，逼近防守空虚的城市。因此，那些匈牙利的残兵败将正是逃向了最危险的地方，他们中的绝大部分没能再看一眼佩斯城，就被追兵杀戮于途，从莫伊平原的战场直到佩斯城下，尸骸枕藉，绵亘了两天的路程。

拔都和速不台一直追到佩斯城下，城门紧闭。城内居民得知大军败绩，能走的都已经渡河逃往西岸的布达城。由于已经没了守军，蒙古人不费吹灰之力破门而入，大肆焚掠，城中来不及走避的老弱病残无一幸免，全成了蒙古刀下之鬼。对岸的布达城只能眼看着佩斯的遭遇，总算多瑙河宽阔湍急，他们自己才得以保住性命。

莫伊平原之战，匈牙利丧失了大规模野战的力量，余下的各路诸侯只能拥兵自保，在1241年余下来的时间里，被各个击破。拔都格外阴险地伪造贝拉四世的诏书，告诉匈牙利人不要逃跑，要留在家里，坚定信心，王师虽然暂时吃了败仗，但必会在上帝的眷许之下，重整旗鼓，驱逐敌寇，拯民于水火。许多匈牙利民众信以为真，也不躲避敌军锋芒，就守着老家念诵"上帝保佑"，结果都被蒙古人堵在村子里，杀光烧光抢光。

拔都的铁蹄踏过多瑙河两岸，沿途杀掠无算，匈牙利人的血泪汇成一条条支流，注入多瑙河，蓝色的河水都被染成了红色。

16

金帐巍峨

匈牙利和波兰都已残破，接下来应该轮到西欧了。虽然蒙古人对欧洲的地理状况未必有系统了解，但拔都此次西征计划的终极目标是"最后的海洋"，照这个势头，蒙古人不打到大西洋边上是不会罢休的。

1241年8月，蒙古主力军的前哨部队出现在多瑙河西岸，距离维也纳一步之遥的诺伊施塔特，与奥地利大公、波希米亚国王数量远胜的联军对峙了一段时间后从容撤走。10月6日，欧洲上空发生了日食，这个不寻常的征兆让整个欧洲哀声一片，大家普遍认为，这预示着整个欧罗巴将不可避免地被东方的铁骑踏平。

就像600多年后亚洲人面对操着坚船利炮出现在东方海岸线上的白人时表现出的无知一样，当时的欧洲人完全不知可怕的蒙古人究竟是何方神圣。此前欧洲曾遭到过不止一次的外族侵袭，但不论是东方的游牧民族匈奴人、保加尔人、阿瓦尔人，还是中东北非信仰伊斯兰教的阿拉伯人、摩尔人，抑或是来自欧洲边缘地区的维京海盗等信奉异教的本土蛮族，毕竟都还有迹可寻，现在的这些蒙古入侵者则是全然未知，欧洲人甚至没法确定他们究竟是人类，还是来自地狱的魔鬼。

关于蒙古人来源的各种离谱的猜测传遍各国，由于此次西征的蒙古军中有为数众多的塔塔尔人（鞑靼），他们的名称被欧洲人记住，有人据此联想到了古希腊神话里的地狱塔尔塔罗斯，认定他们就是来自那里的食人魔鬼。而前所未见的带着浓烈硫黄味道的火药，给欧洲人留下了深刻印象，这更让他们自然而然地把蒙古人和地狱联系起来，持这种说法者开始言之凿凿地描述蒙古人在战役结束后就地吞吃死者的尸体，他们吃的腐肉"甚至连秃鹰都不屑啄食"。还有人猜测他们与《新约》中的"东方三博士"有关，12世纪末有一群从东方归来的德国十字军战士，带回来了一包骸骨，他们信誓旦旦地宣称，这就是曾在耶稣诞生时赶来为其献礼的东方三博士的遗骨。在当时狂热的圣物崇拜风气下，难辨真伪的善男信女们宁可信其有，将这些来路不明的骨头郑重地存放在刚刚开始动工的科隆大教堂里，作为镇堂之宝。现在突如其来的东方入侵者，不禁令人回想起这件事，很多人深信，蒙古人闯进欧洲就是为了索回先人的遗骨，这个说法令西欧人尤其是科隆人不寒而栗。另有一种更荒诞的说法，认为蒙古人是将近2000年前被掠走的犹太人"巴比伦之囚"的后裔，一直在波斯某个与世隔绝、不为人知的荒原生活，现在则应他们的同胞，也就是散居在欧洲的犹太人之邀约，前来征服世界。这个说法唯一的依据是，1241年正是犹太历的5000年，根据预言，在这一年犹太人的救主"弥赛亚"将重新降世。这样的猜测令一直饱受二等公民待遇的犹太人大喜过望，但随后他们就发现，这实在不是什么值得高兴的事，正如威泽弗德所说，欧洲人"无法打败蒙古人这个正威胁着文明世界边界的敌人，但他们能打败犹太人这个假想中的内部敌人"（《成吉思汗与今日世界之形成》）。在蒙古人面前节节败退的欧洲人现在都把怒火发泄在了犹太人身上，蒙古入侵未曾波及的西欧地面上，犹太人提前预支了灾难，而由此引发的乱局更令欧洲愈加混乱。

动荡的时局令人看不到希望，特别是当时西欧最有实力的君主德皇腓特烈二世，此刻还在忙着与自己的头号大敌教皇格列高利九世争斗，看不出他有领导欧洲抗击蒙古人的意思。就在1241年8月蒙古人蹂躏匈牙利的同时，德皇的军队开进亚平宁半岛，包围罗马城，快到100岁的老教皇终于忧愤而死。西欧唯一有担当的，就只剩下了法国的少年英主路易九世。1241年，时年27岁的路易在巴黎游行誓师，准备率兵东进迎战蒙古人。法国籍的圣殿骑士团大团长阿尔莫写信向他报告，欧洲没有任何一支军队能抵抗蒙古人，虔信基督教的路易则悲壮地答道："不是我把鞑靼人（蒙古人）送下地狱，就是他们把我送上天堂。"

1242年1月，南路的蒙古兵已进至距威尼斯50千米处，西欧笼罩在被侵略的阴影中。路易九世、奥地利大公腓特烈等人正屏息凝神地盯着防线，怀着哀兵之志准备做最后的殊死一搏，但蒙古人并没发起他们预料中的大举进攻，相反这时忽然传来一个令人意想不到的消息：蒙古人撤退了。

欧洲人不敢相信他们竟会就此时来运转，但越来越多的情报显示，蒙古确实返回东方去了。尽管沿途之中他们又制造了针对已投降民众的大屠杀，但已是最后的疯狂。在顺便攻掠了巴尔干半岛北部的塞尔维亚、保加利亚等地之后，蒙古人真的陆陆续续退出欧洲，把一个尸横遍野的东欧平原，又丢还给了惊魂未定的主人。

蒙古人为什么要走？这个问题就像"他们为什么要来"一样，令欧洲人百思不得其解。后来他们才知道，就在1241年岁末，蒙古人遥远的东方故土上，纵酒无度的大汗窝阔台终于酒精中毒，一醉不醒。对于蒙古宗王们来说，继承权和在新一届帝国班子里的地位要远比在欧洲的战争重要。因此，当拔都等人闻知凶讯，只好放弃了"最后的海洋"，掉转马头，匆匆作别西天的云彩。

1244年，商讨帝国未来命运的新一届忽里勒台大会在蒙古本部召开。虽然此时窝阔台一系的子嗣功绩才干都明显不如拔都、蒙哥等叔伯兄弟，但窝阔台是当年成吉思汗钦点的继承人，他继位之初各系宗王也曾发誓，让他的子孙世代为汗。这些政治遗嘱的法律效力仍在，大家终是拥立了贵由为第三代大汗。拔都与贵由曾在西征途中交恶，他预料到如果回到蒙古本土窝阔台系的地盘，自己恐怕会遭遇不测，于是借故缺席了大会。这导致贵由没能获得足够的支持，汗位继续空悬，他更加记恨拔都，但后来在速不台的劝说下，拔都还是于1246年承认了贵由的地位，贵由这才算获得一致认可，正式继位。贵由却觉得拔都不给面子，准备出兵攻打他所在的钦察地区，在大臣们的坚决谏阻之下才作罢。

拔都继承父业，在西方开疆拓土，他掌控的疆域方圆万里，足可自立，而与本土的大汗又关系紧张，于是他留在东欧，经营自己的地盘，但他也没有再发动对欧洲西部的大规模战争。

西征的另一位重要人物速不台于1245年解甲退役，1247年病故，享年73岁。这个老谋深算的独眼巨胖，是蒙古第二次西征中事实上的灵魂人物，威泽弗德称赞他的战略战术素养超过了同时代的所有欧洲将领。速不台死后，蒙古中央政府褒奖其功绩，"赠效忠宣力佐命功臣、开府仪同三司、上柱国，追封河南王，谥忠定"，极具哀荣。

到了1248年，贵由继位的第三个年头，拔都迫于压力不得不东归觐见，并做了战争的部署以备不测。但就在这一年，贵由去世了，潜在的冲突泯于无形。

此后推戴拔都继位的呼声很高，但当时实力在蒙古诸王中鹤立鸡群的拔都还是决定固守西方的领地，没有把重心移回蒙古本土，为此他甚至放弃了继任大汗的机会，而是力挺与他亲善的堂弟蒙哥，帮助蒙哥坐上了大汗宝座，并与之联手打压不服气的察合台、窝阔台两系宗王。凭借拔都的鼎力相助，蒙哥总算以较小规模的流血冲突，把汗位从成吉思汗指定的窝阔台一系抢到拖雷系手中，也算告慰了死于非命的父亲拖雷。

事成之后，蒙哥给拔都的报酬是给予他对钦察地区独立的统治权。就这样，拔都建立了地跨欧亚的钦察汗国，统治范围东起咸海、锡尔河下游，南到里海、高加索北麓、黑海、克里米亚半岛，西跨第聂伯河，包囊罗斯全境，北边是荒莽的冻土无人区，理论上他的疆域一直延伸到北冰洋。拔都虽然一直致力于西方，但这位蒙古可汗最终放弃了对"最后的海洋"的探求欲望，这对波兰—匈牙利一线以西的欧洲人来说，是无比幸运的事。此后在这个方向上，蒙古人再也没有发动大规模的战事，只留下心有余悸的西欧人，一代代流传着蒙古人的恐怖传说。

不同于后来忽必烈在中国称帝，拔都从未以出任俄罗斯君主的方式对其领地实施直接掌控（尽管一些俄文文献中把拔都叫作"沙皇"），而是作为宗主国，管辖罗斯诸领主，借助他们代行统治权。同时，他将东方继承自术赤的封地转送给庶兄斡儿达，又封给西征有功的弟弟昔班一块领地，两人也都仿效拔都，各自建国。

拔都在伏尔加河下游修筑城郭，作为大本营，这就是后来百余年中整个俄罗斯地区的权力中心——萨莱城。虽然住进了城市，拔都仍不改游牧民族的习俗，将官邸设在一座巨大的牛皮帐篷之中。大帐饰有黄金，巍然耸立，熠熠生辉，臣服于蒙古的罗斯诸王公每年来此拜谒，络绎不绝。罗斯人因为这座集华贵与野性于一身的大帐，给拔都的国家起了一个别名——金帐汗国，拔都也被尊称为金帐汗。斡儿达和昔班的封国则分别被称为白帐汗国和青帐汗国（也称蓝帐汗国，韦尔斯《世界史纲》中将该国看作一个独立国家）。

据说，除了在战场上，拔都性情一般比较宽厚，比如莫伊平原之战后，他曾埋怨速不台赶到得太晚使他损兵折将，但速不台解释了下游河流湍急难以渡过的实情后，拔都最终还是将首功归于速不台。而贵由曾骂他是"长胡子的妇人"，这也可以作为侧面佐证。因此，蒙古人叫他"赛因汗"，意思是"好的可汗"。但罗斯人眼中的拔都，则是另一副样子。他执行严酷的刑法和高昂的税收制度，同时，他古怪的东方习俗也会酿成悲剧，比如罗斯王公进入金帐朝觐时，被要求从两堆火中间走过，不从者要被处死，这是因为拔都信仰的萨满教认为，心怀邪念的人会被火灼伤。几个王公因违抗这条规定丧命后，大部分人最终选择了就范。虽然没几个人真的被烧伤，但这种文化的冲突无处不在。再如有一位名叫米克勒的罗斯公爵来觐见时，拔都的随从命他向成吉思汗的画像鞠躬，然而这位爵爷是虔诚的基督徒，谨记着不得朝拜异教徒偶像的规矩，他说向拔都汗或他的随从鞠躬乃至跪拜都没问题，但对着成吉思汗画像不行，最终他因此被处死。还有另一件让人啼笑皆非的事。有位公爵犯法被处死后，他的弟弟以及遗孀来见拔都，请求不要没收他们的封地，拔都对此并不表态，却依照蒙古习俗，命令这对叔嫂成婚。两人不肯依从，结果这就上升到了违抗成吉思汗律法"扎撒"的高度，成了政治事件，两人被拔都的手下们按在床上，强行逼令交媾。这些都是不同文化之间必然的碰撞。不过话说回来，俄罗斯人也承认蒙古人虽然残暴无建树，但对其内政干涉不多，在宗教方面尤其开明，对各个宗教一视同仁，基本没有实施过宗教迫害。

在1255年拔都逝世后，金帐汗国继续统治着罗斯。在未来一个半世纪中，罗斯王公们仍然要到金帐中觐见献礼，虽然历代金帐汗时常对他们轻贱折辱，但罗斯人没有反抗，因为只有取悦蒙古人才能获得收税权，而如果触怒这些瘟神，别说税权，恐怕生存权都难保。这种局面一直维持到15世纪后半叶莫斯科公国的崛起，而罗斯人反过来征服蒙古人，则更要等到遥远的17世纪。在这漫长的岁月里，金帐的阴影一直笼罩在罗斯人的心头，成为一种难以名状的威压和一段不堪回首的往事。梁赞诺夫斯基的《俄罗斯史》认为，蒙古人的统治使得俄罗斯的文化发展停滞和倒退了200年，与西欧隔绝，错过了文艺复兴、宗教改革、地理大发现等激动人心的历史进步。

所以，对俄罗斯来说，1242年随着窝阔台死讯戛然而止的蒙古第二次西征，其实一直延续了400多年。

> 按
>
> 拉施特《史集》中称，贵由继位后曾发动针对拔都的西征，但走到途中未及战斗他就病倒了，此事遂不了了之。刘迎胜《察合台汗国史研究》对此事有详尽论述。贵由患有癫痫，传统史料都认为他的猝

死与此有关。另有法国学者认为贵由死于拔都或拖雷遗孀唆鲁禾帖尼指使的暗杀。

另按

拔都去世之后，他的继承者们曾于1259年和1287年两次取道罗斯入侵波兰，但很快被打退，战事规模和激烈程度也都不能和西征时相比。

17

杀手之王

在成吉思汗晚年，经过耶律楚材的扫盲教育，蒙古人才知道原来世界上还有税收这么一回事，他们开始逐渐减少战争中针对平民的无谓杀戮，将百姓作为税源保留下来。但蒙古人毕竟对这种统治方式还不熟练，各地的捐税不足以满足开销，因此，传统的生财之道打砸抢烧还是不可偏废。尤其是经过新一次权力改组，在动荡中上台的第四任蒙古大汗蒙哥，更要彰显军功以示力量，因此他要沿着前人足迹，发动属于他的征服战争。

按照《元史》的评价，蒙哥"刚明雄毅"，这"雄"之一字，从他勾画的征服战争蓝图中就可以看出。1252年，蒙哥决定发动一场同时进攻南方南宋、大理和西方伊斯兰世界的大战争，《元史》上说他把印度也列入了征讨名单，打击面几乎涵盖了整个亚洲大陆。

其时蒙哥刚好骑马摔伤，不能亲自出战。东亚战场的主力是他一母所出的弟弟，老四忽必烈。蒙哥派他先征服位于云南的大理国，构成对南宋的侧面包围。西征的重任，则交给另一位同母弟弟，老六旭烈兀。

蒙哥对西亚世界没有太明确的了解，他给旭烈兀的谕令是"从阿姆河两岸到埃及国土尽头的广大地区内，都要遵从成吉思汗的习惯和法令，对顺从和屈服于你的命令的人，要赐予恩惠和善待，对顽抗的人，要让他们遭受屈辱"。——从以往的经验来看，起码后面这半句话会得到彻底的执行。具体说来，蒙哥要旭烈兀征服的目标主要有三个：阿萨辛派、巴格达哈里发、包括叙利亚和埃及在内的近东。

这三个目标之中，后两者都是具有悠长法统或强大实力的国家，而阿萨辛派不过是一个宗教组织，充其量是啸聚山林的武装团伙，但说起来，最令蒙哥忌惮的，恰恰就是这群人。阿萨辛派为何有如此强大的威慑力，能令保有四海的蒙古大汗心神不宁？这需要从头说起。

伊斯兰教大体分为逊尼、什叶两大派别，每个派别内部又逐级细分为若干支派，据《多桑蒙古史》记载，共有73派之多，阿萨辛派是其中之一，由什叶派中分化而出。什叶派本就是少数派，他们遵奉穆罕默德的女婿阿里为先知的正统继承人"伊玛目"，拒绝承认阿里之前的三位哈里发，以及阿里之后的倭马亚王朝。而阿萨辛派又源出于什叶派的一个激进的少数派别七伊玛目派（什叶派的主流为十二伊玛目派）。该教派只承认从阿里算起的七代伊玛目具有神性，第七代伊玛目名为伊斯玛仪，因此七伊玛目派又称为伊斯玛仪派。这个派别崇拜数字七，认为七是天数，并由此认为，七代之后当有一个新的轮回，一种新的宗教将诞生，革新甚至取代旧教。他们还援引宗教典籍，考证认为，创世纪以来这样的轮回已发生过六次，第一次的创教者是亚当，第二次创立新教取代前者的是诺亚，第三次是亚伯拉罕，第四次是摩西，第五次是耶稣，第六次就是穆罕默德。这是一个聪明的设计，不但把历代古圣先贤都纳入自己的体系，使自己的教义看起来无比权威，同时用"轮回创教"说，留了一个开放性的尾巴：既然前面已有了六次，便必有第七次，那么将膺此重任除旧布新者为谁？这指向性应该很明显了，当然就是宣扬这种学说者自己了。问题在于，这样的阐释无疑是离经叛道的，穆罕默德强调过自己是最后的先知、真主的使者，在他之后不再有秉承天启者降世。因此，七伊玛目派被伊斯兰教其他派别视为异端。

该教派流行于八九世纪之间，当时西亚的阿拔斯王朝（信奉逊尼派）实力鼎盛，什叶派处于被动地位，而七伊玛目派更由于其学说中潜藏的不安定因素，被阿拔斯王朝重点打压，继而转入地下，于是该教派变得更加神秘乖戾。968年，什叶派在北非建立的法蒂玛王朝攻占埃及，雄踞一方，什叶派总算有了后台。为了抗衡占主流地位的逊尼派，法蒂玛王朝的哈里发们也积极输出，派遣了包括七伊玛目派在内的什叶派学者秘密潜回波斯，传道授业，发动群众。到了11世纪末，这些传教者中终于崛起了一位强人，他就是未来阿萨辛派的创派祖师，"山中老人"哈桑·伊本·萨巴赫。

山中老人又是一个因金庸小说而知名度飙升的名字（金庸《倚天屠龙记》中将"哈桑"写作"霍山"，"伊斯玛仪派"写作"依斯美良派"）。他刚出道的时候还不太老，出生在波斯，从籍贯上算则是也门人。哈桑自幼接受良好的文化教育，精通天文、数学、草药学，据说还会"邪术"（大概是指催眠之类的心理控制术）。哈桑信奉七伊玛目派的学说，后来四海游历，在以什叶派立国的埃及找到组织，投效了法蒂玛王朝，11世纪末被派回波斯发展信众。

哈桑学识渊博，辩才出众，又守戒严谨，以身作则。此外，他还很懂自神之术，他为自己杜撰了光鲜的家谱，自称是伊斯兰教创立之前就统治也门的古国希木叶尔王朝的后裔，神秘又显赫的身家背景让他更显得超凡脱俗。于是，许多信众附其骥尾，几年之间势力已很庞大。1090年9月，哈桑指挥信徒攻打位于里海西南岸低廉地区（Deilem，冯承钧译作"低廉"）的塞尔柱帝国总督，从其手中夺取了要塞阿拉穆特。该城堡位于"群峦交错、鹰隼绕行"的高山之上，地势无比险要，"阿拉穆特"一词在当地语言中就是"鹰巢"之意。有了这个立身之处，哈桑的势力可以辐射控制周边地区，成了事实上的独立王国。1094年，哈桑效忠的哈里发穆斯坦绥尔去世，在拥立继承人时，哈桑站错了队，结果被新上台的哈里发及其派系记恨，再也回不了埃及。他索性就在鹰巢中关起门来自成一统，此后哈桑终身没有下过山，据说他甚至连房门都不出，在近30年的余生之中，只出屋晒过两次太阳。

但这个超级宅男能如臂使指一般控制他的宗教王国，并且让周边各势力都噤若寒蝉，是因为他拥有一支超强的杀手队伍。哈桑培养杀手的手段，堪称史上第一。他挑选体质优良、心智纯朴的六七岁男童带回鹰巢，不但用最严酷的手法教授他们技击搏杀以及投毒的技巧，还日夜灌输七伊玛目派教义，为男童洗脑，哈桑着重强调"殉教者上天堂"，为众弟子描述天堂的种种美妙难言。

这些言词并不是凭空捏造，而是有切实的蓝本。在阿拉穆特后山一处风景秀丽的秘密峡谷中，哈桑建造了这样一座天堂。那是一座豪华园林，遍植各类甜美瓜果奇花异草，修建着富丽堂皇的亭台楼阁，饰以黄金器物、丝绸幔帐、精美家具、绘画、地毯，园林里的小溪中流淌的不是水，而是醇酒、牛奶和蜂蜜。天堂里还居住着无数绝色美女，身着华丽衣裙，仙乐飘飘，舞姿曼妙。

哈桑修建这样的人间乐土不是想自己享用，而要把这里作为培养冷血杀手的训练营。每当亲手调教的一批孩童成年，他便挑选其中可堪大用者，在他们的饮食中加入大麻，待他们半醉半醒时，命人将其抬到后山的秘密花园中。这群小子醒来，发现已经置身于哈桑无数次为他们讲述的天堂之中，周遭景物与哈桑描述的分毫不差。大麻的刺激还未散去，美女们就已经走上前来，温柔备至，红酥手，黄縢酒，满城春色。血气方刚的小伙子们此前都在刻苦训练，哪见过这阵势，瞬间被俘虏。

如此醉生梦死四五天后，这些少男再度被麻翻，抬回哈桑面前。当他们醒来，惊觉已经从天堂坠回尘世，顿时慌张茫然，只想返回那个温柔之乡。此时，哈桑就会告诉他们，是自己让他们品尝了天堂的滋味，现在只要去执行某项杀人任务，事成后无论生死，自己都会令他们重返天堂，并且永远在那里定居。

这样的条件足以让人舍生忘死。哈桑的弟子们奉命下山，他们"视死如归"，甚至只求速死，再加上武艺高强，出手狠辣，因此几乎例不虚发。11—12世纪，死在他们手下的近东各国军政要人不计其数。十字军方面，有的黎波里伯国的第四代君主雷蒙二世、耶路撒冷挂名国王康拉德；什叶派方面，有法蒂玛王朝第十代哈里发阿米尔；逊尼派方面，有巴格达阿拔斯王朝哈里发穆斯塔尔希德；突厥人方面，有大塞尔柱帝国苏丹马利克沙的首相波斯籍大政治家尼扎姆·穆勒克（即金庸《倚天屠龙记》中提到的尼若牟）。大仲马的小说《基督山伯爵》还提到，他们曾试图刺杀法国名王腓力二世，此事并不见诸正史，不过他们倒确曾向腓力的对手萨拉丁下过手，只是两次都没能成功，但这样的失手记录实在是罕见至极。

杀手行事之前会服下麻醉药物，该草药在阿拉伯语中称作"哈萨辛"（Hasisins），后来被欧洲人误读成"阿萨辛"（Assassin），哈桑的教派也就被称为阿萨辛派，英文中的"暗杀"一词"Assassinate"就来源于此。可见，阿萨辛派堪称对暗杀行动享有命名权的杀手之王。

凭借无孔不入、无往不利的杀手团队，中亚人都畏惧哈桑及其教派，各地的君主都曾试图剿除他们，但要么在险要的鹰巢面前不逼而退，要么突然遭到阿萨辛杀手袭击，横死军中。

提携过摩诃末家族的塞尔柱苏丹桑扎尔曾组织大军围困鹰巢，哈桑遣使求和，桑扎尔不许。结果，次日一早他醒来时，忽然发现帐中地面上插着一把匕首，再看枕边，一张纸条上写道："设吾人对陛下不怀善意，则地下所插之匕首将插于陛下之胸膛也。"桑扎尔呆坐半晌，冷汗涔涔，解围撤军，再不敢言围剿阿萨辛之事。此后，其他各地领主更无人敢捋虎须。1124年，哈桑去世，他的后人继续经营他留下的王牌杀手组织，并且越做越大。哈桑之后的历代阿萨辛首领都称"山中老人"，他们在鹰巢之外又修建了数十座类似的堡垒，分舵也从波斯一直开到了叙利亚。

蒙古西征，不可避免地影响了阿萨辛的势力。当年蒙哥驻兵于伊朗东部的锡斯坦，地近阿萨辛总部鹰巢，他召见臣服于蒙古的当地权贵，却见这些人都身披重甲，问其故，答曰为了防备阿萨辛的刺客。蒙哥顿时大怒，决定实施反恐行动，结果阿萨辛先下手为强，派了400名杀手行刺蒙哥。幸亏蒙古大汗的安保防范措施十分严密，杀手们没有得手，不过如此一来蒙哥也颇心惊肉跳，此后锁子甲不敢离身。后来蒙哥回到蒙古本土，还经常"梦觉心尚寒"，因此这一回旭烈兀西征，蒙哥给他的第一个命令就是务必扫除阿萨辛恐怖组织。

再说旭烈兀。他是黄金家族第三代的佼佼者，当年曾参加长子西征，在匈牙利战场协助拔都，颇建功勋。1253年，他的大军整饬完毕，启程西征。一开始，他带领的本部人马只有2万左右，先锋官怯的不花率1.2万人先行，旭烈兀本人带领余众跟在后头。但进入西域之后，蒙古在当地的总督、各臣属国，以及察合台、钦察等系的宗王都派军助战，西征部队滚雪球般越滚越大，最后人数超过10万。众多前来投效的文武官员中还包括一位书记官，他就是后来的《世界征服者史》作者志费尼。

对旭烈兀来说，这趟征途起初无比惬意，有了此前的数代经营，特别是绰儿马罕巩固西征成果之后，中亚已是蒙古人的天下，所到之处食物、酒水、马匹等军需供应早已准备齐全，各地官员对大汗亲弟更是极尽殷勤。旭烈兀只需要吃喝玩乐，完全是钦差大臣的派头，他还曾在阿姆河畔林中乘着酒意骑驼射虎，好不潇洒。

直到1255年，西征大军进抵里海南岸，接近了阿萨辛的势力范围，此时气氛总算有点紧张起来。阿萨辛是旭烈兀西征的第一个目标，志在必得。他知道这个组织依仗的是来去无踪的杀手和易守难攻的堡垒，尤其针对他们的堡垒，旭烈兀准备了当时世界上的头号高科技武器——火药。旭烈兀的火器称为naphte，是一种装火药的瓶罐，可用抛射装置发射，也可用手投掷，触地会爆炸，相当于最早的手榴弹。此外，还有大批弩炮、抛石机、火箭、石油喷射筒等，旭烈兀还从中原调集了一支千人规模的汉人工匠队伍，善于制造各种攻城器械，也善于拆除各种防御工事。

对阿萨辛来说，最可怕的不是旭烈兀的高科技部队，而是以往牢不可破的鹰巢此刻已从内部出现裂痕。1255年时，统领阿萨辛的山中老人是哈桑的第六代传人，阿拉丁·穆罕默德。此人行事癫狂，不可理喻。他毫不在意蒙古来犯，派出儿子鲁坤丁领兵应敌，结果在锡斯坦一战，5万人被蒙古人全歼。这一仗蒙古方面的将领值得一提，他是个汉人，姓郭，名侃，字仲和，家族本是金朝武将，从其祖父郭宝玉一代改事蒙古。郭侃"弱冠为百户，鸷勇有谋略"，很得旭烈兀看重。有人认为，郭宝玉、郭侃祖孙是《射雕英雄传》的主角郭靖的原型，但郭侃的祖上比郭靖可要显赫多了，郭靖是梁山草寇"赛仁贵"郭盛后人，而根据《元史》记载，郭侃家族是"唐中书令（郭）子仪之裔也"。

再说鲁坤丁。见识了蒙古军威，知道己方万不是对手，于是鲁坤丁筹划投降，并与蒙古方面取得了联系。但他那个精神错乱又专权的老爸是个障碍，鲁坤丁便谋划取而代之。哈桑掌权时，阿萨辛派戒律精严，滴酒不沾，他曾亲手将嗜酒的儿子杖毙。但历经100多年，崇高的权威使他的后人腐化堕落，阿拉丁嗜酒，这给了儿子算计他的机会。1255年12月27日，当阿拉丁又一次酩酊大醉，一群杀手潜入他的居所了结了这个杀手之王。随后鲁坤丁继位，派其弟沙罕沙去见旭烈兀，请求投降。

旭烈兀准其投降，开出的条件是拆毁鹰巢，鲁坤丁亲自下山来降。可是在鹰巢之中，鲁坤丁并无力掌握全局，许多守旧派不同意这样的投降条款，加上鲁坤丁本人也对亲自请降的要求十分踟躇，谈判一再拖延。旭烈兀不免对他的诚意有些怀疑，各种攻城的器械都大老远带来了，总得让它们发挥一下威力才好。1256年11月，旭烈兀下令，强攻鹰巢。

13世纪最强杀手与最强军人之间的战斗打响了，当时的场面，有亲历者志费尼的精彩描述如下：

> 次日，当夜盖从大地熔炉上揭开，饼一样的太阳圆盘从黑暗的腹中吐出，这时国王（指旭烈兀）命令他的侍卫爬上绝峰之巅，在那里扎下御帐。同时该堡的守军……开始交战，他们竖起抛石机的架子，发射一排猛烈的石头。在这一边，年轻的士兵……在矢石面前毫不退缩。箭矢，这是死神发射的致命之矛，飞向那些歹徒，像电子穿过筛状云层那样飞行。当太阳收回面前的影盾时，他们停止战斗，但在第四天，这是他们的生死关头，也是真理的证据得到明确之时，当天刚破晓时，呼啸和呐喊声四起……弓弩从城头上射出飞矢，同时，契丹人（指汉人）制造的射程为二千五百步

的"斗弩"就被用来射击那些蠢货，在妖魔般的异教徒（指阿萨辛派）中，许多士兵为那疾若流星的箭杆烧伤，从城堡上，石头也如树叶一样倾落。那天尝到蒙古人的军威之后，他们停止战斗，城堡的守军在激战之后叩打和平之门。然后鲁坤丁差一名使者致以如下内容之信函："因为我不知道陛下（指旭烈兀）到来，所以我迄今避而不出，军队现将停止战斗，今天或明天我愿出堡。"（《世界征服者史·第三卷第七章》）

你有神功，我有科学。从志费尼的描述中不难看出，阿萨辛的刺杀技术实在不是蒙古人的热兵器的对手。

11月20日，躲不过去的末代山中老人鲁坤丁终于亲来乞降，旭烈兀接受了他的投降。据说还对他格外优待，甚至当他看上了营中的一个蒙古侍女时，旭烈兀当即大方地拱手送出。

不过，对于阿拉穆特城堡这个眼中钉，旭烈兀毫不客气地予以拔除。他派出拆迁队上山动工，鹰巢被夷为平地。据志费尼说，在拆除过程中，他们发现了山中老人贮藏酒和蜜的巨池，有人试图蹚过蜜池，结果险些被蜜水淹没，阿萨辛百年经营的规模可见一斑。至于哈桑秘密花园里那些天堂美女则没有人提及，她们的命运已无从了解。

随后，旭烈兀斩草除根，大肆杀戮阿萨辛派的残余信众，其他七伊玛目派的教徒也遭池鱼之殃，被成批处死。

最后要交代的是鲁坤丁的个人结局。好景不长，他在获得旭烈兀的优待后，有些自我感觉良好，又去朝见蒙哥，结果蒙古大汗对这个一度把自己吓得不轻的恐怖组织头目全无好感，半道就将他打发回去，紧接着又派人追上来将鲁坤丁和他的从人尽数杀死。

至此，威慑西亚100余年的暗杀教派阿萨辛被当时世界上最强大的军事力量瓦解，这一次，明枪战胜了暗箭。

按

阿萨辛派在《元史》中写作"木剌夷"，这是根据阿拉伯语的音译，意为"迷途者"，伊斯兰世界以此称呼阿萨辛信徒。攻打阿拉穆特之役，《元史》中称是由郭侃指挥的，《多桑蒙古史》中写作"忽和亦勒合"（Gouga-ilga），冯承钧在注释中疑此人即是郭侃。关于鲁坤丁之死，有人认为是旭烈兀授意杀他。志费尼的《世界征服者史》原文，常在叙述中间插入大段的《古兰经》经文或圣训以及宗教典故，颇费解释，限于篇幅，本章节引用的段落中将这部分文字略去，有兴趣者可参看原文。

18

马踏巴格达

雕弓响处，鹰巢坠地。举手之间剿灭了百余年来令人谈之色变的恐怖组织阿萨辛，旭烈兀更加踌躇满志，拔剑四顾之际，一眼就瞭见了珠光宝气的巴格达。

巴格达的豪富，蒙古人素有所闻。当年第一次西征时，成吉思汗因为玉龙杰赤事件对术赤等三个儿子大发脾气，后来手下劝他让王子们戴罪立功，去抢劫巴格达的财宝，成吉思汗这才转怒为喜。不过，稍后他就把目标转向阿富汗，巴格达的危机暂时得以推迟。现在则不同，西亚、中亚都已陷于蒙古人之手，没有谁能替哈里发挡刀了，况且在蒙哥的征服名单上，巴格达也赫然在列，这一次终于躲不过了。

在攻打阿拉穆特期间，驻守阿塞拜疆的蒙古总督拜住（不是后来元英宗时代的宰相拜住）赶来会师，蒙古军声势愈盛。旭烈兀底气更足，他此前曾邀巴格达哈里发一起出兵对付阿萨辛，对方没有回应，现在他以此见责，要求巴格达投降。

巴格达的阿拔斯王朝崛起于8世纪中叶，至此已历500余年，但真正的黄金时期并不长久，如菲利普·希提在《阿拉伯通史》中所说，"他们以惊人的速度征服文明世界，如果有什么能与这种速度相比，那就是他们衰落的速度"。在10世纪初，哈里发的势力范围已很难超出巴格达一城，此时更已今非昔比，只是凭着宗教的号召力勉力维持。蒙古人到来时，巴格达城的主人是阿拔斯王朝的第36任哈里发，穆斯台绥木，这个名字的意思是"坚持天道者"。可惜累世积弱，国小力衰，他已经什么也坚持不下去了。

不过，自从10世纪突厥雇佣兵做大，阿拔斯家族的哈里发就摸索练就了一套以柔克刚的功夫。他们以神权的名义，授予那些强横的蛮族将领以合法权力，让出一部分世俗统治权，以此换取他们保护哈里发的尊位，保存实力，养身待时。等那些蛮人搞出乱子，力量衰弱（这是迟早的事），再翻身以宗教领袖的身份收拾局面。如此操作，虽然不能大权独揽，却总可以保住世袭尊荣的代代传承。阿拔斯家族用这样的策略，先后耗死了突厥人的布威王朝和塞尔柱王朝。穆斯台绥木觉得蒙古人和突厥人都是头脑简单的蛮人，应该没什么不同，于是又想故技重施。哈里发派出使者去旭烈兀处商谈和议，并且在谋臣的建议下，穆斯台绥木特地让使者仅带了少量礼物，"以免显得害怕"，同时他还打算软硬兼施，给旭烈兀写了一封恫吓意味十足的书信："你这个年轻人啊，刚刚得志十日就自以为世界之主，你所要求的都是你不可能得到的，你不知道吗，从东方到马格里布（西北非），从帝王到乞丐，信奉真主者皆为我的臣仆，我可以将他们召集起来，所以你最好遵守和平退回呼罗珊。"

这样答复入侵者固然很解气，但说这种话是需要实力的，而且穆斯台绥木忽略了蒙古人与以前的突厥人最大的不同——他们不是穆斯林。蒙古人根本体会不到哈里发家族的"神圣性"，在旭烈兀看来，巴格达不过是一座金矿而已。旭烈兀答复来使，他要的不是议和，而是投降，否则就开战没商量。他命人起草了一封措辞强硬的最后通牒，作为给哈里发的复函：

> 你们知道，自成吉思汗以来，蒙古军队给世界带来了怎样的命运，秉承天意，花剌子模等王朝遭受了怎样的屈辱！然而巴格达的大门从未对（花剌子模、塞尔柱的）苏丹们关闭过，他们都在巴格达建立过他们的统治。而我们拥有强大的力量，（你）怎么能够拒绝我们进入巴格达呢？当心，不要以武力反对军旗！（拉施特《史集》，转引自格鲁塞《草原帝国》）

哈里发得到蒙古人的反馈之后，还是虚与委蛇，结果旭烈兀的条件再次加码，他不但要哈里发投降，还要求他拆掉巴格达的城墙。眼见局势恶化，哈里发只好搬出超自然力量作为精神武器，他写信警告旭烈兀攻打巴格达的严重后果："全宇宙就要陷入紊乱，太阳就不再露面，雨水就要停止，草木就不再生长。"

其实对文化素养不高的蒙古人来说，这样的迷信宣传本该起效，但偏偏旭烈兀很了解西亚的历史，他知道巴格达曾被突厥人攻打过不止一次，宇宙要是这么容易紊乱，早就不知紊乱多少回了。哈里发的欺人之谈正透露出他内心的恐惧，此时不打，更待何时？

这些徒劳的书信往来，都发生在1257年秋天。11月，旭烈兀大军南下巴格达，一路势如破竹。12月，在巴格达以北的底格里斯河上游，蒙古军被1.2万名巴格达军拦住了去路。由于是背水一战，阿拉伯军死战不退，蒙古军的先锋拜住一时也难以占到上风，但战事僵持之际，阿拉伯人在军事素养上的劣势再度暴露出来。他们是在家门口作战，反倒被对方看出底格里斯河之水可资利用。拜住派人秘密潜往上游掘开河堤，驻扎在低平地带的阿拉伯军营被大水淹没，仅有将官幸免，巴格达最后的抵抗力量全部付诸东流。

1258年1月，蒙古全军兵临城下，将巴格达团团围住。旭烈兀还派人渡过底格里斯河，在河道设置障碍，防止哈里发从水路逃生。1月30日，总攻开始。四面八方飞来的炮石箭镞将巴格达笼罩在密不透风的火力网中，狂轰滥炸持续了十几天，城墙坍塌，守军死光，穆斯台绥木想象中的"从东方到马格里布的臣仆"没一个赶来勤王。到了2月10日，哈里发终于顶不住，率领3000名宗族官吏随员前来投降。

接下来巴格达城的命运，不问可知。旭烈兀纵兵屠城，蒙古人烧杀抢掠，整整17天。格鲁塞《草原帝国》中称，被杀戮者大约9万，而有的估算数字则10倍于此。其中有一个细节，郭侃所部在东城纵火焚烧一座宫殿，该殿通体由檀香木修成，结果被火之际，香气扑鼻，闻于百里。或许黄巢憧憬的"冲天香阵透长安"就是这样的意境，如此充斥着暴力美感的画面，也正符合《一千零一夜》中的梦幻城市毁灭之际的凄美。

作为顽抗到底的反面典型，穆斯台绥木的下场自然也只能是死路一条。一种说法称，旭烈兀占领巴格达后，发现了哈里发的庞大金库，惊叹不已，便指责穆斯台绥木贪财愚蠢，坐拥着金山却不知用这些钱财征兵备战，保家卫国。于是他下令将穆斯台绥木关在满是金银财宝的仓库里，断绝饮食，让他守着宝藏活活饿死。这个带有明显的劝世意味的故事，最初出现在一些波斯史家的笔记之中，后来被道听途说的意大利旅人马可·波罗收录在他那本著名的游记里，并借由该书广为流传。但事实上，穆斯台绥木并没有死得这么有教育意义，旭烈兀确实为他选择了一种别致的死法，不过要惨烈得多。

纳忠的《阿拉伯通史》中记载，穆斯台绥木虽然投降，但已做好了迎接死亡的准备。据说他面对旭烈兀时还表现得颇有帝王气象，"毫无惧色，仅要求死前沐浴更衣"，旭烈兀命手下亲兵将他带下去暂且看押，穆斯台绥木却来了劲，严词决绝"来自地狱的恶魔"与他偕行。大概旭烈兀也有些"壮之"，于是命人将穆斯台绥木以及他的儿子、亲随共5人，一起裹进一张地毯里，投到巴格达附近的瓦迦夫村外，然后调集了一大群战马，驱赶起来反复数次踩踏，毯子里的哈里发一家终于零落成泥碾作尘。地毯是西亚引以为豪的标志性手工产品，最终也成了享国逾500年的阿拔斯王朝末代君主仅有的殉葬品。

穆斯台绥木死于1258年2月20日。此后3年中，巴格达城没有哈里发，清真寺中也没有人以他的名义祈祷，这种不寻常的情况，自穆罕默德以来，是史无前例的。

19

止步

巴格达远不是西征的终点，和他的祖父、父亲、兄长一样，旭烈兀对大地尽头神秘的"最后的海洋"也充满好奇，颇有兴趣去一探究竟。因此，毁灭了阿拔斯王朝之后，他北上阿塞拜疆稍事休息，又继续挥军西进，一头撞进了近两百年来世界上最纷乱的地方——叙利亚。

这里是基督和伊斯兰两大宗教的交汇之地，两大阵营下又分为若干小股势力，盘根错节。当时，基督教的势力已明显处于下风，无论是代表罗马教廷的十字军国家，还是信奉东正教的拜占庭，势力范围都大幅萎缩。在这种形势下，尽管欧洲人对十余年前波兰、匈牙利教友们的惨痛遭遇还记忆犹新，但潜意识里仍把蒙古人的到来看成改写近东格局的机会，希望这股灾难性的破坏力量更多地落在"异教徒"身上。

事实上，欧洲的基督教会早已不止一次尝试向蒙古人伸出橄榄枝。几年前罗马教皇英诺森四世曾写信给蒙古大汗，对他们在欧洲实施的杀戮破坏做了措辞谨慎的批评，提议与蒙古人实现和平，并劝他们皈依基督教。当时正值贵由在位，这位一向自我感觉良好的可汗将教廷的示好理解为投降，同时又觉得这封"降书顺表"不够诚恳，于是命人起草了一封十分有趣的复函：

> 天主之气力，全人类之皇帝，极其明确真诚地致书大教皇：
>
> 你等会议，你教皇及全体基督徒愿与吾人讲和，并遣来使臣。此点业经来使奏闻，信札中亦有申述。你等若希望与我们讲和，为缔结和平事，你教皇及诸王公显贵应毫不迟疑地前来觐见我。届时将会听见我们的答复和要求。你在来信中称，我们应该领洗，成为基督教徒，我对此仅给以简单之回答：我们不解，为何我们必须如此。再者，你在来信中称：许多人，

特别是基督徒，其中尤其是波兰人、摩拉维亚人和匈牙利人惨遭杀戮，你们对此深感惊骇。我们对此亦给以同样之回答：我们对你等的话亦不解。然而，对下述问题，我们认为无论如何不能缄默不言，必须予以答复。你们说，由于成吉思汗与汗（当指窝阔台）不服从天主之命，不听从天主之教训，召开大会，杀害使臣，故天主决定殄灭他们，把他们交到你们手里。其实，倘若不是天主所使，凡人如何能这样处置他人呢？你们认为，只有你们西方人是基督徒，并且蔑视他人。但你们怎样知道天主究竟将加恩于谁人乎？我们崇拜天主，仰承天主之力气，从东到西，摧毁了整个大陆。若不是因为天主之力气，人类又能有何作为？倘若你们渴望和平，希望把你们之幸福托付给我们，你教皇应该立即亲率诸基督教显贵前来朝见，缔结和平，谨在此时我们才能知道，你们确实渴望与吾人讲和。倘若你不遵从天主及我等之命令，不接受来此朝见之谕旨，届时我们将认为你们决意与我们为敌。彼时将如何，我们不知，天主知之也。

具名　某年月日

上述贵由答复罗马教皇的信函载于法国东方学家伯希和所撰《蒙古与教廷》一书，中译本由冯承钧根据拉丁语版本译出，同书中还有根据"回回语"译出的另一版本，语意大同小异，只是口吻更显牛气，抬头就是"大民族全体的海内汗圣旨，圣旨交与大教皇知悉"。现在还不能确定，信函中所谓"天主"云云，指的是蒙古人传统信仰里的长生天，还是他们通过基督教分支聂斯托利派（景教，不少蒙古贵人信奉该教派）了解到的基督教语境中的"天主上帝"。不过，即令此"天主"就是彼"天主"，蒙古大汗对教廷也没有什么香火之情，贵由的言辞已经表现得非常明显。东方的统治者们根本不能理解欧洲君权神授的模式，也不会买账，教皇在他眼里不过是"狄夷酋长"罢了，不投降就打。

虽然有过这样不快的碰壁经历，但面对来势汹汹的旭烈兀，欧洲基督教世界还是打算为了和平再做一次尝试。当听说这次的蒙古西征军矛头指向的是阿拉伯人时，巴勒斯坦以及欧洲的基督徒们更是欣欣鼓舞，本着"敌人的敌人是我的朋友"的原则，他们迫切地希望与可怕的蒙古人联手，对付更为不共戴天的宿敌，穆斯林。

此一时彼一时，当基督教世界再次示好蒙古人时，得到了热切的回应。这是因为此时的蒙古大汗蒙哥以及旭烈兀有一个信仰聂斯托利派的基督徒母亲。果然，这一层关系发挥了作用。蒙古本部方面，罗马教皇派去的特使卢布鲁克虽没能说服蒙哥皈依十字架，但得到了蒙古大汗的礼待，与后来成为蒙古国师的西藏大喇嘛八思巴法王、丘处机的弟子李志常等人一道作为蒙哥的座上嘉宾。西亚战场方面，许多基督教国家领主主动联系旭烈兀，派兵从征。最积极的当属深陷穆斯林重围的亚美尼亚，他们提供了2万仆从军，由其国王海顿亲自率领，军前听用，他的亲家安条克公爵博希蒙德六世也有样学样，以诚恳的卑辞厚礼向蒙古人表示臣服。旭烈兀先诛灭了恐怖大亨山中老人，接着又一举端了哈里发的老巢巴格达，战功哄传于基督教世界，西亚的基督徒纷纷前来投效，加上蒙古阵营原有的主将怯的不花等聂斯托利派信徒，基督徒在旭烈兀军中已占到相当比例，因此甚至有人将这一次的蒙古西征军称为"蒙古十字军"。

旭烈兀本人算是个佛教徒，最崇拜弥勒佛，但他的母亲、妻子、爱将都是基督徒，而佛教对其他宗教又没有太强的排斥性，因此他对基督教也怀有好感。在进军叙利亚的过程中，当地的基督徒和穆斯林受到了明显的区别对待。一位名叫卡米勒的穆斯林领主杀死了持有蒙古人证件的基督教牧师，结果被旭烈兀抓住虐杀后砍头，传首叙利亚诸城，而类似的事情几乎从没发生在基督徒身上。

1260年1月，在亚美尼亚和安条克仆从军的配合下，旭烈兀进攻叙利亚北部重镇阿勒颇。围攻7天后破城，之后他又下令屠杀7天作为补偿，死者逾10万，几乎全是穆斯林，城中的基督徒都得到了明令保护。抢掠完毕，旭烈兀又把这座残破的城市赏给了博希蒙德六世。3月，旭烈兀围攻叙利亚首府大马士革，阿尤布王朝任命的叙利亚苏丹纳昔尔早就向他投降，此刻携带全家逃亡埃及。由于大马士革城不战而降，怯的不花率蒙古先锋队进城后没有杀戮民众，但对他们颇加折辱。这位蒙古基督徒强迫穆斯林民众向十字架鞠躬，并在倭马亚大清真寺里驰马纵酒。据守大马士革城堡没有在第一时间投诚的守军们，后来献降之后仍被杀光，指挥官被怯的不花亲自枭首。

蒙古人蹂躏叙利亚，基督国家的军队跟在后面，捡到了不少残羹冷炙，旭烈兀还曾答应，彻底征服穆斯林诸国之后，会帮他们取得魂牵梦萦的圣城耶路撒冷。但旭烈兀对基督徒的优待也是有限度的，他曾派郭侃渡海西征，进攻富浪（即塞浦路斯岛）。当时塞浦路斯正是基督徒的地盘，从中文史籍中对该岛的称谓就可看出，"富浪"即"法兰克"之音译。郭侃上岛之后，领主立即来降，总算免于屠戮。算起来，这大概是古代汉人将领征程所及的最远之处了。

巴格达沦陷，叙利亚残破，小亚细亚等地的塞尔柱人国家望风而降，伊斯兰世界此时已到了生死攸关的时刻，他们唯一的指望就只剩下刚刚在埃及从萨拉丁后裔手中夺权自立的马木留克王朝。

蒙古人扫荡近东的时候，马木留克王朝正值年幼的第三代苏丹曼苏尔·阿里在位，大将穆扎法尔·赛福丁·古突兹实掌大权。对叙利亚方面的局势，马木留克人保持着高度关注。1258年，一向与马木留克敌对的叙利亚苏丹纳昔尔送来十万火急的求救信，提醒马木留克人，蒙古的征伐很快就将波及近东。古突兹虽然没有出兵，但也提高了警惕，秣马厉兵以备来敌。1260年，蒙古人在叙利亚大开杀戒，纳昔尔不战而逃，古突兹知道，马上就轮到埃及了。不过，时局危难也带给了他一个机会。国赖长君，现在的生死关头，这个理由格外有说服力，对付蒙古人之前，古突兹先废掉了14岁的傀儡苏丹阿里，自己坐上王朝头把交椅。在这样的情势下，埃及朝野没有任何人表示异议。

果然不出古突兹所料，不久之后，旭烈兀派遣（一说怯的不花派遣）的招降使者就出现在开罗，蒙古人的最后通牒还是老一套：投降免死，不投降就请备战。当时已经吓破胆的埃及朝臣之中，颇有人希望"求和"。争执不下之际，随纳昔尔流亡埃及的一位叙利亚旧臣说，旭烈兀素无信用，鲁坤丁、穆斯台绥木，以及不少叙利亚领主都曾得到过"投降免死"的保证，但最终都被杀害，因此无论投降与否，终究难逃一死，不如不降。

这个表态起了决定性作用，埃及人表示退无可退，于是主战之声又占了上风。古突兹刚刚当上苏丹，本就不甘于这么快向别人屈膝称臣，此刻眼见众意可用，就宣布："如此吾人作战可也。无论胜负，吾人已尽职责，回教民族不能以怯懦责吾人也。"（《多桑蒙古史》）

言罢，古突兹命人斩了蒙古来使，以此决绝态度表示，要与蒙古拼个你死我活。稍后，与古突兹素有嫌隙的马木留克名将拜巴尔自叙利亚归来，大敌当前，他准备与古突兹携手抗敌。拜巴尔勇冠三军，他的归来让马木留克军士气大振，古突兹与拜巴尔集结了12万大军，准备与蒙古人拼死一搏。发兵之前，古突兹又对逡巡畏战之辈慷慨陈词：想作战的跟我走，不想去的可以留下，但留下的人，我们的妇女若沦为异族奴隶，就是你们的罪责！一席话说得马木留克军个个热血沸腾，再无犹疑者。

另一方面，旭烈兀得知马木留克王朝斩使拒降，也调兵遣将，从叙利亚南下，准备与之一较高低。蒙古人已经占领了埃及的门户加沙，先头部队开过了西奈半岛。

在出师西征之前，蒙哥给旭烈兀的命令就包括征服埃及。现在，蒙古人距离这个目标仅仅一步之遥，如果他们能继续前进，这将是来自东亚的军队历史上第一次踏足非洲，而如果他们能够战胜，那历史上将出现第一个由东亚民族建立的地跨亚非欧三洲的世界性大帝国。此时，旭烈兀已经站在了创造历史的门槛上。

幸与不幸的是，这一步，他终究没能迈过去。1259年，蒙哥汗亲统大军进攻南宋合州钓鱼城，结果久攻不下，8月11日，蒙哥死于城下。此后，蒙古本部为了争夺汗位继承权，已经乱作一团。1260年，正在蒙古西征军与马木留克军的大战一触即发之际，丧报传到军前，旭烈兀闻之，也觉心乱如麻。比起扬威万里绝域的荣耀，蒙古故乡那把大汗的宝座对他有着更大的吸引力。权衡之下，旭烈兀终于决定带着大军，东归问鼎。

其时已是1260年7月，旭烈兀走前，把头号爱将怯的不花留下来经略叙利亚战场，但主力都被抽走，怯的不花手上只剩了2万人（一说1万人），已不足以对埃及发动攻势，只能撤回叙利亚，转为防守。

天助马木留克。得到了这个超级利好消息之后，古突兹又趁热打铁展开外交攻势，他派使者分赴巴勒斯坦的阿克、安条克等十字军据点，威胁他们不得援助蒙古人。这些十字军国家现在已经衰弱不堪，虽然旭烈兀曾经待他们不薄，但此刻蒙古人显然已经罩不住巴勒斯坦，所以万不敢得罪古突兹，再加上罗马教廷的态度忽然变左，称聂斯托利派的蒙古人是异端分子，要求在近东的十字军国家与之划清界限，于是这些基督徒见风转舵，都表示一定会"严守中立"。

剪除了蒙古人潜在的帮手，马木留克军开始行动。7月26日，拜巴尔率先锋队袭击加沙，全歼了此地的蒙古守军，打通埃及通向叙利亚的门户，随后古突兹率主力全线出击。怯的不花知道加沙失守，也没有选择坐守大马士革，这位蒙古的百战悍将虽然明知兵力远处下风，还是统率人马迎头进击，去会古突兹。

9月3日，两军对垒。会战之地名叫阿音札鲁特，就是这个不起眼的小村，决定了世界历史未来的走向。会战开始，蒙古军骁勇自不必说，马木留克军也多是久经训练的职业军人，弓箭马刀，十分了得，正是蒙古人的劲敌。双方杀得难解难分，怯的不花驰马陷阵，勇不可当，另一边拜巴尔也是身先士卒，古突兹在第一线指挥，几次看见己方败退，他摘下头盔掷于地上，高呼"必胜！必胜！"

战事一度胶着，双方的优势场面都是旋得旋失，但毕竟蒙古人以2万敌10万，寡众悬殊，终于不支。部下劝怯的不花收兵，这位悍将知道败局已定，告诉部下说自己耻为败将，决意殉职，让他们突围去将自己这份孤忠之志报于旭烈兀。随后他又纵马冲入敌阵，犹如狮子，最终马匹受伤倒地，围拢上来的马木留克兵将其生擒。

主将被俘，蒙古残兵也军无斗志，或死或擒。阿音札鲁特战役落幕，伊斯兰世界终于赢得了事关生死的绝地反击战。古突兹跪地感谢真主之佑助，怯的不花被押解到他面前，他以胜利者的口吻讥嘲："你也有今天？"死志已坚的蒙古统帅则淡然答道："不必张狂，旭烈兀回来会为我报仇。"

话不投机，古突兹处斩怯的不花，怯的不花求仁得仁，可谓无憾。但如果他死后有知，或许难以瞑目，因为旭烈兀非但没能如他期待的那样报仇雪恨，而且蒙古人席卷欧亚的西征势头，也随着他的兵败身死而告终结。

虽然在亚欧大陆上，蒙古铁骑搅起的风雨苍黄还将摧折更广泛的地区，比如中国南部偏安一隅的南宋朝廷，但阿音札鲁特战役之后，他们已难在近东再进一步，而且这一停滞势头很快就会传递到庞大帝国的其他角落。更重要的是，接下来他们内部将要发生的嬗变很快就会昭示，不可思议的蒙古时代，就要莫名其妙地过去了。

尾声

尘暗旧貂裘

1260年的阿音札鲁特战役使怯的不花的2万铁骑埋骨黄沙，马木留克王朝拯救了岌岌可危的伊斯兰世界，而蒙古人势不可当的西征已成强弩之末。因为维系几乎囊括了整个亚欧大陆的蒙古帝国的纽带，已不复存在。

蒙哥在钓鱼城下的意外身亡，彻底改变了蒙古帝国的走向。在中国，他深受汉人儒学思想影响的弟弟忽必烈打败了恪守草原传统的另一个弟弟阿里不哥，以武力夺取汗位。至此，成吉思汗的忽里勒台选举制度名存实亡，这也导致了早就想摆脱名义上的共主而自立门户的钦察、察合台、窝阔台三大汗国有了与蒙古本部决裂的口实。虽然旭烈兀权衡局势之后，放弃了东归争位的念头向四哥忽必烈表示臣服，但他的支持几近杯水车薪，蒙古帝国的分裂已无可挽回。

忽必烈以最高大汗的名义将旭烈兀征服的西亚土地分封给他，旭烈兀以波斯高原为中心，建立了东起印度河、西到叙利亚的伊儿汗国，今天的伊朗、伊拉克、科威特、叙利亚、阿塞拜疆，以及沙特北部都曾在他的统治之下。至此，蒙古的四大汗国全部登场，仅直属的领土就超过3000万平方千米，幅员之辽阔空前绝后，影响力广被于亚欧大陆。但表面的全盛姿态下，黄金家族的蒙古人事实上已回到了成吉思汗崛起之前蒙古诸部各自为政，甚至彼此攻杀的态势，不同之处仅仅在于他们现在的地盘扩大了好几倍。

尽管蒙古人仍保有在当时整个世界范围内的军事优势，但要再组织第四次大规模的征伐已经力有不逮。在西亚，旭烈兀及其继承者们，在与马木留克王朝的几度较量之中并没占到什么便宜；在中国，忽必烈手下大将张宏范1279年崖山一战击灭南宋，但此后对日本、缅甸、安南、占城、爪哇的征讨全部失败。而钦察汗国与伊儿汗国、察合台汗国与伊儿汗国、察合台汗国与窝阔台汗国都曾彼此交战，后两者还曾经联手对抗元廷。在无休止的内耗之中，蒙古铁骑横行亚欧大陆的时代，终究远去。

元朝在中国的统治，仅仅持续到1368年，从忽必烈灭宋算起，不过89年，即便把流亡漠北的北元算上，也只堪堪百年出头。其他几个汗国也很快凋落。窝阔台汗国在与忽必烈争雄的海都汗（窝阔台之孙）死后，于1306年被察合台汗国吞并。而察合台汗国也于14世纪初分裂为东西两部，后来西部汗国被中亚枭雄帖木儿篡夺，东部汗国一分再分，变成若干面目全非的小邦。钦察汗国在拔都时代就分封土地，后来更分化为喀山、阿斯特拉罕、西伯利亚、克里米亚等一批小汗国，逐渐丧失对罗斯人的优势。1462年，莫斯科大公伊凡三世上台，一面对蒙古人极尽恭顺，一面吞并罗斯诸邦，羽翼丰满后终于发难，打败旧日宗主，取得独立地位，进而成为全俄罗斯的君主。他的儿子"顿河之王"瓦西里三世、孙子"雷帝"伊凡四世，几代帝王不断增强国力，蚕食七零八落的钦察汗国，直到将蒙古人曾经占有的广袤的北亚大陆悉数转入俄国沙皇的名下。最晚建立的伊儿汗国，比前述国家存活得还短暂。1340年，这个肇造未满百年的国家就分崩离析了，从旭烈兀称汗算起，仅持续了84年，国祚还不及元朝。

比起战场上和政治上的变化，蒙古人在生活与文化方面以更快的速度向从前的手下败将们妥协。忽必烈取意汉人经典《易经》"大哉乾元"，变"大蒙古国"（也克·蒙古·兀鲁斯）为元帝国。虽然有元一代的统治者对汉化始终半推半就，但不可否认的是，游牧民族的彪悍血液已在他们体内日渐稀薄。

其他几个蒙古汗国的境况大同小异。在钦察汗国，拔都的弟弟别儿哥在兄长故去后继任大汗，将钦察汗国改造成一个伊斯兰国家。类似的情况也在察合台汗国和伊儿汗国上演。1265年，旭烈兀接受忽必烈封敕仅过了一年就病故了，而30年后，他的曾孙合赞皈依伊斯兰教。根据伊斯兰教反偶像的教义，他焚毁了供奉有他父亲画像的寺庙，杀戮拒绝放弃草原传统的汗国宗王。被蒙古人占据的伊斯兰世界，又以另一种形式回到穆斯林手里。

隋朝杨素的《出塞》有云："胡运百年穷。"从蒙元及其诸兄弟汗国的国运来看，此言倒不失精辟。这预言背后蕴藏着的正是游牧与定居两种生活方式及其衍生的文化之间难以协调的矛盾。游牧生活锻造了草原民族健壮的体魄，坚韧的神经，彪悍的性格，还有强大的作战技能，在冷兵器时代，这样的先天优势是定居民族无法望其项背的。但他们以武力征服城市之后，这些优势就再无用处，终于不能再以这种方式实施统治，这注定了他们终将不可避免地融入定居民族底蕴深厚的生活方式之中，被消解，被同化，迷失自我。

所以，蒙古人惊世骇俗的军事功绩迅速转为暗淡也就在情理之中了。当席卷亚欧大陆的征服风暴逐渐停息之后，人们发现，文明的韧劲和力量就如同《老人与海》里那个打鱼老头桑提亚戈，可以被毁灭，但不能被征服。文明或许可以被蛮力毁灭，但最终留存的，还是文明。

十字军东征大事年表

年份	西方世界	东方世界
1世纪初—30年代	耶稣基督在近东地区的耶路撒冷一带诞生、布道、殉难，其后继者发展为基督教徒，以耶路撒冷为圣地。	王莽篡汉建立新朝-绿林赤眉起义-光武帝刘秀恢复汉室以成中兴。
4世纪10年代—30年代	罗马皇帝君士坦丁任内，基督教取得了罗马国教地位，并藉由罗马逐渐成为整个欧洲的主流信仰。	永嘉之乱西晋覆亡，中原五胡并起，宗室司马睿远走江表开创东晋。
6世纪70年代—7世纪30年代	伊斯兰教创立者穆罕默德诞生、悟道、传教、徙志、统一阿拉伯半岛、逝世，相传其间曾在耶路撒冷登霄受天启，故伊斯兰教徒视耶城为仅次于麦加、麦地那之第三圣地。	南陈北齐北周三国并立-隋文帝杨坚统一中国-隋炀帝时代-隋末农民战争太原李氏脱颖而出建立唐朝-唐太宗李世民玄武门之变-贞观之治。
637年	阿拉伯帝国第二任哈里发欧麦尔攻占耶路撒冷。	唐贞观十一年，房玄龄主持修订法典，减少半数死刑判罚。
11世纪20年代	埃及法蒂玛王朝哈里发扎希尔与拜占庭签约，对基督徒开放耶路撒冷。	宋仁宗天圣年间，天下太平。辽国在北方扩张。
1071年—1073年（？）	塞尔柱人夺取耶路撒冷，开始迫害往来朝觐的基督徒。	宋神宗熙宁年间，与西夏摩擦不断，其间古文大家欧阳修、理学硕儒周敦颐卒。
11世纪90年代初	赴耶路撒冷朝觐的基督徒不断把遭遇反馈回欧洲，对"异教徒"的敌视情绪在酝酿。	宋哲宗元祐年间。
1095年	年初，拜占庭皇帝阿莱克修斯向罗马教廷求助，11月18日，罗马教皇乌尔班二世在法国克莱蒙召开宗教大会，发表演讲号召基督徒组成"十字军"，东征巴勒斯坦收复圣城耶路撒冷。	宋哲宗绍圣二年（一年前改元），朝中复用神宗之后被废止的王安石新法。
1096年	春季，隐士彼得等人发动的"穷人十字军"出发东征，至8月间，已大半覆没。同期，由戈弗雷、雷蒙等骑士阶层领衔的正规十字军5路人马相继东行。	宋绍圣三年，与西夏交战；女真首领子侄完颜阿骨打受辽国封敕。
1097年	6月19日，抵达小亚的十字军攻陷罗姆苏丹国首都尼西亚；7月，多利列平原之战再败塞尔柱苏丹；10月底围安条克城。	宋绍圣四年，西夏侵宋大败，宋军攻入夏境连克数城。
1098年	3月，鲍德温巧取埃德萨，建立第一个十字军国家埃德萨伯国；6月3日十字军攻陷安条克，大屠杀，随后6月28日借助"圣矛事件"击退摩苏尔埃米尔军。同时，法蒂玛王朝自塞尔柱人手中夺回耶路撒冷。	宋绍圣五年，宋军再败西夏。
1099年	7月15日，十字军攻破耶路撒冷，屠戮全城，数万人死于屠杀。随后十字军在耶路撒冷建国，戈弗雷被选为首任元首，制定法典，与教廷划分势力。诺曼人博希蒙德据安条克自立。第一次十字军主要战事结束，基督徒获胜。	宋与西夏在辽国斡旋下达成和议，西夏投降。

年份	西方世界	东方世界
1100年	戈弗雷卒，其弟鲍德温继位，首称国王。	宋哲宗崩，其弟赵佶继位，是为宋徽宗。
1101年	教廷新组织的后卫十字军失败。	宋徽宗靖国元年，辽国天祚帝耶律延禧乾统元年，两个亡国之君同年登台。大文豪苏轼卒。
1104年	塞尔柱人大败十字军于哈兰，埃德萨伯爵鲍德温二世被俘。	宋徽宗崇宁三年，偏于文治。
1107年	博希蒙德从西欧募兵攻打拜占庭，失败。	宋徽宗大观元年，理学家程颐、书法家米芾卒。
1109年	十字军攻陷的黎波里，建立的黎波里伯国。耶路撒冷医院骑士团成立。	宋大观三年，江南大旱。
1118年	鲍德温进攻埃及，途中染病去世，埃德萨伯爵鲍德温继任耶路撒冷国王，称鲍德温二世。圣殿骑士团成立。	宋徽宗重和元年，加重聚敛民财，金辽交兵，宋秘密与金人接洽。
1119年	阿塔勒布战役，安条克军惨败，被称为"浴血战场"。	宋徽宗宣和元年，与西夏交兵互有胜负。金国创制文字。
1120年	医院骑士团正式使用该名称。英国"白船号"事件。	宋宣和二年，宋金海上之盟，相约伐辽。江南睦州清溪摩尼教教主方腊起义。
1124年	耶路撒冷王国占领提尔。	辽天祚帝兵败出亡，大将耶律大石远走西域，后开创西辽。
1128年	赞吉控制阿勒颇，受封太傅，自是岁起连年与安条克、的黎波里十字军交战。	南宋建炎二年，金兵肆虐江北，宋室偏安东南，东京留守宗泽忧愤死，金封宋徽宗昏德公、钦宗重昏侯。
1138年	拜占庭皇帝约翰二世攻安条克，安条克公爵雷蒙称臣。德意志霍亨斯陶芬王朝开创。英格兰王位争夺战爆发。萨拉丁诞生。	南宋绍兴八年，秦桧复任宰相，开始谋划与金国议和。
1144年	12月24日，赞吉攻陷埃德萨，国主乔斯林二世流亡，埃德萨伯国亡。	南宋金和议已成，自是岁起互遣使贺生辰。
1146年	3月1日，法国教士圣伯尔纳在韦兹莱召集大会号召东征，法王路易七世宣誓出兵；12月1日，教皇尤金三世颁布《给予参加十字军者之特权书》，给予十字军免税免息特权；年底，德王康拉德三世同意出兵。赞吉于该年遇刺身亡。	南宋绍兴十六年，无特别重大事件。
1147年	第二次十字军开始，德法两军东行，德军在小亚中伏大败。	南宋绍兴十七年，无特别重大事件。
1148年	法军兵败，法王路易前往安条克，7月，法德君主与十字军攻大马士革，无功而返，第二次十字军失败告终。	南宋绍兴十八年，金国名将完颜宗弼卒——此人通常称为金兀术。
1152年	红胡子腓特烈当选德皇；法国王后埃莉诺改嫁安茹伯爵亨利。	南宋绍兴廿二年，襄阳大水。
1153年	耶路撒冷国王鲍德温三世攻占亚实基伦。教士阿诺德在罗马发动民众反对教廷。教皇尤金三世求助红胡子腓特烈。	南宋绍兴廿三年，无特别重大事件。
1154年	亨利任英格兰国王，称亨利二世。赞吉之子努尔丁控制大马士革。	南宋绍兴廿四年，无特别重大事件。
1162年	耶路撒冷王鲍德温三世卒，其弟阿马尔里克一世继位。	南宋绍兴三十二年，正月，耿京起义抗金，据河北东平府，遣辛弃疾赴南宋求助。七月，南宋昭雪岳飞冤案。
1169年	努尔丁部将谢尔库赫攻占埃及，自任宰相，随后暴毙，侄子萨拉丁接任。	南宋孝宗乾道五年，收两淮铜钱，改以铁钱及纸币流通。
1171年	萨拉丁废黜法蒂玛王朝末代哈里发，自任埃及苏丹开创阿尤布王朝。	南宋乾道七年，向天下佛道宫观征税。
1174年	耶路撒冷患有麻风病的鲍德温四世继位。	南宋孝宗淳熙元年，又废除铁钱改回铜钱。

年份	西方世界	东方世界
1177年	萨拉丁进攻耶路撒冷，在蒙吉萨战役中大败于鲍德温四世。	南宋淳熙四年，颁行新历法。
1179年	萨拉丁在泉水谷战役打败圣殿骑士团，但仍不能有效推进至耶路撒冷，随后与鲍德温四世协议停战两年。	南宋淳熙六年，无特别重大事件。
1182年	耶路撒冷贵族雷纳德偷袭麦加未果，萨拉丁与耶路撒冷重启战端。	南宋淳熙九年，无特别重大事件。
1185年	鲍德温四世死于麻风病，萨拉丁平定伊拉克北部，与拜占庭皇帝伊萨克二世签订盟约。	南宋淳熙十二年，无特别重大事件。
1187年	哈丁战役，萨拉丁全歼耶路撒冷主力，俘国王居伊，随后进兵耶城逼降守军，克城后采取宽大，不滥杀抢掠。	南宋淳熙十四年，太上皇高宗赵构崩。
1189年	欧洲第三次十字军上路，英王亨利二世崩，其子狮心王理查继位。	南宋淳熙十六年，孝宗内禅太子自居太上皇；金国世宗崩。
1190年	德皇红胡子腓特烈率十字军抵达小亚，打败塞尔柱人后意外溺水身亡。	南宋光宗赵淳绍熙元年。
1191年	狮心王理查夺取塞浦路斯，7月，登陆巴勒斯坦攻陷阿克，屠杀2000余俘虏，8月，于阿尔苏夫打败萨拉丁。	南宋绍熙二年，实行新历法，多处水灾。
1192年	7月，理查于雅法再败萨拉丁，后因国内叛乱与萨拉丁媾和，签订三年半和约，萨拉丁保住了耶路撒冷，但承诺对基督徒开放。理查归国，第三次十字军终结，仍未能夺回耶城。	南宋绍熙三年，多处水灾。
1193年	3月4日，萨拉丁逝世。理查归国途中在德国被俘。	南宋绍熙四年，水灾愈甚。
1199年	4月6日，狮心王理查意外受伤身亡，教廷组织新的十字军，11月，香槟伯爵等数位法国贵族准备参加。萨拉丁之弟阿迪勒重新统一阿尤布王朝。	南宋宁宗庆元五年。金国开发南部领土。
1202年	第四次十字军出发，但因经费短缺滞留威尼斯，威尼斯人怂恿其攻打拜占庭。	南宋嘉泰二年，禁毁坊间私修史。
1203年	第四次十字军进抵君士坦丁堡，助拜占庭流亡皇子阿莱克修斯三世复位。	南宋嘉泰三年，无特别重大事件。
1204年	十字军攻陷君士坦丁堡，大掠，建立拉丁帝国，至此中途改道的第四次东征结束。	南宋嘉泰四年，三月，临安大火。蒙古铁木真破强敌乃蛮部，两年后统一蒙古称成吉思汗。
1212年	欧洲兴起儿童十字军运动，法德等国数万儿童因之丧生。	南宋嘉定五年，蒙古成吉思汗破金国东京。
1215年	教皇英诺森三世召开拉特兰宫大会，组织第五次十字军东征。腓特烈二世获教皇加冕为德皇。	南宋嘉定八年，蒙古连克金国北京、中都。
1218年	十字军围攻埃及重镇达米埃塔，埃及苏丹阿迪勒卒。	南宋嘉定十一年，蒙古攻金国河东诸州以及西夏，高丽向蒙古称臣。
1219年	十字军攻陷达米埃塔，南下进攻开罗，途中遇尼罗河洪水，溃败，第五次十字军终结。	南宋嘉定十二年，四川红巾军起义，蒙古成吉思汗开始西征。
1228年	腓特烈二世率十字军开始第六次东征，此次东征不被罗马教廷认可。	南宋绍定元年。蒙古成吉思汗病逝（1227年）之后，四子拖雷监国。
1229年	通过谈判，腓特烈二世从埃及苏丹卡米勒手中获得耶路撒冷，第六次十字军东征胜利，但胜果不为教廷接受。	南宋绍定二年。蒙古窝阔台继汗位，谋划绕行宋界迂回攻金。
1244年	花剌子模骑兵攻陷耶路撒冷，烧杀抢掠，法国国王路易九世宣誓组织十字军。	南宋淳祐四年，蒙古与宋互攻，蒙古名相耶律楚材卒。
1248年	路易九世率第七次十字军向埃及进发。	南宋淳祐八年，蒙古贵由汗卒。

年份	西方世界	东方世界
1249年	路易九世攻占达米埃塔。	南宋淳祐九年，蒙古与宋互攻。
1250年	十字军攻占埃及曼苏尔，但随后被增援的埃及围住，路易九世被俘，后被赎回，第七次十字军失败。	南宋淳祐十年，无特别重大事件。
1251年	法国发起营救路易九世的"牧羊人十字军"，很快演变成动乱，被各地领主平定。	南宋淳祐十一年，蒙古宗王共立拖雷之子蒙哥为大汗。
1252年	埃及马木留克王朝取代阿尤布王朝。	南宋淳祐十二年，蒙古与宋互攻。
1268年	马木留克苏丹拜巴尔灭安条克公国。路易九世公开宣布要再次东征。	南宋咸淳四年，蒙古军围困襄阳。
1270年	路易九世发动第八次十字军东征，目标突尼斯，8月，军队在北非感染瘟疫，路易病逝。随后突尼斯向路易之弟查理投降称臣，第八次十字军获胜但未达到战争初始目的。	南宋咸淳六年，蒙古军攻襄阳、嘉定、重庆，皆败。然襄阳守军突围亦未能成功。蒙古降伏高丽，在其国设行省。
1271年	英国王子爱德华在巴勒斯坦取胜后回国继位，战绩半途而废。他的此次军事行动亦被称作第九次十字军。	南宋咸淳七年，蒙古在四川增兵，灭云南大理国。
1291年	马木留克王朝攻占阿克，十字军在近东大陆上的属地尽失，欧洲亦无力再发动新的征伐，在近东方向上，历时近200年的十字军东征运动终止。	元世祖忽必烈至元廿八年，减免赋税查处贪蠹赈济灾荒。

十字军相关政权世系表

1. 罗马教皇世系表（截至1276年）

届次	姓名	在职年份	任内主要事迹
1	圣彼得 （Saint Peter）	41—66	耶稣门徒，在罗马传播基督教，殉道后被后世追认为首任教皇。
157	格列高利七世 （St.Gregory Ⅶ）	1073—1085	任内发生卡诺莎朝觐事件，惩处德皇亨利四世；联合西西里诺曼王朝对抗拜占庭；晚年被亨利四世打败放逐。
158	维克托三世 （Victor Ⅲ）	1086—1087	
159	乌尔班二世 （Urban Ⅱ）	1088—1099	发动第一次十字军。
160	帕斯加尔二世 （Paschal Ⅱ）	1099—1118	参与耶路撒冷王国建国；与亨利四世立约废除教会封建。
167	尤金三世 （Eugene Ⅲ）	1145—1153	发动第二次十字军东征；任内罗马市民暴动，教皇招腓特烈一世平乱。
168	阿纳斯塔斯四世 （Anastasius Ⅳ）	1153—1154	
169	阿德里安四世 （Adrian Ⅳ）	1154—1159	与腓特烈一世交战。
170	亚历山大三世 （Alexander Ⅲ）	1159—1181	与腓特烈一世交战，并迫使后者臣服。
171	卢西乌斯三世 （Lucius Ⅲ）	1181—1185	
172	乌尔班三世 （Urban Ⅲ）	1185—1187	任内耶路撒冷失陷。
173	格列高利八世 （Gregory Ⅷ）	1187	在位不足一年去世，号召十字军收复耶路撒冷。
174	克雷芒三世 （Clement Ⅲ）	1187—1191	发动第三次十字军。
175	切莱斯廷三世 （Celestine Ⅲ）	1191—1198	
176	英诺森三世 （Innocent Ⅲ）	1198—1216	任内发动第四次、第五次十字军东征；为腓特烈二世加冕为德皇；任内发生儿童十字军事件，第五次十字军启程前病逝。
177	洪诺留三世 （Honorius Ⅲ）	1216—1227	任内发生第五次十字军东征；打击阿尔比派。

届次	姓名	在职年份	任内主要事迹
178	格列高利九世（Gregory Ⅸ）	1227—1241	以80岁高龄出任教皇，与德皇腓特烈二世决裂，任内发生第六次十字军东征事件，腓特烈收复耶路撒冷，但不为教廷所承认，年近百龄时腓特烈围攻罗马，忧愤而死。
179	切莱斯廷四世（Celestine Ⅳ）	1241	
180	英诺森四世（Innocent Ⅳ）	1243—1254	坚持反腓特烈立场；任内发生第七次十字军东征事件；联络蒙古大汗贵由未果。
181	亚历山大四世（Alexander Ⅳ）	1254—1261	
182	乌尔班四世（Urban Ⅳ）	1261—1264	
183	克雷芒四世（Clement Ⅳ）	1265—1268	任内法王路易九世宣布要再次东征，教皇表示支持，并同意其向法国教会征税以为资助，路易出师前病逝。
184	格列高利十世（Gregory Ⅹ）	1271—1276	任内路易九世发动第八次十字军东征失败，英王子爱德华在巴勒斯坦征战途中回国继位。东征夭折，教皇号召新的十字军，中道逝世，十字军东征运动终止。
191	尼古拉四世（Nicholas Ⅳ）	1288—1292	任内阿克陷落，十字军尽失巴勒斯坦之地，十字军运动最终失败。

（注：本表只列出了本文叙述时间范围内的罗马教皇，表中所列人物，主要事迹与本书情节无涉者从略。）

2. 耶路撒冷王国世系表

性质	姓名	与前任关系	在位时间	主要事迹
有实无名	布永的戈弗雷（Godefroy de Bouillon）	/	1099—1100	本为下洛林公爵、布永伯爵，德皇亨利四世臣属，参加第一次十字军东征，攻克耶路撒冷后被推选为领袖，自称"圣墓的守护者"。
实权君主	鲍德温一世（Baudouin I de Boulogne）	前者之弟	1100—1118	参加第一次十字军东征，取得埃德萨，创建埃德萨伯国，戈弗雷卒后接班，首称耶路撒冷国王。
	鲍德温二世（Baudouin II de Bourcq）	前者堂兄弟（一说侄子）	1118—1131	先后接班一世出任埃德萨伯爵、耶路撒冷国王，任内耶路撒冷领土扩张到最大。
	梅丽桑德（Mélisende）富尔克（Foulque）	前者女儿、女婿	1131—1153 1131—1143	富尔克本为法国安茹伯爵，娶梅丽桑德作为其第二任妻子，藉此成为耶路撒冷共治国王。
	鲍德温三世（Baudouin III）	前者之子	1143—1162	1143—1153年之间与母共治。
	阿马尔里克一世（Amaury I）	前者之弟	1162—1174	任内趁法蒂玛王朝内乱出兵埃及，但最终没能占领之。
	鲍德温四世（Baudouin IV le Lépreux）	前者之子	1174—1185	患有麻风病，任内曾在蒙吉萨战役中打败萨拉丁，早逝。
	鲍德温五世（Baudouin V）	前者外甥	1185—1186	西比拉与首任丈夫"长剑"威廉之子，其父早亡，9岁即位，次年夭折。
	西比拉（Sibylle）吕西尼昂的居伊（Guy de Lusignan）	前者之母、继父	1186—1190	居伊为西比拉再婚丈夫，违背鲍德温四世遗诏出任国王，1187年哈丁战役中耶路撒冷主力被萨拉丁歼灭，随后耶城投降，居伊夫妇被释放，从此耶路撒冷王族失地，国王变成虚衔，西比拉1190年卒。居伊后成为塞浦路斯国王。

性质	姓名	与前任关系	在位时间	主要事迹
名义君主	伊莎贝拉一世 （Isabelle Ⅰ） 康拉德一世 （Conrad de Montferrat） 亨利一世 （Henri II, comte de Champagne）	伊莎贝拉为鲍德温四世、西比拉异母妹妹，后两人为其第二任、第三任丈夫	1192—1205 1192 1192—1197	西比拉卒后，伊莎贝拉成王室血统唯一继承人；康拉德为意大利蒙费拉侯爵，娶守寡的伊莎贝拉，后被第三次十字军推举为国王，随后遇刺；亨利本是法国香槟伯爵亨利二世，法王腓力二世表亲，娶再度守寡的伊莎贝拉，获国王头衔，称耶路撒冷国王亨利一世。
	玛丽一世 （Marie de Montferrat）	伊莎贝拉与康拉德之女	1205—1212	
	约翰一世 （布里昂的约翰 Jean de Brienne）	前者之夫	1210—1212 1228—1229	腓特烈岳父，参与第五次十字军东征前半程的战役。1210年娶玛丽一世后加冕为耶路撒冷国王，1212年女儿伊莎贝拉二世成为女王后改任摄政，1228年伊莎贝拉二世去世后，再次提出王位主张。
	伊莎贝拉二世 （Isabelle II）	前者之女	1212—1228	出生时丧母，作为婴儿即获得耶路撒冷女王头衔，直至1228年去世。
实权君主	腓特烈 （Frédéric II de Hohenstaufen）	前者之夫	1225—1228	西西里国王、神圣罗马帝国皇帝，凭其再婚妻子伊莎贝拉二世的法统，获得耶路撒冷国王继承权，发动第六次十字军东征，通过谈判收回耶路撒冷。
名义君主	康拉德二世 （霍亨斯陶芬的康拉德四世 Conrad IV de Hohenstaufen）	前者之子	1228—1254	享有耶路撒冷国王头衔，"任内"耶路撒冷第二次失陷。
	康拉德三世 （Conrad III）	前者之子	1254—1268	

（注：康拉德三世之后，塞浦路斯的吕西尼昂家族居伊后裔和法国的安茹家族富尔克后裔都提出继承权要求，再无举世认可的"耶路撒冷国王"。直至1291年阿克失陷，耶路撒冷王国领土全失。本表中的姓名原文为法语。）

3. 埃德萨伯爵世系表

姓名	与前任关系	在位时间	主要事迹
鲍德温一世 （Baudouin I de Boulogne）	/	1098—1100	即上表中鲍德温一世，夺取埃德萨后自立为伯爵，开创埃德萨伯国。
鲍德温二世 （Baudouin II de Bourcq）	前者堂兄弟	1100—1118	即上表中鲍德温二世，先后接班一世出任埃德萨伯爵、耶路撒冷国王。
乔斯林一世 （Josselin I de Courtenay）	前者的表弟	1118—1131	鲍德温二世升任耶路撒冷做国王后接班。
乔斯林二世 （Josselin II de Courtenay）	前者之子	1131—1144	任内埃德萨被赞吉占，国亡。流亡安条克，多次谋划复国未果，被努尔丁擒获囚死。
乔斯林三世 （Josselin III de Courtenay）	前者之子	/	流亡耶路撒冷，任首相，只享有埃德萨伯爵虚衔，不曾在埃德萨实施统治。

（注：本表中的姓名原文为法语。）

4. 安条克公爵世系表

姓名	与前任关系	在位时间	主要事迹
博希蒙德一世 （Bohémond I）	/	1098—1111	西西里诺曼王朝王室后裔，"狡猾的"的罗贝尔·吉斯卡尔之子，参加第一次十字军东征，成为安条克公爵，其间被俘两年，安条克由其侄子坦克雷德执掌。
坦克雷德 （Tancred）	前者侄子	1111—1112	没有获得安条克公爵头衔，在其叔被俘以及返回欧洲其间享有安条克实权。
博希蒙德二世 （Bohémond II）	一世之子	1112—1130	坦克雷德遗命其即位，但安条克实权操于坦克雷德之子鲁杰罗手中，1119年鲁杰罗战死，安条克由埃德萨伯鲍德温二世代管，1126年博希蒙德二世从欧洲赶来履职。
康斯坦丝 （Constance） 普瓦捷的雷蒙 （Raymond de Poitiers） 雷纳德 （Raynald de Châtillon）	前者女儿、女婿	1130—1163	雷蒙1136年娶康斯坦丝后获得共治身份，直至1149年去世；雷纳德1153年与康斯坦丝结婚，获得共治身份，但因被俘，康斯坦丝去世后由博希蒙德三世继任。
博希蒙德三世 （Bohémond III）	康斯坦丝与首任丈夫普瓦捷的雷蒙之子	1163—1201	
博希蒙德四世 （Bohémond IV）	前者之子	1201—1216 1219—1233	其统治的中途被侄子雷蒙打断。
雷蒙 （Raymond-Roupen d'Antioche）	前者侄子	1216—1219	一度占领安条克，放逐其叔。
博希蒙德五世 （Bohémond V）	四世之子	1233—1252	兼领的黎波里伯爵之职。
博希蒙德六世 （Bohémond VI）	前者之子	1252—1268	任内曾与蒙古西征军合作，1268年安条克沦陷，博希蒙德六世流亡，卒于1275年。

（注：博希蒙德之后享有"安条克公爵"头衔的名义君主从略，本表中的姓名原文为法语。）

5. 的黎波里伯爵世系表

姓名	与前任关系	在位时间	主要事迹
雷蒙一世 （Raymond I de Saint Gilles）	/	/	法国图卢兹伯爵雷蒙四世，参加第一次十字军东征，在占领的黎波里之前去世。
威廉 （Guillaume Jourdain）	前者手下、外甥	/	雷蒙死后接掌指挥权。攻占的黎波里后获得封地，随后离奇身死。
贝特朗 （Bertrand）	雷蒙一世之子	1109—1112	攻占的黎波里之前从欧洲来到军中，受耶路撒冷王国支持，获封的黎波里伯爵。
庞斯 （Pons）	前者之子	1112—1137	
雷蒙二世 （Raymond II）	前者之子	1137—1152	死于阿萨辛派杀手暗杀。
雷蒙三世 （Raymond III）	前者之子	1152—1187	曾为耶路撒冷王国摄政王，经历哈丁战役之败。
雷蒙四世 （Raymond IV d'Antioche）	安条克公爵博希蒙德四世的长子	1187—1189	
博希蒙德四世 （Bohémond IV）	前者之弟	1189—1233	博希蒙德四世去世后，的黎波里与安条克实现共治。

（注：本表中的姓名原文为法语。）

6. 拜占庭皇帝世系表（科穆宁王朝、安格鲁斯王朝）

王朝	姓名	与前任关系	在位时间	主要事迹
科穆宁王朝	伊萨克一世 （Isaac I）	/	1057—1059	武力推翻前任米海尔六世，开创王朝。
	君世坦丁十世 （Constantine X Ducas）	前者亲戚	1059—1067	杜卡斯家族出身，逼宫伊萨克一世，逼其册立自己为继承人。
	罗曼努斯四世 （Romanos IV）	前者手下将军，娶前者遗孀尤多西娅	1068—1071	共治皇帝，1071年曼齐刻尔特役被塞尔柱人俘获，获释后被罢黜，次年被杀害。
	米海尔七世 （Michael VII）	君世坦丁十世之子	1067—1078	
	尼基弗鲁斯三世 （Nikepholos III）	娶米海尔七世遗孀	1078—1081	
	阿莱克修斯一世 （Alexius I Komnenos）	伊萨克一世之侄甥，娶君世坦丁十世堂孙女	1081—1118	使帝统从杜卡斯家族回到科穆宁家族手中；任内邀请罗马教廷帮助对抗塞尔柱人，直接引发第一次十字军运动。
	约翰二世 （John II）	前者之子	1118—1143	任内与安条克公国发生冲突，逼降后者，晚年试图兼并十字军国家，实施前去世。
	曼努埃尔一世 （Manuel I）	前者之子	1143—1180	任内发生第二次十字军东征事件；米里奥开法隆战役败于塞尔柱人，拜占庭收复小亚细亚势头停止。
	阿莱克修斯二世 （Alexius II）	前者之子	1180—1183	幼年即位，为政不善，被安德罗尼库斯篡位后杀害。
	安德罗尼库斯一世 （Andronicus I）	前者族叔，阿莱克修斯一世之孙	1183—1185	篡位弑君，实行苛政导致民众起义，被推翻处死。
安格鲁斯王朝	伊萨克二世 （Isaac II）	前者女婿	1185—1195 1203	被起义者拥立为君，与萨拉丁保持友好关系，任内发生第三次十字军东征事件，晚年被政变推翻，后由儿子借助十字军和威尼斯人复位，不久后再遭叛乱，忧愤而死。
	阿莱克修斯三世 （Alexius III）	前者之兄	1195—1203	借带兵出征之机篡位，囚禁伊萨克二世并挖其双眼，后被第四次十字军打败，流亡小亚细亚。
	阿莱克修斯四世 （Alexius IV）	前者侄子，伊萨克二世之子	1203—1204	流亡西方，招来第四次十字军，后局面失控，被起义者杀死。
	阿莱克修斯五世 （Alexius V Ducas）	阿莱克修斯三世女婿	1204	推翻四世后自立为帝，随后第四次十字军攻陷君士坦丁堡，阿莱克修斯五世被俘，被处决。

（注：科穆宁王朝前几任皇帝出自与之有亲缘关系的杜卡斯家族，故又被称作科穆宁-杜卡斯王朝，也有学者将二者拆开作为彼此独立的两个王朝。表中所列人物，主要事迹与本书情节无涉者从略。）

7. 英国国王世系表（诺曼王朝至金雀花王朝中期）

王朝	姓名	与前任关系	在位时间	主要事迹
诺曼王朝	威廉一世 （征服者，William I the Conqueror）	/	1066—1087	诺曼底公爵，渡海征服英格兰，开创诺曼王朝。
	威廉二世·鲁弗斯 （William II Rufus）	前者第三子	1087—1100	
	亨利一世 （Henry I）	前者之弟，威廉幼子	1100—1135	涉嫌谋兄自立，任内太子遇难，将寡居女儿玛蒂尔达嫁与法国安茹伯爵。
	斯蒂芬一世 （Stephen I）	前者外甥	1135—1154	其父参加十字军战死，后被亨利一世收养提携，亨利一世卒后趁乱自立为王。

王朝	姓名	与前任关系	在位时间	主要事迹
金雀花王朝（安茹王朝）	亨利二世（短斗篷，Henry II，Curmantle）	亨利一世外孙，玛蒂尔达之子	1154—1189	继承安茹、诺曼底、阿基坦等多处领地，打败斯蒂芬取得英国王位继承权。任内重视司法建设，被称为"法律之父"。准备参加第三次十字军东征，出征前病故。
	理查一世（狮心王，Richard I，Lionheart）	前者第三子	1189—1199	数次起兵叛父，得位后作为主力参加第三次十字军，最终与萨拉丁议和。归国途中被囚，后与前盟友法王腓力二世交战，攻城时意外死亡。
	约翰一世（失地王，或译无地王，John I Lackland）	前者之弟，亨利二世第五子	1199—1216	趁理查出征之际谋反，失败后被赦免，理查临终传位。任内无能，丧失大片在法国的土地，故称失地王。任内签署《大宪章》，保障贵族权益，限制王权，为英国民主政治之重要源头。
	亨利三世（Henry III）	前者之子	1216—1272	数次败于法国。
	爱德华一世（长脚王，Edward I，Longshanks）	前者之子	1272—1307	为王储时参加十字军出征巴勒斯坦，获胜，随后父亡，放弃战果回国即位，任内征服威尔士、苏格兰。

（注：金雀花王朝于1399年被兰开斯特王朝取代。）

8. 法国国王世系表（卡佩王朝，1060—1285）

世代	姓名	与前任关系	在位时间	主要事迹
4	腓力一世（Phillip I）	/	1060—1108	与教皇乌尔班二世交恶。
5	路易六世（胖路易，Louis VI）	前者之子	1108—1137	
6	路易七世（小路易，Louis VII，the Younger）	前者之子	1137—1180	任内参加第二次十字军东征，失败，其妻埃莉诺与之离婚改嫁亨利二世，后成英国王后。
7	腓力二世·奥古斯特（Phillip II Augustus）	前者之子	1180—1223	参加第三次十字军东征，中途与理查决裂先行返回欧洲。先后与英王理查和约翰交战，最终大败后者。
8	路易八世（雄狮，Louis VIII）	前者之子	1223—1226	任内出征西班牙穆斯林国家。
9	路易九世（圣路易，Saint Louis IX）	前者之子	1226—1270	有贤名，虔诚于基督教，任内发动第七、第八次十字军东征，其间曾在埃及被俘，后病故于突尼斯军中。
10	腓力三世（秃头，Phillip III）	前者之子	1270—1285	专注于国内，不再参与十字军。

（注：卡佩王朝于987年由加洛林王朝武将雨果·卡佩创立，1328年末代君主查理四世身后无子嗣，被瓦卢瓦王朝取代。所处时代超出本文叙述范围之君主从略。）

9. 德国国王（神圣罗马帝国皇帝）世系表（霍亨斯陶芬王朝）

王朝	姓名	与前任关系	在位时间	主要事迹
霍亨斯陶芬王朝	康拉德三世（Konrad III）	/	1138—1152	前朝法兰克尼亚王朝亨利五世卒后无子嗣，几大选帝侯无法达成一致，推康拉德为折中人选。因政敌作梗未获神圣罗马帝国皇帝头衔。任内参加第二次十字军，失败。
	腓特烈一世（红胡子，Frederick I Barbarossa）	前者侄子	德意志国王1152—1190，神圣罗马帝国皇帝1155—1190	即位前曾参与第二次十字军。任内数度入侵意大利，与教廷作战。失败后晚年参加第三次十字军，中途猝死。
	亨利六世（Henry VI）	前者之子	德意志国王1190—1197，神圣罗马帝国皇帝1191—1197	任内通过联姻取得西西里国王之位。
	菲利普（Phillip）	前者之弟	德意志国王1197—1208，未获皇帝头衔	
韦尔夫王朝	奥托四世（Otto IV）	被腓特烈排挤的巴伐利亚公爵狮子亨利之子，英王亨利二世外孙	德意志国王1198—1212，神圣罗马帝国皇帝1209—1215	韦尔夫家族唯一一位德皇，与霍亨斯陶芬家族交战，先获教皇英诺森三世支持，后又与之决裂，最终兵败，郁郁而终。
霍亨斯陶芬王朝	腓特烈二世（Frederick II）	亨利六世之子	德意志国王1212—1250，神圣罗马帝国皇帝1220—1250	西西里国王，获教廷支持后成为神圣罗马帝国皇帝，后与教廷决裂被开除教籍。娶耶路撒冷继承人伊莎贝拉二世，凭此获得耶路撒冷国王继承权，发动第六次十字军东征，通过谈判收回耶路撒冷，但不被教廷承认，后多次打败教廷。
	康拉德四世（Konrad IV）	前者之子	德意志国王1250—1254未获皇帝头衔	受德意志贵族的排挤，放弃了德意志，专心于西西里事务，死后霍亨斯陶芬王朝终结。

10. 法蒂玛王朝哈里发世系表

世代	姓名	与前任关系	在位时间	主要事迹
1	乌拜杜拉·马赫迪（Ubayd Allah al-Mahdi Billah）	/	909—934	在阿布·阿卜杜拉帮助下自称"马赫迪"（救世主），在突尼斯推翻当地统治者开创王朝。
4	穆伊兹（Ma'ad al-Muizz Li-Deenillah）	马赫迪曾孙	952—975	任用大将昭海尔·绥基利，征服埃及迁都开罗，称霸北非，并占领耶路撒冷，推行什叶派信仰。
5	阿齐兹（Aziz）	前者之子	975—996	本名阿布·曼苏尔·比拉，任内实施开明宗教政策，文化繁荣国力鼎盛。
6	哈基姆（Hakim）	前者之子	996—1021	任内多行弊政，实施宗教迫害。
7	阿里·扎希尔（Ali Zahir）	前者之子	1021—1035	任内与拜占庭皇帝君士坦丁八世签订协议，允许基督徒在耶路撒冷和埃及兴建宗教场所。
8	穆斯坦绥尔（Al-Mustansir of Cairo）	前者庶子，其母是来自苏丹的黑人女奴	1035—1094	在位60年，无所作为，后期任用名臣哲马利，国势有起色。
9	穆斯塔尔里（al-Musta'li）	前者之子	1094—1101	幼年继位，任内大权旁落，法蒂玛王朝自此走向衰败。

世代	姓名	与前任关系	在位时间	主要事迹
14	阿迪德 （Adid）	穆斯塔尔里 曾侄孙	1160—1171	任内宰相沙瓦尔专权，先后引十字军和努尔丁入埃及，后向努尔丁求助，任命后者手下萨拉丁为宰相，后被后者废黜，王朝终结。

（注：法蒂玛王朝先后历14位哈里发，前三代在突尼斯，第四代起迁到埃及。主要事迹与本文无涉之君主从略。）

11. 阿尤布王朝苏丹世系表

世代	姓名	与前任关系	在位时间	主要事迹
1	萨拉丁 （Salah ad-Din Yusuf ibn Ayyub）	/	1174—1193	推翻法蒂玛王朝，开创阿尤布王朝自任苏丹，遵奉阿拔斯王朝。统一埃及与叙利亚，从基督徒手中收复耶路撒冷，抵抗第三次十字军，与之签订和约保住耶城。
2	阿齐兹·奥斯曼 （Al-Aziz Uthman）	前者次子	1193—1198	萨拉丁病故后自任苏丹，但势力范围仅限于埃及。
3	曼苏尔·穆罕默德 （Al-Mansur Muhammad）	前者之子	1198—1200	
4	阿迪勒一世 （Al-Adil Sayf al-Din I）	萨拉丁之弟	1200—1218	早年追随萨拉丁，后打败割据的侄子们重新统一阿尤布王朝自任苏丹，与十字军签订和约，晚年第五次十字军东征期间病故。
5	卡米勒一世 （Al-Kamil Muhammad）	前者之子	1218—1238	任内挫败第五次十字军，后向德皇腓特烈二世协议转让耶路撒冷，临终前一年夺回耶城。
6	阿迪勒二世 （Al-Adil II）	前者之子	1238—1240	
7	萨利赫·奈吉木丁 （al-Salih Najm al-Din Ayyub）	前者堂兄弟	1240—1249	任内第七次十字军东征，其间病故。招募大量马木留克，尾大不掉，为王朝灭亡埋下伏笔。
8	图兰沙阿 （Turan-Shah）	前者之子	1249—1250	参与抗击第七次十字军，获胜后自任苏丹，后卷入政治斗争，死于萨利赫妃子沙贾尔·杜尔与马木留克大将伊兹丁之手。
9	艾什赖弗·穆萨	萨拉丁之孙	1250—1252	6岁即位，沙贾尔·杜尔与伊兹丁扶植的傀儡，两年后被废黜，阿尤布王朝灭亡。

（注：阿尤布王朝自阿迪勒一世之后，苏丹已不能统揽全局，叙利亚等地先后有过多位割据一方的宗室领主，不服中央政府。）

12. 埃及马木留克王朝苏丹世系表（拜赫里耶前期）

姓名	与前任关系	在位时间	主要事迹
伊兹丁 （Izz al-Din Aybak）	阿尤布王朝苏丹萨利赫手下将领	1250—1257	与萨利赫妃子沙贾尔·杜尔有染，二人合力抵抗第七次十字军东征，获胜后于1250年扶植傀儡苏丹穆萨，实掌大权，1252年废黜穆萨自任苏丹，是为马木留克王朝首任苏丹，后与沙贾尔·杜尔决裂，被后者暗杀。
努尔丁·阿里 （Nur ad-Din Ali）	前者之子	1257—1259	其父死后与大将古突兹联手除掉沙贾尔·杜尔，被立为苏丹，实权操于古突兹之手。
古突兹 （Sayf ad-Din Qutuz）	伊兹丁部将	1259—1260	1259年废黜努尔丁·阿里自立，次年在阿音札鲁特战役中决定性地打败蒙古西征军，凯旋途中被部将拜巴尔刺杀。

姓名	与前任关系	在位时间	主要事迹
拜巴尔 （Baibars al- Bunduqdari）	伊兹丁部将，后改 侍古突兹	1260—1277	刺杀有过节的古突兹后自立，任内灭亡安条克公国，扩张版图，完善王朝各项事务，是马木留克王朝真正意义上的奠基人。
巴雷凯·汗 （Barakah Khan）	前者之子	1277—1279	19岁即位，荒淫无度，在位不足两年去世。
苏莱米什 （Solamish）	前者之弟	1279	7岁即位，3个月后被大将盖拉温废黜。
盖拉温 （Al-Mansur Qalawun）	阿尤布王朝苏丹萨 利赫手下将领，后 改侍马木留克王朝	1279—1290	废黜塞拉米什自立，任内于霍姆斯战役中打败蒙古伊儿汗国，灭亡的黎波里伯国，围攻十字军最后据点阿克，病故于军中。创立的"布尔吉系"（碉堡系）马木留克军团后来取代"拜赫里耶"（河洲系）。
阿什拉夫·哈利勒 （Al-Ashraf Salah-ad - Din Khalil）	前者之子	1290—1293	继承其父，攻克阿克，清除十字军在亚洲大陆上最后一块领土，为十字军时代画上句号。

（注：1382年起碉堡系马木留克取代河洲系马木留克掌权，整个马木留克王朝的统治持续到1517年，被奥斯曼帝国打败。）

蒙古大事年表

年份	蒙古	中原	西方
（约）公元5世纪	东胡民族分支"室韦"，活跃于东北亚地区，现代研究者一般认为，此即为蒙古民族之源起。	刘裕代晋室自立，建立刘宋；鲜卑拓跋氏统一北方，建立北魏；中国进入南北朝时期，其中南朝历宋、齐两朝。	日耳曼系的西哥特、汪达尔，以及来自亚洲的匈人等各蛮族次第兴起，西罗马帝国灭亡，欧洲进入中世纪。
1206年	蒙古乞颜部首领铁木真，在斡难河召开忽里勒台大会，称"成吉思汗"，是为蒙古立国之始。	南宋开禧二年，宋相韩侂胄主持对金国用兵，史称"开禧北伐"，由于准备不周，宋军先胜后败。	无特别重大事件发生。
1218年	成吉思汗派往中亚花剌子模的商贸代表团，在花剌子模边境城市讹答剌遭屠杀，成吉思汗遂有西征之意。	南宋嘉定十一年，金兴定二年。金国与蒙古、南宋同时交战，战事胶着。	第五次十字军攻入埃及，围攻重镇达米埃塔，埃及苏丹阿迪尔卒。
1219年	蒙古发动第一次西征，成吉思汗亲自统率，目标花剌子模，该年攻克讹答剌城，处死杀使事件主使者，总督塔剌丁。	南宋嘉定十二年，金兴定三年。宋金继续交战，金军深入宋境，但南宋借助金国进内起义军，收复山东十二州府。	十字军攻陷达米埃塔，南下进攻开罗，途中遇尼罗河洪水，溃败，第五次十字军终结。
1220—1222年	蒙古先后攻陷花剌子模不花剌、撒马尔罕、玉龙杰赤等主要城市，国主苏丹摩诃末于1220年底病故于里海小岛，王子札阑丁逃亡印度，花剌子模亡国。蒙古军又攻掠今阿富汗、伊朗等地。	金宋继续交战，南宋停止向金支付岁币。金军在蒙宋两线打击下日渐疲敝。	腓特烈二世加冕为神圣罗马帝国皇帝，并对罗马教皇承诺，将组织十字军东征。
1223年	成吉思汗派去追击摩诃末的大将哲别、速不台，归途中绕道高加索以北，扫荡钦察草原。	南宋嘉定十六年，金元光二年。金宣宗卒，其子完颜守绪即位，是为金哀宗。成吉思汗委派攻略中原的木华黎也于该年去世。	法王腓力二世去世，其子路易八世继续与英国交战。
1225年	蒙古第一次西征结束，成吉思汗率主力返回蒙古本部。	南宋宝庆元年，金正大二年。一年前宋宁宗驾崩，权臣史弥远等拥立赵昀为帝，是为宋理宗，是岁改元宝庆。蒙古与金在中原战事加剧。	德皇腓特烈二世宣称对耶路撒冷王国王位享有继承权，宣布要筹建十字军，东征耶路撒冷。
1227年	成吉思汗征伐西夏，于军中逝世，临终遗命秘不发表，凭借余威逼降西夏。至此西夏灭国，蒙古由拖雷监国。	南宋宝庆三年，金正大四年。蒙金宋三方交战，蒙古军试图假道于宋，迂回攻金，夺取宋地西和州。	德皇腓特烈二世发起第六次十字军东征，但刚出兵就称病返回，被教皇疑为诈病避战，双方自此交恶。英王亨利三世亲政。

年份	蒙古	中原	西方
1234年	蒙古与南宋联手，攻陷金最后据点蔡州，金国灭亡。	南宋端平元年，南宋与蒙古联手灭金后，派兵进入河南洛阳等地，史称"端平入洛"，但很快被蒙古驱逐，并自此结衅。	无特别重大事件发生。
1236年	蒙古大汗窝阔台下令，蒙古诸宗王各遣长子，带兵西征欧洲，由宿将速不台任参谋。是为蒙古第二次西征，又称"长子西征"。	南宋端平三年，蒙古入侵，攻破河南、湖北多地。	法王路易九世成年，其母归还国政。 条顿骑士团招募日耳曼移民开拓普鲁士。
1237年	蒙古西征军先后打败保加尔人、钦察人，攻掠罗斯诸城邦，攻陷梁赞。	南宋嘉熙元年，蒙宋交战，蒙古在中原占领区首次召集儒生考试。	条顿骑士团合并利沃尼亚兄弟骑士团，进一步壮大。
1238年	拔都先后攻陷罗斯莫斯科、弗拉基米尔等14座主要城市。花剌子模故地发生反蒙古起义，旋即被镇压。	南宋嘉熙二年，蒙古来使议和，但宋廷对战和未有决议，下半年双方再次开战，蒙古攻淮河地区，未果。	罗马教皇拉拢威尼斯、热那亚等意大利北部城邦，组建反德皇腓特烈二世的同盟。
1240年	拔都攻陷罗斯核心城邦基辅，基辅罗斯灭亡，罗斯诸城邦向蒙古人臣服。	南宋嘉熙四年，蒙古遣使者与宋接触。	无特别重大事件发生。
1241年	蒙古西征军在欧洲四面出击，三月拜达儿在莱格尼察大败波兰–条顿骑士团联军；四月拔都与速不台在莫伊平原大败匈牙利王贝拉四世；八月逼近维也纳，这是蒙古第二次西征所达最远处。	南宋淳祐元年，蒙古大汗窝阔台卒于漠北，蒙古遣使赴宋议和，使者被囚禁于长沙。高丽向蒙古请降。	罗马教皇格列高利九世宣布废黜腓特烈二世神圣罗马帝国皇位，腓特烈二世入侵意大利，围困罗马城，教皇忧疾而死。波希米亚、巴尔干等地遭蒙古侵袭。法王路易九世组建联军，准备驱逐蒙古人。
1242年	窝阔台汗死讯传到蒙古西征军中，蒙古遂罢兵东归，第二次西征结束。 拔都在伏尔加河下游建都城萨莱，创钦察汗国，罗斯诸王公皆臣服，自此接受蒙古统治凡两百余年。	南宋淳祐二年，江浙两淮大水，蒙古乘机再次攻宋。	英王亨利三世与法王路易九世，为争夺波尔多开战，由于英国议会拒绝批准战争款项，英军大败。
1251年	蒙哥被拥立为大汗，蒙古汗位自此转入拖雷一系。蒙哥命其弟忽必烈总揽漠南军务，准备蓄力灭宋。	南宋淳祐十一年，无特别重大事件发生。	法王路易九世，在其发起的第七次十字军东征兵败后，滞留中东，用重金赎身获自由后，前往耶路撒冷朝圣。法国国内则掀起拯救国王的"牧羊人十字军"。
1253年	旭烈兀奉蒙哥之命，对中亚、西亚地区发动征伐，此即为蒙古第三次西征。	南宋宝祐元年，蒙古同时进攻大理、高丽与南宋四川地区。	法王路易九世归国，并遣高级教士"卢布鲁克的威廉"远赴蒙古首都和林，觐见蒙哥汗。
1256年	旭烈兀西征军剿灭中亚的刺杀团阿萨辛派，征服波斯全境，建立伊儿汗国。	南宋宝祐四年，蒙古在已征服的中原地区招揽汉人军阀，修筑城郭。	无特别重大事件发生。
1258年	旭烈兀西征军攻克巴格达，杀末代哈里发穆斯台绥木，阿拉伯阿拔斯王朝至此灭亡。	南宋宝祐六年，蒙哥汗、忽必烈、兀良合台分统三路大军，从四川、湖北、云南全面入侵。	英王亨利三世被迫接受贵族们提出的《牛津条例》，自此英国实权操于贵族议会之手。
1259年	中东各基督教国家纷纷联络旭烈兀，试图联手以对付穆斯林政权。	南宋开庆元年，蒙哥汗在四川钓鱼城前线身亡，蒙古侵宋军暂退。	英法媾和，划分争议土地。

年份	蒙古	中原	西方
1260年	旭烈兀西征军攻占叙利亚北部，随后蒙哥汗死讯传来，旭烈兀率主力东归，留大将怯的不花经略西亚，埃及马木留克王朝乘机反攻，在阿音札鲁特战役中击斩怯的不花，至此蒙古第三次西征结束。	南宋景定元年，蒙哥死后，忽必烈自立为汗，并建年号"中统"，攻打试图争位的弟弟阿里不哥。	无特别重大事件发生。
1261年	旭烈兀宣布拥护忽必烈，后者则以蒙古大汗名义，奉旭烈兀为伊儿汗，位同蒙古帝国副元首。	南宋景定二年，蒙古中统二年，忽必烈打败阿里不哥。	无特别重大事件发生。
1262年	旭烈兀试图再西征马木留克，但遭兄弟政权钦察汗国背后袭扰，失败，两汗国自此交恶。	南宋景定三年，蒙古中统三年，蒙古军将领李璮以山东等地降宋，但很快被蒙古平定。	罗马教皇试图授予法王路易九世西西里王国王之位，路易拒绝，后由其弟查理出任。
1279年		蒙古灭南宋，蒙元王朝统一中国，自此蒙古帝国及同系的四大汗国占据欧亚大陆大部分版图，封疆之广，凡3000余万平方公里。	
14—15世纪	窝阔台汗国、伊儿汗国、元帝国先后灭亡，钦察汗国与察合台汗国分裂，成为若干小政权，蒙古时代在14世纪后期就已基本结束。	元朝灭亡，明朝建立，蒙古被逐回漠北。	先后发生黑死病、英法百年战争、奥斯曼帝国征服君士坦丁堡灭亡拜占庭、文艺复兴、宗教改革、西班牙复地运动、大航海等诸多重大历史事件。

参考书目

古籍

阿尔伯特著，王向鹏译：《耶路撒冷史》，郑州：大象出版社，2014年。

安娜·科穆宁娜著，谭天宇、秦艺芯译：《阿莱克修斯传》，哈尔滨：东北林业大学出版社，2017年。

拉施特主编，余大钧、周建奇译：《史集（第一卷）》，北京：商务印书馆，1983年。

李志常著，党宝海译注：《长春真人西游记》，石家庄：河北人民出版社，2001年。

马可·波罗口述，鲁斯蒂谦诺笔录，余前帆译注：《马可·波罗游记（中英对照）》，北京：中国书籍出版社，2009年。

尼科洛·马基雅维里著，李活译：《佛罗伦萨史》，北京：商务印书馆，1982年。

寿纪瑜译：《盎格鲁-撒克逊编年史》，北京：商务印书馆，2004年。

宋濂等撰：《元史》，北京：中华书局，1976年。

余大钧译注：《蒙古秘史》，石家庄：河北人民出版社，2007年。

志费尼著，何高济译：《世界征服者史（上下册）》，北京：商务印书馆，2004年。

朱凤、贾敬颜译：《汉译蒙古黄金史纲》，呼和浩特：内蒙古人民出版社，2007年。

当代研究

David Nicolle:*Hattin 1187: Saladin's Greatest Victroy*,London:Osprey Publishing,1993.

阿彻·琼斯著，刘克俭、刘卫国译：《西方战争艺术》，北京：中国青年出版社，2001年。

爱德华·吉本著，席代岳译：《罗马帝国衰亡史》，长春：吉林出版集团，2011年。

巴尔托德著，张锡彤、张广达译：《蒙古入侵时期的突厥斯坦（全二册）》，上海：上海古籍出版社，2011年。

巴拉吉尼玛、额尔敦扎布、张继霞编：《千年风云第一人：世界名人眼中的成吉思汗》，北京：民族出版社，2005年。

本内特、霍利斯特著，杨宁、李韵译：《欧洲中世纪史：第10版》，上海：上海社会科学院出版社，2007年。

伯希和撰，冯承钧译：《蒙古与教廷》，北京：中华书局，2008年。

蔡东藩著：《元史演义》，上海：上海科学技术文献出版社，2005年。

查尔斯·麦凯著，朱品凡、王振湘、叶品娟等译：《人类愚昧疯狂趣史》，桂林：漓江出版社，2000年。

陈文海著：《东方的诱惑》，长春：长春出版社，1995年。

陈志强著：《拜占庭帝国史》，北京：商务印书馆，2003年。

丹·巴哈特、沙龙·萨巴尔著，王立新、石梅芳译：《耶路撒冷3000年：石与灵》，济南：山东画报出版社，2003年。

道润梯步译校：《新译校注<蒙古源流>》，呼和浩特：内蒙古人民出版社，2007年。

德阿·托隆著，宝音布格历译：《蒙古人远征记》，上海：上海社会科学院出版社，2003年。

多桑著，冯承钧译：《多桑蒙古史》，上海：上海书店出版社，2006年。

菲利浦·希提著，马坚译：《阿拉伯通史》，北京：新世界出版社，2015年。

弗郎西斯·鲁宾逊主编，安维华、钱雪梅译：《剑桥插图伊斯兰世界史》，北京：世界知识出版社，2005年。

伏尔泰著，梁守锵等译：《风俗论（中册）》，北京：商务印书馆，1997年。

符拉基米尔佐夫著，余元盦译注：《成吉思汗传》，上海：上海三联书店，2007年。

富勒著，钮先钟译：《西洋世界军事史》，桂林：广西师范大学出版社，2004年。

Georges Tate著，吴岳添译：《十字军东征——以耶路撒冷之名》，上海：上海书店出版社，1998年。

古斯塔夫·勒庞著，佟德志、刘训练译：《革命心理学》，长春：吉林人民出版社，2011年。

何芳川、宁骚主编：《非洲通史·古代卷》，上海：华东师范大学出版社，1995年。

杰克·威泽弗德，温海清、姚建根译：《成吉思汗与今日世界之形成》，重庆：重庆出版社，2017年。

科林·琼斯著，杨保筠、刘雪红译：《剑桥插图法国史》，北京：世界知识出版社，2004年。

勒内·格鲁塞著，蓝琪译：《草原帝国》，北京：商务印书馆，1998年。

勒内·格鲁塞著，谭发瑜译：《成吉思汗》，北京：国际文化出版公司，2002年。

雷纳·格鲁塞著，龚钺译：《蒙古帝国史》，北京：商务印书馆，1989年。

黎东方著：《细说元朝》，上海：上海人民出版社，1997年。

刘迎胜著：《察合台汗国史研究》，上海：上海古籍出版社，2011年。

卢多维科·加托著，祝本雄译：《十字军东征：马背上的圣战》，成都：四川人民出版社，2000年。

罗伯特·L·奥康奈尔著：《兵器史》，海口：海南出版社，2009年。

罗伯特·福西耶主编，陈志强等译：《剑桥插图中世纪史：350~950年》，济南：山东画报出版社，2006年。

马丁·基钦著，赵辉、徐芳译：《剑桥插图德国史》，北京：世界知识出版社，2005年。

米肖、普茹拉著，杨小雪译：《多雷插图本〈十字军东征简史〉》，北京：时代华文书局有限公司，2014年。

莫里斯·罗沙比著，赵清治译：《忽必烈和他的世界帝国》，重庆：重庆出版社，2008年。

纳忠著：《阿拉伯通史》，北京：商务印书馆，2005年。

尼古拉·梁赞诺夫斯基、马克·斯坦伯格著，杨烨等译：《俄罗斯史（第七版）》，上海：上海人民出版社，2007年。

倪世光著：《中世纪骑士制度探究》，北京：商务印书馆，2007年。

彭树智主编，何志龙著：《中东国家通史 塞浦路斯卷》，北京：商务印书馆，2005年。

彭树智主编，黄民兴著：《中东国家通史 伊拉克卷》，北京：商务印书馆，2002年。

彭树智主编，黄维民著：《中东国家通史 土耳其卷》，北京：商务印书馆，2002年。

彭树智主编，雷钰、苏瑞林著：《中东国家通史 埃及卷》，北京：商务印书馆，2003年。

彭树智主编，王新刚著：《中东国家通史 叙利亚和黎巴嫩卷》，北京：商务印书馆，2003年。

彭树智主编，王新中、冀开运著：《中东国家通史 伊朗卷》，北京：商务印书馆，2002年。

彭树智主编，肖宪著：《中东国家通史 以色列卷》，北京：商务印书馆，2001年。

彭树智主编，杨辉著：《中东国家通史 巴勒斯坦卷》，北京：商务印书馆，2004年。

乔纳森·赖利 - 史密斯著，欧阳敏译：《十字军史》，北京：商务印书馆，2016年。

屈勒味林著，钱端升译：《英国史（上、下册）》，北京：中国社会科学出版社，2008年。

塞西尔·罗斯著，黄福武、王丽丽等译：《简明犹太民族史》，济南：山东大学出版社，2004年。

沈敏华、程栋著：《十字军东征》，上海：上海书店出版社，2009年。

斯塔夫里阿诺斯著，吴象婴译：《全球通史：1500年以前的世界》，上海：上海社会科学院出版社，1999年。

斯坦福·肖著，许序雅、张忠祥译：《奥斯曼帝国》，西宁：青海人民出版社，2006年。

宋宜昌、倪健中主编：《风暴帝国》，北京：中国社会出版社，2008年。

汤普森著，谢德风译：《历史著作史》，北京：商务印书馆，1988年。

汤普逊著，耿淡如译：《中世纪经济社会史》，北京：商务印书馆，1961年。

王兆春著：《世界火器史》，北京：军事科学出版社，2007年。

威廉·穆尔著，周术情等译：《阿拉伯帝国》，西宁：青海人民出版社，2006年。

韦尔斯著，曼叶平、李敏译：《世界史纲：生物和人类的简明史》，北京：北京燕山出版社，2004年。

温斯顿·丘吉尔著，薛力敏、林林译：《英语民族史》，海口：南方出版社，2004年。

沃伦·特里高德著，崔艳红译：《拜占庭简史》，上海：上海人民出版社，2008年。

西蒙·蒙蒂菲奥里著，张倩红、马丹静译：《耶路撒冷三千年》，北京：民主与建设出版社，2015年。

约翰·曼著，陈一鸣译：《成吉思汗：生死与复活》，北京：中国青年出版社，2007年。

扎波罗夫著，哲安译：《十字军东征》，北京：生活·读书·新知三联书店，1959年。

赵云中著：《乌克兰：沉重的历史脚步》，上海：华东师范大学出版社，2005年。

文学作品

金庸著：《射雕英雄传》，北京：生活·读书·新知三联书店，1994年。

井上靖著，冯朝阳、赖育芳译：《苍狼》，北京：人民文学出版社，2002年。

托尔夸托·塔索著，王永年译：《耶路撒冷的解放》，上海：上海译文出版社，2008年。

瓦西里·扬著，陈弘法译：《拔都汗》，北京：外文出版社，2010年。

瓦西里·扬著，陈弘法译：《成吉思汗》，北京：外文出版社，2010年。

瓦西里·扬著，陈弘法译：《走向"最后的海洋"》，北京：外文出版社，2010年。

工具书

翦伯赞主编，齐思和、刘启戈、聂崇岐编：《中外历史年表（校订本）》，北京：中华书局，2008年。

陀莱绘，梁展译：《十字军东征图集》，郑州：大象出版社，2001年。